中外语言文学学术文库

语言学习与教育

Language Learning and Education

李宇明 著

华东师范大学出版社
East China Normal University Press

图书在版编目（CIP）数据

语言学习与教育/李宇明著.—上海：华东师范大学出版社，2017
（中外语言文学学术文库）
ISBN 978-7-5675-6874-7

Ⅰ.①语… Ⅱ.①李… Ⅲ.①语言教学—文集 Ⅳ.①H09-53

中国版本图书馆CIP数据核字（2017）第218082号

语言学习与教育

著　　者	李宇明
策划编辑	王　焰
项目编辑	曾　睿
特约审读	汪　燕　陈　路　李曼铭　王磊华
封面设计	金竹林　杨雪微
责任印制	张久荣
出版发行	华东师范大学出版社
社　　址	上海市中山北路3663号 邮编 200062
网　　址	www.ecnupress.com.cn
电　　话	021-52713799 行政传真 021-52663760
客服电话	021-52717891 门市（邮购）电话 021-52663760
地　　址	上海市中山北路3663号华东师范大学校内先锋路口
网　　店	http://hdsdcbs.tmall.com
印 刷 者	上海商务联西印刷有限公司
开　　本	710×1000 16开
印　　张	24.75
字　　数	413千字
版　　次	2018年1月第1版
印　　次	2018年1月第1次
书　　号	ISBN 978-7-5675-6874-7/H.942
定　　价	68.00元
出版人	王　焰

（如发现本版图书有印订质量问题，请寄回本社客服中心调换或电话021-52717891联系）

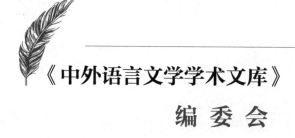

《中外语言文学学术文库》编委会

成员：（按姓氏音序）

辜正坤　何云波　胡壮麟　黄忠廉

蒋承勇　李维屏　李宇明　梁　工

刘建军　刘宓庆　潘文国　钱冠连

沈　弘　谭慧敏　王秉钦　吴岳添

杨晓荣　杨　忠　俞理明　张德明

张绍杰

总　序
GENERAL PREFACE

改革开放以来，国内中外语言文学在学术研究领域取得了很多突破性的成果。特别是近二十年来，国内中外语言文学研究领域出版的学术著作大量涌现，既有对中外语言文学宏观的理论阐释和具体的个案解读，也有对研究现状的深度分析以及对中外语言文学研究的长远展望，代表国家水平、具有学术标杆性的优秀学术精品呈现出百花齐放、百家争鸣的可喜局面。

为打造代表国家水平的优秀出版项目，推动中国学术研究的创新发展，华东师范大学出版社依托中国图书评论学会和南京大学中国社会科学研究评价中心合作开发的"中文学术图书引文索引"（CBKCI）最新项目成果，以中外语言文学学术研究为基础，以引用因子（频次）作为遴选标准，汇聚国内该领域最具影响力的专家学者的专著精品，打造了一套开放型的《中外语言文学学术文库》。

本文库是一套创新性与继承性兼容、权威性与学术性并重的中外语言文学原创高端学术精品丛书。该文库作者队伍以国内中外语言文学学科领域的顶尖学者、权威专家、学术中坚力量为主，所收专著是他们的代表作或代表作的最新增订版，是当前学术研究成果的佳作精华，在专业领域具有学术标杆地位。

本文库首次遴选了语言学卷、文学卷、翻译学卷共二十册。其中，语言学卷包括《新编语篇的衔接与连贯》、《中西对比语言学—历史与哲学思考》、《语言学习与教育》、《教育语言学研究在中国》、《美学语言学—语言美和言语美》和《语言的跨面研究》；文学卷主要包括《西方文学"人"的母题研究》、《西方文学与现代性叙事的展开》、《西方长篇小说结构模式研究》、

《英国小说艺术史》、《弥尔顿的撒旦与英国文学传统》、《法国现当代左翼文学》等；翻译学卷包括《翻译理论与技巧研究》、《翻译批评导论》、《翻译方法论》、《近现代中国翻译思想史》等。

  本文库收录的这二十册图书，均为四十多年来在中国语言学、文学和翻译学学科领域内知名度高、学术含金量大的原创学术著作。丛书的出版力求在引导学术规范、推动学科建设、提升优秀学术成果的学科影响力等方面为我国人文社会科学研究的规范化以及国内学术图书出版的精品化树立标准，为我国的人文社会科学的繁荣发展、精品学术图书规模的建设做出贡献。同时，我们将积极推动这套学术文库参与中国学术出版"走出去"战略，将代表国家水平的中外语言文学学术原创图书推介到国外，构建对外话语体系，提高国际话语权，在学术研究领域传播具有中国特色、中国高度的语言文学学术思想，提升国内优秀学术成果在国际上的影响力。

《中外语言文学学术文库》编委会
2017年10月

目录
CONTENTS

第一编 儿童语言习得 /1

论儿童第二信号系统建立的判定标准 /1
独词句阶段的语言特点 /14
乳儿话语理解的个案研究 /30
儿童词义的发展 /43
儿童习得语言的偏向性策略 /54
儿童语言发展的连续性及顺序性 /66
文化对儿童语言习得的影响 /75
语言学习异同论 /84

第二编 聋童语言及其康复 /99

聋童声母获得状况研究 /99
聋儿语言康复的目标、原则及其有关问题 /112
聋儿语言康复与言语行为教学模式 /130

第三编　语言与语言教育　/142

　　语文教育之七纬度　/142
　　语文生活与语文教育　/152
　　试论成人同儿童交际的语言特点　/159
　　母语获得理论与幼儿语言教学原则　/173
　　父母语言艺术　/182
　　论语言运用与语言获得　/197
　　笔误原因调查　/210
　　数学语言及数学语言教学　/213
　　现代汉语教学目的论　/240
　　影响现代汉语教学法的语言因素考察　/251
　　语文现代化与语文教育　/258
　　语言教学与儿童语言研究　/268

第四编　语言能力与语言教育规划　/270

　　公民语言能力是国家语言资源　/270
　　语言能力需要终身培育　/273
　　外语能力是重要的人生资本　/277
　　培养各种外语人才　/279
　　培养双言双语人　/281
　　关于中小学"双语教学"的思考　/290
　　师范大学生的语言文字状况及其教学问题　/307
　　教育：语言竞争之热点领域　/318
　　论全球化与跨文化人才的培养问题　/321

附录 /333
  语文教育是文化之根的教育 /333
  语文教育要有未来的眼光，世界的意识 /337
  培养现代语文能力，过好现代语文生活 /345
  语文教育与现代公民的语文能力 /352
  教育手段现代化与高等教育 /359
  创新教育和教育手段现代化的思考 /368

后记 /377

增订版 跋 /384

第一编
儿童语言习得

论儿童第二信号系统建立的判定标准

一、问题的提出

19世纪末，俄罗斯著名生理学家伊凡·巴甫洛夫在研究狗的消化过程时发现，当狗看到食物时就会分泌唾液。之后，他和他的同事们进一步研究了条件反射问题，提出了有名的两种反射、两种信号系统的学说。[1]此后，苏联的一批学者，如恩·伊·克拉斯诺郭尔斯基、恩·姆·谢洛凡诺夫、恩·耳·非古林、姆·姆·科里卓娃、恩·伊·卡撒特金、阿·伊·卜隆式坦、阿·格·伊万诺夫—斯莫林斯基、耳·阿·俄尔白里、弗拉德金娜等人，先后运用巴甫洛夫的学说来研究儿童的高级神经活动。[2]

20世纪50年代以来，我国学术界深受苏联学术界的影响，朱智贤等一批对儿童心理发展感兴趣的心理学家，借鉴苏联学者的研究成果，特别是伊万诺夫—斯莫林斯基关于儿童语言活动发生的四阶段模式（The Model of Four Grades），来解释儿童第二信号系统（The Second Signal System）的建立等有关问题。但是，不管是苏联学者还是我国的学者，在儿童何时建立起第二信号系统的看法上却存在着分歧。这些分歧可概括为如下三种：

1. 苏联的姆·姆·科里卓娃认为，儿童满二岁时才建立第二信号系统。其

---

[1] 对巴甫洛夫学说较为简明而又全面的介绍，可参看〖美〗R. M. 利伯特（1983，P117—121）。
[2] 苏联学者的研究概况可参看科里佐娃（1982）、伏尔科娃（1957）、萧孝嵘（1959）以及朱智贤（1980，P113—115）。

理由是：这时儿童所知道的语词与他们所不知道的语词，可以不通过该新词语所标志的具体刺激物的直接接触而形成联系，即只需用儿童已经了解的语词来说明他所不知道的语词，语词与语词之间的联系即可形成。[1]这种观点可姑且称之为"语词诠释说"（The Theory of Words Explanation）。

2. 伊万诺夫—斯莫林斯基把儿童两种信号系统协同活动的发生，即语言活动的发生划分为四个阶段，亦即上文提及的四阶段模式：[2]

第一阶段　直接刺激物→直接反应
第二阶段　词的刺激物→直接反应
第三阶段　直接刺激物→词的反应
第四阶段　词的刺激物→词的反应

许政援、陈帼眉等学者认为儿童在一岁半以后进入第四阶段，这时才有真正的第二信号系统的活动。[3]这种观点不妨称之为"词语交往说"（The Theory of Words Communication）。

3. 朱智贤等学者也赞同四阶段模式。不过他们认为，儿童在十至十一个月时进入第二阶段。在第二阶段，尽管儿童所懂得的词还非常有限，尽管这时的词语刺激还常需第一信号系统（The First Signal System）的支持，甚或带有浓厚的第一信号的色彩，尽管这时儿童所理解的词语还不像成人的词语那样具有更大的概括性，但是这已经是第二信号系统的活动了。[4]这种观点可称之为"词语理解说"（The Theory of Words Comprehension）。

以上三种观点对于儿童语言发展（The Development of Child Language）的步骤的看法基本一致，只是在年龄的描述上稍有出入；他们的根本分歧点在于评判第二信号系统建立的标准上。第二信号系统的建立，涉及到儿童语言学、发展心理学、符号学、人类学等诸多学科的一些基本理论、基本观念，因此有必要对儿童第二信号系统建立的评判标准进行专门的讨论。

1　科里卓娃的观点详见萧孝嵘（1959）。
2　伊万诺夫—斯莫林斯基在他的《关于大脑皮质第一和第二信号系统的协同活动的研究》和《第一和第二信号系统协同活动的实验研究》中阐明了他的四阶段模式，朱智贤（1980，P115）、陈帼眉等（1988，P65—66）和许政援等（1987，P112—113）都有引用。四阶段模式对于刺激物和反应方式的分类都显得粗疏，而且许多术语的使用，如"直接刺激物、直接反应、词的刺激物、词的反应"等，也不够科学。在下文的一些论述中，我们已间接地指出了它的缺点。对它的详细评论打算另文撰写。
3　见许政援等（1987，P98—99、113）和陈帼眉等（1988，P65—66）。
4　见朱智贤（1980，P112—116）。

二、对三种观点的评论

（一）"自然化"观念

儿童是在一定的语言环境中通过交际获得语言、建立起第二信号系统的，同时也是在一定的语言环境中处理第二信号并形成一系列处理第二信号的习惯和特点的。因此，考察儿童第二信号系统的建立，应充分考虑到儿童所形成的一系列处理第二信号的习惯和特点，应在语言习得的自然状态中进行。这便是"自然化"的观念。不遵从自然化的观念，势必会与儿童所形成的一系列习惯发生冲突，势必会改变语言交际的自然状态，因而必然影响到研究结果的科学性和研究结论的有效性。

语言是表达客观世界和人类社会的各种事物、运动、状态、观念、情感等的符号系统。语言这一符号系统与客观世界和人类社会的现实联系不是词而是句子，哪怕是只有一个词构成的句子。儿童在学习语言的过程中，所接触到的是一个个句子，而不是孤零零的属于语言平面的词。

句子既是语言单位，又是言语单位。作为语言单位的句子，它是由词语根据一定的语法规则组合起来的，其中起码包含词汇和语法两种要素。作为言语单位的句子，它不仅与上下文发生联系，而且还与客观现实发生联系。这种客观现实除了句义所指的具体事物、具体行为、具体状态等等之外，自然也包括说话的具体情景、交际对象和说话人的体态等要素。

语词诠释说、词语交往说和词语理解说这三种观点的持有者，以及绝大部分这一领域的研究者，在研究观念和研究方法上都有意无意地违背了自然化的观念，其主要表现是：

1. 只把词（或称语词、词语）而不是句子作为观察的对象。如上所述，句子是最自然的交际单位，考察儿童第二信号系统的建立，理所当然应该考察儿童对句子的处理情况。当然，句子是由词组合而成的，但是词在实际交际中并不与现实发生直接联系，或者起码说，在交际实际中与现实发生联系的不仅仅是词，还有语法、语用等其他要素。仅仅考察词，不说是错误的话，也肯定是片面的。

2. 力图仅用词作为刺激物。这些学者试图剔除诸如情景、说话人的体态、交际对象等一切非语言交际要素，只想仅仅把词作为研究的刺激物。也只有在儿童仅有词作为刺激物的情况下能做出反应，才认定儿童具有了真正的第二信号活动，否则，即使是最宽容的词语理解说，也认为与第一信号协同活动的第二信号是不纯正的，"带有浓厚的第一信号的色彩"。[1]而事实上，第一信号与第二信号协同活动正是语言交际的一种属性，即使是成人的语言活动也必须伴随各种语言之外的交际要素，不然的话，语言交际就会遇到各种各样的麻烦。仅用词作为刺激物而试图剔除其他交际要素的观念和做法，不仅有悖于语言交际的自然属性，而且也不合于儿童语言习得的规律和语言活动的习惯，因此也是不科学、不足取的。

（二）处理第二信号的能力

考察儿童第二信号系统是否建立，就是考察儿童具不具有处理第二信号的能力。具有处理第二信号的能力的表现是：

a) 能接受第二信号的刺激；

b) 把第二信号当作第二信号。

a) 是必要条件不是充分条件，因为"刺激—反应"的研究告诉我们，对于超出有机体处理能力的刺激物的刺激，有机体要么不能作出反应，要么把这种刺激作为低一级刺激物的刺激进行反应。比如，大量的研究结果表明，再聪明的动物都不具有处理有声语言的能力，马戏表演中动物依照训兽员的口令做各种各样的表演，其实动物只是把口令当作第一信号来处理的。再如，四五个月的婴儿能对父母的呼唤（比如叫婴儿的名字）作出反应，或寻找，或微笑，但是他并不懂得呼唤的语言意义，他把父母的呼唤只是作为第一信号来处理的。正因如此，只有a) 是不够的，还必须加上b)。

无条件反射的中枢是中枢神经系统的低级部位，条件反射是通过高级神经中枢，即大脑皮层实现的。第二信号的条件反射是由大脑的语言处理系统来完成的。大脑的语言处理系统由语言中枢以及其他有关组织组成。[2]儿童具有a) b) 两种表现时，说明他的大脑语言处理系统已初步形成，否则他不可能接受

---

[1] 见朱智贤（1980, P112—116）。

[2] 大脑语言处理系统的存在是确定无疑的，但是大脑语言中枢及其他相关部位的情况，还是有待进一步研究的课题。详细情况见郭可教（1983）。

把第二信号当作第二信号的刺激。既然大脑语言处理系统已初步形成，那么也就表明他具有了处理第二信号的能力，第二信号系统得到建立。

依照语言学的术语来说，a）b）两种表现就是能够理解语言。这就是说，儿童能够理解语言，就表明他建立起了第二信号系统。如果以上论述成立的话，那么上述三种观点中的词语理解说是应该受到支持的（当然该学说的非自然化观念不应受到支持）。

需要进一步指出的是，处理第二信号的能力并不等于语言能力。语言能力最起码包括语言理解和语言表达两种能力，这两种能力虽互有联系但却有相当的不同。这种不同不仅表现在大脑语言中枢的不同，而且神经的运动机制也很不相同。语言理解靠语言听觉分析器的参与，语言表达靠语言运动分析器的参与。第二信号系统的建立并不把语言表达作为必要条件。正如巴甫洛夫在观察到铃声和灯光条件化以后引起狗分泌唾液的现象时，就断定狗具有第一信号的条件反射，而不要求狗去使用第一信号一样。有一种失语症，患者虽然不能说话，但是却可以听懂他人的话语，这种患者仍然被认为具有第二信号系统。就此而言，主张词语交际说者是把第二信号系统的建立与儿童的语言能力的完善混为一谈了。

当然，第二信号系统像第一信号系统一样，也有一个由低级向高级不断发展完善的过程。儿童第二信号系统初始建立时，对于话语的理解速度还比较慢，对新的话语的理解需要经过第一信号的中介，或者从第一信号中发展出来。但是，考察儿童第二信号系统的建立，就是要考察何时初建，而不是考察何时完善，更不能把完善中的某些特征作为第二信号系统建立的标志。语词诠释显然是第二信号系统趋于完善时的一种高级表现，用这种高级表现来衡量第二信号系统的建立自然是不合适的。

三、判定第二信号系统建立的标准

（一）两种信号的质异

上文指出了处理第二信号能力亦即第二信号系统建立的a）b）两种表现。a）较易把握，关键在于如何把握b），即怎样才能判定儿童是把第二信号当作第二信号而不是当作第一信号来反应的。要解决这一问题，就不能不明确两种信号的本质差异。

第一信号和第二信号的共同点是都具有信号的作用，亦即都具有代替无条件刺激物的功能，或代替无条件刺激物对有机体进行刺激的功能。二者的不同在于：第一信号具有具体性，它总是与特定的无条件刺激物和特定的刺激情景相联系；而第二信号具有抽象性，它可以超越特定的刺激情景，它可以与某一类特定的无条件刺激物相联系，也可以成为第一信号的信号。第二信号的概括性至关重要，只有具备概括性，才能具备抽象性；概括性是抽象性的基础，抽象性是概括性的一种表现，或者说是从另一个角度来对概括性进行的述说。

就我们所见到的文献来看，人们并没有给第一信号进行再分类，只是在讨论条件泛化时根据替代反应把条件作用分为若干级。据我们的看法，第一信号可再分为三类：

1. 间接实物；
2. 伴随物；
3. 相似物。

当无条件刺激物不直接作用于特定的感觉器官时，就成为具有信号作用的间接实物。比如当狗看见食物而未吃食时也会发生分泌现象，这时的食物就是间接实物。伴随无条件刺激物出现的事物（包括情景等）称为伴随物，比如巴甫洛夫实验时使用的铃声、灯光等就是伴随物。相似物是指与无条件刺激物或伴随物相似的事物。俗语"一朝被蛇咬，十年怕草绳"中的"草绳"，就是"蛇"的相似物。间接实物与无条件刺激物本是同一事物，伴随物和相似物都与无条件刺激物存在着具体的物理学上的联系，而且，巴甫洛夫的研究表明，如果第一信号刺激长时间得不到无条件刺激的强化，条件反应就会逐渐消退，因此第一信号具有具体性。

人们公认的第二信号是语言，[1]语言的概括性和抽象性不仅表现在语法上，而且也表现在词语上。这早有定论，不必赘言。

---

1 其实，许多具有语言性质的符号，如数学符式（Mathematical Mark and Formula）、电报代码（Cable Code）、人工语言（Man-made Languages），甚至人类的体态语（Body Language）等，是否应属于第二信号，还值得研究。

（二）已有的几种尝试

第一信号的具体性和第二信号的概括性、抽象性，已基本成为学术界的共识。解决问题的关键也就集中到鉴定儿童何时对第二信号的反应具有概括性和抽象性上。就目前的科学发展水平而言，还无法运用神经生理学的办法来直接解决这一问题，因此，一般说来只能采取语言心理学（Psychology of Language）的办法来尝试解决。这方面的尝试可以大致分为两种：

第一种尝试是，根据词义具有概括性和抽象性的原理，把词义的理解作为判定儿童第二信号系统建立的标准。这种尝试者认为，儿童开始能对词作出反应的时候，是词的声音而不是词的意义在起信号作用，因而这时的词属于第一信号。比如"猫猫""帽帽"和"馍馍"这些发音相近的词都能引起儿童的相同反应。当音近词不能引起相同反应时，亦即儿童具有了分辨音近词的能力时，词的意义才开始为儿童所理解，词开始成为第二信号。[1]

不可否认，儿童对词义能够理解时，词自然进入了第二信号系统的范畴。但是，词义理解的弹性非常大，认知能力、文化素养等方面的差异都会导致对词义的理解有深有浅、有多有少，因此很不好把握。运用区分音近词的方法来鉴定对词义的最初理解也很不可靠，因为区分音近词不仅需要语言听觉分析器有相当的发展，而且还需要其他方面的智慧运转，即使是成人，在脱离句子和语境的情况下，也不能保证可以较好地区分音近词。

第二种尝试是，把词成为信号的信号作为儿童第二信号系统建立的标准。[2]他们认为，第一信号是无条件刺激物的信号，第二信号是第一信号的信号。这种标准重视第二信号的抽象性，但是难以作为判定儿童第二信号系统建立的标准，因为：

1. 信号的信号并不必然是第二信号。巴甫洛夫等人的研究表明，当食物伴随节拍器声一同呈现时，节拍器声会引起狗的唾液分泌，接着这个已条件化的节拍器声再伴随一个新的中性刺激一同呈现，这个新的中性刺激又可以成为节拍器声的信号，引起唾液分泌。据研究，条件泛化有时可以达到第三级乃至第四级的水平。条件泛化现象的存在，说明词即使成为某种信号的信号，它仍可能属于第一信号。

---

1 详见朱智贤（1980，P113）。
2 详见朱智贤（1980，P113）。

2. 词并不必然成为信号的信号。许多虚词因为没有实在意义而不可能成为客观事物等的信号；许多词完全可以只是客观事物等的信号，而并不必要成为第一信号的信号。如"太阳"这个词，在儿童的心目中可能是直接与天空的太阳形成能指与所指的关系，其间不必有一个第一信号中介。可见第二种标准也是有问题的。

怎样判定词成为第一信号的信号，第二种尝试者也未能较好解决。语词诠释说把儿童能用新语词诠释旧语词看作词成为第一信号的信号的标志，但是，怎样知道旧语词一定不是第二信号而是第一信号呢？词语交往说依据伊万诺夫—斯莫林斯基的四阶段模式，把儿童能用词来对词的刺激物作出反应视为词成为第一信号的信号的标志，然而，反应的性质并不决定刺激物的性质。语言刺激物也可能只引起生理上的反应而不必然引起语言上的反应，比如当人们听到"杏"这个词时，会大叫"酸"，但也可能只分泌唾液而不说话。当然，儿童若是能用词对词的刺激作出反应，他肯定建立了第二信号系统，但是，这种学说不能保证儿童对待语言刺激物不能用语言进行反应时，儿童就一定不能把语言刺激物作第二信号来处理。

（三）迁移性反应

根据自然化观念和两种信号系统的本质差异，在研究儿童语言获得的实践中，我们发现，"迁移性反应"（The Transferring Reactions）可以作为判定儿童第二信号系统建立的较为理想的标准。李宇明（1993）给迁移性反应下的定义是：

设儿童在甲情景中对处于G语法格式中的语言信号A建立起了同具体事物a的条件性联系，如果：

Ⅰ．改换情景（甲情景→乙情景）；或者

Ⅱ．改换所指（a→a'；a和a'是同类事物）；或者

Ⅲ．改换语法格式（G→G'）

儿童也能对语言信号A作出条件性反应，那么，就可以认为儿童对语言信号发生了迁移性反应。

Ⅰ是情景迁移（The Situational Transfer）；Ⅱ是所指迁移（The Referent Transfer）；Ⅲ是语法迁移（The Syntactic Transfer）。情景迁移，改变的是情景，不变的是语言信号。情景迁移的发生，表明儿童已能把语言信号从情景中

分离出来,使语言信号具有了超情景的抽象性的品格;虽然情景迁移之后语言信号仍处在一定的情景中,但引起儿童反应的主信号已是语言。迁移前后的情景差异越显著,语言信号的第二信号的身份越明显;特别是当语言信号的所指不在现场时,更能说明儿童对语言信号的意义有了一定的理解。

所指迁移改变的是语言信号所指称的具体对象,语言信号并没有改变。所指迁移的发生,表明儿童已不是把语言信号仅同某一个具体事物相联系,而是与一类事物相联系。从而使语言信号具有了概括性。迁移前后所指的差异愈显著,语言信号的概括性就愈强大。这种概括性是第一信号所不具备的性质。

语法迁移是三种迁移中最重要最具决定意义的。例如:

a)妈妈呢?

b)跟妈妈再见。

要对a)b)作出合适反应,最起码要求儿童具有如下能力:

第一,能在两种不同的语法格式中识别出"妈妈"一词的同一性,具有最起码的语言切分和提取能力,这种能力比处理情景迁移难度更大;第一信号只是一个不具切分性质的简单信号,只有语言信号才有切分组合的问题。

第二,能初步把握"xx呢?"和"跟xx再见。"两种语法格式的差异。语法格式具有抽象性,是只有第二信号才具有的性质。

第三,"妈妈"在两种格式中与不同的语言单位组合,势必带来两段话语音流上的不同,这表明起刺激作用的不仅是语音,意义也在发生作用,否则难以从两段不同的音流中识别出"妈妈"这个词。

所以,如果儿童能对语言信号发生语法迁移反应,那么就足以表明儿童具有了处理第二信号的能力,建立了第二信号系统。

迁移性反应能够反映出两种信号系统的本质差异,能在自然状态下鉴定出儿童所反应的主信号,间接达到剔除非语言交际要素的目的,操作简便。更不容忽视的是,它具有高度敏感性:语言信号最初是作为伴随物或相似物出现的,它成为第二信号是由第一信号渐变过来的;在此渐变过程中,一旦出现了质变,迁移性反应立即就可反映出来。

综上所述,迁移性不仅以其科学性可以作为判定儿童第二信号系统建立的标准,而且以其操作的简便性和高度敏感性也可以作为判定的具体方法。这种集标准和方法于一身的迁移性反应,显然远优于前面论及的几种尝试。

四、一个个案的分析

李宇明（1993）曾经仔细研究过一个女孩D一岁前的话语理解情况。请看她理解"再见"的发展过程：

（1）把D抱到门口，姐姐一边挥手一边说"再见"。D举起右手模仿姐姐的样子朝屋里的妈妈挥动了几下。（189天）

（2）姐姐抱着D站在门口说："跟妈妈再见。"D便与屋里的妈妈挥挥手。（199天）

（3）在姐姐抱着D要下楼时，妈妈一边跟D挥手，一边说"再见"。D便向妈妈挥手。（216天）

（4）在房间里，姐姐或其他人一说"再见"，D就跟说"再见"的人挥手。（218天）

（5）在室外遇到一个青年男子抱着他的小女儿。妈妈说："跟叔叔再见。"D便挥挥手。妈妈又说："跟姐姐再见。"D又挥挥手。（219天）

（6）在楼下遇到张阿姨。妈妈说："跟阿姨再见。"此时张已经上了楼梯两三级，D仍高兴地向张挥手。（229天）

以上是40天时间内D理解"再见"的典型例子。在D出生后第189天时，D学习"再见"开始有反应，到了第199天便出现了初步的迁移性反应。在例（1）中姐姐挥手，在例（2）中姐姐没有挥手，情景上有迁移；在例（1）中姐姐说"再见"，在例（2）中姐姐说的是"跟妈妈再见"，语言信号出现了语法迁移的苗头。不过，这两种迁移都还不明显，所以只能看作第二信号系统的萌生，或者说是第一信号系统向第二信号系统的过渡。

但是，例（3）到例（6）的迁移性已经较为明显：发信号的人可以换成妈妈；地点可以是室内或室外；再见的对象可以是叔叔、姐姐、阿姨；语言信号可以是"跟叔叔再见、跟姐姐再见、跟阿姨再见"等。这种种迁移性表明，进入8个月的D已能在多种情景中对不同的人做出"再见"反应，"再见"已具有了第二信号的作用。因此，8个月是乳儿第二信号系统建立的时期。

当然，这一结论不是仅靠以上的例子得出的，还有许多例子都支持这一结论。例如：

（7）姐姐问："妈妈呢？"D就朝妈妈看。（194天）

（8）抱着D站在门口说"上门儿"[1]，D两眼放光，倾身欲外。（194天）

（9）在室内问："上门儿不？"D便高兴地挣身向外。（199天）

（10）D正在吃苹果，姐姐张嘴，用手指指D手中的苹果，又指指自己的嘴说："把苹果给姐姐吃。"D就把苹果送到姐姐的嘴边。接着又用此法说："把苹果给妈妈吃""把苹果给爸爸吃"，D都能做出合适的反应。（203天）

以上这些7个月的例子，表明D此时对"上门儿、把苹果给xx吃、妈妈"等语言信号都发生了初步迁移性反应。再看几个8个月的例子：

（11）姐姐问："妈妈在哪儿？"D就朝妈妈看。姐姐问："门在哪儿？"D就朝门看。（224天）

（12）D和一个比她稍大的女孩在一起，妈妈说："让姐姐吃。"D就把正吃的油条送到那个女孩的嘴边。（228天）

（13）妈妈说："吃妈儿妈儿[2]。"D就去吃奶。妈妈说："鸽子呢？"D就朝天上飞的鸽子望。妈妈说："灯灯呢？"D就朝灯看。妈妈见D伸出小手，就问："要苹果？"D摇头；妈妈又问："要烧饼？"D仍摇头；妈妈说："要茶缸盖？"D接过茶缸盖就玩了起来。（234天）

结合前面的例子，我们看到了许多语法迁移的现象。在"名词＋呢？"这种句式中，替换名词，D可做出不同的反应。而当"名词＋呢？"和"名词＋在哪儿？"这两种不同的句式中的名词相同时，她又能做出相同的反应；这说明她已能理解这两种问句格式。语法格式的理解比对词语的理解具有更高的抽象性。再如例（13）中的"妈儿妈儿"和"妈妈"语音相近，但D能够区分二者的不同，说明她所接受的刺激已不仅仅是语言的声音，也包括语言的意义，这绝不同于仅把语言当作第一信号的反应。

这一个案的分析表明，儿童在出生后第7个月时，已经开始出现了迁移性反应，第二信号系统开始萌生；在第8个月时各种迁移性反应已经较为明显，第二信号系统已经建立。

---

1 "上门儿"是"上门儿上"的减省说法，河南方言，意为"到门外面去"，多用于成人与儿童交际时。
2 妈儿妈儿：河南方言，意为"乳房"。"吃妈儿妈儿"，意为"吃奶"。

五、结语

　　本文在分析评价苏联和我国学者的语词诠释说、词语交往说和词语理解说等观点的基础上，根据对儿童语言获得的研究实践，提出把包括情景迁移、所指迁移、语法迁移的迁移性反应作为判定儿童第二信号系统建立的标准。在儿童获得语言的过程中，语言一开始是以第一信号的身份出现的，考察儿童第二信号系统的建立，就是考察儿童把语言作为第二信号处理能力的形成。第二信号与第一信号的本质差异在于它的概括性和抽象性，迁移性反应能以其科学性、操作的简便性和高度敏感性判定第一信号向第二信号渐变过程中所发生的质变，因此是较为理想的判定儿童第二信号系统建立的标准，并且又具有判定方法的功能。

　　依据这一判定标准对一个个案的分析表明，儿童在出生后的第7个月，第二信号系统已经萌生，第8个月已经建立。当然，由于儿童的语言发展会受到诸多因素的影响，不同儿童的语言发展会有一定的时间差异；但是，根据语言习得的普遍性规律，一般儿童在8个月左右始建第二信号系统，时间上的差距不会太大。

　　除了语言之外，人类的交际手段中还有许多具有符号性质的东西，如数学符式、电报代码、各种人工语言、体态语等，它们是否也属于第二信号？体态语在儿童的语言活动中具有十分重要的意义，它的概括性、抽象性和系统的严密性虽然赶不上语言，但是也具有语言的诸多特点，与第一信号有着本质上的差异。儿童对于体态语的运用早于对语言的理解，如果体态语也可以归入第二信号系统的话，对于儿童第二信号系统建立的问题就需要重新考察。

　　与之相关的是，科学家曾对黑猩猩等高等动物的符号能力进行过长期研究，发现它们由于生理上的限制不能使用有声语言，但是它们却有一些具有符号性质的交际系统，黑猩猩还可以使用体态语或一些符号与人类进行简单的交际。如果体态语和其他的一些符号属于第二信号系统的话，那么，第二信号系统就不是人类所独有的，只不过人类的第二信号系统能发展到一般动物难以企及的水平罢了。这样一来，巴甫罗夫的两个信号系统的学说也许需要修改。

参考文献

R. M. 利伯特:《发展心理学》(中译本),北京:人民教育出版社,1983年。
W. Condon:《有声语言能使婴儿移动位置》,北京:北京师范大学出版社,1982年。
陈帼眉等:《学前心理学》,北京:北京师范大学出版社,1988年。
伏尔科娃:《儿童对言语刺激形成条件反射的某些特点》,《心理学译报》1957年第1期。
郭可教:《语言活动的神经机制》,《心理科学通讯》,1983年第6期。
科里佐娃:《儿童第二信号系统的发生与发展,北京:北京师范大学出版社,1982年。
李宇明:《乳儿话语理解的个案研究》,《语言研究》1993年第1期。
萧孝嵘:《苏联关于儿童高级活动的主要研究及其在教育上的意义》,《华东师大学报》1959年第2期。
许政援等:《儿童发展心理学》,吉林:吉林教育出版社,1987年。
朱智贤:《儿童心理学》,北京:人民教育出版社,1980年。
朱智贤主编:《三岁前儿童心理的发展》,北京:北京师范大学出版社,1982年。
朱智贤:《林崇德.思维发展心理学》,北京:北京师范大学出版社,1986年。

原载《语言学通讯》1993年第1—2期

独词句阶段的语言特点

独词句阶段一般在儿童一岁左右时开始,到一岁半前后结束,不同民族、不同性别、不同教育环境的儿童,在独词句阶段到来或结束的时间上会稍有差异。独词句阶段上承"语前(Prelinguistic)阶段",[1]下启双词句阶段,是儿童语言发展历程中一个十分重要的阶段。独词句阶段的语言特点,以及它与语前阶段的联系和怎样向其后的双词句阶段发展,一直是儿童语言学研究的一个重要课题,也是充满争论和神奇的学术领域。本文根据对一女孩D的个案观察,并参考国内外的同类研究,试图全面揭示此期儿童使用语元的数量、种类及音义特点,描述独词句的各种交际功能,探讨独词句阶段与语前阶段和双词句阶段的联系与质异,并对一些国内外流行的观点进行必要的评析。

一、独词句阶段

(一)独词句阶段与语前阶段

独词句阶段不是儿童语言发展历程中的第一阶段,在此之前有一个语前阶段。语前阶段的主要特点是:

A. 儿童已经与成人有被动性的语言交际,大约可理解200余个语元和大约40种祈使和疑问的句子格式。[2]

B. 可以通过体态、特定的声音等非语言手段,同成人进行最初的交流。[3]

---

1 "语前阶段"又叫"前语言阶段"。

2 见李宇明(1993)。

3 系统功能语法的创始人韩礼德(M. A. K. Halliday)曾研究过一个名叫奈杰尔(Nigel)的儿童18个月前的语言发展状况,见桂诗春(1985)、胡壮麟等(1989)和M. A. K. Halliday(1975)。韩礼德发现他在一岁前后已经能够用一些特定的声音来表达特定的意义,如成人问他要不要某一物体时,他用yiyiyiyi作肯定性的回答,用[a:]表示同意按成人的要求做。我们也观察到D在一岁之前能用[ŋŋŋ]来指点物体。我国学者吴天敏和许政援(1979)也发现,婴儿在一岁之前能用一定的声音来表示一定的意义,如掉物在地要成人捡时发[ŋ]音,表示惊奇时发[ei]音。

C.可以用近乎于"词"的形式进行极为简单的交际。[1]

语前阶段为独词句阶段的出现做出了必不可少的语言准备,独词句阶段是语前阶段的自然延续,也是儿童语言发展中的一次质的飞跃。既是"自然延续",就有一个划界的问题;既是"质的飞跃",就要考察二者的不同的质究竟是什么。我们认为,判断儿童语言发展到独词句阶段的标准应是:

Ⅰ.具有了音义相对稳定的结合体;

Ⅱ.而且这一音义结合体应与目标语言中的词或词组(除了叹词和语气词)大体相合,具有一定的可识辨性。

标准Ⅰ排除了C,标准Ⅱ排除了B。在语前阶段,儿童虽然能用一些特定的音表达一些特定的意思,甚至有些已经近乎"词";但是音与义的结合还非常模糊和不稳定,与独词句阶段的语言单位在形式和意义上还有很大的差异。因此,具有B和C特点的语前阶段仍然与独词句阶段有着质的差异。

(二)独词句中的"词"

独词句阶段中的"词"不具备一般所谓的"词"的资格。词是最小的能自由运用的音义结合体,必须具备两个最起码的条件:

A.除了叹词和附加于全句的语气词之外,词应具有组合功能。

B.应有较为固定的语音形式和较为明确的意义所指,而且,音义的结合应较为稳定。

在成人语言和独词句阶段之后的儿童语言中,独词句中的词虽然在独词句中没有同其他的词进行组合,但是显然具有组合功能,因此具有词的资格。而在独词句阶段,只有独词句而没有其他类型的句子,所以此期的"词"没有组合功能。也许可以假设,在语前阶段儿童已经可以理解超过一个词的较长的句子,这种语言经验已经使儿童具有了一定的句法结构观念,只是由于某种条件的限制,这种句法结构观念还不能在独词句中表现出来。这种假设也许不无道理,但是,人们至今还不能对这种假设进行有效的验证;而且,即使这一假设成立,此期儿童的句法结构观念也一定是非常模糊的。

---

[1] 吴天敏和许政援(1979)发现,"有一个婴儿在11个月23天时,看见爸爸回来就叫'妈妈';看见画有孩子的图片,有时叫'姐姐',有时也叫'妈妈';见帽子叫'帽帽',见馒头叫'馒馒',有时也似'妈妈';在1岁时见父亲回家,有时叫'爸爸',但有时还叫'妈妈'。"

如果把独词句阶段的"词"看作是词的话，在具体操作上也会遇到很多困难。在独词句阶段，除了与目标语言相合的词之外，还有"残词形式"和"超词形式"。所谓残词形式是指构成独词句的语言单位只是目标语言中的一个词素，或是在这个词素的前后带上不清晰的音，甚或是一个音节片段；所谓超词形式是指构成独词句的语言单位是目标语言中的大于词的结构，如词组之类。把这两种形式的语言单位叫做"词"，也不一定合适。

独词句阶段的语言单位与一般所谓的词很不一样。对此可有两种处理方法：第一，把超词形式处理为词组，把其他的形式处理为词。这样做的结果是：A. 取消了独词句阶段，从而更不利于揭示儿童语言发生的阶段和特点；B. 势必需要分析词组的内部结构和语义关系，而这一任务几乎是不可能完成的，勉强分析，也只能是用成人语言的眼光来看待儿童语言，而这是儿童语言研究的大忌。第二，把它们看作儿童此期特有的语言单位，虽与词相似，但不必要求具有组合关系，不必要求其音其义以及音义的结合达到词的水平。这一处理显然具有理论上的可接受性和实践上的可行性。

为方便起见，不妨将独词句阶段的"词"称为"语元"，[1]并定义为：语元是儿童早期所理解和使用的最小话语单位，其语音或/和语义具有一定的含混性和不稳定性，它不具有内部结构关系，不具有或只具有十分模糊的组合功能。同目标语言比较，它可能与词相当，也可能小于词（残词形式）或大于词（超词形式）。

（三）独词句阶段与双词句阶段

由独词句阶段到双词句阶段，是儿童语言发展的必由之路，也是又一次大的飞跃。两个阶段的本质差异，不在于句子长短，而在于双词句阶段，儿童使用的最小语言单位具有了词的资格，即具有了组合功能。就此而言，可以说由独词句阶段到双词句阶段，就是一个"语元词化"的过程。过去人们往往只要发现儿童所使用的语言单位是目标语言中的词组，就认为进入了双词句阶段。这种简单化的处理很不恰当。

---

[1] 语元这一概念是李宇明（1993）提出的。当时认为"语元"是"乳儿所理解的最小话语单位"，是从乳儿所理解的"一个较为笼统模糊的话语片段"中切分得到的，它"可能与成人话语中的词相当，也可能不相当；即使是相当，在理解上也可能与成人有较大的出入"。为增加这一概念的涵盖面，本文进行了重新定义。依此独词句阶段严格说来应称为"独元句阶段"，但是为照顾传统，我们仍然把它称为"独词句阶段"。

判定儿童是否具有词的组合能力，如下标准具有可操作性：

当儿童听到一个含有A的词语时，他能主动地用一个语言单位B与A组合，形成具有语法结构关系和语义运算关系的AB或BA新组合。这时，就认为儿童发展出了词的组合能力。例如：

（1）D在早晨同一女孩H闹着玩，吵闹得大人不能睡觉。H的母亲冲着H说："滚！"D以为是冲她说的，自然地接话："不滚！"

（2）D到处乱摸乱摆弄，她表姐一边胳肢D一边问："还贱不？"[1]D边笑边答："不贱了！"这种问答连着反复达五次之多。

这两例是在D出生后第475天搜集到的。在此二例中，D主动地用"不"同"滚、贱"组合成"不V"，"不V"具有状心结构关系，表达对动作或行为的否定。这种情况显然与独词句阶段的"不V"不同，可以认为此时D已经发展出了词的组合能力，其语言发展开始步入双词句阶段。

二、语元分析

（一）语元的数量

排除简单模仿和一些非语元的自我语言（或语音）游戏，D在出生后405天到475天这70天的独词句阶段中，共使用了28个语元。这些语元是（依出现的先后次序排列）：

妈妈 爸爸 呀 唉 不 姐姐 不喝 喝 我不 不敢 上哪儿
门 不要 不穿 阿姨 煤 爬 伯伯 bye-bye 嗯 米 家家[2]
没有 [m] 看狗[3] 狗 来 二妮[4]

（二）语元的种类

语元不具有组合功能，或者是只有十分模糊的组合功能，故而无分布可言，不能进行类似于词的分类。因此给语元分类，只能采取意义标准。根据对

---

[1] "贱"：河南方言，动词，意义是"不老实，乱拉乱摆弄东西"。
[2] "家家"：武汉方言，意为"外祖母"。
[3] "看狗"出现在独词句阶段的末期，"看"的语音模糊不清，所以仍把"看狗"作为一个语元处理。
[4] D的表姐的乳名，她从D出生一直与D生活在一起。D对她面称"姐姐"。

语元意义的抽象概括，可以把上列28个语元分为指称、行为（包括动作）、否定、语气四大类：

语元类型	指称	行为	否定	语气	合计
语元数量	11	7	7	3	28
比例%	39	25	25	11	100

由表中可以看出，指称性语元最多，有11个，其中指人的有7个，指物的有3个，指称动物的只有1个。儿童使用指称性语元的状况，并不表明此期儿童的认知能力，因为在一岁之前，儿童所理解的指称性语元已有一百多个。[1]此期指称性语元的使用情况只能说明人际交往是这一时期儿童最迫切的需要。

行为性语元和否定性语元都是7个，其中否定性语元最值得注意。在否定性语元中，除了"没有"是否定存现的之外，其他6个都是否定行为或动作的，可见这类语元与行为性语元具有十分密切的关系。否定性语元的较多使用，既说明此期儿童的否定思维已有新的发展，也说明儿童具有了自己的意愿，因为这些否定性语元在具体交际中，多是用来表达儿童的否定意愿的。

语气性语元最少，只有3个，主要用于应答和表示惊疑。不过，考虑到目标语言中叹词、语气助词和应对语气词在整个词汇中所占的比例，此期语气性语元的数量也不算少。

（三）语元的语音

李宇明（1991）探讨婴儿早期发音的问题时，曾经提出过"非自控音"和"自控音"这两个概念。非自控音是儿童不能自己控制的无意识发音，如哭声、咳嗽声和吃奶发出的声响等。自控音是儿童自己控制发音器官所发出的声音。当时的论题不需要给自控音再分类，而现在则需要把自控音再分为"无意义自控音"和"有意义自控音"（即语音）两类。语元的发音是语音，显然属于有意义自控音的范畴。这样，可以从发生学上得到儿童声音发展的一个顺序：

非自控音→无意义自控音→语音。

独词句阶段是由无意义自控音发展为语音的阶段。此阶段语元的语音还具有一定的含混性和不稳定性。例如："妈妈"在本阶段之初，其韵母的舌位有时稍微偏高偏后；"来"的声母有时发成[n]；"没有"的声调往往伴同语调而成曲折型。因此，许多语元在听感上不够清晰，只有熟悉儿童的人在明了语

---

[1] 见李宇明（1993）。当时将指称性语元叫做"名词性语元"。

境的情况下仔细辨听才能听懂。

除此之外，在语音发展上还有两种现象最值得注意：

1. "fis"现象

伯科（J. Berko）和布朗（A. L. Brown）发现：一个儿童把他的玩具充气塑料鱼叫做fis（正确的发音应是fish），当成人模仿他的发音也把鱼叫fis时，这个儿童试图纠正成人模仿的错误发音，说不是fis，是fis，反复数次，几乎发火。当成人改口说fish时，这个儿童才认可。[1]伯科和布朗把这种现象称为"fis现象"。史密斯（N. V. Smith）也曾发现他的儿子能辨别mouse和mouth，sip和ship，但在发音时却又发成相同的音。[2]我们在D的身上也观察到了这种现象：

（3）在D出生407天的前后，把"爸爸"叫成[wawa]。当其爸爸要求D叫"哇哇"（[wawa]）时，D却不知所云；而当要求她叫"爸爸"时，D把目光转向爸爸，但是叫的声音仍然是[wawa]。

fis现象表明，儿童听辨语音的能力已有了相当的发展，在大脑中已经建立了许多语元的正确的语音表象；但是由于某种原因，他的发音能力还不健全，从而导致听音和发音的不同步、不匹配。这种现象也说明，此期语元的发音含混与语前阶段的发音含混是有区别的。

2. "假失"现象

儿童对于过去能够发出的音又出现发音障碍，这种现象我们称之为假失现象。比如，在D的乳儿期已经多次记录到[pa]音，D在"玩弄"声音时也常发出[pa]音，但是，如例（3）所示，到了此期她反而出现了发音障碍，发不出[pa]音，而用[wa]音替代。这是由无意义自控音转化为语音时发生的假失现象。再如：

（4）在独词句阶段的中期，D曾掌握了"家家"这个语元，发音也正确。但是到了她463天时，反而把"家家"发成[kaka]，并延续了一段时间。

例（4）说明假失现象不仅只是从无意义自控音向语音转化时才出现，这种现象在语音的发展过程中也会发生。

人们至今对假失现象还不能做出有说服力的解释。雅可布逊（R. Jakobson）[3]根据比利时著名的儿童语言学家Antoine Gregoire等人的材料和看

---

1 见桂诗春（1985）、朱曼殊主编（1990）。
2 见桂诗春（1985）、朱曼殊主编（1990）。
3 见伍铁平（1981）。

法，提出了"间断论"的主张。认为儿童早期的发音与语言期的语音学习有本质的不同。语言期儿童习得的是音位，音位是由一套区别性特征构成的系统，并与语义相关联。因此，会有发音上的得而复失的现象。

雅可布逊的音位习得理论是很有价值的，但是，对于假失现象的解释却不很妥当。其一，儿童早期的发音在此阶段并没有完全丧失，而且fis现象告诉我们，儿童头脑中的许多语音表象也正是在语前时期建立的，并被保存下来在此期发挥其能发挥的作用。其二，不能解释例（4）所示的现象，因为这类发音在音位习得期获得，但仍会假失。其三，儿童在呀呀学语时常表现出对某些发音的偏爱，他所偏爱的这些发音常常是此期语元的语音。[1]而且，许多假失的发音很快就会失而复得。因此，我们认为此期的发音与语前阶段的发音有关联，只是这种关联不是机械的罢了。[2]也正是基于这种认识，才把这种现象称之为"假失"。当然，要对假失现象给以科学的解释，还有待于进一步研究。

（四）语元的意义

朦胧性和变化性，是此阶段语元意义的两个十分突出的特点。所谓朦胧性是说，儿童对语元意义内涵的理解还相当肤浅，对外延也缺乏明确的认识。比如"妈妈、爸爸、姐姐"等语元，D只是用来指称特定的一个对象，并不知道这些称谓复杂微妙的内涵，也不知道他人也有自己的妈妈、爸爸和姐姐。

所谓变化性是说，随着语言的发展，语元意义的内涵和外延，会发生或快或慢的变化。儿童最初掌握的语元，大都同某一或某一些具体的所指相联系，具有"专指性"。就D的材料看，不仅前面提及的"妈妈、爸爸、姐姐"这些指称性语元具有专指性，而且，其他几个种类的语元也是如此。最明显的是"不喝、不穿、不要"等否定性语元，都只能用来否定"喝、穿、要"之类的特定行为或意愿。但从认知方面看，此期儿童已经有了初步的概括能力。在儿童语言习得机制和目标语言的双重作用下，儿童会很快突破专指性，使语元意义在内涵，特别是在外延上发生变化。这种变化从儿童对于语元意义的泛化上看得最为清楚。例如：

（5）D在442天时学会用"阿姨"来称呼一位姓徐的年轻女教师。当D看

---

1 见朱曼殊主编（1990，P285）。
2 我们认为独词句阶段与语前阶段有关联，但是并不同于行为主义者的连续说（如O. H. Mowrer等的主张）。行为主义者用"强化"来解释这种关联，是不科学的。

见徐老师下楼打酱油时，便跟在其后一声接一声地叫"阿姨"。此后不久，能用"阿姨"称呼其他的成年女性。在460天（第一次使用"阿姨"后的第18天）时出现泛化现象，D把老年女性也叫做"阿姨"，甚至见了小哥哥也叫"阿姨"。

由专指性到非专指性，是儿童语言发展的一条重要规律，也是儿童习得语言的主动性和创造性的一种证据。泛化所遵从的也正是这一规律，并没有什么特殊的地方；它之所以易于引人注意，只不过是人们用目标语言与其比较的结果。[1]对于泛化现象的研究已经不少，但是，在独词句阶段发现语元泛化的报道却极少见到。

三、交际功能

独词句阶段的句子虽然没有内部结构，但有交际功能。韩礼德曾经把语言交际功能划分为7种：[2]

1）工具功能（instrumental）；
2）控制功能（regulatory）；
3）交流功能（interactional）；
4）表达个体功能（personal）；
5）启发功能（heuristic）；
6）想象功能（imaginative）；
7）表现功能（representational）。

韩礼德认为儿童在10个半月时已经掌握了前4种功能，到一岁半时已经掌握了前6种功能。韩礼德从功能的角度来探讨儿童的语言发展，并力图用严密的分类法来给儿童的语言功能分类，无疑是很有意义的。但是，他的分类系统并不完善，不能很好地刻画儿童的语言功能及其发展，而且有些观察与我们也有出入。

我们根据自己的观察，参照传统的句类划分和韩礼德等的研究成果，把儿童此阶段的语言功能分为7类：呼应、述事、述意、祈使、惊疑、自娱、模仿

---

[1] 关于"泛化"，见李宇明（1991a）。
[2] 见M. A. K. Halliday（1975）、桂诗春（1985）和胡壮麟（1989）。

等,并把表达这些功能的句子称为呼应句、述事句等等。

(一)呼应、述事和述意

呼应句是儿童呼唤他人(呼唤句)或是对他人呼喊的应答(应答句)。呼应相当于韩礼德提出的交流功能,但他在交流功能中没有提及应答。呼应句是发生较早而且使用频率较高的功能句。下面是D的一些例子:

(6)在楼下主动地叫"妈妈"。(405天)

(7)见到爸爸,主动地叫"爸爸"。(408天)

(8)早上醒来不见人,连喊:"姐姐,啊姐姐。"(415天)

(9)摔倒了,哭着叫:"妈妈。"(416天)

(10)爸爸叫D的乳名,D用"嗯"或"唉"应答。(410天)

这些句子都发生在独词句的起始期。呼唤句使用的都是指人的语元,有些是简单呼唤,纯粹是一种情感的交流;有些则是在遇到麻烦或在不安的状态下的呼唤,以寻求帮助或传达一种不安的情绪。应答句使用的是语气性语元,它的出现表明,儿童对自己的名字已有了进一步的认识,是儿童自我意识的表现。

述事句是儿童对自己发现的事情的述说。例如:

(11)D在外面学会了"煤"。当抱她到楼梯口见到堆放的蜂窝煤时,她脱口说出了"煤"。(462天)

(12)D发现了一只小狗,连叫四遍"狗"。(472天)

(13)爸爸:"你的乒乓球呢?"

D:(四处寻找不见,连说四次)"没有。"(473天)

前两例述说的是存现的事物,用的是指称性语元;后一例是对存现的否定述说,用的是否定性语元。述事句都发生在此阶段的晚期。按照韩礼德的语言功能分类,它应属于表现功能。他认为这一功能在儿童语言里并不那么重要,要到18个月以后才出现,[1]但是,我们在15个月后便观察到了这一语言功能,虽然这时的述事还是不自觉的,儿童并不一定是有意地想告诉人什么,只是表现功能的萌芽。

述意句是儿童对自己的意愿进行述说的句子。这种句子在此阶段的早期就出现了,所表达的都是否定意愿,使用的都是否定性语元,而且,所处的情景

---

1 见M. A. K. Halliday(1975)。

都对儿童不利，儿童在使用时都伴之以强烈的情感和较剧烈的动作。例如：

（14）客人说："D，让伯伯抱抱。"D身子一扭说："不！"（414天）

（15）让D喝药，D大哭不止："不喝！我不！"又说："不！不喝！"（418天）

（16）给D打针时，D大哭着说："不！不！我不！"（419天）

韩礼德没有单独提出述意功能，也不知该把它归并到韩礼德系统的何处。从句类的角度看，述意句和呼应句、述事句都可归入陈述句。

（二）祈使和惊疑

祈使句是儿童用来表示要求或发布命令的句子。例如：

（17）D在火车上想要别人的东西，说："来，来。"（471天）

（18）D要人带她到楼上看狗，说："看狗。"（472天）

（19）小狗跑了，D对狗喊："来！"（472天）

（20）D在床上边爬边说："爬，爬，爬。"（444天）

儿童的祈使句很有特色，有对他人的祈使，有对动物的祈使，还有自我祈使。自我祈使发生得较早，是儿童的自言自语，发挥的是自我调节或称自我控制的功能。其他祈使句发生较晚，它们相当于韩礼德所说的控制功能，但是与工具功能也有一定的瓜葛。不过，韩礼德没有提及儿童的自我祈使。祈使句与前面讲的述意句都是表示意愿的，但是，祈使句是通过提要求、发命令的方式表达意愿的，因此与述意句有差别。

传统的疑问句与韩礼德所说的启发功能相类。此期真正的疑问句还没有出现，因为疑问句的难度要大于陈述句和祈使句。[1]但是，在这一阶段的晚期却出现了惊疑句。例如：

（21）D的果丹皮掉在了地上，爸爸怕她拾起来再吃，就把它拾起来藏在一边。D在地上找不到果丹皮，就惊讶地"嗯"（[ŋ]）了一声。（467天）

惊疑句虽有疑，但是儿童还不会因疑而问，用问求解。它只是疑问句的萌芽，是将来疑问句发展的基础。

（三）自娱和模仿

自娱句是指儿童用于自我游戏的句子，多是一些自言自语的现象。儿童一

---

[1] 关于疑问句产生的详细讨论，见李宇明、唐志东（1990）。

生下来就对人声感兴趣，[1]并在出生20天后就出现了用声音做游戏的自我"玩弄"声音的现象。[2]这种现象除了在即将进入独词句阶段时的沉默期[3]外，会随着年龄的增长越来越多，即使是在独词句阶段这种现象依然存在。自娱句是这种玩弄声音游戏的继续，由于在独词句阶段出现了独词句，所以便有了玩弄语言的自娱句。如D在434天前后，嘴里不断地说"爸爸"和"不要不要不要嘛"；在442天前后，嘴里不断地念叨"阿姨"；在453天前后，又不停地说"妹妹"。

据观察，儿童的自娱句具有阶段性，即在某几天对某种声音或语元特别感兴趣，有些声音或语元是儿童刚刚获得的，如上面提到的"不要不要不要嘛"和"阿姨"的例子。因此，自娱句对于儿童的声音练习和语言学习是非常重要的。并且，儿童会在自娱句的基础上发展出唱儿歌、讲故事等语言游戏。D在473天时，竟然自编自唱起颇有韵律的由"妈妈"和"爸爸"演变而成的"儿歌"：

（22）[mamamimi, papapipi]。

在469天时，D学会一边像小野兽一样在地上撑人，一边发出"[m]"的声音拖腔吓人。韩礼德认为，儿童使用想象功能来和环境相联系，来创造他们自己的世界，甚或是一个完全不同于成人的世界。自娱句与韩礼德所说的想象功能相类，遗憾的是，他竟然在儿童早期的语言功能发展中没有提到这一功能。

模仿句同自娱句一样，也是儿童早期模仿声音的继续，也是较为常见的现象。早在70—120天时，儿童就能对一些难发的语音进行模仿；[4]由于此期儿童已经有了语言，所以便有了模仿句。例如：

（23）D要喝牛奶。D的表姐拿着奶瓶说："说，说'喝'。"D模仿说："喝。"D的表姐又说："你再说个'喝'。"D又模仿了酷似"你再说个喝"的话。（417天）

（24）爸爸对D说："这是米。"D主动跟着说："米。"（463天）

---

1 见W. Condon（1982）。

2 见李宇明（1991a）。

3 许多学者发现，在儿童由语前阶段进入独词句阶段时，往往会有一个短暂的沉默期。在这个短暂的沉默期中，儿童的呀呀语似乎突然消失了。沉默期一过，独词句就产生了，原来的呀呀语现象也又出现了。沉默期问题至今还未得到较好的研究。

4 见李宇明（1991a）。

（25）妈妈笑骂说："这个小鳖娃儿。"D主动模仿："小鳖。"（413天）

（26）爸爸说："嗯？怎么搞的？"D模仿说："嗯？"（454天）

（27）表姐："喊'爸爸、妈妈、姐姐'"。

D："姐姐"。

表姐："喊'爸爸、姐姐、妈妈'"。

D："妈妈"。

表姐："喊'妈妈、姐姐、爸爸'"。

D："爸爸"。（429天）

前两例是成人要求的模仿，接着的两例是儿童的主动模仿。最后一例很有意思，D只能模仿最后的一个词，这说明她的模仿能力受到记忆长度和发音长度的限制。模仿也是儿童语言学习的一种表现。本文不打算展开讨论模仿在儿童语言学习中的价值，但是就独词句阶段的语言发展情况而言，模仿并非像乔姆斯基（N. Chomsky）所说的那样意义不大。[1]

（四）交际功能的特点

句子是儿童最早获得的语言概念。句子虽然跨越句法和语用两个层面，但此期儿童的句法尚未得到发展，就某种意义而言，独词句阶段儿童的语言发展，主要是语言交际功能的发展。而此阶段的语言交际功能还是相当原始的。这种原始性除了句类不全（疑问句还处于萌芽状态，没有感叹句）外，最主要的表现是：句意模糊、地位次要。

1. 句意模糊

句子的表达和理解都离不开一定的语境，句子对语境的依赖性（简称"依境性"）有层次差异。口语的依境性高于书面语，儿童口语的依境性高于成人，儿童早期语言的依境性高于后期语言。但是，此阶段的许多语句，即使是在语境中也难以准确地把握它的句意。例如：

（28）父母的同事来家。当父亲去开门时，D说："门。"（425天）

"门。"这个独词句的句意，是"开门！"，还是"门开了。"，还是别

---

[1] 武进之、朱曼殊（1986）有对模仿问题的专门讨论，笔者认为立论还是公允的。许政援、郭小朝（1992）的研究表明，11—14个月儿童所获得的词语有87.5%来源于成人的言语教授和儿童相应的模仿。这一研究成果使我们不能不重新审视模仿在儿童早期语言获得中的地位和作用。

的什么意思，是不明确的。其实它所表达的只是一种关于"门"的模糊信息。

格林菲尔德（P. M. Greefield）和J. 史密斯（J. Smith）为探讨独词句向双词句的语义发展问题，曾结合儿童的手势、动作及相关物体等非语言因素，根据两个儿童的个案材料，把独词句阶段的语言概括为12个语义范畴：

1）行为；

2）意愿；

3）行为的对象（包括陈述的对象和意愿的对象）；

4）施事；

5）施事的动作或状态；

6）对象的动作或状态；

7）对象；

8）参与者；

9）相关的另一对象；

10）相关的另一有生实体；

11）方位；

12）事件的修饰。[1]

从语义范畴上来考察儿童的语言发展，无疑是儿童语言研究上的一大突破。但是，就我们的观察而言，这12个语义范畴的概括未免太成人化了，儿童的语义发展还没有达到如此高的水平。比如此期儿童是否能把3）—10）的语义角色区分开来，就得划一个大问号；方位语义的把握也不是此期能做到的；事件的修饰在表达上起码需要两个语言单位的组合，而此期儿童的语言单位的组合能力不说完全没有的话，也是非常朦胧的。否则，此期独词句的句意不可能会如此的含糊。

格林菲尔德和J. 史密斯的语义范畴概括之所以会成人化，一是因为他们较多地用目标语言的眼光来看待儿童语言，二是没有把语义和意义这两个概念进行明确的区分。从语义学的角度看，语义是由语言表达出来的意义，或者说语义是意义的语言化。因此，语义的外延要远远小于意义的外延。如果用成人的眼光来分析此期儿童所把握的意义，格林菲尔德和J. 史密斯的概括也许还显得保守了点。从D的材料来看，此期儿童的语义范畴可以拿得准的有如下几个：

---

[1] 见唐志东(1988)。

1）行为（包括动作）；2）行为、动作或状态的关涉对象；3）呼称对象；4）意愿；5）否定。

2. 地位次要

早在语前阶段，儿童已经学会了用体态进行交际，到了此期，这种体态交际已经达到较高的水平。例如：

（29）见阿姨拿着苹果没吃，D就指指苹果，再指指阿姨的嘴，让阿姨吃苹果。（425天）

（30）D要妈妈吃瓜子，就指指自己的嘴，又指妈妈的嘴，又指指瓜子。（429天）

（31）爸爸的外衣挂在衣钩上。D用右手食指指衣服。爸爸问她要"干什么"，她又用手指爸爸。爸爸又问"是不是让爸爸穿衣服"，D点头。爸爸穿上衣服，D满意地笑了。（451天）

如果把一个有表义作用的体态或动作称为一个"体元"的话，那么，例（29）是由两个连续的体元构成，例（30）是由三个体元构成，例（31）则是用四个体元表达了一个完整的意愿、形成三个"话轮"的复杂交际。

在独词句阶段，儿童体态交际的功能远大于独词句；儿童与成人的交际，使用体态的频率也远高于语言；而且，当儿童进行语言交际时，也往往要伴之以体态。由此可见，此期儿童所使用的主要交际工具还是体态，语言交际处于辅助和从属的地位。

四、结语

独词句阶段是儿童主动使用语言进行交际的开端。独词句阶段儿童使用的语言单位是语元，语元还不具备词的资格，没有组合功能或明确的组合功能。只有到了双词句阶段语元才转化为词。

语元在发音上较为含糊和不稳定，并有fis现象和假失现象出现。fis现象说明儿童在语前阶段所建立的语音表象在以后的语言学习中会发挥不可忽视的作用，两个阶段是连续的，雅可布逊的间断观是偏颇的。而且这一现象也说明儿童的语音听觉分析能力的发展快于语音运动分析能力的发展。语元在意义上较为朦胧并具有变化性，一开始的意义都具有"专指性"，后来不断地发展，而且在此阶段就已出现了泛化现象。

　　此阶段指称性语元最多，行为性和否定性语元次之，语气性语元最少。语元没有内部结构关系，其主要发挥的是句子的功能。在此阶段儿童所学习的是怎样让独词句发挥句子的职能。其语义范畴主要有行为（包括动作），行为、动作或状态的关涉对象，呼称对象，意愿和否定等五种。格林菲尔德和J. 史密斯所概括的12个语义范畴，过于成人化。

　　独词句的交际功能主要有呼应、述事、述意、祈使、惊疑、自娱和模仿六种，其中前三种属于陈述句，祈使是具有儿童特点的祈使句，惊疑是疑问句的萌芽，自娱和模仿是早期玩弄语音和模仿语音的继续和发展，具有娱乐和语言学习的功能。呼应、述事、述意和祈使的多数句子，发挥的是儿童与他人的交际功能，其他的功能类和祈使的一部分发挥的是儿童自我交际的功能。韩礼德对于儿童语言交际功能的研究和分类，很有意义，但并不能很好地刻画儿童的语言功能及其发展，有些观察与我们也有出入。

　　此期儿童语言交际功能还较为原始。句类系统还不完善，句意还相当朦胧，即使在特定的语境中，许多独词句也难以准确地理解其句意。而且，无论从发展水平还是从使用频率上看，此期儿童的体态交际都超过语言交际，语言交际还是辅助性的。

参考文献

Breyne Arlene Moskowitz: *The Acquisition of Language*（《语言的掌握》，李平节译），《国外语言学》1981年第2、3期。

M. A. K. Halliday: *Learning How to Mean*. London: Arnold, 1975.

M. Liebert等：《发展心理学》（刘范等译），北京：人民教育出版社，1983年。

W. Condon：《有声语言能使婴儿移动位置》（茅于燕译），朱智贤主编《三岁前儿童心理的发展》，北京：北京师范大学出版社，1982年。

桂诗春：《心理语言学》，上海：上海外语教育出版社，1985年。

何自然：《语用学概论》，长沙：湖南教育出版社，1988年。

胡壮麟等：《系统功能语法概论》，长沙：湖南教育出版社，1989年。

李　丹主编：《儿童发展心理学》，上海：华东师范大学出版社，1987年。

李宇明：《1—120天婴儿发音研究》，《心理科学》1991年第5期。

李宇明：《儿童习得语言的偏向性策略》，《华中师范大学学报》1991年第4期。

李宇明：《乳儿话语理解的个案研究》，《语言研究》1993年第1期。

李宇明、唐志东：《三岁前儿童反复问句的发展》，《中国语文》1990年第2期。

唐志东：《国外的儿童语言学》，《语言学通讯》1988年第1期。

吴天敏、许政援：初生到三岁儿童言语发展记录的初步分析，《心理学报》1979年第2期。

伍铁平：《雅可布逊：〈儿童语言、失语症和语音普遍现象〉》，《国外语言学》1981年第3期。

武进之、朱曼殊：《影响儿童语言获得的几个因素》，朱曼殊主编《儿童语言发展研究》，上海：华东师范大学出版社，1986年。

许政援、郭小朝：《11—14个月儿童的语言获得》，《心理学报》1992年第5期。

张仁俊、朱曼殊：《婴儿的语音发展》，《心理科学通讯》1987年第5期。

朱曼殊主编：《心理语言学》，上海：华东师范大学出版社，1990年。

原载《中国语言学报》总第7期（1995年）

乳儿话语理解的个案研究

一岁以内的孩子称为乳儿。乳儿后期已能理解一些简单的话语，这既为此后的语言获得做了最初的准备，也是个体话语理解的开始。它标志着个体由第一信号系统进入到第二信号系统，从"动物性的人"向"符号化的人"迈出了一般动物难以迈出的关键的一步。关于乳儿话语理解这一极富科学价值的课题，国内外已有些粗线条的研究；这些研究在某些细节上有分歧，但一般的看法大体相同。这些看法可归结为三点（朱智贤1986：112—116；朱智贤、林崇德1986：356—358）：

第一，乳儿从七八个月起开始对一些词语发生理解反应，但这时的理解反应还只是对词的声音的反应，因此，还属于第一信号系统内的活动。第二，从十至十一个月开始对词语的意义发生理解反应，词语开始成为第二信号，但是，这种第二信号还带有浓厚的第一信号的色彩，并常需第一信号的支持，因此，是第一信号和第二信号的协同活动的开始。第三，一岁时约能听懂十至二十个词语。

为检验上述结果的科学性，并进一步探讨乳儿话语理解的状况和特点，发现第一信号系统向第二信号系统发展的轨迹，我们曾对1985年1月16日出生的女孩D进行了全天时的观察，用日记记录下每天的新进展，并在必要时进行一些小实验。本文使用的就是这一个案材料。

一、乳儿语元理解的发展

（一）理解判定和语元分析

准确判定乳儿对话语是否理解有两大困难：第一，理解的表征是什么？第二，理解的是什么样的话语单位？我们采用"话语反应判定法"和"语元"的概念来解决这两个困难。

1. 话语反应判定法

在自然语境中，如果乳儿对话语刺激能做出合适的反应，即判定乳儿对该话语理解。这就是话语反应判定法。话语刺激材料主要使用祈使句和疑问句，因为这两类语句明确要求说话人做出反应。所谓合适反应，是指乳儿能用体态或/和声音做出合乎话语内容的反应。比如问："谁是妈妈？"乳儿能把目光转向妈妈或用手指向妈妈，就是合适的反应。由于乳儿的身心发育尚不成熟，所以不要求他的反应达到成人的水平。

2. 语元及其分析

乳儿所理解的最小话语单位称为"语元"。乳儿对话语的理解与成人有较大的不同，他所理解的往往不是一串词的组合，而是一个较为笼统模糊的话语片断。由此种话语片断切分得到的语元，不一定与词相当；即使相当，理解的程度也与成人不一定相同。本文用替换法和参照法来确定语元。

所谓替换法是指，在乳儿所理解的话语片断AX中（A代表某话语片断，X代表某话语片断中A以外的话语单位），若用B（B代表与A类同的话语单位）替换A，乳儿也能做出理解反应，则可确定乳儿理解了A、B两个语元；若用B替换A以后，乳儿不能做出理解反应，则应把AX确定为一个语元。假定乳儿理解了"妈妈呢？"，若用"爸爸"替换"妈妈"后，乳儿对"爸爸呢？"也能理解，则断定他理解了"妈妈"和"爸爸"两个语元；若替换以后不能对"爸爸呢？"做出理解反应，那么，说明他只理解了"妈妈呢"一个语元[1]。

所谓参照法是指，在确定语元理解时，要参照乳儿对该话语理解时的体态反应和以后的语言发展状况。假定乳儿听到"把苹果给妈妈"，就做出拿苹果给妈妈的体态反应，据此可断定他理解了"苹果"和"妈妈"两个语元。再如乳儿能对"把苹果给我"做出与"把苹果给妈妈"一样的体态反应，但是并不能够认为他理解了"我"，因为即使一岁半的儿童也难以较好地理解人称代词（朱曼殊等1986：193—194）。这是参照的儿童语言习得的规律。

综合运用以上两种方法，根据乳儿心智发展的特点，在具体操作时我们遵从两个原则：第一，具像语元优先；第二，宜粗不宜细。儿童认识具体事物先于抽象事物，认识事物的特点是由笼统到清晰、由粗疏到细密。因此，在没有充分根据的情况下，对意义抽象虚灵的语言成分不作单独的语元处理；语元宁可处理得大点，也不要处理小。

---

[1] "呢"是一个疑问语气词，根据儿童的语言能力可判定，它不可能成为乳儿理解的一个语元。但是，"NP呢？"可作为乳儿理解的一种疑问格式。

（二）语元理解的发展

比照词类的划分，语元也可以分为名词性语元、动词性语元（简称"名元""动元"）等。下面从语元理解成绩和语元理解特点两个方面来考察乳儿语元的发展。

1. 7—12个月乳儿语元理解成绩

据观察，D在满3个月时就能对自己的名字做出反应；满6个月时出现话语理解的萌芽。

表1 乳儿语言理解的基本情况

项目 月数	名词性语元		动词性语元		其他语元		小计	
	月增加数	本月总数	月增加数	本月总数	月增加数	本月总数	月增加数	本月总数
7		6		6		0		12
8	5	11	7	13	0	0	12	24
9	26	37	6	19	0	0	32	56
10	19	56	25	44	0	0	44	100
11	33	89	31	75	0	0	64	164
12	21	110	43	118	2	2	66	230

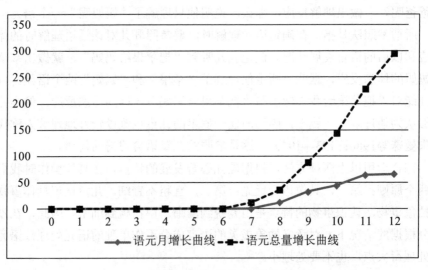

图1 乳儿语元理解成绩

从表1可以看到，乳儿在7—12个月的半年时间里，共理解230个语元，其中名元110个，动元118个，其他语元2个。将表1"小计"一栏的数据变为如图1所示的曲线形式，可以更形象地看到语元理解的发展状况。该图的语元总量增长曲线显示，8个月之前语元月增长较慢；9—11个月月增长数量急剧增加；第12个月时出现一个"发展平台"，虽然该月的新增数量是其前各月最高的，但是发展的步伐却显然放慢。形成发展平台的原因，主要是乳儿此期已开始说话，新的语言习得任务使理解的步伐变慢。

2. 乳儿语元理解的特点

乳儿的语元理解主要有三个明显的特点：

其一，所理解的语元几乎都是名元和动元。这似乎表明，这两类语元是最自然最基本的话语单位。

其二，乳儿对名元和动元理解的数目大体相等。如下图2所示，D对这两类语元理解的总量始终保持在相近的水平上。从每月新增的语元数量上看，如图3所示，动元的发展比较平稳，而名元则呈波浪式发展。这种不同与这两类语元在话语中的不同作用和乳儿认知特点有关：动元比名元要抽象得多，且在话语中居核心地位，常有构成话语框架的作用，因此，对动元的理解不可能大起大伏；名元比动元要具体些，在话语中的位置比较灵活，与现实联系比较紧密，可能造成理解上的波浪式发展。因名元的波浪式发展而形成的名、动两类语元新增量曲线的交叉格局，也表明这两类语元在乳儿话语中需保持大体相当的数量的需要。

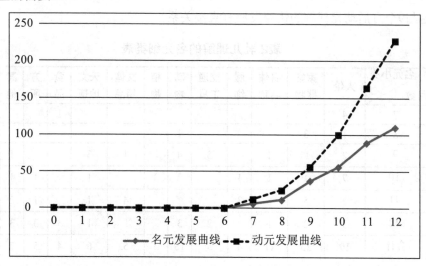

图2 名元和动元发展曲线

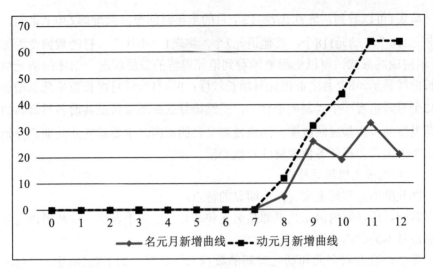

图3 名元和动元月新增量曲线

其三，乳儿所理解的语元的所指，大都是乳儿所常接触的人、事物和乳儿所能发出的动作、行为等。表2显示，乳儿所理解的名元最多的是表示家室器物、人伦、动物和身体名称四类，其中，动物多是玩具，人伦多是乳儿周围的人和一些亲属称谓；其他类别的名元也都是乳儿所常见的事物的名称。表3显示，乳儿理解的大多数动元是与身体动作有关的，其次是事件和活动。乳儿满9个月后，不仅心理神经方面有了大的发展，而且身体动作也有了飞速发展，这与9个月后动元理解的快速发展有直接关系。

表2 乳儿理解的名元细类表

名元小类 月数	人伦	家室器物	身体名称	服饰	交通工具	动物	植物	文体用品	天文地理	食品	方所	其他	小计
7	4	1								1			6
8	1	3				1							5
9	2	11	1		3	4		1	3			1	26
10	7	1	1	1		3	3		1		1	1	19
11	2	5	8	3		7		4			1	2	33
12	3	2	1		2	3			1	3	3	3	21
合计	19	23	11	4	5	18	3	5	6	4	5	7	110

表3 乳儿理解的动元细类表

动元小类 月数	身体动作	事件活动	存现	趋向	能愿	感受	方式	判断	使让	其他	小计
7	4	2									6
8	5		1						1		5
9	6										26
10	14	5	1	1	1				1	2	19
11	19	2	3				1	1	2	2	33
12	27	4	2	1	1	2		1	1	4	21
合计	75	13	7	2	3	2	1	2	5	8	118

二、乳儿句类理解的发展

人们一般把句子分为陈述句、祈使句、疑问句和感叹句四类。因为我们还未找到较科学的方法来判定乳儿对陈述句和感叹句的理解,所以本文只讨论乳儿对祈使句和疑问句理解的发展。

(一)乳儿对祈使句的理解

乳儿在7个月时所理解的祈使句,都是由一个语元构成的,如"跳""歇歇""再见"等。8个月时,能理解"给妈妈再见""给姐姐吃"之类的格式。第9个月没有大的进展,只是在动元后出现了表催促的语气词"啊",如"跳啊"等。第10个月时发展较快,记录到的新理解的句子有:

1. 拍不倒翁睡觉。
2. 赶快答应。
3. 你盘脚盘[1]。
4. 不要/别动。
5. 来,吹吹就好了。

11个月记录到的一些所理解的更为复杂的话语是:

6. 让爸爸给你拿。
7. 把皮球捡起来。
8. 把帽子给小熊猫戴上。
9. 把帽子戴在妈妈头上。
10. 用毛巾擦嘴。
11. 读读书/口妈妈[2]。
12. 口一个/口一下。

乳儿12个月新理解的话语有:

---

[1] "盘脚盘"是一种儿童游戏。
[2] "口":河南方言,意为做出愤怒状或愤恨状的鬼脸;动词。

13. 看大狮子去。　　　　　　14. 去看大狮子去。
15. 快点。　　　　　　　　　16. 亲亲爸爸，爸爸抱你去看小狗。
17. 吃一口，去看大狮子。

对于以上这些句子，当然不能按分析成人句子那样去分析，认为乳儿此期已经掌握了这些句型或句式，也不能认为他们对这些句子的理解达到了较高的水平。但是，由这些句子却可以看到乳儿理解祈使句的两个特点：第一，所理解的句子由简单到复杂。D开始所理解的都是由一个动元构成的祈使句，随着月龄的发展逐渐理解了由两个和多个语元构成的内部结构和语义关系较为复杂的祈使句，并最后出现了对否定形式的祈使句和用形容词性语元构成的祈使句的理解反应。

第二，乳儿对祈使句的理解呈现两个阶段：9个月之前所理解的句子都较短小，格式也只有两三类；10个月之后发展很快，理解的句子多而复杂，一些常见的祈使句类型几乎都能出现理解反应。

这些理解特点与动元的理解发展是一致的。再看表3可发现，乳儿在10至12个月中对动元的理解数目大增，且类型上也有较大发展。这说明乳儿的动元理解与祈使句理解具有正相关性。

（二）乳儿对疑问句的理解

1. 乳儿理解疑问句的基本情况

乳儿在7个月时理解的疑问句都是简略形式。如：

1. 妈妈呢？　　　　　　　　2. 上门儿不？[1]

在8个月时新理解的格式有：

3. 门在哪儿？　　　　　　　4. 要苹果？

很显然，例3是例1的发展，它们的疑问功能都是询问某物存在于何处；例4是不带语气词的是非问，与例2同属一类。9个月没有发现新的进展，10个月新理解的问句有：

5. 吃不吃？　　　　　　　　6. 上哪儿？
7. 干什么？

11个月记录到的新理解的疑问句较多：

---

[1] "上门儿"：河南方言，意为到室外去。"上门儿不？"传统上都把它分析为反复问句的省略，其实，应把它作为是非问的一种。我们打算专文讨论。

8. 把马放在哪儿？[1]
9. 你在哪儿洗的脚？
10. 狮子怎么叫的？
11. 谁是D？
12. 哪是电灯？
13. 叔叔你认识吗？

12个月记录到的新理解的疑问句有：

14. 还有一个叔叔呢？
15. 你几岁了？
16. 喝牛奶吗？/还喝吗？
17. 唱个歌吧？/是渴了吧？
18. 什么地方想吃？
19. 不吃了？
20. 那里的灯和这是一个，对不？

2. 乳儿疑问句理解的特点

仔细观察上面的实例，可以发现乳儿理解疑问句的三个特点：

第一，除了选择问之外，其他疑问句的大类都有涉及。第二，所理解的疑问句都可以不用语言作答。是非问和正反问可以用体态来表示赞成或反对等，例如：

1. 成人　尿尿不？
   D　　搂紧大人脖子，夹紧双腿，并发出抗议的叫声。
2. 成人　你喝水不？
   D　　点头。
3. 成人　喝不喝水？
   D　　指碗柜中的小碗，又指开水瓶。

乳儿所理解的"W呢"简略问句和绝大部分特指问句，也可以用指示、寻找等体态作答。例如：

4. 成人　D的脚呢？
   D　　用手搬起自己的脚。
5. 成人　莉莉姐姐呢？
   D　　用手指莉莉。
6. 成人　谁是灿灿的妈妈？
   D　　指灿灿妈，又指灿灿。
7. 成人　什么地方想吃？
   D　　指自己的嘴或肚子。

---

[1] "马"指玩具马。本文例句中所涉及的动物多是玩具，不——作注。

8. 成人　你在哪儿洗的脚？
　　D　　指水盆。
9. 成人　你几岁了？
　　D　　伸出一个指头。

只有问方式的特指问，才不能用体态回答，但是，可以摹声作答。例如：

10. 成人　狮子怎么叫？
　　D　　模仿狮子的叫声。

这一特点既说明了成人在与儿童交际时会充分考虑到儿童的能力，同时许多问句也能发挥祈使句的功能，成人看似向乳儿提问，实则是向他提出某种要求。

第三，所理解的疑问句由简单到复杂。9个月之前所理解的都是形式和内容都相当简单的问句；9个月之后，理解的格式大增，并出现了一些问人、问事物、问方式乃至问年龄的特指问。这一特点和明显的阶段性特征，与前述的关于祈使句的理解很相似，反映了乳儿话语理解的共同性特点。

三、乳儿第二信号系统的建立

自从俄罗斯生物学家巴甫洛夫通过对狗的条件反射实验提出两种信号系统的学说以后，不少科学家运用这一学说来解释儿童高级神经系统的发展。人们把第二信号系统看作人类特有的，它的建立宣告儿童言语活动的发生，因此自然成为本课题所关注的理论问题。

（一）第二信号系统建立的标志

儿童何时建立第二信号系统的争议主要来自两个方面：第一，是只对言语有理解反应就算建立了第二信号系统，还是对言语既能理解又能说出才算建立了第二信号系统？（陈帼眉等，1988：65—66；许政援等，1987：97）第二，儿童对言语是作为第一信号反应的，还是作为第二信号反应的？

对于第一个方面的争论，我们的看法是，儿童只要能对言语做出理解反应，就算建立了第二信号系统；因为，如果儿童没有建立第二信号系统，是难以对言语做出理解反应的。既能理解又能说出话语，那是儿童第二信号系统的发展和完善；说话还牵涉到如生理发展、编码能力等其他因素，因此不能作为第二信号系统建立与否的条件。

解决第二个方面的争论，关键是看儿童能否对言语信号发生迁移性反应。设儿童在甲情景中对处于G语法格式中的言语信号A建立起了同具体事物a的条件性联系，如果：

a）改换情景（甲情景→乙情景），或者

b）改换所指（a→a′；a和a′是A概念的不同个体），或者

c）改换语法格式（G→G′）

儿童对言语信号也能做出条件性反应，那么，就可认为儿童对言语信号发生了迁移性反应。a）是情景迁移，b）是所指迁移，c）是语法迁移。

如果儿童能对言语信号发生迁移性反应，那么就可以认为儿童已把言语信号作为第二信号进行反应。因为迁移性反映了两种信号系统的本质差异。情景迁移表明儿童已能对言语信号进行反应，把言语信号从情景中分离出来，特别是言语信号的所指不在现场时，更说明了儿童已开始对言语的意义进行理解。巴甫洛夫的实验表明，第一信号的条件反应必须与无条件刺激相伴随，否则这种条件反应就会逐渐消退（R. M. 利伯特等；1983：119—120）。所指迁移表明，言语信号已具有抽象概括性，而第一信号是不可能具有这一性质的。语法迁移也只有第二信号才有可能发生，因为语法迁移其实表明了儿童对言语信号具有了切分和再组合的能力，而第一信号只是一个不具切分和再组合性质的简单信号。如果把言语信号作为第一信号，即简单的声音信号，就不可能出现语法迁移。

（二）乳儿何时建立第二信号系统

据观察，D在7个月时第二信号系统开始萌生，8个月时已建立起来。请看她理解"再见"的发展过程：

1. 把D抱到门口，姐姐一边挥手一边说"再见"。D举起右手模仿姐姐的样子朝在屋里的妈妈挥动了几下。（189天）

2. 姐姐抱着D站在门口说："给妈妈再见。"D便与屋里的妈妈挥挥手。过去挥手时，手是握住的，今日能伸开。（199天）

3. 在姐姐抱着D要下楼时，妈妈一边跟D挥手，一边说"再见"。D便向妈妈挥手。（216天）

4. 在房间里，姐姐或其他人一说"再见"，D就跟说"再见"的人挥手。

（218天）

5. 在室外遇到一个青年男子抱着他的小女儿。妈妈说："给叔叔再见。"D便挥挥手。妈妈又说："给姐姐再见。"D又挥挥手。（219天）

6. 在楼下遇到邻居张阿姨。妈妈说："给阿姨再见。"此时张已经上了楼梯两三级，D仍高兴地向张挥手。（229天）

以上是40天内D理解"再见"的典型例子。在第189天时D学习"再见"开始有反应，到第199天便出现了初步的迁移性反应。在例1中姐姐挥手，在例2中姐姐没有挥手，而是妈妈挥手，情景上有迁移；在例1中姐姐说"再见"，在例2中姐姐说的是"给妈妈再见"，言语信号出现了语法迁移的苗头。但是，这两种迁移都还不明显，所以只能看作第二信号系统的萌生，或者说是第一信号系统向第二信号系统的过渡。但是，例3—6的迁移性已经较为明显，发信号的人可以换成妈妈，地点可以是在室内室外，再见的对象可以是叔叔、姐姐、阿姨，言语信号可以是"给叔叔再见""给姐姐再见""给阿姨再见"等。这种种迁移性表明，进入8个月的D已能在多种情景中对不同的人做出"再见"反应，"再见"已具有了第二信号的作用。因此，8个月是乳儿第二信号系统建立的时期。当然，这一结论不是仅靠以上的例子得出的，还有许多例子都支持这一结论。例如：

1. 姐姐问："妈妈呢？"D就朝妈妈看。（194天）

2. 抱着D站在门口说"上门儿"，D两眼放光，倾身欲外。（194天）

3. 在室内问"上门儿不？"D便高兴地挣身向外。（199天）

4. D正吃苹果。姐姐张嘴，用手指指D手中的苹果，又指指自己的嘴说："把苹果给姐姐吃。"D就把苹果送到姐姐的嘴边。接着又用此法说"把苹果给妈妈吃""把苹果给爸爸吃"，D都能做出合适反应。（203天）

以上这些7个月的例子，表明D此时对"上门儿""把苹果给xx吃""妈妈"等言语信号都发生了初步迁移性反应。再看几个8个月的例子：

1. 姐姐问："妈妈在哪儿？"D就朝妈妈看；姐姐问："门在哪儿？"D就朝门看。（224天）

2. D和一个比她稍大的女孩在一起，妈妈说："让姐姐吃。"D就把正吃的油条送到那个女孩的嘴边。（228天）

3. 妈妈说："吃妈儿妈儿。"[1]D就去吃奶。妈妈说："鸽子呢？"D就朝天上飞的鸽子望。妈妈说："灯灯呢？"D就朝灯看。妈妈见D伸出小手，就问："要苹果？"D摇头；妈妈又问："要烧饼？"D仍摇头；妈妈说："要茶缸盖？"D接过茶缸盖就玩了起来。（234天）

结合前面的例子，使我们看到了许多语法迁移的现象。在"NP呢？"中，替换NP，D可做出不同的反应，而当"NP呢？"和"NP在哪儿？"中的NP相同时，她又能做出相同的反应，这说明她已能理解这两种问句格式，语法格式的理解比对词语的理解具有更高的抽象性。再如例3中的"妈儿妈儿"和"妈妈"语音相近，但D能够区分二者的所指，说明她所接受的刺激已不仅仅是言语的声音，而是也包括言语的意义。这绝不同于仅把言语当作第一信号的反应。

正是由于乳儿在8个月时建立起了第二信号系统，所以才有前面所讨论的9至12个月的语元理解上的快速发展，才有10至12个月的祈使句和疑问句理解上的快速发展。否则，此期对如此多的语元和句子的理解将是不可想象的。

四、结语

运用话语反应判定法可判定，乳儿在满6个月时已出现话语理解的萌芽，7—12个月，乳儿共理解语元230个，其中名词性语元110个，动词性语元118个。这些语元大都是乳儿所常接触的人、事物和乳儿所能发出的动作、行为等。

乳儿在7—12个月中，已能对常见的简单祈使句和除选择问句之外的常见的简单疑问句做出理解反应。乳儿句类理解由简单到复杂；7—9个月理解的发展较慢，10—12个月的理解发展较快；其发展速度与语元的发展呈正相关。乳儿所理解的疑问句大都可以不用语言作答，且不少疑问句的功能与祈使句近似。

乳儿对言语信号能发生情景迁移、所指迁移和语法迁移等迁移性反应，是乳儿第二信号系统建立的标志。依据这一标志可以发现，乳儿在7个月时第二信号系统已经萌生，8个月时第二信号系统已经建立。

---

1 "吃妈儿妈儿"：河南方言，意为"吃奶"，多在与小儿交际时用。

当然，本文的结论是在个案研究的基础上得出的，关于语元、句类理解的具体情况和第二信号系统建立的月龄，可能会与同类的观察研究有出入；但是，本文所提出的话语反应判定法、语元的概念及其分析方法、第二信号系统建立的标志，以及乳儿话语理解的基本状况等，应是具有理论价值和普遍意义的。

参考文献

朱智贤：《儿童心理学》，北京：人民教育出版社，1986年。
朱智贤、林崇德：《思维发展心理学》，北京：北京师范大学出版社，1986年。
陈帼眉等：《学前心理学》，北京：北京师范大学出版社，1988年。
朱曼殊、缪小春：《心理语言学》，上海：华东师范大学出版社，1986年。
朱曼殊等：《儿童语言发展研究》，上海：华东师范大学出版社，1986年。
许政援等：《儿童发展心理学》，长春：吉林教育出版社，1987年。
R. M. 利伯特等：《发展心理学》（刘范等译），北京：人民教育出版社，1983年。
黛安.E. 帕普利等：《儿童世界（上）》，北京：人民教育出版社，1981年。

原载《语言研究》1993年第1期

儿童词义的发展

词义既是儿童语言获得的重要内容,也是儿童认知发展的重要内容。心理语言学界试图利用认知心理学对词义理解提出的一些理论假说,来解释儿童词义的发展,但是,这些解释往往偏重于某个方面或儿童语言发展的某个阶段,没有较全面地刻画出儿童词义发展的基本面貌和基本规律。而且,心理语言学界多使用概念标准来衡量儿童对词义的把握,失于偏颇。本文首先讨论儿童语言的词义性质,并试图对儿童词义的发展作出规律性的描绘。

一、儿童语言的词义

语言的使用有不同的语言环境。在不同的语言使用环境中,人们对语义有不同的要求,从而使词义表现为不同的类型。最典型的词义类型有三种:a)日常词义;b)科技词义;c)文学词义。例如"盐",它的日常词义是"粒状的有咸味的可作调味用的结晶体";它的科技词义是"酸中的氢原子被金属原子置换所成的化合物";它的文学词义是多方面的不固定的,如"夫妻吵架是生活中的盐",这个"盐"是情趣的意思。

(一) 三种类型的词义

1. 日常词义

日常词义是在典型的日常语言环境中人们所使用的词的意义。日常词义的基本特点是:非概念性。

概念是"反映客观事物的一般的、本质的特征"(《现代汉语词典》)的,是逻辑思维的产物。在日常语言中,人们对词的理解和使用都不是在概念水平上进行的。这从人们的日常解词方式中可以看出。人们对词义的日常解释可能采取多种多样的方式,或个体枚举,或摹写形态,或描绘感觉,或叙述功能，或点说源起，或比喻类况，或简单归类（例如，问：什么是苹果？答：苹果是水果。）。对于较为抽象的词语，人们往往是"虽然知道，但难言传"。这些解释方式都不是逻辑定义性的，都不能使词义达到概念的水平。

大多数没有受过教育的人，仍能进行顺利的语言交际，这说明日常语言交际不需要在概念的水平上进行。这并不是日常语言的缺陷，而恰恰是语言交际的一种常态。

2. 科技词义

科技词义是在典型的科技语言环境中人们所使用的词义。科技词义的基本特点是概念性，这与日常词义恰恰相反。科技语言环境中所使用的词有两类，一类是科技术语，一类是非科技术语。科技术语都是通过严格的逻辑定义形成的。非科技术语，其内涵和外延也都是明确的。

也只有这样，才能保证科技语言的精密性，保证对科学成果表述的准确性。这说明科技语言交际要求在概念的水平上进行。不仅进行科学技术研究需要严格的科学教育，而且科技交际技能也必须在科学教育条件下才能获得。所以，概念水平上的语言交际不是语言交际的常态，而是一种专门化的技能。

3. 文学词义

文学词义是在典型的文学语言环境中人们所使用的词义。文学词义既不是概念，也不是日常词义，而是通过词语的再次符号化而形成的特殊意义。结构主义语言学宗师索绪尔（F. de Saussure）把语言看作是一套符号系统，并把符号分为能指（Signifiant）和所指（Signifié）。能指即语言符号的形式，所指即语言符号的意义。所谓再次符号化，是文学语言把日常语词的所指作为新的能指，从而产生新的所指。

例如"柳枝"，其原来的所指是"柳树的枝条"，但在文学语言中，"柳树的枝条"又作为新的能指，从而产生许多新的所指的意义，如"送别、柔弱、阿娜多姿、美女的细腰"等等。我国传统文论中有所谓的"言、象、意"之分，主张理解文学作品要由言到象，由象到意，得象忘言、得意忘象。所谓"言"即是词语的原来的能指，"象"即由原来的所指而再次符号化而成的新的能指，"意"即再次符号化后新产生的所指。

4. 三种词义的关系

日常词义是语言中最基本的词义。科技词义是对日常词义进一步的抽象概括，使日常词义上升到概念的水平。文学词义是在日常词义的基础上的艺术化再创造。当然，三种词义的划分，是一种典型化的处理，在实际的语言交际中，日常词义不可避免地会在科技和文学的语言环境中应用，而科技词义和文学词义也会在日常交际中使用。但是，三者的分野还是明确的。

对于一个语言社团的成员来说，他可以不具有科技词义和文学词义，但是不可能不具有日常词义。他在语言交际中可以不用科技词义和文学词义，但是不能不用日常词义。就此而言，日常词义也是最为基本的。

（二）日常词义是儿童学习的主要对象

日常词义是习得（Acquisition）的，科技词义是专业训练学得（Learning）的，文学词义的获得则要靠长期的文化熏陶。在语言发展中，儿童所要获得的主要是日常词义；只要儿童掌握了日常词义，他的词义发展也就达到了要求。

关于儿童解词的系统性研究并不多，但从一些零零星星的研究中可以看到，儿童对词语的解释早期多用个体枚举法和外形描绘法，三四岁时会用功能叙述法，在教育条件较好的环境中成长的儿童，五六岁时会用简单归类法。儿童解词方法的类型和细节，这些解词方法与年龄的对应关系，都还需要进一步作深入细致的研究，但是有两点是可以确定的：

A. 儿童对词义的掌握难以达到概念的水平，始终是在日常词义的范围之内。

B. 儿童对词义理解有一个发展过程，这个过程大约是由指出个体（个体枚举）到外形和功能的把握，再到类的归属。

在儿童语言中，似乎也可以听到颇有"文学味"的说法，例如，"太阳公公睡觉了""小鸟会唱歌"等。但是这些话语中的词义同文学词义不是一码事。这种童话式的语言，是儿童"万物有灵"的早期心理特点的语言体现，可以称之为"心理童话"。儿童的这种"心理童话"与属于文学的"文学童话"在表现形式上非常相似，但是却是属于不同的范畴。因为这种导因于"万物有灵"的"心理童话"的语言，并没有"文学童话"中对词语的再次符号化的过程。所以这些颇具"文采"的词语，并不是文学词义。

在一些学者的研究中，总是用概念标准来衡量儿童对于词义的掌握。这一衡量标准在我们看来是很不合适的,因为概念水平不是日常语言交际使用词义的常态,而是经过专业训练后应用于科技交际的水平。概念标准不是语言学标准,而是逻辑学标准。用逻辑学标准来丈量儿童语言的发展水平,带来的困窘之一就是,儿童已经能够较好地理解和使用某些词语,而研究者的结论却是儿童还远远未掌握这些词语,从而使研究结果与儿童的语言实际出现较大的矛盾。这种困窘也在语言研究的其他层面上存在。其实,用逻辑标准来丈量一下语言发展成熟后的成人的日常语言,也会得出成人的词义发展还不成熟的悖论。

此外,考察一下中外学者对于儿童语言发展水平与年龄的对应关系研究,会发现有许多差异,有些甚至是较大的差异。这些差异自然有儿童实际语言发展水平的差异,有研究方法的不同和对影响研究因素的控制不同所带来的差异,但是不可忽视的是,有许多差异是因为衡量标准造成的。有些学者较多地使用逻辑标准,如皮亚杰(J. Piaget),因而把儿童掌握的各种语言范畴大大推后。而有些学者自觉不自觉地用"儿童能说出"作为衡量儿童语言发展的标准,得到的结果就会大大提前。这些研究结果的差异现象,不能不引起研究者的思考。

二、原型及其语义特征

(一)原型

儿童最初掌握的词语,都与某一特定的对象相联系,具有专指的性质。这一特定的专指对象,就是儿童掌握的该词语的原始模型,简称原型(Prototype)。例如,儿童最早说的"妈妈、爸爸",只是指自己的妈妈、爸爸,对于别的孩子叫他们的妈妈、爸爸,感到困惑不解。儿童早期所理解的"车车",也许只是他自己坐的婴儿车,所理解的"小狗",只是他的一只玩具狗。儿童自己的妈妈、爸爸、婴儿车、玩具狗,便是"妈妈、爸爸、车车、小狗"这些词语的原型。

原型是此后儿童词语发展的参照基点。儿童根据原型所提供的词语信息,利用一定的词义发展策略和能力,不断地充实、扩展和加深词义内容。对于一些有下位词语的词,如"家具、水果、动物、食品"等,还要通过原型建立起这些上位词的词义,并形成这个上位词所拥有的成员的格局。因此,儿童一开始接触什么样的原型,对于儿童以后的词义发展有较大的影响。原型越典型,儿童词义的发展越顺利;原型越不典型,词义的发展过程就会越曲折。

(二)语义特征

儿童同成人一样,是依照一系列区别性的和非区别性的语义特征(Semantic Features)来把握词义的。儿童词义的发展,表现为这一系列语义特征的发展。儿童首先利用原型来提取词的语义特征,形成对词义的最初把握。

任何一个原型,不管是人、事物,还是动作行为、性质状态,从理论上来说可能具有无数个特征;但是,儿童并不是也不可能把握原型的所有特征,而是提取原型所具有的一个或数个特征。儿童究竟从原型身上提取多少特征、提取什么样的特征,取决于儿童的认知能力、认知特点和儿童接触原型时的具体情景。一般说来,儿童在语言发展的早期,多从事物的外部特征上来把握,因此,从原型身上所提取的特征,一般都是儿童感兴趣的明显的外部特征,如颜色、形状、质地、声音、味道等,而且,这些特征多半是同接触原型时的具体的情景相联系。

在儿童只用他学会的词来指称原型时,我们无法知道他从原型身上提取了哪些特征。但是,一旦儿童把他学会的词用在原型之外的所指上时,把原型同原型之外的所指进行比较,利用其间的共同点就可以把握到儿童从原型身上所提取的语义特征。

例如,一个儿童在出生后第442天时学会用"阿姨"来称呼一位姓徐的年轻女教师,18天后能用"阿姨"称呼其他的成年女性,接着把一位老太太也称作"阿姨"。于此可见,儿童从"阿姨"的原型(姓徐的女教师)提取的语义特征是[+成年+女性],因此,她可以用"阿姨"来称呼一切成年的女性和老太太。

再如,克拉克(E. V. Clark)曾经发现一个名叫Hildegard的女孩,先是用"tick-tock"(滴答滴答)来指称她父亲的手表,后来用这个词指称时钟、所有的手表,再后来指称煤气表、绕在卷轴上的消防皮带,最后用它来指称浴室里的圆盘温度表。由此可见,Hildegard从父亲手表这个原型身上所提取的语义特征,是[+圆形+盘状],所以用"tick-tock"来指称一切圆形盘状的东西。[1]

---

1 转引自B. A. Moskowitz(1981)。

三、词义的发展

儿童在建立了词语的原型、从原型身上提取出若干语义特征之后，词语的原型及其语义特征并没有固化，而是伴随着儿童认知的发展和语言的发展而发展，使词义逐步地充实深化。

（一）词义的泛化、窄化和特化

当儿童学会一个新词之后，就会以从原型身上提取出的语义特征作线索，用这个词去指称原型之外的对象，出现"所指迁移"。在所指迁移的过程中，儿童最初的词语由专指性向一般性转化，使词语由指称一个对象到指称一类对象。以成人的目光来看，儿童在所指迁移中，词义会出现泛化、窄化和特化三种现象。

1. 词义泛化

词义泛化又称为过分扩充，其表现是词语的指称外延超出目标语言的范围。维里尔斯夫妇（J. G. de Villiers & P. A. de Villiers, 1978），曾用表格的方式列举了一些词义泛化的例子。[1]如儿童一开始用"鸟"指称麻雀，后来把指称对象扩充到牛、狗、猫等动物。这些泛化的例子成人看起来是有趣而可笑的，但是，就儿童而言却又是顺理成章的。儿童只是从原型（最初的指称）中提取了一个语义特征，然后依据这一语义特征，把词运用到具有这一特征的其他事物上。如果从语义特征上分析，词义泛化是由于儿童对词的语义特征掌握过少造成的，换句话说，是儿童对词义的限制不足造成的。

词义泛化有两种情况。第一种情况是"单一泛化"，即儿童完全根据从原型中提取的若干特征进行所指迁移。单一泛化的结果是，某词语的所有指称对象都包含一个或几个公有的语义特征。

第二种情况是"混合泛化"，即儿童只是把从原型中提取的特征的若干个，用在某些新的对象上，而把另一些特征用在另一些新的对象上。例如一个一岁半的儿童开始用"踢"来指自己踢一个静止的物体。后来他在图片上看到一只猫爪的附近有个球，他也叫"踢"；看到翅膀扇动的飞蛾也叫"踢"；看到自行车的轮子撞着一个球，或是自己抛丢某物，都叫"踢"。这一儿童从"踢"的原型中可能提取了三个语义特征：

---

1 见朱曼殊、缪小春主编（1990，P339）。

A. 挥动肢体（腿）；

B. 突然撞击某物；

C. 某物被推动。

但是，后来儿童用"踢"所指称的几种情况中，都没有完全包含这三个语义特征，而只用了这三个语义特征中的一个或两个。混合泛化的结果是，某词语的所有指称对象不包含有一个或一束公有的语义特征。

儿童虽然通过所指迁移把词用在不同的指称对象上，但是在词义的理解中，原型仍然居于优势地位。有人研究了五名一岁九个月到二岁三个月的儿童对四个过度扩充的词的理解情况。研究者使用若干张图片，这些图片包括词的原型和后来的扩充对象，要求这些儿童从这些图片中选出相应的对象。比如儿童用"狗"这个词指称狗、猪、羊，其中狗是原型。研究者呈现出狗、猪、羊的图片，让儿童把所有的"狗"都指出来，结果是，虽然有些儿童把画有非原型的图片也指出来，但是多数儿童在多数情况下只选择画有原型的图片。[1]这表明原型在词语的理解中具有优势。

2. 词义窄化

词义窄化是指儿童词语的指称只是目标语言中的一个子集。如前面所举的例子，儿童最早说的"妈妈、爸爸"只是指自己的妈妈、爸爸，儿童所理解的"车车"只是他自己坐的婴儿车，所理解的"小狗"只是他的一只玩具狗。

从语义特征的角度分析这些例子，会发现儿童对于这些词语的词义限制过多，或者说是儿童从原型中提取了与词义无关的过多的语义特征，从而使儿童不能把这些词语用到目标语言所具有的范围。儿童早期的词语具有专指性的特点，因此可以说儿童的早期词义都是窄化的。

3. 词义特化

词义特化是指儿童的词语指称对象完全同目标语言不同。例如，一个儿童在马路上看到人群挥舞小红旗欢迎外宾，听到"欢迎！欢迎！"的欢呼声，后来把商店门口悬挂的红旗叫做"欢迎"。一个儿童受到妈妈的严厉指责："小家伙，你是故意这样做的。"后来人们问这个儿童什么是"故意做的"，这个儿童说："是妈妈眼睛对着我看，很凶的。"[2]这两个儿童对"欢迎"和"故

---

[1] 见朱曼殊、缪小春主编（1990，P340—341）。

[2] 见朱曼殊、缪小春（1990，P331）。

意做的"的理解，完全与成人不同，是对词义的特化。

词义特化是由于某种原因，儿童从原型身上所提取的语义特征完全同目标语言里的这些词语的语义特征不同，从而使儿童的词义与成人的词义没有重叠。

4. 泛化、窄化和特化的关系

儿童词义的这三种情况是相关的。首先，它们受制于相同的词义获得规律，即儿童都是从原型的身上提取出一个或一束语义特征，然后把词语用到儿童认为符合这个或这束语义特征的新的指称对象上。泛化、窄化和特化只不过是同目标语言比较的结果，在儿童那里并没有什么不同。

其次，泛化、窄化和特化三种现象并不是截然对立的。在词义泛化时，儿童用某词语指称目标语言范围之外的对象，从某种意义上来说，这些越出目标语言范围的对象也是特化的。如儿童不仅用"苍蝇"指称苍蝇，而且还用它指称一点灰尘、小昆虫、脚趾、面包屑、癞蛤蟆等，"一点灰尘、小昆虫、脚趾、面包屑、癞蛤蟆"等从另一个角度看也是特化。而这时儿童并不一定把各种各样的苍蝇都叫"苍蝇"，就此而言，又是窄化的。所以泛化之中也包含着窄化和特化现象。

对于特化也可以作如是分析：儿童用"欢迎"指称红旗，同儿童用"苍蝇"指称"一点灰尘、小昆虫、脚趾、面包屑、癞蛤蟆"等一样，可以看作是泛化出来的，而不用"欢迎"指称欢迎，就某种意义而言也是窄化，只不过是窄化的极端而已。因此也可以说，特化之中包含着泛化成分和更为极端的窄化成分。

（二）语义特征的调整

儿童语言是一个发展概念，在语言发展的过程中，儿童的词义必然要向目标语言靠拢。这个靠拢的过程也就是对词语的语义特征进行调整的过程。语义特征的调整，就是通过增加某些语义特征以使泛化内缩，通过减少某些语义特征以使窄化外括，通过改换语义特征以使特化消失。

语义特征的调整，自然离不开儿童认知能力的发展，但是更需要语言因素的参与。克拉克夫妇（H. H. Clark & E. V. Clark）在他们合著的重要著作《心理学与语言》（*Psychology and Language*）一书中，曾举过一个例子，说明儿童如何在bow-wow的基础上不断发展出doggie（狗）、cow（牛）、horsie

（马）、baa（羊）、kitty（猫）等词语的。这个例子其实也反映出儿童语义特征调整的情况：在第一阶段，儿童用模仿狗叫声的儿语词bow-wow来指称一只特定的狗；在第二阶段，bow-wow泛化，用以指称狗、牛、马、羊、猫。此后便开始了语义调整的历程，bow-wow所泛化的对象一个一个地分化出去，到第六阶段语义调整初步完成，bow-wow只用来指称狗。很显然，在这一调整过程中，表示牛、马、羊、猫的词陆续出现，把bow-wow逐渐限制在合适的范围内，或者说是儿童逐渐增加bow-wow的语义特征，使其语义特征最终增加到合适的数量。

语义特征的调整与相关词语的出现，绝不是无关伴生现象。语义特征的调整会带来相关词语的出现，相关词语的出现既促进语义的调整，又巩固语义调整的成果，于此可见语言因素对语义特征调整的作用。此外，在语义特征调整和相关词语出现的同时，儿童也会不断地调整词语的形式，如在moo这一儿语词上加上cow，接着又用目标语言中的词cow代替moo cow这一混合形式，再如把bow-wow这个摹声词变为doggie这个儿语词。词语形式的变化似乎也透露出在语义特征调整的过程中语言因素在起作用。

（三）词义的深化

通过语义特征的调整，使儿童的词义逐步地得到充实和深化。这种充实和深化表现为原型向典型（Type）的升华。

原型是儿童学习某词义时最早接触的所指对象，而典型则是日常的目标语言中代表该词义的范例。认知心理学家罗奇（E. Rosch）等人研究了说英语人的"典型"的问题，[1]发现：

furniture（家具）的典型是chair（椅子）；

fruit（水果）的典型是apple（苹果）；

bird（鸟）的典型是robin（知更鸟）；

clothing（衣服）的典型是pants（裤子）。

人们是依照典型的特征来把握词义、认识事物的。比如燕子和鹰与知更鸟的类似点多，人们就会根据典型而把它们认作"鸟"，而鸡和企鹅与知更鸟的相似度较低，人们就不容易把它们判别为"鸟"。

---

1 见桂诗春（1985，P156—157）。

弗兰克斯（J. Franks）等曾于1973年做过视觉模型的实验。[1]他们设计了两个典型的图形，然后根据一些变形规则变化出一些与这两个典型图形不同但又相似的图形。他们向被试只呈现变化的图形，让被试把看到的图形画出来。接着，他们把典型的图形和变化的图形随机放在一起，让被试指出他们最熟悉的图形。被试在判断这些图形时，都对典型的图形（其实是被试在此之前没有看到过的）最有把握，而对那些使用变形规则越多的图形则越没有把握。这一研究不仅说明了典型的作用，而且也揭示了人们是怎样通过一些原型来建立典型的。

随着儿童词义与目标语言的渐趋接近，最初的词义原型也会发展为典型。对于原来特化的和不合适的原型，儿童首先要进行原型改换，比如，"欢迎"不再指称红旗，而改为指称真正的欢迎。泛化和窄化往往不需要改换原型。这些需改换的原型和不需改换的原型，经过不断地升华，发展为该词义的典型。

这种原型典型化的升华过程，大约包括：

A. 增减词义的语义特征。通过语义特征的增减，使泛化内缩，使窄化外扩。

B. 添加增强词义内涵的语义成分。如词义的功能内涵、类属内涵、情感色彩、语体色彩等。这些语义成分的添加，虽然不会改变词语的所指，但会增加、丰富词义的内涵。

C. 对于具有下位词语的词，还要以典型为中心形成各种语义场（Semantic Field）。如"水果"这个词，要以其典型"苹果"为中心形成"水果语义场"，把"李子、樱桃、西瓜、无花果、梅子、橄榄"等词语，通过与典型对照而排定在这个语义场中的位置。

词义的发展除了将原型典型化之外，还有多义词、同义词、反义词等各种词汇、词义聚合的掌握，以及像"这"和"那"之类的对应词语的把握等。总之，词汇是一个开放的类，词汇量的增长、词义的深化和词语的各种用法的掌握，都需要一个漫长而又复杂的过程，许多任务不是在儿童期就能完成的。还有许多理论问题有待于进一步的研究。比如，有人曾提出语义特征假说（Semantic Feature Hypothesis），认为儿童的词汇项目出现的顺序，是由它们包含的语义特征类型及其复杂度所决定的。检验这一假说，就是词汇—词义发展研究的一个饶有趣味的课题。

---

1 见彭聘龄（1991，P202—203）。

参考文献

B. A. Moskowitz：《语言的掌握（下）》，（李平节译），《国外语言学》1981年第3期。
彭聘龄：《语言心理学》，北京：北京师范大学出版社，1991年。
桂诗春：《心理语言学》，上海：上海外语教育出版社，1985年。
朱曼殊主编：《儿童语言发展研究》，上海：华东师范大学出版社，1986年。
朱曼殊、缪小春主编：《心理语言学》，上海：华东师范大学出版社，1990年。

原载邵敬敏主编《句法结构中的语义研究》，北京语言文化大学出版社，1998年

儿童习得语言的偏向性策略

儿童在知识欠缺、能力低下的情况下，能够用四五年之短的时间高质量地习得母语，不仅令成年人叹服不已，而且也给语言学家、发展心理学家带来了莫大的困惑。行为主义者、乔姆斯基学派和皮亚杰及其同事们，都力图对此作出解释，然而都不能尽如人意，儿童语言习得之谜仍未得到揭示。

我们对汉族儿童的语言习得进行了近五年的研究，发现偏向性是儿童习得语言的重要策略。所谓偏向性策略，是指儿童在习得语言的某一阶段偏向于使用某种语言现象，或是对某种语言现象作出偏向性的理解。把握这一习得策略，能较好地解释儿童语言习得过程中出现的许多重要现象，或许能找到一把打开儿童习得语言之谜的钥匙。本文拟从泛化、窄化、格式化倾向、拔河模式和翘板模式等方面来论述儿童语言习得的偏向性策略。

一、泛化

（一）何谓泛化

泛化是对目标语言的偏离。儿童习得的目标语言是成人使用的语言。在目标语言中，每个语言单位、每种语法格式、每条语言规则，都有其特定的使用条件和适用范围。儿童在习得它们时如果突破了这种特定的条件和范围，便会出现目标语言中所没有的语言现象，造成泛化。例如：

例1 汉族儿童大约在一岁四个月前后，习得了"不、不喝、不吃、不要"等否定性词语；之后"不要"的使用频率剧增，不久便出现了"不要"的泛化。[1]下面是女孩D在一岁九个月之前出现的部分"不要"泛化用例：

（1）成人：穿上鞋子出外玩，好不好？

　　　　D：不要好。（不好）

---

1 见李宇明、唐志东（1990）。

（2）成人：闻闻这菜香不香？

　　　　D：不要香。（不香）

（3）成人：想听不想听？

　　　　D：不要想听。（不想听）

（4）成人：疼吗？

　　　　D：不要疼。（不疼）

此外，还有"不要臭（不臭）、不要手（不洗手）、不要屁（不擦屁股）"之类的说法。比较括号内的目标语言可以明显看出，这些"不要"都是作为一般否定来使用的，相当于"不"；而且"不要屁"之类的说法，则相当于"不"再加一个适当的动词。在目标语言中，"不要"主要有两种用法：

a）表示不希望得到或保持，其后常跟名词性短语，如"不要书""不要苹果了"等；

b）表示否定性祈使，其后常跟动词性短语，如"不要哭""不要动"等，相当于"别"。

而"不"在目标语言中只是一般否定，其后常跟谓词性成分，不能跟体词性成分。"不要"和"不"在目标语言中不仅意义不同，而且使用范围和条件也有较大差异。显然以上用例是"不要"的使用范围扩大化。

例2　俄语名词第四格，阴性名词后加-y，中性名词后加-O，阳性名词中的动物名词后加-a，阳性名词中的非动物名词后无词尾变化。但是，习得俄语的儿童约在二岁左右常把-y作为所有第四格名词的词尾，这是-y的泛化。[1]

例3　习得英语的儿童在某个阶段，常把不规则复数变化规则化，出现 foots（feet）、mans（men）、tooths（teeth）、mouses（mice）、oxs（oxen）、sheeps（sheep）等目标语言中没有的变化形式；也常把不规则的动词过去时变化规则化，出现 comed（came）、breaked（broke）、bringed（brought）、goed（went）、died（did）、rided（rode）、sited（sat）等目标语言中没有的变化形式。[2]这是复数变化规则和动词过去时变化规则中出现的习得泛化。

---

1 见桂诗春（1985）。

2 见桂诗春（1985）。

（二）泛化的本质

泛化是儿童习得语言过程中出现的带有普遍性的现象，是偏向性策略的一种重要表现。从上面的例子来看，泛化反映了儿童极力使语言规则简明化、一致化的努力。在例1中，儿童显然希望用一种语言单位来发挥两种或几种语言单位的作用，例2和例3显示出儿童希冀语言规则规律化的倾向。儿童要习得的东西太多，但是他们的语言能力、知识水平和经验阅历又非常有限，因此泛化有克服这种习得的矛盾。

泛化的思维模式是类比推理。设某语言现象A具有规则a，有另一语言现象A'与A类同，那么A'也应具有规则a。由于类推而带来了规则a的泛化。如例3，儿童知道俄语第四格阴性名词后加-y，并认为第四格的中性名词、阳性名词同阴性名词类同，因此它们也应遵循后加-y规则，从而带来了-y规则的泛化。再举一例：

例4 汉族儿童在两岁七个月至三岁这一时期，是反复问句习得接近成熟的时期。此期的一个重要特点是"X不X"可以出现在状语的位置，充当状语的词语依照反复问句重叠规则而正反相叠。[1]如D的几个实例：

（1）妈妈，我可能不可能是个大黑熊呀？

（2）妈妈，你会不会扳着腿走路呀？

由于"还"也是充当状语的词语，儿童便认为"还"同"可能、会"类同，也可以有如上重叠方式，于是便类推出（3）这种目标语言所没有的格式，把重叠规则泛化了：

（3）你还不还做坏事？

正因如此，我们可以把泛化看作类化。

类比推理是儿童主要的思维模式，早在婴儿期就有了极初步的类比推理。比如给六七个月的婴儿一个能摇响的玩具，教会他如何摇出声响。此后你再给他一个新玩具，他也试图依原有的方式去摇响它。当问二岁左右的孩子"太阳为什么落山了？"时，他很可能回答说"太阳要睡觉"，把太阳和人类比。这些都是类比推理的雏型。因此儿童在习得语言时，其认知能力和方式促使他采用类化手段。

其实，在种系的语言发展中，类化也是一种非常重要的方式。李宇明

---

[1] 见李宇明、唐志东（1990）。

（1984）曾经讨论过"们"在汉语人称代词发展中的类化作用。在现代汉语中，"我们、你们、他们"这些人称代词包含着一条重要规则，即"复数=单数+们"。"您"本是"你们"的合音，是第二人称平称复数，后来在清末演变为第二人称尊称单数。现在，人们依据"单数+们"这一规则又开始使用表尊称的复数形式"您们"。这是把"我、你、他"和"您"看作类同现象而类推出的一个新词语，可以看作种系语言发展上的"泛化"。如果考察第二语言学习的情况，也会发现诸多"泛化"现象。所以说儿童习得中的泛化，只不过是人类发展、学习语言手段的特定表现而已。

（三）泛化的特点

泛化具有两个明显的特点：第一，泛化一般都发生在某语言现象习得接近成熟的时期。比如"不要"的泛化主要发生在一岁四个月至一岁九个月期间，过了这个阶段，"不要"的使用便与"不"有了较明确的分工，与目标语言渐相吻合。要泛化就必须掌握一定的规则，之所以泛化，是因为对规则的使用条件不明确，或者说是对A与A'的类比失误。一旦明确了规则的使用条件，认识到A与A'遵从规律的差异，泛化就会内缩，达到目标语言所规定的范围，宣告对某规则习得成功。因此，泛化不可能发生在对某语言现象一无所知的初始时期。

第二，泛化有群体泛化和特例泛化之分。群体泛化是习得某语言时所有儿童一般都要出现的泛化，它受制于被习得语言的特点，或某民族成人同儿童谈话的普遍方式。例如：

例5 习得汉语的儿童在四岁前都往往会发生叠音词的泛化，如"水水（水）、香香（香汁等护肤品）、帽帽（帽子）、手手（手）"等。[1]

例2和例3，也都是群体泛化。特例泛化是某习得个体有别于群体的泛化。例如：

例6 D在两岁前后曾出现了词头"阿—"的泛化。约在一岁两个月时，她学会了"阿姨"这个词，后来把年龄较大的女性都叫"阿姨"。邻居们觉得好玩，就管她叫"阿冬"，进而给她谈话时把提到的人名都冠以"阿"，使"阿—"得到了强化。最后发展到D把非人名词也加"阿"的情况，如"阿园"（幼儿园）、阿楼（大楼）等。[2] "阿—"的泛化是D的特例，不一定会在其他

---

1 见李宇明等（1987）。
2 见李宇明等（1987）。

个体身上发生。特例泛化虽有语言本身的因素,但更多地是受制于儿童特殊的习得方式和习得环境。

二、窄化

(一)何谓窄化

儿童在习得语言的过程中,对某个语言单位、某种语法格式、某条语言规则的使用或理解往往达不到目标语言所规定的范围。例如:

例7 汉语有一种用"好不好、行不行"造成的附加疑问句,它们附在表达命题的句子之后,用问话的形式来征求对方意见。例如:

(1)咱们一块上街,好不好?

(2)明天去书店,行不行?

但是在三岁前,儿童只使用"好不好",而不使用"行不行",习得范围显然窄于目标语言。[1]

例8 用"什么"构成的特指问,可以称为"什么"问句。在这种问句中,"什么"可以出现在句首、句中和句尾等多种位置。但是,二岁至二岁一个月的儿童基本上只使用"什么"在句尾的格式。如D的实例:

(1)这是什么呀?

(2)爸爸,这腿上是什么呀?

(3)妈妈,吃什么呀?

(4)妈妈,你吃什么饭呀?

其中(4)是特例,"什么"充当宾语中心语的定语,代表着下阶段"什么"问句的发展方向。这一阶段儿童"什么问句"的使用窄于目标语言。

例9 "吗"问句是由一个非疑问形式W加"吗"构成的是非问。W有肯定和否定两种形式。如:

(1)你吃饭吗?

(2)你不吃饭吗?

(1)中的W为肯定形式,(2)中的W为否定形式。儿童在二岁十个月之前一般只有W为肯定形式的"吗"问句,而罕见W为否定形式的"吗"问句。

---

1 见李宇明、唐志东(1990)。

W为否定形式的"吗"问句，是在二岁十个月以后才见于儿童话语的。

上述现象我们姑且称之为"不到位"现象。造成不到位现象的原因是复杂的，其中之一是，某些相关的语言现象儿童已接触过，而且就儿童的语言和认知能力来看，他完全可以习得和使用，但却不习得、不使用。这种不到位现象，就是窄化。以上三例都属窄化现象。

（二）窄化的本质

窄化也是偏向性策略的一种体现，表明儿童语言习得过程中的主动选择性，同泛化一样，反映了儿童要使语言系统简明一致的努力。仔细分析窄化现象，可分为甲乙两种类型：

甲型窄化如例8、例9所示。某语言现象A在目标语言中有若干种用法，但儿童只选择其中某种或某几种用法，从而使A的用法变得简明。它的推理模式是：某语言现象A具有规则a而不具有规则a'（在成人看来A也具有规则a'），因此A只遵从规则a而不遵从规则a'。

乙型窄化如例7所示。某语言现象A和另一语言现象A'在成人看来都具有规则a用法，而儿童则只选择A而不用A'。这种类型的推理模式也是类比推理：某语言现象A具有规则a，另一语言现象A'与A不类同，因此A'不遵从规则a。由此可见泛化同乙型窄化就儿童而言并无本质不同，其差别就成人来讲之所以如此明显，是因为类比结果不同。成人认为A和A'是不类同的，儿童认为是类同的，于是便有了泛化；成人认为A和A'是类同的，儿童认为是不类同的，于是有了乙型窄化。关键在于对A和A'类同与否的类比上。

当然，由于儿童习得语言的复杂性，实际情况往往并非完全像例7那样典型，儿童只选择A而不选择A'，而使A与A'在使用上表现出频率的差异性。例如：

例10 附加问除了使用"好不好"之外，儿童还使用"是不是"和"对不对"，但是，使用频率却有相当大的差异。就我们搜集到的三岁前D和男孩T的153条实例看，"好不好"为126例，"是不是"为11例，"对不对"为16例。[1] "好不好"占总数的82%。这个数字表明儿童倾向于选择"好不好"。

这种使用频率的明显倾向性也可以归入乙型窄化。

---

1 见李宇明、唐志东（1990）。

（三）窄化的特点

窄化是儿童习得语言过程中普遍存在的现象，比泛化现象更为常见，然而并未引起学术界的重视。某语言现象窄化越严重，该语言现象离习得成熟期越远；反之则越近。窄化的发展趋势是外扩，直到外扩到与目标语言相同。当然也可能在外扩的过程中出现泛化。因此泛化是在窄化外扩的过程中出现的对目标语言的偏离；当然，外扩并不必然导致泛化。

窄化也有群体窄化和个体窄化。不同儿童的窄化可能会有差异性。例如：

例11　T在三岁时开始使用表示勉强同意的"好吧"：

（1）妈妈：T向哥哥学习好不好？

　　　T：好吧！

（2）妈妈：老公公（指T）来认字，好不好？

　　　T：好吧！

（3）妈妈：自己拿，T，T把门带上自己拿。

　　　T：好吧！

"吧"字句有很多类型，而T此时只说表示祈使的"吧"字句和如上所示的"吧"字句，就整个"吧"字句而言，显然是窄化。但是，这种窄化我们在女孩D和其他一些孩子身上并没有见到。T之所以没有"吧"问句，是因其父母欲培养他的阳刚之气造成的。[1]

三、格式化倾向

泛化和窄化是把儿童语言与目标语言相比较所显示的偏向性现象；若就儿童语言发展的本身来考察，偏向性策略对于儿童语言习得的影响表现为三种情况：a）格式化倾向；b）拔河模式；c）翘板模式。先谈格式化倾向。

格式化是儿童语言习得各阶段都常表现出来的一种倾向。请看例子：

例12　D和T在二岁四个月到二岁十个月期间，出现了"吗"问句习得的格式化倾向。[2]D较多地使用"能……吗？"，T较多地使用"是……吗？"格式。此间收集到D的"吗"问句21例，其中"能……吗？"为14例，约占

---

[1] 见唐志东、李宇明（1989）。

[2] 见唐志东、李宇明（1989）。

67%；在T二岁六个月、八个月和十个月的三次录音中，收集到"吗"问句47例，其中"是……吗？"为28例，约占60%。

例13 李宇明、唐志东（1990）在讨论儿童反复问句习得时曾指出如下现象：

a）"不"类反复问句，儿童自始至终偏向于使用"X不X"式。b）"没有"类反复问句，若动词不是"有"，儿童基本上使用"X没有"，不用"X没有X"；若动词是"有"，儿童只用"有没有"。c）当X是一个可带宾语的词语时，儿童一般不把宾语放在第一个X之后。d）附加反复问，儿童倾向于使用"好不好"。以上四项，都是格式化倾向的表现。

例14 儿童在四岁一个月之前，用"什么"问句要求对他不懂的词语进行解释时，倾向于使用"什么叫X"的格式：

（1）D：什么叫"愉快"呀？
（2）D：什么叫"没空儿"呀？
（3）T：末代（皇帝），什么叫"代"呀？
（4）T：什么叫"吃俺"啊？
（5）T：爸爸，什么叫"耍无赖"？
（6）T：妈妈，什么叫"英勇牺牲"啊？

很少用"什么是X"，完全不用"X是什么"。

偏向性要求语言系统简明一致，因此会形成一个一个的格式，旧的格式被突破，又会形成新阶段的新格式。这有利于儿童在某一阶段集中习得某些语言现象。当然格式化并不见得是整齐划一的，一方面儿童不断习得一些新现象，另一方面，泛化和窄化处于不断的内缩、外扩的变化之中，因此格式化往往只是一种倾向。不合格式的现象，有些是已习得的成果在新阶段的保留，有些是引入的一些新现象，这些标志着习得的新进展，孕育着一种新格式的出现：

例15 如例10所示，"什么"用作宾语的定语是二岁一个月时的特例，但此种不合格式的现象在下一阶段便发展为基本格式。如：

（1）D：上什么班？
（2）D：叫什么阿姨？她叫什么阿姨？
（3）D：老虎在什么地方？
（4）T：这什么飞机啊？

T在二岁十个月时，这类例子已占此时"什么"问句总数的51.6%，成为基本格式。就此而言，格式化也只能是"倾向"，否则就会同前一阶段失去联系，或是难以继续向前发展。

四、拔河模式和翘板模式

语言习得具有系统性，甲现象的发展变化往往导致与之有关的乙现象的发展时，称为"拔河模式"；当甲现象发展抑制乙现象发展或甲现象萎缩带来乙现象发展时，称为"翘板模式"。

（一）拔河模式

例16 D在二岁四个月至二岁七个月时，"吧"用于祈使句的现象发展起来。例如：

（1）妈妈，你为什么不高兴呀？你高兴点吧！

（2）（爸爸要带她出去玩）噢，你去吧，我去过了。

由于"吧"祈使句的作用，使得"吧"问句也出现了表示委婉祈使的用法。如：

（3）你可以抱我吧？

（4）咱们写字吧？

后两例同前两例的用法差不多，差别是前两例句末为低调，属于祈使句，而后两例句末用高调，属于疑问句。"吧"问句的祈使用法是被"吧"祈使句拉过来的。

例17 儿童大约在二岁四个月至二岁六个月期间，出现了"什么"放在主语位置上的特指问。例如：

（1）D：什么是红的？

（2）D：什么响？

这一现象的出现以及此后的发展，带来了"什么"在主语位置上的非疑问用法的出现。例如：

（3）D：什么也没有。

（4）D：他什么都不叫。

这种现象又带来了其他情况的"什么"非疑问现象的出现和发展。如：

（5）D：姐姐，你想吃什么我就吃什么。

（6）D：什么雪糕呀，什么冰淇淋呀，都给我做。

（7）D：我没拿什么，爸爸。

（8）D：用棍子可以打到毒蛇什么的。

（1）（2）"什么"充当主语，（3）（4）"什么"也充当主语，二者有类同之处，于是前一现象的出现和发展"拔"出了后一现象。（3）（4）同（5）—（8）的共同点是"什么"都不表疑问，于是（3）（4）的出现又"拔"出了（5）—（8）之类的现象。

甲现象能"拔"出乙现象，是因为甲乙两现象具有类同性，同样表现出儿童要使语言系统简明一致的努力，是偏向性策略在起作用。假如乙现象在目标语言中不存在，那么甲现象"拔"出来的乙现象就是泛化。可见拔河模式同泛化具有本质上的一致性。

（二）翘板模式

翘板模式是与拔河模式相反的习得模式，是由泛化和窄化所造成的。某种语言现象泛化，往往会引起与之有关的语言现象的窄化，或者说是抑压了相关语言现象的发展。如例2和例3，习得俄语的儿童用-y表示整个第四格，就抑制了其他第四格标记的发展；习得英语的儿童把复数变化和动词过去时的变化规则化，便抑制了不规则形式的发展。一旦泛化经过内缩同目标语言渐相吻合，那些被其抑制乃至吞掉的现象便会发展。泛化是就某一语言现象来说的，而就泛化对与之有关现象的影响来看，便是翘板模式。

在类同现象中，儿童往往优先发展其中一种现象，而另一种现象则受到抑制。例如：

例18 汉语的反复问句和"吗"问句具有相似的表达功能，儿童对这两种问句同时习得，并且明白二者表达功能的相似性。例如：

（1）邻居：有鱼没有？

　　D：有鱼。

　　邻居：有肉吗？

　　D：（问爸爸）没有肉？（有没有肉？）

（2）D：你愿意不愿意吹风呀？妈妈，愿意吗？嗯？

（1）中D对邻居的反复问句和"吗"问句作同样的理解；（2）中D用两

种问句连问同一个意思。但是，由于儿童优先发展反复问句，而使"吗"问句在相当长一段时间内处于停滞状态。

例18从一个角度看是窄化现象，但从另一角度讲则是因窄化而导致的翘板模式。

很显然，翘板模式也是儿童偏向性策略作用的结果，由于儿童偏向于某现象才使与之有关的其他现象受到抑制。

五、结语

泛化、窄化、格式化倾向、拔河模式和翘板模式，都是从不同角度总结出来的儿童语言习得的重要现象，它们都是儿童语言习得的偏向性策略作用的结果，因此偏向性策略是儿童语言习得的比较重要的策略。偏向性策略及其对儿童语言习得的影响，表明了儿童语言习得是积极主动的行为，为使语言系统简明一致而进行主动的选择和创造。

乔姆斯基曾用下面的图式来描写儿童的语言习得：

输入——→L. A. D——→输出[1]

输入是儿童在生活中所接触的语言现象；输出是儿童所说出的话；L. A. D是语言习得机制（Language Acquisition Device）的简称，它的作用是对输入进行能动的分析加工，抽象概括出各种语言规则，并把这些规则内化（Internalization）成为儿童的语言能力，这种语言能力使儿童能够根据内化的语言规则说出各种各样的话。

我们认为，偏向性策略是L. A. D的主要工作原则，它决定L. A. D对哪些输入现象进行处理，进行怎样的处理，对处理结果怎样进行内化等等；其工作原理主要是类比推理。因此，把握偏向性策略对于认识儿童的语言习得有重要意义。若能进一步研究偏向性策略是如何形成的，也许就能把对儿童语言习得的认识向前推进一大步。

---

1 见哈特曼等（1981）。

参考文献

桂诗春：《心理语言学》，上海：上海外语教育出版社，1985年。
李宇明、唐志东：《三岁前儿童反复问句的发展》，《中国语文》1990年第2期。
李宇明：《试论"们"在现代汉语人称代词中的类化作用》，《华中师院学报》1984年第1期。
李宇明等：《试论成人同儿童交际的语言特点》，《华中师范大学学报》1987年第6期。
唐志东、李宇明：《汉族儿童"吗""吧"问句的发展》，《语言研究》1989年第2期。
哈特曼等：《语言与语言学词典》（中译本），上海：上海辞书出版社，1981年。

原载《华中师范大学学报》（哲社版）1991年第4期

儿童语言发展的连续性及顺序性

儿童语言的发展具有阶段性，这些阶段的出现具有一定的发展顺序。语言发展阶段是一种大致的平衡状态，是对儿童的语言发展做出的静态分析。若从动态的角度来看，儿童的语言发展则又是一个连续的过程，具有连续性。本文讨论儿童语言发展的连续性和阶段出现的顺序性。

一、语言发展的连续性

儿童语言研究者都比较重视对于儿童语言发展的阶段的研究，但是往往忽视对于儿童语言发展的连续性的研究。其实，在新阶段和旧阶段之间并没有一个明确的界线，在新的发展阶段中，含有旧阶段的许多特点；在旧阶段中已经孕育着新的发展阶段的一些重要现象。正是这种发展的连续性，才使儿童的语言发展不断打破原有的平衡，进而重新整合建构，达成一种新的平衡，从一个阶段发展到一个新的阶段。

（一）新现象的出现

儿童语言是一个发展的概念，就像是一条滚滚流淌的长河，时时刻刻都处于发展流动之中。在这种发展流动之中，儿童运用自己的语言学习能力，不断地把一些新的语言现象引进到自己已有的语言系统或语言运用系统之中。新的语言现象包括：新的语言单位、新的语言规则和新的语言运用规则。模仿和创造，以及二者的相互作用，是新的语言现象产生的主要途径。

新的语言现象的出现，具有一定的时机性。这个时机受制于儿童所达到的语言水平。设儿童已有的语言水平为N，在N水平的状态下只可能出现"N+1"水平的新的语言现象。例如儿童一岁左右时，处于被动语言交际阶段向特殊语言交际阶段的转化时期，此期只可能出现独词句这种新的语言现象，而不可能出现复杂的句子，虽然此期儿童已经接触到一些复杂句子的语言输入。这是因为儿童的模仿能力和创造能力，要受制于他现有的语言能力。对于超出他现有语言能力太远的语言现象，他不可能进行模仿，也不可能创造出来。

语言及其运用都具有一定的系统性。一种新的语言现象被引入之后，可能只是特例，不会对原有的系统发生影响，或只是发生微小的影响。但是随着同类语言现象的不断引入，就会对原有的系统发生较大的影响，引起原系统的某种变化。当这种影响不断加大而使原系统的变化达到一定的程度时，原有的系统就会被打破，并经过整合重建新的系统。

例如，一女孩D在二岁时开始使用"什么"问句，在一个月内我们搜集到如下七个"什么"问句：[1]

（1）（问氢气球）爸爸，什么啊？
（2）这是什么啊？
（3）（指着妈妈的五官问）这是什么呀？
（4）（指着自己裤子上的绣花问）爸爸，这腿上是什么呀？
（5）（着急地问她不认识的柜子上的拉手）那是什么呀？
（6）妈妈，（你）吃什么呀？
（7）妈妈，你吃什么饭呀？

前五句的语法结构可以概括为"X是什么"，例（1）可以看作"X是什么"的省略。后两例是引入的新现象，它们的动词是"吃"，且例（7）的"什么"后出现了"饭"，使"什么"由宾语而变为宾语的定语。这两例新现象的引入，带来了原有系统的小变化，但是，还不足以打破原有的系统。在二岁一个月到二岁二个月的一个月中，我们又搜集到三个不同的例子：

（8）（早上自己洗脸后又抹口红）抹了口红，还抹什么呀？梳头？
（9）（别人在她身边玩小汽车）在我地下搞什么呀？
（10）妈妈，你要干什么呀？

这些新现象的引入，使得D的"什么"问句再也不能保持"X是什么"的系统，而必须用"XV什么"来概括，从而发展到一个新的水平。在这个新水平上，例（7）的"什么"作定语的现象，仍然是一个特例，需要到下一个阶段，即D的"什么"问句同时具有"XV什么"和"XV什么N"两种句法结构时，它才能发挥大的作用。

---

[1] 本文所举的儿童"什么"问句的例子，见李宇明、唐志东（1991，P73—93）。

这一现象说明，新的语言现象会不会发生作用，发生什么样的作用，在什么时候发生作用，要受到许多语言学因素和其他因素的制约，不能简单地一概而论。

（二）系统整合

系统整合是儿童语言内化能力的一种重要功能。当一种新的语言现象出现之后，儿童总是力图把它纳入到原有的框架之中，尽力用原有的规则去解释它，同化它。用已知去把握未知，是儿童一种重要的认知惯性。例如一男孩T在二岁三个月时的一个例子：

（11）T：这是什么飞机啊？

父：这个是运输机。

T：运输机怎么啦（干什么用）？

父：运输机是运这个解放军的，知道吗？

T：（指图画上的另一架直升飞机）这，这什么机啊？这什么机？

父：唉？

T：这里，这个起重，这是，这是，这是，这个，这什么机？这什么机？

T对运输机比较熟悉，知道是飞机，于是问："这是什么飞机啊？"但是他对直升飞机不熟悉，凭经验知道它属于机器一类，于是问"这什么机？"。当成人没有给以合适回答时，竟希望把它归到起重机的类中，但是又没有把握，于是又问"这什么机？"。这个例子说明儿童是在用已知解释未知，力图把未知纳入已知。而且从T断续结巴的表达可以看到，T要把这一新事物归到他所知道的类中去的急迫心情。

然而，这种认知惯性有时是不能成功的。原有的规则不能同化新的语言现象时，新的语言现象就会成为特例。当新的语言现象作为特例处理时，它的生成性并不强。但是，随着新的现象越来越多，这些众多的"特例"就会对原有的系统构成冲击，使原系统失去同化能力，打破原有的平衡。这时，儿童就不得不从这些"特例"中概括出一些新的规则，并把新规则与原有的规则进行整合，以达到新的平衡，建构出一个新的系统。

前面所举的D的"什么"问句的发展，就反映了由"X是什么"的规则系统到"XV什么"新系统的整合。在经过整合之后，例（7）未被同化进去，仍然作为特例。在D二岁三个月后出现了大量的"什么"作定语的例子。例如：

（12）上什么班？

（13）叫什么阿姨？她叫什么阿姨？

（14）老虎在什么地方？

这样就打破了原有的"XV什么"系统，出现了"XV什么N"的新规则，这条新规则与原有的旧规则可以整合为更高层次的规则：XV什么（N）。其中的N可出现可不出现，而不像上一阶段，N是必须出现的语言成分。

在系统整合的过程中，原有的语言现象有两种前途：与儿童未来的语言发展相悖的原有语言现象，会作为特例存在并逐渐走向消失。与儿童未来的语言发展相合的原有现象被保存下来。被保存下来的原有语言现象，实际上是被同化进新的语言体系中，同它在旧语言体系中的地位已经有所不同。

例如，独词句是在独词句阶段出现的语言现象，随着儿童语言发展到在双词句及其以后的语言发展阶段，独词句仍然被保存了下来。但是，独词句阶段的独词句与独词句阶段以后的独词句，却有质的差异。独词句阶段，儿童的词类系统还没有建立，这时的词还不是真正的词，而是由一个语元构成的句子。独词句阶段以后的独词句虽然还是由一个词构成的句子，但是，这时儿童已经建立起来了词类系统，词与词之间有了组合关系，因此，这个时期的独词句中的词是有词性的，是真正的词。[1]

对保存下来的原有的语言现象的论述表明，在原有系统被打破而整合为一个新系统的过程中，不仅对新的语言现象进行了同化整合，而且对保存下来的原有语言现象来说，也同样是进行了同化整合。

系统整合最基本的特点是抽象概括出新的或更高层次的规则。对于语言规则的抽象和概括，是认知难度较高的"运算"，儿童不可能采用形式运算来对语言规则进行抽象和概括。因为皮亚杰（J. Piaget）的研究表明，[2]十一岁之前的儿童还没有进入形式运算阶段。就一般的认知而言，这一时期儿童的思维还离不开具体事物的支持，还不能组合成一个结构的整体，一个完整的系统。根据儿童思维的特点，系统整合所使用的思维方式，应是一种较为简单的类比推理。

---

1 关于独词句阶段"词"的特点的论述，详见李宇明（1993）。
2 参见皮亚杰（1985）第一章。

类比推理是儿童主要的思维模式。早在婴儿期就有了极初步的类比推理。比如给六七个月的婴儿一个能摇响的玩具，教会他如何摇出响声。此后再给他一个新玩具，他也企图依原有的方式摇响它。当问二岁左右的儿童"太阳为什么落山了"时，他很可能回答："太阳要睡觉。"把太阳与人类比。

类比推理的一般模式是："某现象A具有特点A，另一现象A'与A类同，那么A'也应具有特点A。"儿童就是用这种类比推理的模式，不断发展各种语言规则，并对新旧语言现象进行系统整合，从而不断建构出语言的一个个新系统。因此，可以说儿童内化的主要工作原理就是类比推理。

二、语言发展的顺序性

语言发展具有一定的顺序性。语言发展顺序性的含义是：

A. 发展阶段的有序性。语言发展（包括各子系统的发展）表现为若干个阶段构成的序列，这个有序的发展序列可以因某种因素而中止，但是不能超越或颠倒顺序；

B. 具体语言现象出现的有序性。例如，有甲乙丙三种语言现象，乙语言现象一定出现在甲语言现象之后、丙语言现象之前，"甲→乙→丙"的出现序列不能颠倒。

语言系统发展的顺序性，几乎是学术界的一种共识。就是弱智儿童（Retarded Child）的语言发展、第二语言的发展，也具有一定的发展顺序，而且，这种发展顺序甚至与正常儿童的语言发展具有相同或相似的序列。例如，早在1954年，斯特拉祖拉（M. Strazzulla）就指出，弱智儿童的语言发展与正常儿童语言发展的阶段相合。此后，里安（J. Ryan）、拉克讷（J. R. Lackner）等人对此提出了不同的意见。[1]

华红琴、朱曼殊（1993）对国外的这些不同的观点进行了比较分析，认为里安等人的不同意见同斯特拉祖拉的观点并没有根本矛盾：就语言系统的发展上看，弱智儿童的语言发展，表现出与正常儿童语言发展的阶段相似性，只是发展的速度较慢；与正常儿童的发展差异主要是语言运用上的差异。并且她们的研究也证明了这一论断。

---

1 见华红琴、朱曼殊（1993）。

杜雷（H. Dulay）、布尔特（M. Burt）、贝利（N. Bailey）、克拉申（S. Krashen）等人，考察了儿童和成人在第二语言学习中对一些语素的掌握情况，并把这些情况同布朗（R. Brown）所揭示的儿童第一语言学习的情况进行了比较，发现语素发展的顺序是基本一致的。[1]

因此，可以把语言发展的顺序性看作是人类语言学习的一种共性。其差异主要表现在发展的速度和是否能走到语言发展序列的终点。不过，关于语言发展的顺序性，人们研究较多的是发展阶段的有序性，甚至也只是发展阶段的有序性，并且，似乎有把语言发展顺序性绝对化的倾向。我们认为，语言发展具有顺序性，但是，这种顺序性不是绝对的，而是相对的。语言发展顺序的相对性的含义是：

A. 语言发展阶段的有序性较强，而具体语言现象出现的有序性则相对说来必然性要小一些。

B. 语言的一些系统的发展顺序性较强，如语音系统，语法系统；而一些系统的发展顺序性相对较弱，如词汇系统。

C. 语言发展的早期顺序性较强，越到后期，发展的顺序性越弱。

D. 并非所有的语言现象的出现都是有序的，可能存在一些随机性的现象。

E. 不同的儿童在一些语言现象的发展中，可能会有不同的发展顺序。

F. 正常儿童语言发展的顺序，在多大程度上与不正常儿童的语言发展、与第二语言学习的发展顺序相吻合，还难成定论。比如，郑厚尧（1993）在分析汉族成人学习英语语素情况时，所发现的情况就与杜雷、布尔特、贝利、克拉申等人的结论不完全相符。

认识到语言发展顺序的相对性，就不至于把复杂的问题简单化，而且也有利于研究的深入。事实上，许多研究者在研究语言发展的顺序时，其结果往往有或大或小的分歧，而且也发现不同儿童的一些发展顺序上的特点。这些分歧和特点，如果不是研究失误的话，就只能用语言发展顺序的相对性来解释。

三、语言发展顺序性的成因

语言发展为什么会有一定的顺序性？自然成熟说从儿童的生理发展的有序性来解释语言发展的顺序性。乔姆斯基学派和雅可布逊（R. Jakobson）等人从

---

[1] 见王初明（1990）。

语言的普遍性上来解释语言发展的顺序性；他们认为，凡属人类语言中共有的普遍现象先发展，而每种语言的特有现象后发展。皮亚杰等人则从认知和儿童动作发展的先后顺序上来解释语言发展的顺序性。这些不同的解释都自有所据，但是这些解释有的只是停留在理论的平面，难以解释复杂多变的语言发展事实；有的只能解释部分现象；有的甚至高深莫测，人为地制造玄谈妙论。我们认为，应当从语言难度和输入频度两个方面，来解释语言发展的顺序性。

（一）语言难度

语言难度是指：a）语义和语言运用所包含的认知的复杂程度（Cognitive Complexity）；b）语言形式的复杂程度（Formal Complexity）。认知的复杂程度和语言形式的复杂程度，构成了各种语言单位、语言规则和语言运用方式的难度系数。由难度系数所排列的序列，大体上就是儿童语言发展的顺序。

语义和语言运用所包含的认知复杂程度，各种语言是大体相当的，不同民族儿童的认知发展也基本是相同的，所以不同民族的儿童在语言发展的大的阶段上，表现出基本相同的顺序。然而，各种语言的形式上的复杂程度，有共性也有差异。如果说不同民族儿童的语言学习能力是相同的话，那么，由于各种语言的形式上的复杂程度有同有异，所以，不同民族的儿童在与之有关的发展顺序上，就会有同有异，表现出民族性的特点。

在类型学上较为接近的语言，语言形式的复杂程度的共性就多一些，否则就少一些。比如，印欧语系的大多数语言属于屈折语，在类型学上比较接近，学习这些语言的儿童，其语言发展上的共性就会多一些；汉语属于孤立语，与屈折语在类型学上差异较大，所以学习汉语的儿童，语言发展就会具有更多的特殊性。这就是西方儿童语言学的研究不能代替我国的儿童语言学研究，在引进西方儿童语言研究的成果时要进行检验的原因之一。

（二）输入频度

输入频度是指各种语言单位、语言规则和语言运用方式在语言输入中出现的频率。它们出现的频率也会形成一个序列，但是这种频度序列与语言难度序列所起的作用是不同的。语言难度序列往往具有强制性，而输入频率序列不具有强制性，它只是在儿童的语言能力的许可下，才能起到改变某种语言发展顺序的作用。

在解释儿童语言发展顺序性的成因时，还没有见到提及输入频度的。其原因有三：

A. 现代诸多儿童语言获得理论，都有否定行为主义的理论倾向，以至于有否定过头之嫌；所以都比较轻视语言输入的作用，甚至认为语言输入不起什么作用。

B. 近二十年来人们对于"儿向言语"（CDS）的研究表明[1]，不同民族的成人同儿童进行交谈具有极大的相似性，这种相似性掩盖了输入频度的作用。

C. 人们在研究语言发展的顺序性时，只注意大的发展阶段，而往往忽视了具体语言现象发展的顺序性；只注意了早期语言发展的顺序性，而忽视了后期语言发展的顺序性；较多地注意语言系统发展的顺序性，而对语言运用发展的顺序性较少注意。而这些忽视和较少注意的方面，正是输入频度较多地发挥作用的地方。

如上所述，输入频度对于儿童语言发展顺序的制约力不及语言难度，但是也是有一定作用的。这种作用主要的表现特点是：

A. 在语言难度相似和语言难度低于儿童的语言能力的情况下，输入频度起决定作用。

B. 在一些具体语言现象的发展上，输入频度起一定的作用；

C. 在语言运用能力的发展上，输入频度有较大的作用；

D. 越是到语言发展的后期，输入频度所起的作用越大。

注意语言输入频度对于儿童语言发展顺序的影响，还可以对一些语言发展顺序的特例和差异进行较为圆满的解释。而且，我们认为，诚如大多数儿童的家长和儿童教育家所做的那样，同教育在儿童发展中的作用一样，第一语言教育在儿童的语言发展中是有相当作用的。研究语言输入频度对于儿童语言发展的影响及其作用的方式和条件，将会改善语言输入，从而有助于儿童的语言发展。这就是教育的力量。

古罗马思想家奥古斯丁说："我周围的成年人没有用什么方法教我语言，是我自己学会的语言。"[2]莫斯考维茨也说过："看来要想加快语言学习的步

---

1 关于CDS的研究，详见李宇明等（1987）、李宇明（1993）、王益明（1991）、C. A. Ferguson（1982）等的有关论述。

2 斯洛宾（D. Slobin）非常欣赏奥古斯丁的这段话，在他的《心理语言学》（第一版）第三章中，首先借用这段话来引出全章的中心思想。其实这代表了行为主义之后的多数学者的态度。这种态度也许应该有所修改。

伐，实际上是不可能的。"[1]也许在儿童语言学有了一定发展的今天，我们应该用点方法教儿童学习语言，并尝试着加快一点儿童语言学习的步伐！

参考文献

B. A. Moskowitz：《语言的掌握》（上）（李平节译），《国外语言学》1981年第2期。
C. A. Ferguson：《六种语言里的幼儿语言》（方也节译），《国外语言学》1982年第3期。
桂诗春：《心理语言学》，上海：上海外语教育出版社，1985年。
李宇明：《独词句阶段的语言特点》，儿童语言发展协作研讨会（北京）论文，1993年。
李宇明等：试论成人同儿童交际的语言特点，《华中师范大学学报》1987年第6期。
李宇明、唐志东：《汉族儿童问句系统习得探微》，武汉：华中师范大学出版社，1991年。
华红琴、朱曼殊：《学龄弱智儿童语言发展研究》，《心理科学》1993年第3期。
皮亚杰：《发生认识论原理》（王宪钿等译），上海：商务印书馆，1985年。
王初明：《应用心理语言学》，长沙：湖南教育出版社，1990年。
王益明：《国外关于成人的儿向言语的研究》，《心理科学通讯》1991年第2期。
郑厚尧：《汉族成人学习英语语素情况分析》，《语言学通讯》1993年第3—4期。

原载《汉语学习》1994年第5期

---

[1] 见B. A. Moskowitz（1981，P12）。

文化对儿童语言习得的影响

一、儿童语言习得与文化的关系

婴儿呱呱坠地便开始了五彩缤纷的人生历程。他一踏上人生历程就首先要学习语言。儿童第一语言的学习称为语言习得（Language Acquisition），第二语言或外语的学习称为语言学习（Language Learning）。儿童习得语言和学习语言，是心理语言学、心理学和语言教学所研究的重要课题之一。这两种学习都同文化具有千丝万缕的联系，受到文化直接或间接的影响。这里只谈儿童语言习得同文化的关系。

婴儿出世，除了在遗传机制上具有发展为人的规定性之外，其他方面几乎与动物差不多。儿童的发育过程其实是一个不断由动物向人演化的过程，或者说是一个不断社会化的过程。在这个社会化过程中，首先要学习人类已有的文化，长成之后再去创造新的文化。

在社会化进程中，语言习得起着关键的作用，这是因为：（1）语言本身就是人类创造的一种最优秀的文化，是人区别于动物的一个重要标志。大量的科学研究表明，动物界虽然也有自己的交际系统，能够运用体势、声音、气味等来传递信息，但是这种"动物语言"是难以同人类的语言相提并论的，是有本质差异的。（2）语言是人类文化的一种记录符号，几百万年来人类所创造的文化，大都保存在人类语言之中。学习语言，不单是掌握一种交际工具，也是在学习人类的文化。（3）语言还是社团的标志。不同的语言或方言，不仅是社团内部进行交际的工具，而且也是该社团对内认同的标记和维系的纽带。掌握社团语言或方言，是成为该社团成员的一种重要资格。所以，儿童习得语言的过程，本身就是一个学习文化、获取社团资格的过程，是社会化的必由之路。

儿童习得语言有一种先天的能力。除了大脑有严重语言障碍、听力损失严重和发音器官有严重病变畸异的儿童之外，其他儿童都可以"毫不费力地"

（在成人看来）学会第一语言，而再聪明的动物都难以实现这一点。

但是，尽管人类有习得语言的先天能力，要真正习得语言还离不开后天的语言环境。人们曾发现了三十多个由野兽抚养的人类孩子，这些"兽孩"都没有人类语言，甚至后来经过精心教习，也难以奏效。当前，关于儿童语言习得的理论很多，但不管是行为主义的模仿说、乔姆斯基的先天能力说，还是皮亚杰的认知说，都承认后天语言环境在儿童语言习得中具有重要作用。模仿说认为，儿童是通过对成人语言的模仿来获得语言的，后天环境中的语言是儿童模仿的蓝本；先天能力说认为，儿童有一种与生俱来的先天的语言获得装置（Language Acquisition Device），这种装置通过对后天听到的语言进行能动的分析加工，抽象概括出语言规律，从而习得语言；认知说认为，儿童习得语言是一个不断建构的过程，这种建构也是以儿童听到的后天语言为基础的。可见，这些学说虽然争论纷然，甚至针锋相对，但都承认：如果没有后天语言环境所提供的语言参与，儿童是难以习得语言的。

后天语言环境，是有文化因素参与并受到各种文化因素制约的。从广义上来看，语言环境其实也可以看作是一种文化环境。不同的文化社团对于语言的态度，对于儿童习得语言的态度以及对于合格社会成员的看法，都会对儿童习得语言的环境产生各种微妙的影响，并影响儿童的语言习得。加之儿童要习得的语言本身就是一种社团文化的积淀，是社团文化的一种体现、记录和标志，因此，文化与儿童语言习得也必然有着密切的关系，对其有着深刻的影响。不同的文化符号、文化观念及文化传统制约着儿童习得语言的方式、重点及速度。下面我们从三个方面来看看文化对儿童语言习得的影响。

二、文化符号对儿童语言习得的影响

语言是文化的符号，不同的语言是不同民族或种族的文化的符号，不同方言是某民族不同方言区或社区的文化的符号。在同一语言或方言中不同的语言单位、语言单位的组合方式和使用方式等等，也可能具有不同的文化内涵，反映着不同形式的文化积淀。不同语言或方言的习得难度，同一语言或方言中不同语言现象的习得难度及顺序，是不相同或不很相同或很不相同的，这必然影响着儿童习得语言的速度和特点。

比如对于复数表达方式的习得，由于不同民族语言有较大的不同，所以习得的速度也有惊人的差异。汉语的复数表达方式比较灵活简单：其一，许多名词单复数可以采用同一形式，其后不必加"们"；其二，人称代词系统中，单数形式+"们"就可以表示复数，规则一致简明；其三，谓词不需要因单复数而发生形态变化。因此，说汉语的儿童习得复数表达方式较早，一般来说在二岁多至三岁时就已基本掌握。相比而言，英语的复数表达方式就比较复杂，不仅名词要有词形变化，而且谓语也要有词尾变化；变化规则有时不很一致，如代词的单复数词根往往不同，名词的复数有时不加"s"等。因此，说英语的儿童往往六岁才能掌握复数表示法，而且在习得过程中还往往出现过分概括的现象，把不规则的复数名词说成foots、mans、mouses等。在土耳其语中，复数的表示方法更为复杂，以至于说土耳其语的儿童到了十四五岁才能掌握。（桂诗春，1985，第三章）这比说汉语的儿童晚十一二年，比说英语的儿童晚八九年。

据观察，汉族儿童在语言习得过程中较少出现语法"错误"。因为汉语属于孤立语，缺乏严格意义上的形态变化。不管是构词还是造句，语义都是优先考虑的因素，而语法的制约较为灵活宽松，具有较大的弹性。这种语法特点是汉族儿童语言习得时语法"错误"出现较少的重要原因。然而，说印欧语的儿童在语言习得的过程中，相对而言出现的语法"错误"就比较多。同汉语比较，印欧语最显著的特点是富于形态变化。在构词和造句时，不仅要考虑语义因素，在语法上也有严格的要求，数、格、人称、时、体、级等的词形变化较为复杂，而且有许多不规则形式，这就给儿童的语言习得带来较多的困难。例如说英语的儿童受偏向性类推习得策略的影响，常常把不规则动词的过去时态规则化，出现comed、hided、breaked、goed、doed等成人语言中所没有的形式。前面提到的关于对复数形式的过分概括也属于这类"错误"。再如，俄语的第四格，阴性名词后加-y，中性名词后加-o，阳性名词中的动物名词后加-a。阳性名词中的非动物名词无词形变化，是一个零形式。但是，说俄语的儿童在两岁左右开始习得名词第四格时，常用-y作为所有第四格的词缀，把它规则化。汉语与印欧语在语法上的不同特点，使说汉语的儿童和说印欧语的儿童在语言习得中出现的"错误"率上出现较大差异，形成不同的习得特点。

语言类型学研究表明，不同语言中存在着许多各种语言共有的普遍现象，而且也都有各自的特殊现象。著名语言学家雅可布逊（R. Jakobson）在《儿童语言、失语症和语音普遍现象》这一"经典性著作"中指出，儿童先习得的是全人类语言中共有的音，然后才是他们本族语中所特有的音。（伍铁平，1981）著名心理语言学家斯洛宾（Slobin）对比了14个主要语系的约40种语言的儿童习得情况，发现了如下规律（Slobin, 1979: 95—96）：

（1）后置的语法形式比前置的语法形式更早习得；

（2）无标记语言成分比有标记语言成分更早习得；

（3）语义成分同语法形式之间越是遵循一一对应原则的越早习得；

（4）不同屈折形式表示同一语义功能的，儿童倾向于用一种屈折形式代替其他屈折形式，形成过度概括；

（5）语义上前后一致的语法规则习得较早，而且不会有显著的错误。

雅可布逊和斯洛宾的说法也为后来的许多研究所证实。我们知道，儿童语言习得受制于两个重要因素：①认知的复杂程度（cognitive complexity）；②语言形式的复杂程度（formal complexity）。而事实上各民族儿童的认知能力的发展基本上是相同的，因此实际上制约儿童语言习得的主要是语言形式的复杂程度。各种语言的普遍现象和特殊现象的多少不同，特殊现象也各有各的"特殊"；各种语言关于斯洛宾所提及的五个方面的情况也有重大差异，因此使得各种语言（包括方言）以及一语言中的各要素的复杂程度有所不同，这样就使得习得不同语言的儿童在习得过程中形成不同的特点，遵循不同的习得方式和习得顺序，对某一语言现象乃至某种语言在习得的速度上出现或大或小的差异。这就是文化符号对儿童语言习得的影响。

三、语言观念对儿童语言习得的影响

语言观念是指人们对于有关语言的一系列态度和看法。诸如口语与书面语的地位，普通话与方言的地位，对本族语和外语的感情，对语言功能的认识，对于应用语言的各种社会准则的看法等等。语言观念是文化观念在语言方面的具体体现，任何一种语言观念都含有丰富的文化内涵，受制于诸多的文化因素。

《颜氏家训》载："齐朝有一士大夫，尝谓吾曰：'我有一儿，年已十七，颇晓书疏，教其鲜卑语及弹琵琶，稍欲通解，以此伏事公卿，无不宠

爱，亦要事也。'夕吾而不答。异哉，此人之教子也若由此业，自致卿相，亦不愿汝曹为之。"（《颜氏家训集解·教子第二》）某士大夫同颜之推对待习胡语的态度大相径庭，绝不只是语言观念的问题，而是表现出了对待异族统治者的态度。

美国心理语言学家兰伯特（Wallace E. Lambert）曾经用"变语配对"的试验方法来测验人们的语言感情。加拿大是个多语国家，一部分人讲英语，他们是英语世界的后裔；一部分人讲法语，他们是法语世界的后裔。兰伯特让一个既懂英语又懂法语的人用两种语言朗读同一内容的材料，制成录音放给不同的人听，要求听者根据录音来对朗读者的品格、特征进行评价。当听者是讲英语的人时，他们对用英语朗读的人评价较高，而对用法语朗读的人评价较低。（兰伯特，1985）我们知道，用两种语言朗读的其实是同一个人，朗读的内容也是同样的，而且根据录音能否对一个人的品格、特征做出评价也很难说。表面上看，这是对待英语和法语两种语言的评价，其实是说英语的人对说法语的人有一种歧视态度。语言感情之中注入了深刻的文化内涵。

语言观念对儿童语言习得常常产生较重要的但往往为人所忽视的影响。有人曾经研究过汉族儿童和哈尼族儿童在习得形容词方面的差异。（语言发展研究协作组，1987）发现哈尼族儿童很少使用贬义词，如"狡猾、讨厌、笨"等。原因是哈尼族人热情，讲究礼貌，注重团结，自尊心强，因此，他们很少使用贬义词来评价别人，听话人因自尊心强也常常难以接受贬义评价。这种特殊的民族心理形成了他们对于贬义词的特殊的态度，从而影响了儿童对贬义词的习得。哈尼族儿童对于"乖"这个词的习得远晚于汉族儿童。汉族人在传统上不鼓励孩子的创造性，由于受儒家宗法观念的影响，总希望孩子温顺听话，因此，常常用"乖不乖"来评价孩子。而哈尼族人注重孩子的能力和行为，他们表扬孩子不像汉族常用"乖"这个词，而是用"猴"（本事大）、"得"（很好，很行）。由不同的文化观念所形成的不同的语言观念和语言应用习惯，造成了汉族儿童和哈尼族儿童在这些词的习得上的差异。

在对待语言的态度上，汉族人有一个根深蒂固且影响至今的传统观念：重视书面语，轻视口语。读书诵经可以明道知理，赋诗作文可以中举进士。汉朝规定，能背9000字的儿童可以当"史"官；唐代科举考试，设有"童子科"；宋代专设"念书童子科"，考读书诵经。因此，历代社会都特别重视对孩子认字、诵经、赋诗作文方面的教育，而轻视口语教育。这种重视书面语轻视口语的语言观念和教子观念，必然对儿童的语言习得带来很大的影响。古今充满神彩怪环的神童，都是书面语习得中的佼佼者，而鲜见口语习得中的佼佼者，就是这种影响的典型写照。

然而西方有较早的"说话"传统。在古希腊时代，由于民主政治的需要，演讲受到重视，亚里士多德的《修辞学》便是专讲演讲术的。在中世纪，演说被列为七艺之一，十八世纪坎普贝尔的《演说学讲义》被许多国家当作课堂说话训练的教材。（张锐、朱家钰，1987：17）法国母亲在嫁女儿时常爱说："我的女儿没有什么嫁妆，可她会一口标准的法语。"这些都说明西方人比较重视口语训练。这种语言观念使得西方儿童在习得语言时，也把口语作为一个习得重点。比如英语世界最权威的两本词典之一——韦氏英语词典的编纂者韦伯斯特，一降生就同时学习英语、法语、德语和北欧语，很小的时候就能用四种语言流利对话。由于我们同西方对待口语的态度不同，导致了我国儿童和西方儿童在语言习得上的一些差异。

四、性别角色对儿童语言习得的影响

所有的人都在人生舞台上扮演着一定的角色，其中以男女性别为据所扮演的性别角色是最为显著的。任何一个文化社会，不管是古代的还是现代的，不管是中国的还是外国的，不管是原始的还是文明的，不管是母权制的还是父权制的，无不为性别角色提出一系列的社会文化规范，即"男人应该怎么样""女人应该怎么样"的要求。性别角色的社会文化规范，不仅同男女不同的生理特征以及由此生理特征而推演出来的社会特征相联系，而且也是文化发展演变积淀的产物。前者形成各种文化对性别角色规范的共性，后者导致各种文化对性别角色规范的差异。从文化研究的角度来看，不仅要重视共性，而且更要重视差异。

男女性别角色的差异体现在社会生活的各个方面，当然也表现在语言上。社会语言学家在许多语言中都发现了男女语言的差异。比如在美国的一些方言中，女性所发的元音比男性更趋于极端，即高元音舌位比男性更高，低元音舌位比女性更低。在蒙古语的一个方言中，女性使用的元音比男性的更靠前。北京所谓的"女国音"也是性别语言的体现。女性用语比男性文雅，富于情感，而且讲话比男性更注意使用有声望的标准语，也是具有普遍意义的现象。

性别角色必然影响到儿童的语言习得。一方面，父母和社会对于男女儿童的角色需求不同，对男孩和女孩的谈话有不少差异。一般说来，对男孩的谈话较粗放，斥责、威胁的语句较多；而对女孩的谈话较温和，常用商量、开导的语气。例如（转引自李宇明，1987）：

a. 你是不是故意跳的？那么高为什么要跳？不怕摔死？

b. 唉，那不能拿！那妈妈打人的呢！你讲个故事妈妈给你拿好不好？

a是母亲对男孩的谈话，b是母亲对女孩的谈话，其风格大相径庭。这无疑会对男女儿童的语言发展产生不同的影响，因为这种谈话语言也是儿童在习得过程中所要学的语言。另一方面，儿童在进行角色认同时，也在语言方面进行认同，这种认同会受到父母和社会的鼓励或抑制。因此性别角色常会对儿童的语言习得产生较大影响。

女孩在语言上比男孩发展快，是性别角色影响儿童语言习得的一个重要方面。女孩开始讲话比男孩平均早2—4个月，而且这种言语能力的领先一直保持到青春前期。汉族儿童在反复问句和是非问句的习得上存在着较显著的性别差异。据研究，在1.5—2岁时，女孩对反复问句理解的平均水平高出男孩13%以上；而在反复问句和是非问句的发展上，女孩比男孩要提前半岁到一岁。其原因在于女孩比男孩更乐于与人交往，三四岁的女儿几乎要花25%的时间与人交往，这种交往对于语言习得是极有利的。此外，女孩在干一件事之前，往往要先向成人请示，而男孩则不然，因此，女孩在问句习得上呈现出领先趋势。

现代汉语中的"吧"问句是一种疑问程度较低的是非问，这种问句有时根本不表疑问，而是表示一种礼貌的请求、建议或商量。女孩大约在二岁时就开始习得了"吧"问句，而且使用频率很高；而我们跟踪调查的一个男孩，到三岁时才开始习得"吧"问句。原因就在于"吧"问句较为适应女孩的性别角色，而不太适应男孩的性别角色。

据观察，女孩较多地使用礼貌语言，较多地使用形容词来对二人或事物进行感情型评价；而男孩则较少地使用礼貌语言，较多地使用动词来进行祈使或描述行为。这与女性讲求文雅、富于感情，而男性较为粗放、重视行为有直接关系，是性别角色早期分化在儿童语言习得上的表现，初步显示出男孩的阳刚之气和女孩的阴柔之美。

以上情况表明，性别角色对儿童的语言习得有着重要的影响，影响最大的是儿童习得语言的速度和与性别角色关系密切的语言现象。

五、文化环境对儿童语言习得的影响

任何孩子都是在特定的文化环境中生活，在特定的文化环境中习得语言的。文化环境是由物质和精神、家庭和社会的诸多因素交叉复合而形成的。这些因素包括家庭成员的文化素质、宗教信仰、生活条件、地区与民族特点、时代背景等等。不同的文化环境对于儿童的语言习得有着一定的影响。

家庭、社会的文化素质以及幼儿园对教育的重视程度，对儿童语言习得的影响很大。在文化程度较低的家庭中，儿童一般只习得方言，而在文化程度较高的家庭中，儿童一般是习得普通话，或方言和普通话同时习得。一般家庭儿童只习得一种语言，而在家庭成员中有专门从事外语教学、研究的人或有懂外语的人时，他们的儿童则往往也同时习得外语。著名儿童教育家陈鹤琴先生的儿子一鸣，就是汉语、英语同时习得的。

云南哈尼族生活在山区，文化教育比较落后，一部分儿童六岁才能进幼儿园。因此，哈尼族儿童在语言习得的速度上就要比汉族儿童慢。比如形容词的掌握，哈尼族儿童与汉族儿童相比，其习得水平大致落后一年。（语言发展研究协作组，1987）有人在研究儿童使用量词的情况时也发现，同年龄的不同幼儿班级，凡教师比较重视量词教学的幼儿量词就较丰富，且错误较少；反之，则量词掌握少，且运用量词的错误率较高。（应厚昌等，1987）

不同的生活环境对儿童语言习得也有影响。比如哈尼族由于生活在山区，哈尼族儿童对于"陡"这个词的掌握一般比汉族城市儿童掌握得早。四川、湖南以爱吃辣椒而闻名，这两个地区的儿童对于"辣"这个词的掌握要比其他地区的儿童早一年至一年半。（语言发展研究协作组，1987）因为生活环境不同，儿童对于某些词的意义的体验就不同，而且某些词在成人语言中出现的频率也不相同，所以会给儿童的语言习得带来差异。

由于社会的发展和人们对于儿童进行早期教育的重视，儿童的心理、智力和语言的发展在不断加快。比如对于"因为"一词的掌握，过去有人研究认

为，儿童进入小学时还不能较好掌握。后来有人发现儿童到五六岁时出现了"因为"。（李丹主编，1986：131）然而现在教育较好的儿童在三四岁时就会使用"因为"。此外，现在幼儿园儿童说话大量使用关联词语的现象，也是为许多家长和幼儿教师所熟悉的事实。随着民族文化素质的提高和对于儿童语言习得的重视，这一趋势会变得越来越明显。

总之，儿童语言习得不仅受制于儿童先天的语言学习能力，而且也不可避免地受到后天文化的影响。重视并认真研究文化因素对儿童语言习得的影响，并在此基础上采取一些行之有效的措施，对于儿童语言习得的促进是极有好处的。

参考文献

Slobin, Dan. *Psycnolinguistics* (2nd Ed.). Glenview, Illinois: Scott. Foresman & Company, 1979.
桂诗春：《心理语言学》，上海：上海外语教育出版社，1985年。
华莱士·兰伯特：《双语现象的社会心理》，载祝畹瑾编《社会语言学译文集》，北京：北京大学出版社，1985年。
李丹主编：《儿童发展心理学》，上海：华东师范大学出版社，1986年。
李宇明：《试论成人同儿童交际的语言特点》，《华中师范大学学报》1987年第6期。
伍铁平：《雅可布逊:<儿童语言、失语症和语言普遍现象>》，《国外语言学》1981年第8期。
颜之推：《颜氏家训集解》，上海：上海古籍出版社，1980年。
应厚昌等：《四至七岁儿童掌握量词的特点》，载朱曼殊主编《儿童语言发展研究》，上海：华东师范大学出版社，1987年。
语言发展研究协作组：《幼儿使用形容词的调查研究》，载朱曼殊主编《儿童语言发展研究》，上海：华东师范大学出版社，1987年。
张锐、朱家钰：《说话训练》，呼和浩特：内蒙古人民出版社，1987年。

原载《言语交际与交际语言》（刘焕辉、陈建民主编），江西高校出版社，1993年

语言学习异同论

获取语言的过程统称为语言学习（Langage Learning）。语言学习的一般模式是：

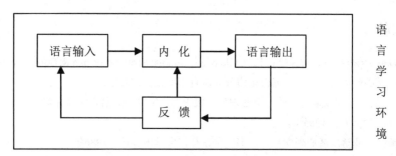

从上图可以看出，语言学习是在一定的语言学习环境中由语言输入（Input）、内化（Internalization）、语言输出（Output）、反馈（Feedback）四环节构成的连锁过程。

根据不同的标准，可以把语言学习分为若干种类型。从语言学习理论研究的角度看，如下三种类型最有典型意义：第一，第一语言的口语学习（简称L1学习）；第二，第二语言学习（简称L2学习）；第三，生理或心理有严重语言学习障碍者的语言康复（Language Rehabilitation）。L1学习的典型意义在于，学习者都是学龄前儿童，学习方式以习得（Acquisition）为主，但能高速度、高质量地从无到有获得一种语言能力，从而使学习者完成由动物性的人到符号化的人的巨大转变。L2学习的典型意义则在于学习者一般都是具有相当认知能力和一种语言能力的成人，学习方式以学得（Learning）为主，[1]经过学

---

[1] 本文使用的有关语言学习的概念组可图示为：

（语言）学习learning ｛（语言）习得Acquisition
　　　　　　　　　　　（语言）学得Learning
　　　　　　　　　　　语言康复Language Rehabilitation

习使学习者在一种语言能力的基础上发展出一种新的语言能力，成为操双语者。语言康复的典型意义在于聋哑人、失语病人、无喉人、弱智者等克服严重的语言学习障碍获得语言或重建语言的能力。

随着心理语言学研究的不断深入，L1学习的研究成果不断地引入到其他语言教学领域，并由此产生出一些新的教学主张。这是因为人们一般都认为，L1学习是最为成功的语言学习范例。的确，迄今为止，儿童获得第一语言的成就，是任何其他类型的语言学习所无法比拟的。其他类型的语言学习充分借鉴儿童语言学习的经验，无疑会获益匪浅。考察不同类型的语言学习的异同，不仅对于语言学习理论的研究是必要的，对于科学地借鉴儿童语言学的成果也是十分有意义的。

为此，本文将比较L1学习和L2学习在语言输入、内化、语言输出、反馈和语言学习环境等方面的异同。[1]

一、语言输入的异同

语言输入是学习者在语言学习过程中所接触到的各种语言素材，是学习者学习的蓝本，也是学习过程的起点。没有语言输入，根本谈不上语言学习。语言输入的内容、数量和方式，往往直接影响着学习的质量和速度。

从社会方言的角度看，两种学习都有三种不同水平的语言输入：a）伙伴语言，它是指与学习者水平相近的语言，是学习者在与伙伴交谈时所接触到的；b）目标语言，它是学习者通过大众传播媒介或旁听操目标语言的人交谈等方式接触到的；c）过渡性语言（过渡语言）是随学习者语言水平的发展而不断向目标语言趋近的话语，对学习者的语言发展影响最大。在考察语言输入时，应把注意力放在过渡语言上。

（一）输入内容

L1学习的过渡语言，是成人与儿童交谈时所使用的所谓"儿向言语"（Child Directed Speech）。[2]它的主要特点是：

---

[1] L2学习内部差异很大。本文只就一般情况进行比较。
[2] 成人与儿童交谈时所使用的语言还有Baby Talk、Motherese等说法，因这些说法易引起误解，故本文不取。

A. 完全是口语形式，虽然某些家长或幼儿教师会偶尔使用一些书面语形式的词语。

B. 句法结构较为简短，较为合乎语法；较多地使用常用词语和词语的常用意义，并且常包含一些目标语言中所没有的词汇项目，如"车车、水水、帽帽、袜袜、手手、脚脚"等儿语词；其韵律特征是语速较慢，停顿较长，语调高且带有夸张性。

C. 话语内容与交谈的情景较为匹配；几乎不输入关于语言本身的知识。

D. 话语的语言水平和知识水平，比与之交谈的儿童所具有的语言水平和知识水平略高。儿向言语的"略前性"即是导引儿童语言不断发展的因素，也使成人与儿童的交谈具有一种"信息差"。

L2学习的过渡语言，主要是教科书的内容和教师讲课时所使用的语言，也有一些是在课外接触到的。它的特点是：

A. 往往既有口语形式又有书面语形式。

B. 在句法、词语和韵律等方面与儿向言语有共通性，但一般不包含目标语言中所没有的成分。

C. 话语内容往往与学习情景不相匹配；并常常会有意识地输入关于语言本身的知识，如发音、构词、句法规则等；同时还常常讲述一些目标语言所积淀的人文知识等。

D. 话语的语言水平往往难以较好地达到"略高"的标准；而且，由于语言上的限制，过渡语言往往不具有正"信息差"，也就是说，过渡语言所负载的信息远远低于L2学习者的知识水平。

（二）输入方式

如果说在输入内容方面，两种学习还有较多的相似性的话，那么，在输入方式上两者的差异就十分显著了。L1学习的输入方式主要是交谈式，而且交谈时的话题控制权往往掌握在儿童手中。C. E. Snow通过对母亲和儿童交谈过程的分析发现，母亲与儿童最常见的交谈模式，是由儿童先引入一个话题，然后由母亲来谈论这个话题，或是由儿童引入话题并进行评论，接着由母亲来扩展这个评论。正因为如此，儿向言语的计划性较差，跳跃性很强，且具有较高的重复性和信息的冗余度。

L2学习的输入方式主要是讲授性和操练性的，话题的控制权不在学习者手中。这种输入方式有着较强的计划性，并受到教科书的限制。

二、内化的异同

内化能力即学习者的语言学习能力；内化成果即学习者学习的成绩。一切教学研究和改革，目的都是要提高学习者的内化能力，使学习者获取较多的内化成果，并使之巩固下来。但是，对于语言学习的这一根本性环节，人们却知之甚少，许多观点都还处于假说、拟测的层次。本文在此只能就取得共识的问题作粗线条的比较。

（一）两种学习内化的共同点

就大量的报告和研究来看，两种学习在内化上的共同点可以归约为如下几个方面：

A. 内化是学习者积极主动的创造性过程。这种创造性最确凿的证据，是两种学习者在学习过程中都会出现对目标语言的有规律的偏离。李宇明（1991）曾论述了儿童获取语言时的泛化现象，指出汉族儿童在一岁四个月以后曾把"不要"泛化为一般否定词；两岁七个月至三岁期间曾出现"你还不还做坏事"这样的反复问句泛化现象。孙德坤也曾报告外国人学汉语时"单音动词/形容词＋了"格式过度泛化。[1]除泛化外，窄化（学习者对于输入的选择性和对于目标语言使用的选择性）这种更为普遍的现象，也是学习者积极主动的表现。

B. 内化要受到语言和非语言诸多因素的影响。比如目标语言的特点，学习方式上的习得与学得的配合情况，学习者的语言学能，场独立性和场依存性的认知方式的差异，性格的内向与外向，学习者的性别、年龄等等，都会直接或间接地影响内化。

C. 学习者在内化时，常采取各种各样的策略。比如年幼儿童在理解句子时常采用的语义策略和事件可能性策略，L2学习者的母语对比策略等。在诸多策略中，偏向性策略是非常值得重视的。李宇明（1991）把该策略定义为"儿童在习得语言的某一阶段偏向于使用某种语言现象，或是对某种语

---
[1] 参见孙德坤（1992）。

言现象做出偏向性的理解",并认为偏向性策略是语言获得机制(Language Acquisition Device)的工作原则,它决定语言获得机制对哪些语言现象进行处理,怎样处理,对处理结果怎样进行内化等等。其实,认真观察L2学习,也会发现泛化、窄化、格式化等现象,从而在不同阶段形成特定的中介语(Interlanguage),因此可以断定,L2学习者内化时也使用偏向性策略。

D. 内化都遵循一定的发展规律。大量研究表明,儿童的语言发展遵循"单词句→双词句→电报句→复杂句"的步骤。具体到某一种语言来说,也有一个大致的规律。R. Brow(1963)发现获得英语的儿童在语素、否定句等语法项目上的发展规律,李宇明、唐志东(1991)报告了汉族儿童获得问句的发展规律。现在绝大部分人都认为,L2学习者的语言发展也遵循一定的规律。有人甚至认为两种学习者所遵循的发展规律是相似的,比如N. Bailey等人1974年曾研究了母语背景不同的成人在学习英语语素、否定句等语法项目时,表现出与R. Brow所发现的L1学习非常相似的发展过程。两种学习者内化所遵循的规律是否相同或相似,目前尚难定论,但是,两种学习者内化时都遵循一定的发展规律,似可成为定说。

(二) 两种学习内化的不同点

两种学习内化上的差异,除了学习者认知能力、语言经验和社会阅历等方面的差异之外,还主要表现在如下三个方面:

A. 语言学习具有一个临界期。虽然这个临界期究竟有多长还有分歧意见,甚至有些学者对临界期的说法表示怀疑,但是,大多数人还是相信它的存在,并认为它对学习会发生重大影响。很明显,儿童处于临界期内,成人处于临界期以后,这必然会影响到内化,虽然现在还缺乏对于这种影响的深入具体的研究。

B. 学习方式不同。学习方式是制约内化的一个重要条件。L2学习早期以学得为主,后期以习得为主(如图Ⅰ所示);而L1学习早期以习得为主,中期有较多的学得成分,后期又以习得为主(如图Ⅱ所示)。[1]这种差异,也必然导致内化具有不同的特点。

---

[1] 图Ⅰ是刘先生在"语言学习理论研究座谈会"上介绍的,图Ⅱ是笔者仿照图Ⅰ制作的。刘润清先生对图Ⅱ提出过修改意见。在此特向他们致谢。

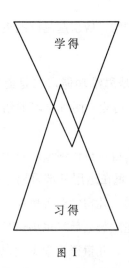

图 I　　　　　　　图 II

C. 内化的任务不同。依照现在较流行的原则与参数语法理论（The Principles and Parameters Theory）来看，L1学习的内化任务是给普遍语法参数赋上某种具体语言的值，它的内化是一种赋值过程；L2学习的内化任务，是"改值"，即要把已掌握的L1的值抹去，然后改换成目标语言的值。改值不仅因为它多出了一个抹去旧值的程序而比赋值困难，而且，改值的过程中还不可避免地会带有L1介入的因素。当然L1的介入，对L2学习会形成干扰，但也具有促进作用；只不过人们对这种积极作用还没有充分认识并给以合理开发罢了。

三、语言输出的异同

语言输出是学习者说出（写出）的话语，是已内化的语言能力的运用和表现。正因为如此，人们在研究语言学习的规律时，往往较为重视对于语言输出的分析和研究。要真正弄清内化的规律，仅对语言输出进行分析和研究是不够的，应该把语言输出同语言输入进行全面细致的对比分析，才能对内化有较为全面深刻的认识。近来的一些报告表明，语言输出并不仅仅是语言能力的运用和表现，而且也是语言学习不可或缺的一环。有一对聋哑人夫妇生了一个正常的儿子，他们希望通过电视教会儿子学会有声语言，但却没有成功。如果双胞胎儿童常在一块儿，他们的语言发展就相当缓慢，原因是他们相互之间不使用完整的语句，就可"心有灵犀一点通"。这表明，如果没有语言输出，而要真正掌握一门语言是不可能的。语言输出对于内化的制约，应引起足够的重视。

（一）语言输出功能的差异

L1学习的语言输出，起码具有三大功能：一是思维功能，二是游戏功能，三是交际功能。L2学习的语言输出主要是学习功能。两种学习的语言输出在功能上存在着较大差异。

П. С. Выготский、J. Piaget等人曾研究过儿童的自言自语现象，发现儿童往往是一边动作一边自言自语。这种自言自语是儿童在运用外部言语进行思维。随着年龄的增长，外部言语逐渐内化为内部言语，儿童学会沉思默想。自言自语是语言思维功能的典型表现，即使他学会沉思默想之后，也仍然是在用语言进行思维，只不过用简单观察法难以观察到罢了。儿童语言学家发现儿童有"玩语言"的现象，即常常不厌其烦地说出懂或不懂的、有意义或无意义的话语，把说话当作一种自娱的游戏。奇特的广告语言和成人看来并无多大意义的儿歌，之所以最受儿童欢迎，原因之一就是儿童把它们当作一种语言游戏。目前，人们对于这种现象在儿童语言学习中的意义还没有多少认识，但可以断定是有一定作用的。

交际功能是语言社会功能的重要体现。儿童不仅通过语言输出来获取自己生活的各种需要，更重要的是通过提问来获取关于世界和人类社会的各种知识，是发展认知和取得社会成员资格的重要手段。

L2学习的语言输出，主要发挥的是学习功能，即通过输出来练习语言学习项目；其次也具有一定的交际功能，但这种交际功能对于学习者的意义，只是在特殊情况下来满足生活的部分需要，或是获取异族文化的部分特殊知识。L2学习的语言输出，很少发挥游戏功能；在学习进入相当高的阶段或是在某些窄的思维领域，才偶尔发挥思维功能。而只有学习者能使用目标语言自觉进行思维时，目标语言才可能成为内在的东西。

（二）语言输出方式的差异

从语言输出的生成方式上看，L1学习者从言语计划的制定到输出，只使用目标语言或中介语这一语码；而L2学习者由于很少使用目标语言进行思维，所以言语计划的制定往往是自觉不自觉地使用母语，而在输出时改译为目标语言或中介语，生成过程是两种语码，这就使得其语言输出或多或少，或隐或显地带有母语因素。

（三）语言输出的"错误"

L2学习者由于是成人，总是试图用较低的目标语言和水平表达较为复杂的意义；语言水平和复杂意义之间的矛盾，常会使他说出诸如"公鸡的妻子"（母鸡）之类的话语，产生不合目标语言使用习惯的现象。L1学习者的语言发展和认知发展基本上是同步的，二者的矛盾并不突出。儿童也常会说出令人捧腹的话语，但往往是认知水平低引起的，而不像L2学习者主要是由于语言水平低引起的。因此，儿童语言输出的"错误"与L2学习者的"错误"有着极大的不同。在"错误"的类型归纳、原因分析和纠正原则和方法上，都应该分别对待。

（四）语言输出的其他差异

两种语言除了上述几方面的差异之外，还有其他一些差异。比如，L1学习只有口语输出，L2学习则往往有口语和书面语两种形式的输出；L1学习的提问多，不少人把儿童称为"问题专家"，而L2学习则回答多，或口头回答老师的提问，或对着作业、试卷作答；从语言输出和输入的比较来看，两种学习都有模仿和创造两种输出的表现，但是，L1学习者的模仿往往是不自觉的，而L2学习者的模仿往往是自觉的，且模仿的成分往往多于创造。

四、反馈的异同

反馈是对语言输出后的各种情况进行返回，并对语言输入和内化进行调节的过程，根据反馈的性质可以分为正反馈和负反馈两种。正反馈是对成功的语言输出的反馈，起到对不正确的语言规则的抑制和纠正作用。我们把反馈者分为学习者的自我反馈和他人反馈两种。下面分别加以论述。

（一）自我反馈

人类对自己的语言活动都有一种监察（Monition）机制，通过对自己语言活动的监察获取反馈信息并自动进行调整。总的说来，学习者自我反馈的能力都比较低，因为他们的语言水平都不太高。自我反馈主要对内化发生作用，而不能影响到语言输入。L1学习者的自我反馈能力因其认知能力及语言知识的局限而较低,其自我反馈一般也不在语言形式上,而是在语言输出能否达到交际目的上,L2学习者的自我反馈能力据S. Krashen的研究来看,要受到时间、学习者的年龄、性格等因素的制约,但因他们在课堂上学到了一些关于语言的知识,所以其能力要高于L1学习者。L2学习者在自我反馈时,比较重视语言形式,这也是与L1学习者的自我反馈不同的地方。

(二) 他人反馈

相比而言,他人反馈对语言学习的影响要远远大于自我反馈。他人反馈是语言教师或其他与学习者交谈的人对学习者语言输出的反馈,这种反馈既具有自我反馈影响内化的功能,同时也有调整输入以影响内化的功能。两种学习在他人反馈方面的差异主要表现在:

a) L1学习一般都是在交谈中进行的,因此能做到即时反馈。母亲或其他与儿童交谈者可以根据儿童语言输出的情况及时调整自己的谈话方式和谈话内容,达到调整语言输入的目的。L2学习以课堂学习为主。教师很难对每个L2学习者的语言输出做到即时反馈;而且,由于教学大纲或教材的限制,也难以及时地调整语言输入。

b) 两种学习的他人反馈重点也有较大差异。对于儿童,反馈者也会注意语言形式,但更重要的是对语义内容的表达和语用的合体性进行反馈。对于L2学习者,反馈者也会注意到语义内容的表达和语用的合体性,但是,较多注意的是语言形式的正确性。

c) 两种学习的他人反馈方式也有较大不同。对于L1学习者,人们常采取两种语言反馈方式:

第一种是"重复—扩充"型,如下例:

母:这是什么呀?

女:车车。

母:车车,谁开车啊?

女:姐姐开车。

母:哦,姐姐在开车,车跑得快不快?

此例的第二个话轮,母亲重复女儿的"车车",第三个话轮,母亲对"姐姐开车"进行了扩展,增加了"正在"这一时态成分。

第二种反馈方式是"隐式纠正"型，如下例：

母亲：Did Billy have his egg cut up for him at breakfast?

儿童：Yes, I showed him.

母亲：You what?

儿童：I showed him.

母亲：You showed him?

儿童：I seed him.

母亲：Ah, you saw him.

儿童：Yes, I saw him.[1]

在第一个话轮中，儿童把saw误为showed。母亲并没有直接指出儿童用错了动词形式，而是用提问的方式来要求儿童重说。当用两个提问之后儿童又把saw误为seed时，母亲便自己说出正确的形式，于是儿童也说出了正确的形式（I saw him）。

重复—扩充和隐式纠正是具有一定的普遍性的。重复可以起到强化作用，扩充是在重复的基础上向儿童提出新的语言学习任务，并给出学习范例。隐式纠正可以在不知不觉中纠正儿童错误，保护了儿童学习语言的积极性。

对于L2学习者，人们很少采用上面谈及的两种反馈方式。对于其语言输出的正误，反馈者往往直截了当地给予明确的回答或正确形式的提示。这种反馈方式最典型地表现在教师对于作业的批改上。

最后还须指出，父母等人对于儿童的语言输出具有较高的"容错性"。对于L2学习者的语言输出，教师对于作业上的错误总要一一指出。"容错性"对于语言学习的作用还是一个值得研究的课题。

五、语言学习环境的异同

任何语言学习都是在特定的语言学习环境中进行的。语言学习环境是个含义非常宽泛的概念，凡对语言学习发生影响的各种外部因素都可以归入语言学习环境的范畴。语言学习环境对于语言输入、内化、语言输出、反馈等各个环节都会产生相当大的影响，制约语言学习的速度和质量。由于语言学习环境的

---

[1] 转引自S. 皮特.科德（1983，P94）。

因素十分复杂，这方面的研究又较为薄弱，因此，至今尚未做出理想的分类。据我们的看法，语言学习环境大致可以分为四类：第一，人文背景；第二，学习情景；第三，学习者的条件；第四，教学条件。

（一）人文背景

各民族在各自长期的历史发展中都创建了自己的文化（广义的Culture），形成了各民族的人文背景。语言学习常会牵涉到这种人文背景。严格分析起来，与语言学习有关的人文背景可以分为目标语言所依存的人文背景、学习者所属社团的人文背景、教学者等所属社团的人文背景和学习地所属的人文背景四种。其中尤以前三者最为重要。

不同的人文背景之间既有共同之处，也有各自的特异成分。这些特异成分不仅表现在各民族因特殊的生活环境和生活方式而发现和创造的特殊实物上，而且也体现在特殊的风俗制度、思维方式和心理状态上。L1学习者一般都是在本民族的生活地向本民族人来学习母语的，因此，与语言学习有关的四种人文背景是相同的，不牵涉到文化转移问题。而L2学习者最起码会牵涉到两种文化系统的差异，有时也会牵涉到四种文化系统的差异，比如一个埃及人在法国向一个日本老师学习汉语，就会牵涉到埃及、法国、日本、中国（汉族）四种文化系统。

语言既是文化产物，又是文化的一种重要载体。人文背景的差异常会给语言学习，特别是词汇项目、语法规则和篇章语用的学习带来困难，需要进行文化匹配和文化转换。J. Schumann的"文化移入"主张以及所谓的文化素（Culturemes）、文化旁白（Culture Aside）、文化包（Cultural Capsules）或文化丛（Culture Clusters）之类的有关文化教学主张，都是为解决人文背景差异而进行的探索。

（二）学习情景

学习情景指学习时的具体情况。两种学习在学习情景上的差异主要表现在：

A. L1学习者是在目标语言的汪洋大海中进行学习的，随时随地都能获取大量的语言输入，有很多机会进行语言输出，并及时得到反馈。L2学习者大都是在学校的孤岛上学习目标语言的，在语言输入量、输出量和反馈方面都远不及L1学习者。

B. 由于L1学习是以交谈方式进行的,且话题权多由学习者控制,因此,学习的语言项目多与现实情景和儿童的认知水平相吻合,也因此L1学习者能同时得到语言及与之相连的现实的双重刺激。但是L2学习往往是在课堂上进行的,或脱离语境,或处于假拟的语境,因此,学习的语言项目难以与语境吻合而获得双重刺激,更难以与真实的语境相吻合而获得像L1学习者那样真实的双重刺激。就此而言,这种学习情景不仅不利于L2学习者掌握语用因素,而且也会影响到语言学习的进度和质量。

(三) 学习者的条件

两种学习者自身条件的差异有许多是显而易见的,比如年龄、认知能力、社会阅历、语言经验、学习技巧等。语言学习与这些因素都有关系,这是自不待言的。语言学习的现状常与学习的目的密切相关;探讨学习者的条件,最应注意的是学习目的。L1学习者几乎没有自觉的学习目的,根本意识不到他在学习语言,或者说他是把学习语言作为人生的必需方式去习得的。获取人生必需的方式又是比任何目的都更具驱动力的。绝大多数L2学习者都有明确的语言学习目的,或为吸收他族文化,或为经商赚钱,或为提职晋级,或为传教旅游,如此等等,但几乎没有多少L2学习者是把学习目标语言作为人生必需的生存手段和方式的。这些不同的学习目的会制约学习者对L2学习的动力、学习的内容以及希望达到的水平。

在学习的时间上,L2学习者也远赶不上L1学习者。F. Marty估计,学校用于教L2的课时数每年约为250小时,而L1学习者每年大约要花5000小时来学习语言。[1]如果L2学习者学习4年,也只有1000小时;而L1学习者大约需4年时间才能基本掌握母语的口语,而他却花费了20000小时,为L2学习者的20倍。F. Marty的估计并不一定很精确,但L1学习者花费学习语言的时间要远远超过L2学习者,这一点是不会错的。就学习时间而言,儿童获取母语并不像一般所说的那么快,而L2学习者的语言学习进度也不像一般所认为的那么慢。故而应对两种学习者的语言学习能力重新估价。

---

[1] F. Marty的估计,转引自W. F. 麦基(1990,P136)。

（四）教学条件

对于L1学习来说，"教学条件"是一种比况性的说法，因为除了幼儿园之外，L1的学习谈不上有什么教学条件。L1学习主要以习得方式为主，"教师"一般都是不具备语言学知识的人，"教材"是一些有限而零碎的交谈性话语，"教具"多是现场事物，"教学方法"也是十分朴素原始的。L2的学习可大不相同，教师多为受过严格训练的专家，教材是由许多专家精心设计、反复使用修订的，教具多是精良的，教学方法也是经过认真探讨反复总结而成的。无疑L2学习的教学条件要优于L1学习。

但是，这只是问题的一个方面。语言教学受影响最大的是：第一，教学过程参与者（包括编写教材的专家和具体授课的教师等）的语言观；第二，对语言学习规律的认识；第三，对目标语言的研究现状。当前的现状是，人们的语言观有千百种之多，然而似乎还没有哪种语言观被普遍认为是全面而又科学地解释了语言的本质的；相比之下，对于语言学习规律的认识就更为肤浅、片面。在此现状下建立起来的教学体系必然是不完善的；对这种不完善的教学体系执行得愈严格，愈有可能把语言学习导入误区。在此意义上讲，L2学习的教学条件也不绝对比L1学习优越。

六、结语

本文从语言输入、内化、语言输出、反馈和语言学习环境五个方面粗线条地比较了L1学习和L2学习的异同。这些比较虽然还不够全面，有些甚至可能是不恰当的，但却可以使我们看到两种学习间的一些较重要的差异。这种比较显然具有语言学习理论研究的价值。就现状而言，L1学习的实绩明显大于L2学习，而实绩的大小取决于内化的过程，所以两种学习相异之处便可能是影响内化的因素，从中可以探测到一些内化的规律。

不过本文更为实在的目的，是期望为改进第二语言教学提供思路。通过上文的比较，我们看到：

第一，L2学习有自己的优势，第二语言教学应充分发挥这些优势。

第二，两种学习属不同的类型，L1学习的许多特点不一定能也不应该照搬到第二语言教学中去。

第三，L1学习有许多长处可以借鉴，比如儿向言语的特点及其输入方式、语言输出的思维功能、即时反馈及"重复—扩展"和"隐式纠正"等反馈方式、学习项目与情景的吻合性等。但怎样借鉴，即用什么方式在多大程度上引入第二语言教学，尚需进一步研究。

第二语言教学，特别是对外汉语教学，在我国的历史不算长；虽取得了一定成果，但远未达到令人满意的地步。在语言学习理论研究成果还不多的现状下，科学借鉴儿童语言学和成果来改进教学，确实是颇具意义的课题，应予以足够的重视。

当然，本文的比较对于促进儿童母语获得的研究也有意义。传统的心理语言学似乎过分夸大了L1学习的速度、轻视了其学习的难度，并片面地认为L1学习都是习得，且在一般情况下都能达到相同的水平。其实，L1学习的速度并没有一般人所想象的那么快，也并非轻而易举；L1学习虽然以习得为主，但也有学得的因素；学习的条件不同也影响学习的进度和质量。因此，借鉴L2学习的长处来促进L1学习，比如增强语言输入的计划性、对家长普及一些语言学知识等，也会有一定成效。独生子女的语言发展优于非独生子女，城市儿童的语言发展优于农村儿童，有文化家庭的儿童的语言发展优于没文化家庭的儿童，便是证据。

参考文献

D. M. Morehead and Ann E. Morehead (eds.). *Normal and Deficient Child Language*. Maryland: University Park Press, 1976.

David Crystal. *Introduction to Language Pathology*. London: Edward Arnoid Ltd, 1980.

H. Clark and E. Clark. *Psychology and Language*. New York: Harcourt, Brace, Jovanovich, 1977.

Helen Goodluck. *Language Acquisition*. Oxford: Blackwell Ltd, 1991.

J. Piajet：《儿童的语言与思维》（中译本），北京：文化教育出版社，1980年。

S. 皮特．科德：《应用语言学导论》（中译本），上海外语教育出版社，1983年。

W. F. 麦基：《语言教学分析》（中译本），北京：北京语言学院出版社，1990年。

李宇明等：《试论成人同儿童交际的语言特点》，《华中师范大学学报》（哲社版）1987年第6期。

李宇明：《儿童习得语言的偏向性策略》，《华中师范大学学报》（哲社版）1991年第4期。

李宇明、唐志东：《汉族儿童问句系统习得探微》，武汉：华中师范大学出版社，1991年。

李宇明主编：《聋儿语言康复教程》，武汉：华中师范大学出版社，1990年。
王益明：《国外关于成人的儿向言语的研究》，《心理科学》1991年第2期。
温晓虹、张九武：《语言习得研究概述》，《世界汉语教学》1992年第1期。
史有为：《"习得"的含义和用法》，《世界汉语教学》1989年第2期。
孙德坤：《关于"学习"与"习得"的区别》，《世界汉语教学》1989年第2期。
鲁健骥：《偏误分析与对外汉语教学》，《语言文字应用》1992年第1期。
吕必松：《中国对外汉语教学法的发展》，《世界汉语教学》1989年第4期。
吕必松：《汉语研究与汉语教学》，《世界汉语教学》1991年第4期。
桂诗春：《应用语言学》，长沙：湖南教育出版社，1988年。
朱曼殊主编：《儿童语言发展研究》，上海：华东师范大学出版社，1986年。
朱曼殊、缪小春：《心理语言学》，上海：华东师范大学出版社，1990年。

原载《世界汉语教学》1993年第1期

第二编
聋童语言及其康复

聋童声母获得状况研究[1]

一、引言

我国聋童康复工作起步于20世纪80年代初,现在已在全国范围内大面积展开。经过近十年的辛勤努力和艰苦探索,已使部分聋童获得了一定程度的康复。他们有的进入了普通幼儿园或普通小学,有的还进入了普通中学。这无疑是我国一百七十余万聋童的福音。当前,聋童康复工作已纳入国家的"八五"规划,可以预见,我国的聋童康复事业将进入一个快速发展的新阶段,这自然也给参与这项工作的科学工作者和有关人员提出了新的要求。

正是适应这一事业的发展需要,我们为了解我国聋童的语言康复水平,为对聋童语言康复水平的评估和语言训练提供科学依据,正在对在训聋童和已训聋童进行多种语言项目的调查研究。本研究是这个系列研究中的一个子项目。

本研究的调查对象,是湖北省聋儿听力语言康复中心正在接受康复训练的32名聋童和在该中心已得到初步康复、进入普通小学的14名聋童。他们智商正常,听力损失由60dB(分贝)到超过100dB不等,年龄在5—14岁之间,康复水平有高有低,其中男性29人,女性17人。[2]

本研究的测试材料是21个声母。事先将21个声母随机排序,请电台女播音员在隔音室中用呼读音依序朗读制成测试磁带。每个音朗读两遍,间隔2—3

---
[1] 与徐昌洪合作。
[2] 因当前我国聋童语言康复现状的限制,样本的抽取不大理想,所以本文的调查结果还有待今后检验。

秒；然后留出让聋童跟读的时间。

测试方法是让聋童佩戴上助听器跟读。测试由聋童熟悉的语训教师主持，将放音机放在聋童对面的适当位置，在聋童明白要完成的任务并且情绪稳定以后开始测试。聋童跟读时，主试同时出示拼音卡（聋童训练时都学过汉语拼音）。每次测试十分钟左右完成。参试人员在一旁即时记下聋童发音，并同时录音备查。当聋童跟读失败时，允许再重新跟读一次；若第二次跟读成功，仍以正确计。

我们认为，这种调查方法较好地考虑到了聋童的心理因素和学习语言的特点，兼顾到了听觉和视觉两种刺激方式，因此所得材料基本上能反映现在聋童对声母的获得情况。

二、声母成绩及区别性特征分析

表1反映的是所调查聋童声母的平均成绩。依成绩高低可以把21个声母排成一个序列：b d m l p f t r ‖ h n j k g x zh z q ch s sh c。

表1 聋童声母平均成绩表

声母	b	p	m	f	d	t	n	l	g	k
成绩%	85.45	68.97	78.80	68.40	82.80	60.70	58.50	75.65	37.50	44.65
声母	h	j	q	x	zh	ch	sh	r	z	c
成绩%	58.90	51.80	23.20	30.35	28.15	21.00	15.40	60.30	26.15	13.85
声母	s									
成绩%	17.85									

该序列显示出对聋童来说，掌握各声母的难易度情况，序位靠前的比序位靠后的更易为聋童掌握。"‖"左边是正确发音率高于60%的声母，右边是正确发音率低于60%的声母；前者是聋童的易掌握音，后者是聋童的难掌握音，可称之为"障碍音"。

声母的区别性特征可以划分为发音方法和发音部位两个范畴。属于声母发音方法范畴的区别性特征，可以概括为四组相对或相关的特征群[1]：

甲组 鼻—口

乙组 清—浊

丙组 不送气—送气

丁组 塞—擦—塞擦

表2 聋童声母各发音方法平均成绩表

组别	甲		乙		丙		丁		
发音方法	鼻	口	清	浊	不送气	送气	塞	擦	塞擦
平均成绩%	68.65	45.84	43.24	68.31	51.98	38.73	63.39	41.87	27.36

聋童对这四组特征群的掌握情况如表2所示。根据各特征的成绩高低，可得到如下不等式：

甲组 鼻>口

乙组 浊>清

丙组 不送气>送气

丁组 塞>擦>塞擦

孤立地看表2各特征的成绩也许意义不大，且会因调查对象、调查方法的不同而有所改变；但是由此而得到的不等式却有普遍意义。这些不等式中，凡在大于号左边的发音方法比在大于号右边的发音方法更易为聋童所掌握；由此推而广论，含有大于号左边发音特征的声母，比含有大于号右边发音特征的声母更易为聋童所掌握。[2]

甲组不等式表明，鼻音声母比口音声母更易为聋童掌握，这是因为口音声母的数量远多于鼻音声母，且口音声母具有比鼻音声母更为复杂的发音特征。当然，这一不等式的有效范围限于声母，韵母的情况恰恰相反。我们曾用相同的方法对相同的调查对象调查过聋童对韵母获得的情况。表3是三种类型韵母的平均成绩表。

---

[1] 这里未列边音的发音方法，一是因为汉语声母中只有一个边音，且没有与之对应的发音方法；二是排序靠前，不必倾注太多笔墨；三是它的特点可以在浊音中显示。

[2] 这一结论是就发音方法而言。具体某声母因受较多因素影响，因此并非具备某发音方法的声母就一定较难掌握或较易掌握。下文有与此相类之处，不再作注。

表3 聋童三类韵母平均成绩表

韵母类型	单韵母	复韵母	鼻韵母
平均成绩%	88.33	70.15	32.25

单韵母都是口音，复韵母都是口音的组合，鼻韵母是口音加鼻音的组合。前两类韵母的成绩远高于鼻韵母，说明在韵母范围内口音比鼻音更易于聋童掌握。

乙组不等式显示[1]，浊声母比清声母更易为聋童所掌握。清声母本身没有声响，必须与韵母协同发音；浊声母本身有声响，语图分析表明浊声母具有元音性，因此浊声母较易感知。

丙组不等式显示，不送气声母比送气声母更易为聋童所掌握。[2]送气和不送气，并不仅仅是气流强弱的问题，还牵涉到气流长短、声门状态等。[3]在这诸多方面，送气音都要比不送气音复杂，虽然发音部位相同的送气音和不送气音的中心频率差不多。因此聋童在掌握不送气音时难度较小，在掌握送气音时难度较大。

丁组不等式显示，聋童掌握塞音比掌握擦音容易，掌握擦音又比掌握塞擦音容易。因为：a）擦音、塞擦音的中心频率和下限频率，一般都比同部位的塞音的中心频率和下限频率高。聋童大都是高频损失严重，而当前的助听器则一般都是低频增益效果好，高频增益效果差，所以听力损失达到一定程度的聋童，对塞音的感知优于对擦音和塞擦音的感知。b）塞擦是先塞后擦，兼有塞、擦的特点，其发音难度既大于塞又大于擦。这与表四的情况具有可比性。

表4 聋童四呼平均成绩表

韵母类型	开口呼	齐齿呼	合口呼	撮口呼
平均成绩%	60.24	54.37	54.80	39.60

表4是依四呼分类得到的聋童四种韵母类型的平均成绩。很显然，聋童掌

---

1 这自然是就声母的整体而言。某具体声母并非必然如此。如聋童掌握b易于m，掌握d易于n。
2 送气和不送气的统计范围只限于塞音和塞擦音，因其他声母不具备送气和不送气的对立，统计进去意义不大。
3 参见吴宗济、林茂灿主编（1989，P124—125）。

握开口呼成绩最高，其次是齐齿呼和合口呼，最差的是撮口呼，撮口呼以ü开头，它兼有齐齿呼i舌位靠前和合口呼u圆唇的发音特点，难度大于齐齿呼和合口呼，故聋童掌握撮口呼既难于齐齿呼，又难于合口呼。这种情况与塞擦、塞、擦三者的关系相仿，可为佐证[1]。

回首表二，除口、清两种发音方法过于笼统而不考虑之外，其他七种发音方法得分最低的是擦、塞擦和送气。这三种发音方法是聋童的"障碍发音方法"。

属于声母发音部位的区别性特征，即一般所谓的双唇、唇齿、舌尖前、舌尖中、舌尖后、舌面、舌根等七个发音部位。表5是这七个发音部位的平均成绩。根据成绩高低可以将它们排成一个序列：

双唇＞舌尖中＞唇齿 ‖ ＞ 舌根＞舌面＞舌尖后＞舌尖前

表5 聋童声母各发音部位平均成绩表

发音部位	双唇	唇齿	舌尖前	舌尖中	舌尖后	舌面	舌根
平均成绩%	77.73	68.40	19.28	69.41	31.21	35.12	47.02

这个序列反映了聋童掌握声母各发音部位的难易顺序：序位靠前的比序位靠后的更易为聋童所掌握。"‖"前的发音部位，平均成绩都在60%以上，是聋童较易掌握的发音部位，这些发音部位大都是口的前面的部位；"‖"后的发音部位，平均成绩都在60%以下，是聋童较难掌握的"障碍发音部位"，口的后面的发音部位都在这一组。造成这一序列的原因是：

a) 聋童学习语音，除利用残余听力外，还要较多地用眼睛看口形，即所谓的"看话"或"唇读"。双唇、唇齿易看，舌面、舌根难以看到。舌尖前和舌尖后的部位序位亦与此有关。舌尖后音又名卷舌音或翘舌音，从发音难度看大于舌尖前；但是教师在教舌尖后音时往往把嘴张大，卷舌动作夸张，易于聋童观察发音动作。所以舌尖后排序前于舌尖前。这表明了聋童语训中视觉参与的重要作用。

b) 聋童的发音器官虽无病变，但因长久不用而渐趋僵化，要利用恰当的部位成阻，比正常儿童要困难得多。就三个舌尖部位而言，舌尖中自然要比舌

---

[1] 根据聋童掌握四呼和塞、擦、塞擦音的情况，似乎可以建立这样的公理：设有三种不同的发音方法（或语音）ABC，若A具有BC二者的发音特点，则A的发音难度既大于B又大于C。因此，聋童掌握A的水平既低于B也低于C。

尖前、舌尖后成阻方便，故舌尖中序位靠前。舌面、舌根都是视觉不易看到的部位，但若聋童尝试用舌的后部成阻，成阻点一般都会落在舌根的范围内；而舌面范围较大，不易找到恰当的成阻点，所以舌根部位的平均成绩高于舌面。

c）各发音部位所拥有的声母，其发音方法不一样。如前所论，发音方法对聋童来说有难有易，这必然也影响到对发音部位的掌握。舌尖前、舌尖后和舌面的声母，发音方法都是较难的塞擦音和擦音，因此这三个发音部位都是聋童的障碍发音部位。

对声母区别性特征的分析，构成了对声母序位的解释，即发音方法的难易度和发音部位的难易度相互参配，便决定了某声母的序位。b、d和g同是不送气塞音，发音方法相同，但g的发音部位难度大，所以序位远在b、d之后；m和n同是鼻音，但双唇比舌尖中易于聋童掌握，所以n在m后就序。再如r和zh、ch、sh发音部位相同，但r是浊音，发音方法易于zh、ch、sh，所以其成绩远高于zh、ch、sh。

三、聋童声母错误类型分析

聋童把声母发错，可以分为全错和半错。全错是指把声母的发音部位和发音方法全发错；半错是把声母的发音部位或发音方法一个方面发错。下面主要以半错为材料来分析聋童的声母错误类型，必要时也运用一些全错的材料。就我们调查的材料而言，聋童声母的错误类型主要有以下五种：

A. 发音部位前后移动

这是一种常见的错误类型，其主要表现是：

a）把舌尖前音发成齿间音、舌尖后音或舌叶音；

b）把舌尖后音发成齿间音、舌尖前音或舌叶音；

c）把舌面音发成舌叶音或舌根音；

d）把舌根音发成喉音；

e）把唇齿音发成双唇音。其中尤以a）、b）两项为多。

B. 口音和鼻音相混

这种现象主要发生在与鼻音相同或相近的发音部位上。如把m发成b或p，把p或f发成m，把n发成l等。

C. 送气音和不送气音相混

据统计，聋童把送气音发成不送气音的有55人次，把不送气音发成送气音的有27人次，可见前者是一种主要的错误小类。送气音和不送气音相混，多数都是发生在同部位的塞音和塞擦音之间，如b与p，d与t，g与k，z与c等。也有少数是不同部位的，如把zh发把c，把c发成zh等。此外也偶见把擦音误发成送气音的，如把h发成k，把sh发成c或ch，把f发成送气清擦音等。

D. 清音和浊音相混

就我们的调查所见，把清音发成浊音的有43人次，把浊音发成清音的有13人次，可见清音浊发是此类的主要表现。这种错误一般都发生在相同或相近的发音部位上，如把f发成v，把d发成l，把m发成b或p等。也有少数发生在相差较远的发音部位，如把r发成h等。

E. 塞音、擦音和塞擦音相混

这种错误又可分为四个次型：

a）把塞擦音发成擦音，共30人次。如把z、zh、ch发成r，把z、c发成s或齿间擦音等。

b）把擦音发成塞擦音，共12人次。如把x发成j，把s发成z，把sh发成c或ch，把r发成zh等。

c）把塞音发成擦音，共3人次。如把g、k发成h等。

d）把擦音发成塞音，共4人次。如把f发成p，把h发成k等。

这种错误以塞擦音发成擦音最为多见，把擦音发成塞擦音次之，且主要发生在舌尖前和舌尖后两个发音部位。塞音和擦音二者相混的数量较少。其原因在于塞擦音和擦音都含有擦音的成分，聋童为简化发音动作往往在发塞擦音时丢失开始塞的成分；也许在聋童的听感上，塞擦音与擦音比较近似，所以易于混淆。

除上述五种错误类型之外，丢失声母亦是一种常见现象。许多呼读音聋童只跟读出韵母，许多音节在言语行为的实际运用中，也往往只剩下韵母。这种错误与清音浊发的现象其实是异曲同工的。

通过上述讨论可以看到，聋童声母的发音错误不仅主要发生在障碍音、障碍发音方法和障碍发音部位上，而且表现出两种倾向：

a）部位关联。聋童往往是将同部位的甲音发成同部位的乙音。或是将甲音发成相近或相似部位的乙音。这种错误倾向在以上五种类型中都有体现。

b）以易代难。聋童往往是把较难掌握的音发成较易掌握的音。如清音浊发，把送气音发成不送气音，把塞擦音发成擦音等。

这两种错误倾向，不仅进一步反映了聋童掌握声母的特点，而且也为改善聋童的声母训练提供了更为深入明确的依据。为使聋童正确掌握声母，就要注意克服这两种倾向。但是从另一角度来看，这两种倾向又是聋童学习声母的两种策略，在语训过程中，也许可以利用这两种策略促进聋童学习新的声母的一些发音特征。比如，通过部位关联就可诱导聋童掌握一些新的发音部位。前面所讨论的五种错误类型，亦可因势利导，让它们在语训过程中发挥积极作用。

四、其他相关因素分析

影响聋童声母获得的因素，除了声母本身因素之外，还有听力损失程度、性别、年龄、家庭文化背景、教育态度和教学方式等其他因素。本文只分析听力损失程度、聋童性别和聋童年龄三个因素对聋童声母获得的影响。

学术界对听力损失程度的划分有多种标准、级别和名目。本文采用四级划分，根据聋童左右耳的平均听力损失把听力损失程度分为：

一级聋大于91dB

二级聋90—71dB

一级重听70—56dB

二级重听55—41dB

本次调查的聋童，左右耳听力损失都高于55dB，属前三个级别。其中，一级聋9人，二级聋34人，一级重听3人。各听力损失级别的声母平均成绩如表6所示：

表6 聋童各听力损失程度级的声母平均成绩表

听力损失程度	一级聋 （>91 dB）	二级聋 （90—71dB）	一级重听 （70—56dB）
平均成绩%	43.39	42.57	71.42

表6显示，听力损失程度越重，声母的平均成绩越低；听力损失程度越轻，声母的平均成绩越高。可见，听力损失是影响聋童获得声母的一个重要因

素。聋童尽管可以通过视觉、触觉等手段来补偿听力损失，但是开发残余听力，尽量地通过助听设备来补偿聋童的听力，仍是不可忽视的手段。

当然，听力损失程度与声母获得的相关性就某一具体聋童来讲不是绝对的。比如有一名聋童，她的双耳听力损失都是100dB。但声母成绩竟高达80.95%。在现代化助听设备问世以前，也有聋童获得语言康复的先例，这从另一方面说明其他补偿手段的重要性。聋童的听觉康复并不等于语言康复，更不能把聋童康复希望完全寄托于先进的设备上。我国是一个聋哑大国，技术设备、教育条件和经济实力还不允许为每个聋童都提供优越的康复条件。在此种国情下更应注意视觉、触觉等代偿手段在康复中的作用。

对正常儿童的研究成果表明，女孩的语言能力一般高于男孩。这种现象，既有先天的遗传学上的原因，即男女大脑语言中枢的差异，也有后天的原因，即男女儿童在与成人语言交往上的差异，男性不如女性与成人的语言交往多。男女的性别对语言发展的影响，在聋童中同样显示了出来。

表7 不同性别聋童声母平均成绩表

性别	男	女
平均成绩%	38.42	50.42

表7表明，男性聋童声母的平均成绩低于女性聋童，可见性别也是影响聋童学习语言的要素之一。这似乎说明，男女先天的语言能力差异并未因听力损失而丧失作用。聋童在语言康复之前，大脑语言中枢因未受到言语信号刺激而处于休眠状态；在进行康复之时，大脑语言中枢才逐渐苏醒。语言中枢的休眠并未把先天的语言能力差异抹杀。同时也说明，不同性别的聋童在后天的社交方面与正常儿童相仿，从而使先天的语言能力差异在后天得到实现及发展，造成男女聋童语言康复水平的差异。

表8 不同年龄聋童声母平均成绩表

年龄（岁）	5	6	7	8	9	10	11	12	13	14
平均成绩%	27.00	48.81	26.18	50.01	65.10	46.20	35.70	57.14	85.70	57.14

表8是不同年龄的聋童获得声母的情况。从表8中看出，聋童声母的成绩并不是随着年龄的增长而直线增长，而是忽高忽低。为了更直接地显示这一点，

可以把表8变成图1所示的坐标图。图1显示，聋童声母的平均成绩，虽然从总体上看是随年龄的增长呈上升趋势，但是成绩曲线上下反复大幅度波动。这说明年龄因素对聋童声母获得没有显著影响。

对这一结论的可能解释是：a）聋童致聋的年龄不同：有先天性耳聋，有后天性耳聋；有的在语言发生期致聋，有的在语言发展期致聋。因此，聋童致聋时的语言基础不同会影响后来的语言发展，因此与年龄的大小不匹配。

b）聋童接受康复的起始年龄不同：可能是三岁、五岁，可能是八岁、十岁等；有的是刚致聋就接受康复，有的则是致聋后相当长时间才进行康复训练。不同年龄儿童学习语言有不同的特点，且能力也会发生变化；致聋时间长短也会在相当大的程度上影响到康复效果。这也与年龄的大小不匹配。

c）聋童接受训练的时间长短不同，接受训练之后所受到的继续教育不同，听力损失、性别差异、社会文化环境等因素，也会造成极大的个性差异，从而使相同年龄段的儿童具有不同的语言水平。

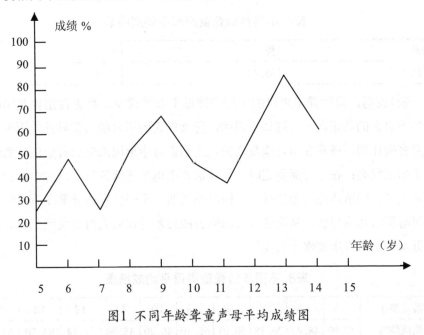

图1 不同年龄聋童声母平均成绩图

这三种原因交叉作用，使年龄因素的作用在聋童语言康复中得不到体现，乃至发挥不出来，因此会有上述结果。当然，也可能是我们调查的样本不适于反映年龄因素的作用。究竟是何原因，尚需今后进一步研究。

五、聋童与正常儿童声母获得状况比较

关于汉族正常儿童语音发展的研究成果还不多见，可资与本研究进行比较的只有两项成果。一是刘兆吉等（1980）对三至六岁城乡正常儿童语音发展水平的调查，一是张燕生等人对两岁半至六岁半正常儿童语音发展水平的调查[1]。这两项研究的声母平均成绩如表9所示：

表9 正常儿童声母平均成绩表

声 母	b	p	m	f	d	t	n
刘氏研究平均成绩%	94	91	93	83	89	85	68
张氏研究平均成绩%	98	93	93	80	65	60	20
声 母	l	g	k	h	j	q	x
刘氏研究平均成绩%	86	87	86	88	90	88	89
张氏研究平均成绩%	80	81	82	65	94	80	86
声 母	zh	ch	sh	r	z	c	S
刘氏研究平均成绩%	72	75	73	80	71	70	70
张氏研究平均成绩%	27	23	24	28	74	66	71

从表9看出，两项研究的结果差异很大，可能是因研究对象不同造成的。如果依成绩的高低为据，两项研究的声母可各自排成两个序列：

刘氏 b m p j x/d h/q l k t f r ‖ ch sh zh z c/s n

张氏 b j p/m x k g f/l/q ‖ z s c d/h t r zh ch sh n

同样，各声母在两个序列中的位置也有较大差异。在上述两个序列中，"‖"前的声母为成绩在80%以上或等于80%者，是正常儿童较易掌握的声母；"‖"后的声母为成绩在80%以下者，是正常儿童较难掌握的声母。两项研究中，正常儿童较难掌握的声母数量不同，后者比前者多出d、h、t、r四个。

全面比较聋童和正常儿童的声母获得状况，当前的条件尚不成熟。就现有的材料而言，可以看得出的有如下两点：

a) 聋童掌握声母的水平远低于正常儿童。比较表1和表9，这一点是显而易见的。当前，我国在制订聋童语言康复水平的评估标准方面，还没有一致的意见。我们认为，这种评估标准应以正常儿童的语言发展水平作为参照，即通过正常儿童语言发展水平的全面深入研究，建立语言年龄常模，然后根据我国

---

[1] 见朱智贤、林崇德（1986，P371）。

聋童语言康复的实际状况，规定某康复级别应达到某年龄的正常儿童的语言水平，也就是说相当于某语言年龄。

如果这种看法合理的话，就我们调查结果与刘、张两项研究比较，聋童声母的掌握水平大约相当于三岁正常儿童的水平。刘氏研究结果是，三岁正常儿童声母平均成绩农村为59%，城市为66%，总平均为62.50%。张氏研究结果是，两岁半至三岁为39.10%，三岁至三岁半为59.52%。我们的调查结果为51.93%，高于张氏研究的两岁半至三岁正常儿童的水平，略低于刘氏研究的三岁正常儿童的水平和张氏研究的三岁至三岁半的水平。因此，大致可以说，我们所调查的聋童声母水平相当于三岁左右正常儿童的水平。这一水平未免太低。

b）各声母学习的难易度不同。如前所论，依成绩高低排列的声母顺序，其实不仅显示了各声母的掌握水平，而且也隐示着各声母学习上的难易度。聋童声母序列与本节的正常儿童声母的两个序列都不同，说明聋童和正常儿童学习各声母的难易度不同。这种不同是由聋童的听力障碍和特殊的语言教育方式所致。聋童因听力损失造成了不同于正常儿童的特殊的感知结果，并在语训教师和家长的刻意训练下学习语言，同时要较多地利用其他代偿手段。正常儿童则是在相对自然的状态下获得语言的，所以把正常儿童的语言获得称为"习得"。因此不管是从语言获得的方式还是从获得的结果上看，聋童的语言获得都不同于正常儿童的语言习得，由此便产生了各声母学习上的难易度的不同。比如k、g、x是聋童的障碍音，但在刘、张两序列中都排序靠前。n不是聋童最难掌握的音，但却是正常儿童最难掌握的音，在刘、张两序列中都排在末尾。

当然，这两种不同的语言学习类型也有共性。就声母而言，唇音声母在各序列中都排在最前或较前，而聋童的障碍音z、c、s、zh、ch、sh，也是正常儿童的较难掌握的声母。这种共性启示我们，聋童的语言康复不仅可以而且应该借鉴对正常儿童语言习得研究的成果。

六、结语

声母对聋童来说有一个学习上的难易顺序，我们调查的由易到难的顺序是b, d, m, l, p, f, t, r, h, n, j, k, g, x, zh, z, q, ch, s, sh, c。

其中h，n，j，k，g，x，zh，z，q，ch，s，sh，c是聋童较难掌握的障碍音。聋童较难掌握的发音方法是擦、塞擦和送气，较难掌握的发音部位是舌根、舌面、舌尖后和舌尖前。聋童声母的发音错误主要集中在障碍音上，其主要错误类型有发音部位前后移动，口音和鼻音相混，送气音和不送气音相混，清音和浊音相混，塞音、擦音和塞擦音相混，以及声母失落等；主要错误倾向是部位关联和以易代难。听力损失程度和性别两个因素对聋童的声母获得有显著影响，但年龄因素影响不明显。聋童声母的掌握水平远低于正常儿童，且声母的难易顺序也有显著差异。虽然两种儿童在学习声母上有若干共性，但却是两种不同的语言学习类型。

对聋童进行声母训练，既要尽力开发和补偿其残余听力，又要注意利用其他代偿手段；既要依据声母的难易顺序循序渐进，又要把训练重点放在克服聋童的障碍音、障碍发音方法、障碍发音部位和主要错误类型上；既要注意克服聋童的错误倾向，又要因势利导，化消极因素为积极素因；既要充分借鉴对正常儿童语言习得研究的成果，又要充分考虑聋童自身的特点。

参考文献

李宇明主编：《聋儿语言康复教程》，武汉：华中师范大学出版社，1990年。
刘兆吉等：《三—六岁儿童语音发展水平调查研究》，《儿童心理与教育心理》1980年第2期。
吴宗济、林茂灿主编：《实验语音学概要》，上海：高等教育出版社，1989年。
赵鸣之：《聋童听力——语言康复医学》，天津：天津科学技术出版社，1987年。
朱智贤、林崇德：《思维发展心理学》，北京：北京师范大学出版社，1986年。

原载《语言文字应用》1992年第1期（创刊号）

聋儿语言康复的目标、原则及其有关问题

一、聋儿语言康复的目标

聋儿语言康复[1],是在聋儿听力得到一定补偿、听觉得到初步康复的基础上进行的,是整个聋儿康复系统工程中的最后一个环节,因此,也是显示聋儿康复最终成果的环节。在我国,聋儿医疗诊断的工作开展较早,也较有成绩;聋儿测听和助听器的使用,也已有了长足的进展,基本上可以满足现阶段听觉、语言训练的需要;然而聋儿语言训练方面,虽然也积累了一些十分可贵的经验,探索了一些可行且具有一定效果的训练方法,但是,从总体来看比前两个方面还明显薄弱,整个语训工作还处于感性认识阶段,缺乏科学性,因此解决聋儿语言康复的问题,已经成为整个聋儿康复的重点课程。

在聋儿语言康复中,最重要的起着制约全局作用的是聋儿语言康复的目标问题,亦即聋儿语言康复究竟要康复的是什么?只有具备了科学的目标,才能有科学的训练内容、科学的训练方法和科学的评价标准。我们认为,聋儿语言康复的目标,不是只看聋儿掌握若干语言知识,不是只看聋儿会多少词、多少句子,而是要康复聋儿使用语言这一工具进行交际和思维的能力。(以下简称"语言能力康复")

之所以把使用语言进行交际和思维的能力定为语言康复的目标,是因为语言具有社会职能。人类传递思想、交流情感可以采用听觉的、视觉的和触觉的多种交际工具,诸如音乐、号角、图画、雕塑、舞蹈、体态、盲文等等,但是,这些交际工具同语言比较起来,是不能等量齐观的。非语言交际工具,

---

[1] 本文严格区分"聋儿康复"和"聋儿语言康复"两个概念。聋儿康复包括听觉康复和语言康复。聋儿康复工作包括医学诊断测听、助听设备配制、听觉训练、语言康复、智力开发等一系列工程,本文主要讨论的是其中一个环节——聋儿语言康复。

要么使用范围有限，要么表义含混模糊，要么使用起来很不方便；而语言则是人类最重要、最便利、最常用的交际工具。动物也有它们的交际工具，它们会利用叫声、体态、气味等传递信息，但是动物的交际工具是不能与人类的语言同日而语的。动物的"语言"简单、含混、贫乏，不具有能产性，是完全靠先天遗传因素决定的，而人类的语言复杂、精密、丰富，可以用有限的语音、词汇和语法来表达各种思想和情感，具有极强的能产性。人之所以能够创造出各种文明，成为世界的主宰，其中一个十分重要的因素就是有语言。人类的语言虽然是人类经过几百万年的努力由动物的叫声逐渐进化过来的，但已与动物的"语言"有质的区别。它不是人类的一种本能，而是人类的成员在社会环境中学习才能得到的，是后天的。如果一个人因某种障碍而丧失了这一工具，他就只能使用非语言来进行交际，比如聋儿由于耳朵失聪而不得不使用叫声、手势、表情、体势等来交际。

语言科学把作为交际工具的语言又分为语言、言语和言语行为（为了把与"言语""言语行为"相对而言的"语言"同一般所谓的语言区分开，本文把它叫作"狭义语言"，行文中用[语言]表示）。[语言]是语音、词汇和语法等构成的系统，是从人们大量的讲话中抽象概括出来的。言语就是人们因时因地因人而说出来的话，是对[语言]具体运用的结果，言语是个人的，表达的是个人的思想感情，是可以听得见（口语）或看得见（书面语）的；[语言]则是社会的，是听不见看不见且储存于大脑当中的。言语行为是把头脑中的[语言]转化为言语的过程，是复杂的心理、生理、物理相互作用转化的过程，是能否把语言作为交际工具来使用的重要环节。

言语行为可以分为表达和理解两个相互联系的过程。表达过程可以分为编码和输出两个环节。编码是一种心理活动，即把头脑中呈现的要传达给听话人的意念变成语言符号串。输出是一种生理活动，是发音器官在神经指挥下，根据编码指令来运动，发出声音，使语言编码具有物理性质。

理解过程可以分为接收和解码（或称为译码）两个环节。接收是听觉器官在神经指挥之下，把讲话人输出的语音信号转化为心理语言符号的生理过程。解码是把接收转化后的心理语言符号变作意义，这个意义就是讲话人想要传达给听话人的。粗略地说，理解是表达的逆过程，是物理言语通过生理运动还原为心理可把握的意义的过程。

在编码、输出、接收、解码这一系列环节中，由于心理的、生理的和物理的因素的影响，往往会出现各种各样的失误，生活中常见的说错话和听错话指的就是这种失误。为了减少或避免失误，在言语行为中还需要有一个反馈环节。表达者要监听自己说出的话是否正确，理解者要把自己理解的内容通过复述、点头、微笑和其他反应反馈给表达者。通过反馈，讲话人和听话人要分别作出表达和理解上的调整，以保证交际的顺利进行。

以上是对言语行为的一个粗线条的勾划，这种勾划可以用下面的示意图表示：

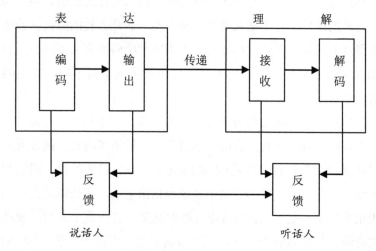

言语行为要顺利进行，当然需要听说人具备共同的[语言]和言语能力。但是，只有[语言]和言语能力，并不见得就能顺利施行言语行为，就如一个人学会了英语，但并不见得会得体自如地同英美人交谈一样。所以，细分起来，聋儿要康复地使用语言作为交际工具的能力，应是[语言]能力、言语能力和言语行为能力，而其中尤以言语行为能力为最重要。

语言不仅是人类社会最重要的交际工具，同时也是人类社会最重要的思维工具。现代思维科学，把人类的思维划分为抽象思维、形象思维和技术思维三种类型。[1]任何思维都必须凭借一定的物质形式才能进行，不可能进行赤裸裸的思维。抽象思维的工具是语言，用词语代表概念，用句子表达判断，用一些复句和句群来表达推理。形象思维是艺术家、文学家常用的思维方式，其思维工具是各种表象。技术思维是工程师、运动员和修理工等常用的思维方式，其思维工具是

---

1 参见兹维金采夫（1981）的论述。

各种符号、图纸和各种具体的场景。一方面抽象思维是人类使用的最广泛的思维方式，另一方面对形象思维、技术思维也有一定的影响，因此，抽象思维是人类最重要的思维类型，也是当今社会衡量人的智力的一个重要方面。

思维是人们认识世界、把握世界和获取知识的最重要的手段。只有通过思维，人们对世界的各种感性认识才有可能上升为理性认识，从而才有可能把握世界，并依照客观规律去能动地改造世界。就群体而言，人类的知识的第一源泉是实践，但是就个体而言，特别是在人生的前一阶段，人的知识主要来自书本和口语，而不是实践。比如一个没有到过北京的人，可以从书本或他人的介绍中了解北京的各种情况。但是，要把他人的知识变为自己的知识，也必须通过思维的加工才能实现。当然，这里所说的思维，也主要是抽象思维。因此，发展抽象思维就成为人类的一个重要任务。

抽象思维的工具是语言，聋哑人没有语言，纵使他可能用手势等其他物质形式来充当抽象思维的工具，但是借助于非语言所进行的抽象思维不可能达到较高的水平。一方面，手势等不是抽象的符号，起码不完全是抽象符号，因此这种工具必然会影响思维的抽象水平。另一方面，语言之于思维，并不仅仅是一种简单的工具，它还是促进思维发展的力量。由于语言具有抽象性，通过学习语言可以训练思维；语言可以把思维的成果——思想——进一步明晰化，并通过语言巩固思想；语言中储存了人类几百万年的主要知识，通过学习语言，也就间接地学习了知识，而思维要顺利进行，必须有一定的知识作基础。因此，语言不仅使思维得以进行，而且还可以极大地促进思维。

抽象思维所使用的语言有两种，一是外部言语，一是内部言语。外部言语就是发出声音的言语，当思考极为复杂的问题时的自言自语，就是外部言语。内部言语是沉思默想时的言语。迄今为止，对内部言语的认识还很有限，但是有两点是较明确的：一是内部言语同外部言语大体上相像。语言学家雅可布逊1932年做了一个实验。这个实验借助于肌电图技术，发现人在思维时，有关语言器官的肌肉有电位变动，而且这种肌肉变动的形式与把思维内容大声说出来时大体一致。[1]二是内部言语是由外部言语内化的结果，幼儿一个人做游戏时，常常自言自语，这时他还不会沉思默想，是借助外部言语进行思维。随着年龄的增长，幼儿这种自言自语逐渐减少，并学会沉思默想，这时他的思维借

---

[1] 参见沈德立（1987）。

助的是内部言语。这表明内部言语是由外部言语内化而成的。当然在内化的过程中，会发生一些变化，比如浓缩和简化。

对聋儿进行语言康复，并不是聋儿康复的最终目的，最终目的是通过语言康复，来促进聋儿知识、智力的发展，并能自由地同主流社会成员交流思想感情。因此，培养聋儿利用语言进行思维的能力，即促使聋儿外部言语向内部言语转化，也应成为聋儿语言康复的一个重要目标。

由于语言是人类社会最重要的交际工具和思维工具，因此，聋儿语言康复的目标，就是使儿童具有使用语言来进行交际和思维的能力，其中，正确施行言语行为的能力、建构内部言语的能力是其中心。

当明确了聋儿语言康复的目标及其重点以后，才有可能根据国情来制订出合乎实际的具有科学性的康复标准，才能编写出科学性的聋儿语言康复教材，才能创造出有成效的各种训练方法。同时，也只有根据这一目标，才能对现在的聋儿语言康复训练作出正确评价，建立一个科学性的评价系统，其中包括评价标准、评价手段等。因此，目标的确定，具有极高的理论价值和应用价值。

二、正常儿童的语言习得

正常儿童的语言习得是非常神奇的。新生儿就已表现出对人类声音的喜爱倾向，在一岁之前，儿童就能模仿发音，并初步理解一些成人的言语。一岁至一岁半，儿童虽然主要是理解言语，但已能说出许多"独词句"（即一个句子只有一个单词）；到了二岁，能说一些简单句，一开始比较简略，像"电报语言"，后来逐渐完整；二岁至三岁，儿童已能说出复合句，一个句子有6—10个音节；三岁时，儿童约能掌握一千左右的词，会使用基本句型，发音也较清晰，似乎"什么都会说了"；五岁儿童已能基本熟练地理解和表达，内部语言也有所发展，语音系统已基本掌握，以后就是扩大词汇量和进一步完善语言技巧的问题了。

儿童五年时间大致习得了母语，而成年人学外语要用比之更多的时间且学习效果还远不如儿童。就学习语言这一方面来看，儿童学习的速度，足以让成年人叹服。因此，认真研究正常儿童的语言习得，对聋儿语言康复工作是具有极大意义的。

关于正常儿童的语言习得，吸引了语言学、心理学、教育学诸多学者的兴趣，出现了各种各样的学说，其中，行为主义的"模仿说"、乔姆斯基的"先天说"和皮亚杰的"认知说"较有影响。

模仿说认为，儿童是通过对于成人语言的模仿而习得语言的，在狼群中长大的孩子由于没有模仿样板而难以学会语言。模仿说看到了语言是后天的，而且指出了成人语言对于儿童学习的重要作用，但是忽略了儿童语言学习过程的主动性和创造性。比如，儿童常能说出非常奇怪的话，而这种话是他从未听到过的。再如，言语是无限的，如果儿童只是模仿，他就一辈子也学习不完。由此可见儿童语言习得时绝不仅仅是一个被动的模仿者，而是在模仿之时还有主动的创造。

乔姆斯基认为，人类的语言是先天遗传的，人生下来头脑中就有一个语言装置，这种装置经过后天听到的语言的触发，就能使人习得语言。这个语言装置的工作，主要是对后天听到的话进行分析概括，抽象出各种语言规则，因此儿童习得的不是一句一句的话，而是语言规则。乔姆斯基学说重视儿童语言习得中的主动性和语言规则学习的重要性，但至今人们找不到头脑中存在的语言装置，因此还具有不可验证性，带有极大的假设性质。

皮亚杰把语言看作诸多符号功能中的一种。语言的发展是以认知结构为基础的，由于儿童认知结构的发展的顺序也具有普遍性，因此儿童语言的发展的顺序也具有普遍性。皮亚杰的认知说看到了语言发展同认知发展的关系，看到了语言发展的顺序，但是，语言的发展必然有它自身的特点，二者的关系不可能是直接的和单向的。

当然，现在要解决儿童为什么能习得语言的问题，还为时过早。各种学说都有其合理的内核存在，但也都有不尽如人意的地方。综合考察，正常儿童习得语言的问题，有以下几个方面是比较明确的：

a）儿童具有一种先天的语言学习能力，这种能力是人类几百万年进化的结果。正是这种能力规定了儿童生下来可以习得语言，而动物不具有这种能力。许多科学家教黑猩猩学习语言的实验都证明动物不可能学会语言。聋儿的大脑和发育器官同正常儿童没有差别，因此也是有这种能力的。这是聋儿可以进行语言康复的理论前提。

b）语言是在后天的语言环境中学习得到的。人纵使有先天的学习语言的能力，但若离开社会，没有发挥学习语言能力的机会，也照样学不会语言。前面已举过狼孩的例子。再如美国一名叫伊莎贝拉的私生子，一生下来就被她的聋哑母亲隐藏起来，过着与世隔绝的日子。当她六岁被人发现时，还不会讲话。[1]美国还有一个女孩，人们给她取了个名字叫基尼。基尼从小就被父亲关在一个屋子里，不让任何人与她说话。到十三岁时，她还不会说话。[2]

c）儿童习得语言，一开始理解先于表达。在一岁之前，许多儿童尚不会说话，但是可以听懂某些词语（实际是简单的句子）；处于独词句阶段的儿童，可以按照成人的多词句作出正确反应；儿童自己不能讲故事时，他已能对一些简单的故事有所理解。但是，理解有个深度的问题，对于一个词语，儿童并不见得能准确地把握它的内涵和外延，以及它的多个义项，但是也仍可正确使用，并通过使用加深理解。可见理解和表达是相互促进的关系。当然，有时儿童听到了一个新词，不理解其义但却能说出来。这种使用不理解的词语难以起到交际作用，但却表现出儿童学习语言的热情。

d）正常儿童基本上是在自然状态下习得语言的，人们说出的话都可能成为儿童的学习材料，而很少是靠专门教授学习的，虽然父母和幼儿园教师会有意识地教孩子学习语言。在这种自然状态下，儿童一开始是简单模仿，模仿对了，常受到鼓励，模仿错了因达不到交际目的而受到抑制。这种模仿和鼓励是儿童最初的学习方式和学习动力。但是，一旦儿童模仿了一些语言之后，就对语言有了一些感性认识。随着认知能力的发展，这种感性认识就会上升为理性认识，从而掌握一部分语言规则。儿童运用这些语言规则可以说出许多独创性的言语。最明显的是儿童在一定的年龄阶段常会说出一些很奇特的怪句子，这些怪句子是儿童将语言规则消化应用的结果，是儿童学习语言时创造性的表现，是儿童语言能力开始出现飞跃的标志。一旦儿童通过同成人语言比较然后把语言规则限制在合适范围时，这些语言规则就习得成功了。

e）儿童是通过言语行为来习得语言的。成人同儿童谈话，不管一个词还是多个词，都是以句子的形式出现的，因此儿童一开始学习，就是从句子开始的，而不是孤立地学习单词。儿童在学说话时，哪怕说出的是一个单词，这个单词也是句子，是一个交际单元，具有交际功能。例如一岁半的儿童说"妈

---

1 见《年轻人》1989年第9期。
2 见《基尼的开化》，载朱曼殊主编（1987）。

妈",不同的情景可能有不同的意思,或是要妈妈抱,或者要妈妈帮他拣东西,或是要妈妈给他东西吃,而不只是"妈妈"这个词的含义。通过言语行为,儿童把言语同具体情景联系在一起,通过言语的使用来习得语言。成人学外语之所以赶不上儿童习得语言的水平,原因之一就是成人不是通过言语行为来学习的,而是死记单词和语法规则。因此,言语行为不仅是学习语言的一种目标,而且也是学习语言的最佳途径。

f)儿童习得语言因环境和个人条件的差异而呈现出很多特殊性,但是也表现出极强的规律性。这种规律就是由简单到复杂,由容易到困难。在语音方面,汉族儿童大部分是先习得舌面元音后习得辅音,在辅音中以卷舌音(zh、ch、sh、r)和一些舌位靠后的音(如g、k)较后习得。在词汇方面,先习得日常生活中的基本词,然后才是非常用词;先习得意义比较具体实在的词,然后才是意义比较抽象虚灵的词。在语法方面,先习得祈使句、陈述句,然后是疑问句和感叹句;先习得简单句,然后才是复合句。在语用方面,先学会平实的表达,然后才是一些艺术性的表达,比如比喻、夸张、反问、反语等。

g)语言对儿童有交际和调节两种功能,儿童一般都是先学会用语言交际,然后才学会用语言来调节自己的思维和行为。先有外部言语,然后将外部言语逐渐地转化为内部言语。

h)儿童学习语言有一种强大的动力,这种动力就是儿童可以通过语言来满足自己的各种需求,可以通过祈使句来获取成人的帮助,通过疑问句来获取知识,从而满足自己的好奇心。因此,儿童在语言习得期有着极浓的学习语言的兴趣。

了解正常儿童语言习得的一些情况,对于聋儿语言康复工作是不可缺少的。因为正常儿童在这方面是成功者,他的学习途径是一种最好的途径,值得所有的人效法。聋儿语言康复工作者的任务,就是要尽一切可能补偿聋儿的缺陷,并尽量使聋儿学习语言的途径同正常儿童习得语言的途径靠近,靠得越近,方法就越科学,效果就越显著。

三、聋儿学习语言的特殊性

早在十八世纪,德国的海尼克已实践让聋儿学习口语。1887年我国也创办了"启音学校"。近十年来，我国聋儿学习语言的可能性和必要性已得到越来越多的人的认识。聋哑儿童学习语言，绝不仅仅是一个讲话的问题，而是要发展智力、获取知识、培养健康人格的问题，是要使上百万人"疾而不残"的问题，是要把社会的一个沉重包袱转化为巨大生产力的问题。自1983年中华聋儿语言听力康复中心（即现在的中国聋儿康复研究中心）建立以来，全国已有十余个省、二十五个计划单列市以及民政、卫生、教育等部门办起了各种层次、各种模式的聋儿康复机构60余所，已训或正训的聋儿有1800余人，并有许多学龄聋儿进入了普小，有些还成为国家或省、市、区级的优秀儿童。这充分说明了可以对聋儿进行语言康复。

聋儿学习语言同正常儿童相比，有其极大的不利因素，也有一些有利因素。这些不利和有利的因素，构成了聋儿学习语言的特殊性。充分地认识这种特殊性，扬长补短，才能使聋儿语言康复工作科学化。

（一）聋儿语言学习的不利因素

听力缺陷是聋儿学习语言最大的根本性的不利因素。它使聋儿难以在自然状态下习得语言。人类学习语言有一种先天的能力，只要智力缺陷不是太严重，发音、听力等器官没有大的缺陷，儿童都可以在自然状态下利用三四年或五六年的时间"轻松地"习得语言。对聋儿则需要进行专门的语言训练，通过教师、家长有意识地教授和严格的训练才能获得语言。我们目前还没能完全弄清楚儿童为什么可以在自然状态下利用较短的时间神速地习得语言，但是，事实可以使我们认识到，自然状态是儿童习得语言的最佳途径，有意识地教授训练是不得已而为之的下策。由于我们对儿童习得语言的机制和过程还没有科学的认识，因此有意识地教授训练不可避免地会带有或多或少的不科学性，从而影响聋儿又好又快地学习语言。

今天，虽然有了助听设备，可以使儿童的听觉得到增益，但是由于助听设备技术上的问题，还难以对儿童损失最严重的高频音得到有效的补偿，因此大多数聋儿即使配戴上较为合适的助听器或在教学上采用了先进的助听设备，儿童听到的语音仍然是失真的。因此聋儿大脑所建立起来的声音图象模式有时是错误的，聋儿依据这种声音图象模式所发出的音也自然与正常人有差异，甚至是较大的差异。

学习语言离不开反馈，一是自我反馈，一是听说人反馈。自我反馈是通过自我监听进行的，当自己发出的语音同头脑中正确的声音图象模式不相匹配时，就会进行自我纠正。由于聋儿头脑中的声音图像模式有时是错误的，因此纵使经过自我反馈也难以纠正错误的发音。听说人反馈是教师、家长或其他伙伴等，对儿童正确发音给以强化鼓励性的肯定、对错误发音给以抑制性的否定。聋儿对于许多语音，特别是高频音，主要依靠听话人的反馈来进行发音调整。经过无数次的反馈和调整，凭着发音器官的感觉体验才能在头脑中建立起正确的声音图象模式。这个过程是十分艰难的。

第二个不利因素是学习语言最佳期的失落。大量事实表明，人类学习语言有一个最佳期。虽然对于最佳期还有不同的看法，但一般都认为学龄前是学习口语的最佳期，三岁是一个关键。最佳期过后，儿童还可以学习语言，但速度慢，水平低。成人学习外语之所以赶不上儿童习得母语的水平和速度，其中原因之一就是学习语言最佳期的问题。

我国聋儿，一般发现较晚，进入康复机构的年龄偏大，有些是在最佳期末期，有些甚至是在学龄期，这就给学习语言带来了较大困难。发音器官长期不用，出现僵化倾向，而且相互不能很好地协调。有研究认为，人类有100根肌肉是用来控制发音器官的，这些肌肉的运动要靠大脑语言中枢发出的神经脉冲来指挥，要使其协调合作是一件十分困难的事情。聋儿学习发音时，既要通过反复练习克服发音器官的僵化，又要学会从大脑语言中枢正确地发出指令，因此学习起来比正常儿童艰难得多。

聋儿由于长期听不到声音，大脑皮层对语音的敏感度极低，大脑的语言中枢没有建立起来，缺乏一个指挥言语行为的"司令部"。这些都是语言最佳期失落造成的学习语言的困难。

其三，聋儿自觉不自觉地都发展起来一套手势语。这种手势语在聋儿活动的圈子里能满足或基本满足其交际需要。需要是一种动力，而交际需要得到满足或基本满足，聋儿就不愿或不主动去更换原有的交际工具，因而显示出远低于正常儿童学习语言的兴趣。没有兴趣就没有动力，没有动力就难以发展，所以聋儿学习语言的被动性是其学习语言的一大障碍。

聋哑人思维采用的也是手势语。C. T. Morgen和E. Stellar在《生理心理学》一书中曾经指出，使用手势语的聋哑人在思维或做梦时，手部肌肉有电位变动，就如同正常人在思维时发音器官的肌肉有电位变动一样。[1]一方面，聋哑人已经习惯了用手势语等具体符号思维，改换思维工具有一段过程；另一方面，思维工具制约着思维的水平。手势语的抽象程度远远赶不上语言，因此运用手势语作思维工具，其思维的抽象水平一定是不高的，然而要学会语言，则必须有一定的抽象思维能力。再者，人类的知识主要存储在语言中，以手势语作为交际和思维工具的聋哑人，其知识面要远远窄于同龄的正常人，学习语言需要一定的知识，没有知识就难以掌握词语和句子的意义，因此，知识的欠缺会影响语言的学习。

其四，许多聋儿都有不愿与人交际的心理障碍。一是意识到自己有生理残疾，性格逐渐变得孤寂，再加社会上有人歧视残疾人，给聋儿心理上形成了强大的自卑压力，因此不愿与人交往，不愿出头露面。二是聋儿不能用言语同人交际，手势语又不易为人所理解，故造成不愿与人交际的心理。

言语行为是语言学习的极重要的途径，是保证正常儿童在自然状态下习得语言的重要途径。因此这种心理障碍也极大地影响了聋儿对于语言的学习。

（二）聋儿语言学习的有利因素

聋儿的视觉一般都比正常儿童敏感，这是因为听力缺陷而产生的生理补偿。《科学生活》1987年第二期报道了上海女工许欢的情况。许欢因左肢体偏瘫而在七岁时做了右脑切除手术，成了"半脑人"。后来通过仪器测定，许欢的左脑发育良好，超过了中线，差不多占据了整个颅腔的三分之二。这就是生理补偿的一个典型事例。聋儿较为发达的视觉，一方面可使聋儿具有"看话"（或称"唇读、读语"）的本领，由此来补偿听力的失聪；另一方面也使聋儿具有较为细密的观察能力，对于客观事物、图画、文字等都有独到的观察，因而有利于语言学习。

其二，聋儿由于使用手势语等作为思维工具，虽然抽象能力较差，但形象思维和技术思维较好。大量现象表明，聋儿绘画建构和拆装玩具等动手能力一般都较强，这就是形象思维和技术思维较好的表现。由于儿童语言具有较大的情景性，所要表达和理解的多是形象具体的事物或事件，因此形象思维和技术思维对聋儿语言学习有相当的帮助。而且，汉字是方块形的图画文字，对于汉

---

[1] 参见沈德立（1987）。

字的把握要较多地借助于形象思维，因此，聋儿的思维特点对于汉字学习较为有利。

其三，聋儿注意力较为集中，办事较为认真，自尊心较强。这些心理素质如果得到利用和引导，对于语言学习也是有帮助的。

四、康复聋儿语言的若干原则

当明白了聋儿语言康复的目标，了解了正常儿童习得语言的情况和聋儿学习语言的特点之后，就可以为康复聋儿语言制订出原则。原则是理论和实际相结合的产物，它的制订对于聋儿语言康复工作具有十分重要的意义。首先，它是语训工作的依据，教学大纲的拟定、教材的编写和具体训练方面都应遵从这些原则；其次，它可以成为语训工作的评价依据，可以根据这些原则来对教学大纲、教材和具体训练方法进行科学评价；再次，它为语训科研和各种创造性活动指明了目标，要求人们围绕这些课题进行创造性的劳动，为落实这些原则进行多方面的探索。

我们认为，康复聋儿语言的总原则应该是扬长补短，尽量使聋儿学习语言的途径同正常儿童习得语言的途径靠近，以达到语言能力康复的目的。具体说来，康复聋儿的语言应遵循如下五个原则：

（一）激发聋儿的语言兴趣

语言兴趣包括学习语言的兴趣和运用语言的兴趣。兴趣是行为的巨大推动力，对于理智尚未占主导地位的儿童来说，兴趣具有更大的作用。而且，兴趣可以加深记忆，使聋儿自觉主动地学习和运用语言。根据这一原则，聋儿语训的教材和方法都应生动、具体、新奇，能引起聋儿学习的兴趣。

由于聋儿长期生活在无声的世界里，一般对于语言都没有兴趣。兴趣是可以培养的，而且同需要具有极为密切的关系，一般说来人们对于自己强烈需要的事物都具有浓厚的兴趣。聋儿已有自己的交际符号，因此要激发聋儿的语言兴趣，在康复的早期阶段避免使用手势语是一个重要方法。当儿童失去原有的交际工具以后，必须寻找新的交际工具，因此可以把其兴趣转移到语言上来。

一切妨碍儿童语言兴趣的行为都是错误的。在教学上，教学时间过长会引起疲劳；教学法方法死板会使聋儿觉得枯燥乏味；批评和指责过多会产生抑制作用。这些都是错误的教学行为,不利于儿童语言兴趣的激发和保持。

(二)紧紧抓住言语行为环节

言语行为既是语言康复的重要目标,又是正常儿童习得言语的主要途径,因此聋儿语言康复中应紧紧抓住言语行为环节不放,以其为中心来安排各种教学活动,其他环节都应有促进和保证言语行为顺利实施的作用。

言语行为就是交际实践。聋儿语言教材应该多安排对话的内容,语训教师应以对话为中心在一定的情景中组织教学,家长应多同儿童对话,从语言本身来看,祈使句和疑问句是交际使用的主要句型,而且,每一个词都应具有句子的作用。湖北省聋儿康复中心的聋哑儿童和正常儿童同园就读的实验,就是促进聋儿言语行为的一种值得推广的好模式。

儿童在交际实践中,既培养了理解能力,又培养了表达能力。能够接触到大量的言语材料,并从中抽象概括出各种[语言]单位和[语言]组合规则。能够把语言同现实情景联系起来,创造性地去应用语言。

当然,要聋儿多进行语言交际的实践活动,教师并不是撒手不管,而需为聋儿言语行为的施行创造各种必要条件,比如要唤醒聋儿的听觉并使之得到初步康复,要使他懂得一些游戏和交往的规则,要设计出最能保证聋儿学习语言的各种情景,等等。此外,还要根据聋儿交际的水平作出各种适当的指导,比如纠正发音错误,引导交际水平的提高等等。这就要求语训教师要动更多的脑筋,特别是要克服传统的"填鸭式"的教学模式,因此难度更大,科学性更强,任务更艰巨。

(三)扬聋儿所长,补聋儿所短

如前所述,聋儿学习语言有其不利因素,也有其有利因素。充分利用聋儿学习语言的长处,千方百计补偿聋儿学习语言的短处,是充分发挥聋儿的潜力、多快好省地进行康复工作的重要原则。比如,可以有意识地利用聋儿的视觉、触觉来克服障碍音,通过各种助听设备的运用来补偿听力,在经过一段时间的康复之后,有意识、有限制地利用一些日常手势语,以汉字、图画助教学等都是较好的补偿措施。

(四)循序渐进,重点攻关

各种语言现象有难有易,这就使聋儿学习语言呈现出一种先后顺序,这种顺序既有普遍性，又有各种聋儿自身的特点。比如在语音学习中，元音问题较小，声调中阳平和上声难度较大，辅音中送气音、塞擦音和擦音、舌尖前、舌尖后、舌根等部位的音，聋儿学习起来都较困难。在词语中，意义抽象虚灵的词、量词、不常用词较难掌握。在语法中，被动句、双宾语句、否定句、反问句等，学习起来有相当难度。在语用中，有言外之意的句子要比没有言外之意的句子难学，这是普遍性。但是由于聋儿的听力损失不同，智商不同，语言环境不同，这又会使他们的语言学习呈现出不同的特点。比如有的聋儿的障碍音是舌根音，有的则是舌面音；有的是n，有的则是l。这就需要在循序渐进的同时，对一些难点，对一些特殊的聋儿实行重点攻关。真正做到因人施教，因内容施教。

（五）系统康复，多方兼顾

聋儿的语言康复是一项系统工程，要照顾到方方面面，相互协调，相互促进，不可偏废。比如语音、词汇、语法要兼顾，理解和表达要兼顾，语言的交际职能和思维职能要兼顾，语言康复和听觉康复要兼顾，语言康复和智力开发、品格培养、知识传授要兼顾，如此等等。只有多方兼顾，才能相互协调、相互促进。语言康复的时间性很强，不能什么时候康复什么时候算，要尽力做到一箭多雕，一功多用。如果不能兼顾，语言康复的质量一定不高，而且"康复"的聋儿仍是畸残的。

五、当前我国聋儿语言康复工作中的主要问题及其对策

从1983年算起，我国大面积开展聋儿语言康复工作已经六年多了，积累了经验，取得了一些成绩。但是，由于这项工作是一个多学科综合交叉的新兴事业，对照聋儿语言康复的目标和原则，我们认为还存在如下一些主要问题。

（一）存在的主要问题

1. 康复目标不明确

我国当前的聋儿语言康复目标集中体现在《聋儿语言训练康复标准（试行）》中（简称《标准》）。《标准》基本涉及充当思维工具这一语言职能。对于语言的交际职能，虽列有"表达能力""语言使用能力""综合能力"等项目，但是从项目的具体内容上看，仍是一种"非能力"标准。句子是交际

的最基本的单位，是最能体现语言能力的，而《标准》显然没有把句子作为重点，而是把视点集中在词汇量和词类比例上，多以知识代替能力，以死语言代替活语言，而忽视现场情景交际，是不全面的。

由于《标准》在语音、词汇方面规定较为具体，而在其他方面规定较为概括，这就使得语训教师为达标而主要在语音、词汇上下功夫。这些功夫是应该下的，但是，由于没有把此二者的教学迅速转化为交际，因此往往形成拼命教词的现象；而语音则是以领学拼音为主。孰不知人们在实际讲话中的语音同单个的拼音差异不小，从而使许多聋儿发音不自然，听起来像是机器人的声音。

目标错位的危害是相当大的。差之毫厘，失之千里。为错位目标付出的劳动越多，所做的无用功就越多。

2. 教学方法不科学

当前的语训方法，虽然注意到了生动性、趣味性，以及聋儿的特点，但是由于没有紧紧抓住言语行为这一环节，因此仍欠科学性。其一，教学带有明显的"小学化"倾向，语言知识的灌输占了太多比重，教师主体意识太强，学生多处在被动地位，不能充分地发挥其主观能动作用。其二，课堂仍是教学的主要天地。"庭院里遛不出千里马，花盆中栽不出万年松。"语言的天地在大自然中、在社会中、在人与人的交往中。当然课堂训练还是必要的，它为聋儿走出课堂创造必要的条件，但却不能作为主要的甚至是唯一的语言学习场所。其三，不能因人施教。聋儿各自的差异性很大，因此"单兵训练"显得尤为重要。美国在训练中强调一个聋儿一个老师，这是值得借鉴的。

3. 缺乏操作规范

至今为止，语训工作还缺乏一套系统的操作规范。没有可行的教材、教参和对于语训工作的科学的评价标准和评价手段，缺乏必要的教学用具，诸如各种挂图、模型、为聋儿语言康复而编写的小人书等等，没有规矩无以成方圆，欲利其事必先利其器。当然这套规范不是框得很死的框框，而是必要的参考，各地根据自己的实际情况可以灵活运用。但是，规范还是要有的，否则就无以参考。特别是在当前语训教师水平普遍较低，各地正在初建康复机构的时期，这种规范就显得更为重要。

（二）原因分析

造成这些问题的原因是多方面的，有客观上的也有主观上的。其中最主要的是以下三点：

1. **对语训工作重视不够**

我国聋儿康复工作是由医学和电声学开始的，开创之功不可泯灭。医学和电声学是康复工作的基础，但是，随着基础的建立，随着康复工作的深入发展，语训工作就显得越来越重要。但是，不少管理工作者对语训还没有足够的认识，可能是觉得只要有了电声设备聋儿就可以自然学会语音了；也可能是对于康复工作的深入发展没有思想准备，头脑中考虑最多的仍是医学和电声设备等问题。不少建立较早的康复机构的领导人已经开始看到了语训的重要性和艰巨性，认识到有了医学和电声设备的基础并不是万事大吉了。早出成果、快出成果、出好成果，还必须狠抓语训。从康复工作的现阶段状况来看，除了继续加强基础工作之外，工作的重心应逐步转到语训工作上来。

2. **语训教师的知识结构还不大适应专业的要求**

语训是对多学科知识的有机应用，这就要求教师除了具有热爱聋儿事业和一般幼儿教师应具备的各种素质之外，还应该有语言学、逻辑学、心理学、电声学、特殊教育学、幼儿教育学、听力学、发音生理学等多学科的知识。我国当前没有专门培养聋儿语训教师的学校。教师来源于幼师、普小、普通幼儿园、聋校以及初高中毕业生，有的经过专门培训，有的则是新手，因此大多数教师尚不具备语训的必备知识。这样纵使有热情、有能力，也难以对聋儿进行恰当的语训。

3. **缺乏科学指导**

聋儿语言康复是一门新兴的交叉学科，是一门应用性很强的综合学科。目前它所涉及的各门学科对此都没有现成的理论和方法。而且由于语言康复事业在我国刚刚兴起，还没有形成一支由各学科组成的足以解决语言康复所亟待解决的课题的科研队伍，因此这项工作处于凭感觉摸索的被动局面。

（三）对策思考

聋儿语言康复工作与白内障复明、小儿麻痹后遗症矫治相比，周期要长，难度要大，因此是我国"三项康复"工作的难点。要完成国务院批准、颁布实施的《中国残疾人事业五年工作纲要》规定的任务，要对百万以上的聋儿进行抢救，要赶上或超过世界先进水平，根据国情，除了一些常规工作之外，除了重视语训工作之外，当前急待进行如下两项工作。

1. 迅速提高语训教师的专业水平。聋儿语言康复的一切工作，最后都要由语训教师实施，因此语训教师是聋儿语言康复的关键。根据专业需要，迅速完善语训教师的知识结构，培养一支高质量的语训队伍已成为当务之急，成为当前聋儿康复工作的重心。

2. 加强科学研究。聋儿语言康复工作是一项科学性很强的工作，必须以科研开路，才能顺利进行，单靠热情是难以解决问题的。语言康复总体上属于应用语言学，因此，应该建立一支以应用语言学为中心，以教育学、心理学、生理学、医学、听力学、电声学等为辅佐的，有经验的语训教师和管理人员参加的科研攻关队伍，着力研究解决当前语言康复中亟待解决的问题，比如：

1）拟定较为科学的聋儿语言康复标准；

2）建立方便有效的聋儿语言评价手段；

3）编写聋儿语言康复教学大纲、教材及教学参考资料；

4）探讨最佳的语训方法，大到语训的原则、途径，小至每一个音每一个词每一个句子的教学方法；

5）设计各种教学挂图、模型和其他用具。

同时也要有长远规划，研究下一步语言康复要解决的问题，比如：

1）聋儿学习汉语的特点研究；

2）听力损失程度与语言康复效果的研究；

3）方言对聋儿语言康复的影响的研究；

4）聋儿的语言心理研究；

5）聋儿语言康复对聋儿心理、生理影响的研究；

6）聋儿学习外语研究；

7）聋儿识字研究；等等。

为了保证科研的顺利进行，除了队伍建设、经费提供之外，急需考虑的是建立聋儿语言康复的专门学术团体，出版学术刊物和普及刊物，以便加强研究人员的合作，保证科研成果迅速转化为社会效益。如果忽视了科研，将会使明天的语言康复工作陷入困境。

六、结语

总之，我们认为聋儿的语言康复应是一种语言能力的康复。通过对正常儿童语言习得规律的认识和对聋儿语言学习特点的考察，为了达到聋儿的语言能力康复的目标，整个语言康复原则应该是尽量使聋儿学习语言的途径接近于正常儿童习得语言的途径，具体说，就是坚持"激发语言兴趣、抓住言语行为环节、扬长补短、循序渐进、兼顾各方"五大原则。根据聋儿语言康复的目标、原则来考察当前我国的聋儿语言康复工作，我们认为存在着康复目标不明确、教学方法不科学、操作缺乏规范等问题，其原因主要在于对于语训工作尚未给予足够重视、语训教师知识结构不合理、缺乏科学指导等。要解决这些问题，最需要办的是提高语训教师的专业水平和加强科学研究两件大事。

参考文献

A. P. 卢利亚：《神经语言学》（赵吉生、卫志强译），北京：北京大学出版社，1987年。
R. M. 利伯特等：《发展心理学》（刘范等译），北京：人民教育出版社，1984年。
桂诗春：《心理语言学》，上海：上海外语教育出版社，1985年。
黄家教：《聋哑儿童的语言训练》，《中国语文》1978年第2期。
李丹主编：《儿童发展心理学》，上海：华东师范大学出版，1987年。
沈德立：《关于语言与心理活动的关系问题》，《心理科学通讯》1987年第4期。
伍铁平：《语言与思维关系新探》，上海：上海教育出版社，1986年。
香港聋人福利促进会编印：《"学龄前聋童训练"课程指引》，1988年。
张宁生：《教学实践中耳聋儿童学习语言的某些特点》，《心理学报》1980年第4期。
赵鸣之：《聋儿听力——语言康复医学》，天津：天津科学出版社，1987年。
兹维金采夫：《普通语言学纲要》，上海：商务印书馆，1981年。
朱曼殊主编：《儿童语言发展研究》，上海：华东师范大学出版社，1987年。
朱智贤、林崇德：《思维发展心理学》，北京：北京师范大学出版社，1986年。

原载《民政研究》1989年第5期

聋儿语言康复与言语行为教学模式

聋儿语言康复,是在医学诊断、听力检测、电声仪器辅佐的基础上,在聋儿听力得到一定程度的补偿、听觉功能有一定康复的前提下,通过语言训练而最后完成的工程。聋儿语言康复的成功,可以使聋儿回归到有声世界,进入主流社会,但若失败,聋儿不仅没有掌握语言这一交际工具,不能同主流社会交际,而且也没有学会聋哑手指语,不能自由地同聋哑人社会交际,落入没有交际工具的可怕窘境。因此,聋儿语言康复,是一项只能成功不能失败的事业。

聋儿语言康复事业发展到今天,对聋儿进行语训的基础和前提已基本具备。因此聋儿语训已成为聋儿语言康复成败的关键环节,是迫在眉睫要研究解决的问题。但是,由于对聋儿语训的重要性认识不足,语训教师的专业素质较低,相关学科,特别是语言学,对语训缺乏专门的研究,不能提供切实可行的有效的应用理论和方法,致使我国的聋儿语训出现严重的"小学化"倾向,以窄狭的课堂教学为主,以汉语拼音和词语作为主要的教学内容,以反复强化作为基本的教学手段。这样,虽然聋儿语训教师辛勤劳作,但语言康复的效果却不理想,聋儿应用语言的能力普遍较低。

我们认为,要打破这种局面,对聋儿高速度高质量进行语言康复,应当以言语行为作为语训的中心环节。围绕言语行为这一中心环节来组织语训教学,旨在康复聋儿的语言行为能力。这种教学模式我们姑且称之为"言语行为教学模式"。

一、言语行为能力

(一)言语行为

自从结构主义语言学的开山鼻祖索绪尔著的《普通语言学教程》问世以

来，语言学界常常要谨慎地区分语言（Language）、言语（Speech）、言语行为（Speech-Act）这一组既紧密联系又有质的区别的三个概念。语言是存在于人类大脑的由语音、词汇、语法等构成的抽象系统；言语是每个人根据一定的语境所说出来的一句一句的具体的话语，是对于语言的应用的结果。言语行为是指将语言运用为言语的实际过程，通俗点说，就是说话的过程。

任何一种语言所使用的语音及其按照语音组合规则所构成的音节都是有限的，任何一种语言所使用的词语也是有限的，任何一种语言所使用的组词成句的语法规则也是有限的。因此人们可以掌握它，并把它存储在大脑之中备用，然而，任何一种语言所形成的话语却是无限的，是不能事先存储在大脑中备用的，而必须根据具体语境临时创造。在日常语言交际中，每个人都要理解他从来未听到过的句子，因此，言语行为是一种创造性的活动。以有限的语言单位和规则来创造出无限的话语，以有限的语言知识来把握无限的话语意义，正是言语行为这种创造性活动的特点。

（二）言语行为的正确执行

语言不是人类的装饰品，而是交流思想情感的工具。语言只有通过言语行为转化为言语，才能实现其交际工具的作用，因此言语行为是使语言发挥交际职能作用的关键，当然也是聋儿语言康复的关键。

言语行为是在一定语境中发生的说听双方的交际行为，是语言理解和表达有机结合的过程。正确执行言语行为需要三方面的知识：一、语言知识；二、语境知识；三、语言同语境的匹配知识。比如"你有钱吗？"这句话，是由"你""有""钱""吗"四个语言单位按照"主语+动词+宾语+疑问语气词"的语法规则组合起来，并配上一个疑问语调所形成的是非疑问句，它的意思是询问"你"有没有钱，这是语言方面的知识。但是，"你"究竟指的是张三还是李四，只有在具体语境中才能知道。而且，在不同的语境中说这句话可能有不同的含义，可能只是问一问而已，也可能是要向你借钱或是要借钱给你，也许是讽刺挖苦指责"你"不该买如此昂贵的物品，甚至也可能是黑松林中的蒙面大盗要你留下"买路钱"。这就需要语境的知识和语言与语境相匹配的知识，只有某一方面的知识是不能较好地理解或表达"你有钱吗？"的。

由此可见，要使聋儿正确执行言语行为，就必须让聋儿掌握这三方面的知识,并把这三方面的知识熟练地结合运用。但是,知识是死的,语言交际是活的,因此,聋儿语言康复的不仅是知识,更是言语行为能力。只有具备了言语行为能力才能保证言语行为的正确执行:能正确执行言语行为,才算真正地获得了语言康复。

二、言语行为能力的获得

(一)正常儿童的语言习得

学习语言最成功的例子要算儿童的母语习得,只要智力和听觉系统、发音系统没有特大的缺陷,一般说来,五岁左右的儿童已能较熟练地运用母语进行交际。而成年人学习外语则要花费较长的时间,而且其学习效果还远远赶不上儿童的母语习得。儿童智力水平不如成年人,知识积累和社会阅历也不如成年人,而且成年人至少已有了学习一门语言的经验,并且是在具有教学经验的教师指导下学习的,何以其学习的速度和质量竟不如儿童?

语言学家运用语言学习最佳期来解释这种现象,认为过了学习语言的最佳期,语言学习就会发生困难。从小在兽群中长大的孩子,待他们被发现后即使经过专家耐心而又严格的语言训练,也几乎难以再学会语言,原因是他们错过了学习语言的最佳期。然而,学习语言的最佳期只是儿童学习语言能获得令成年人自叹不如的成就的原因之一,儿童学习语言能获取如此的成就,同他们学习语言的途径也有极大的关系。

儿童学习语言的途径可以概括为:在言语行为中学习语言。父母和幼儿教师单独训练儿童某个发音,某个词或某个语法规则的情况是不多见的,而且教授效果如何也很难说,儿童的语言主要是在自然的语言交际中主动获得的。当新生儿呱呱坠地,父母就带着欣喜之情同他讲话,待儿童有了初步的语言能力时,父母更是不厌其烦地同孩子讲这讲那,海阔天空。而且,儿童具有学习语言的浓厚兴趣,不断尝试用合格的或是不合格的话语来表达他的要求、疑问和想法,甚至常常口中念念有词、自言自语,说些成年人听得懂或听不懂的话。孩子处在自然话语的汪洋大海之中,随时随地都能接触到大量的活生生的话语,这些话语都是一定语境的产物。孩子每天都要在不同的语境中与不同的人讲话,有大量的语言实践机会,交际失败了没有思想包袱,交际成功了会带来极大的满足。接触大量的语言素材、进行大量的语言实践，是儿童迅速掌握语言的重要原因。

成年人学习外语，不可能接触到如此多的外语素材，不可能有如此大量的语言实践，因此其学习成绩不如儿童。外语学界目前比较重视情景教学，要求多听多说，重视语言实践活动，其效果也比较理想。这种情况表明，言语行为是掌握语言的一条最佳途径。

（二）语言行为能力只有在言语行为中获得

人同动物的最大区别之一，是人具有一种先天的学习语言的能力。当接触到大量的语言素材之后，人们会自觉不自觉地从语言素材中总结出各种各样的语言单位，总结出各语言单位的组合规律，以及它们同语境的匹配规则。例如当听到如下句子时：

（1）我吃饭。
（2）我吃糖。
（3）我吃苹果。
（4）我吃饼干。
（n）我吃……

人们便能从中概括出"我、吃"等语言单位，总结出其语法规则：

A 第一人称代词+动词+名词

这样，他就具备了一种语言生成能力，能根据这一语法规则造出A_{n+1}的新句子。

A_1—A_n都不是孤零零的句子，而是同一定语境相联系的。比如这些句子可以用在回答问题的语境和提要求的语境等等。儿童理解和使用A_1—A_n的同时，不仅从那里加工概括出语言单位和A规则，具有生成A_{n+1}新句子的能力，而且能掌握跟A_1—A_n有关的语境知识和A_1—A_n语境相互匹配的知识，并由此具有了这方面的言语行为能力。

语言运用不能只靠理性知识，而必须要把这种理性的知识变为下意识的行为，甚至是一种"本能"。心理学研究表明，人们不能同时全神贯注地注意两件事情或两个事物。理解和表达都牵涉到语言和意义两个方面，因此要使言语交际顺利进行，就必须对于语言的理解和表达达到一种纯熟的地步，想说什么就能顺口说出来，听了一句话就能立刻把握它的含义。语言是后天学到的，要把这种后天学到的非本能的东西变成类似于走路一样的本能行为，也只有靠大量的言语行为实践。

因此，言语行为的能力只能在言语行为中才能获得，言语行为应成为聋儿语言训练的中心环节。所以，言语行为教学模式是聋儿语训的优效教学模式。

三、言语行为教学模式

（一）言语行为教学模式的原则

言语行为教学模式的理论基础是：人们的言语交际受制于言语行为的能力。聋儿语言康复就是要康复聋儿的言语行为能力。言语行为能力只能在言语行为中获取，因此应以言语行为为中心来组织教学。基于这一理论，言语行为教学模式提出自己的三大原则：一、最大限度地培养和保持聋儿学习、应用语言的兴趣；二、尽可能地为聋儿提供丰富的自然语料；三、让聋儿尽可能多地参加言语交际实践。下面逐一论述：

1. 最大限度地培养和保持聋儿学习、应用语言的兴趣

兴趣是个人对客体的选择性态度，是促使人积极主动地完成任务的一种必需的心理素质。兴趣可以使人长久不怠地注意他感兴趣的事物，探索它的奥妙，并获得极大的心理满足。聋儿由于长久地生活在无声世界中，对于声音和语言没有兴趣。因此培养聋儿对于语言的兴趣，并把这种兴趣持久地保存下来，具有特殊的意义。兴趣来自于需要，兴趣也会产生需要。因此培建聋儿的语言兴趣，首先应该使聋儿产生对语言的需要，最常用的办法就是在康复的初始阶段剥夺聋儿使用手势交际的机会，而强制性地要求聋儿使用语言进行交际。这样，语言交际就成为聋儿生活的需要，并由此对语言产生兴趣。兴趣也来自于客体的吸引力，因此语言训练要安排得特别有趣，教学内容要能唤起聋儿的极大兴趣。兴趣也来自于各种愉快的体验，当聋儿使用语言交际时，教师最大限度地满足聋儿的各种合理要求，对于聋儿的语言进步及时地给以鼓励，把教学内容安排在轻松愉快的游戏中进行等，都会给聋儿带来快乐，从而使聋儿能够建立并保持对于语言的兴趣。

任何挫伤聋儿语言兴趣的做法，都应视为教学之大忌。比如教学内容枯燥、教学方法呆板、纵容聋儿使用手势语、对于聋儿用语言提出的要求淡然置

之、无休止地指责、矫正聋儿的语言失误等等，都不利于聋儿语言兴趣的培养和发展。

兴趣是学习的巨大内动力。由于聋儿对语言具有浓厚的兴趣，他就会注意各种语言现象，并主动地总结概括出与之有关的规律，并把这些规律用于交际实践。

2. 尽可能地为聋儿提供丰富的自然语料

自然语料是聋儿赖以提炼加工的素材，没有丰富的自然语料，就等于是无米之炊，连巧媳妇也会无可奈何。由于这些语料是聋儿提炼加工的素材，因此要求这些语料应具有如下特点：(1)口语化；(2)包含丰富的语言现象；(3)同语境密切结合；(4)趣味性强；(5)适合聋儿理解。

语料提供的方式：(1)某一时间单元内结合教学安排集中提供某类语料；(2)聋儿必须掌握的语料和只要求泛泛接触的语料相结合；(3)语料中应包括聋儿已掌握的语言现象和少量未掌握的新内容；(4)可以是现实的对话，也可以通过录音、电视、电影等提供；(5)语料最好能同聋儿当时的活动相匹配，比如吃饭时提供关于吃饭的语料、玩耍时提供玩的语料；(6)只要聋儿没有休息，就要让他接触语料。

在语言的汪洋大海中，充分利用聋儿的有意记忆和无意记忆，使聋儿在兴趣的吸引下，自觉不自觉地把听到的语料接收下来，并通过大脑的加工分析概括出各种语言单位和语言规则，形成自己的语言能力。由于这些语料是同一定语境相联系的，而不是与语境毫无关系的话或是不成话的词，因此，聋儿可以由此学会各种语言同语境相匹配的规律，较好地理解语言，并为较得体地表达自己的思想感情打下基础。

3. 让聋儿尽可能多地参加言语交际实践

语言是口耳之学，只有让聋儿多听多说，才能熟练掌握各种交际技巧，将知识转化为能力。语言实践主要包括理解和表达两个方面，这两个方面是相辅相成、共同促进的。一般说来，理解先于表达，运用语言是建立在理解语言的基础之上的。但是这一顺序也不是绝对的，有经验的父母和教师会发现，儿童常常说出他不懂或不太懂的话或词，说多了也就逐渐理解了。比如儿童分手时会说"再见"，但他们并不懂"再见"的意思，也不懂"再"和"见"的意思。当儿童在特定环境中反复使用"再见"时，对于"再见"的意思就会逐渐地明晰起来，并慢慢懂得了"再"和"见"的意义。这种现象表明，表达可以反过来帮助理解。表达和理解最好能结合训练。

将表达和理解有机结合起来的最佳途径是对话。对话由说话人和听话人双方构成，而且在对话中说话人和听话人的角色一般要轮流变换。因此对话可以交替训练理解和表达两种能力。对话是发生在一定情景中的，无论理解还是表达，都要顾及语境因素。聋儿是对话的直接参加者，如果对话的内容对聋儿有吸引力，那么聋儿就会非常关心对话的顺利进行，从而会去主动地理解话语的内容，主动地表达自己的想法和情感，因此可以充分调动聋儿的积极性。

此外，对话还有两个好处：一是教师或家长往往充当对话中的一个角色，或是在对话现场，因此可以通过对话来及时检测聋儿的语言水平，并给予及时的引导和鼓励。二是对话主要使用的是祈使句、疑问句和陈述句。这三种句型是交际中最常用的，是语训的重点句型，通过对话使聋儿对这三种句型不断地得到训练。

对话有两种主要形式：实景对话和虚景对话。实景对话是在真实情景中的对话。比如家长带聋儿进商场，让聋儿自己与售货员进行交际。虚景对话是在虚设的情景中进行的对话，由对话双方约定情景、分配角色，然后根据约定的情景和角色进行对话。比如让聋儿或教师分别扮演医生和病人的角色进行看病对话等等。实景对话自然真实，虚景对话灵活多样，可以弥补现实条件之不足，因此两种方式可以互为补充。

大量的语言实践活动，不仅可以让聋儿接触到大量的语言素材，而且在实践中积累起来丰富的经验，从而使言语行为的能力得到迅速的提高。

（二）言语行为教学模式的基本观念

1. 聋儿主体观念

在教学活动中，由教师主体变为聋儿主体。一切活动安排，都旨在发挥聋儿学习和运用语言的主动性，而不是处在被动受训的地位上。言语行为能力的康复不同于一般知识的获取。只靠"教师一口一口地喂，聋儿一口一口地吃"是不能完成康复任务的。正常儿童是发挥了主观能动性才在短时间内学会语言的。

2. 实践观念

言语行为能力是一种实践能力，因此必须在言语实践中康复言语行为能力。从实践中学，并用于实践，不能先学好了再用。那样的话，学也学不好，用也用不好。

3. "四泛"观念

教学活动是教师在一定教学空间、教学时间内依据一定的教材进行的，教师、教学空间、教学时间和教材是教学活动不可缺少的四要素。言语行为教学模式认为，除了聋儿语训的专职教师外，家长、保育员、客人、小伙伴等等，凡与聋儿接触的人都应成为聋儿的语言教师，这是"泛教师"观念。教学空间除了教室之外，公园、商店、家庭、马路上……一切有言语存在的场所，一切可以进行言语交际的场所，都是教学的空间，这是"泛教室"观念。教学时间除了规定的若干小时外，一切时间都可以作为教学时间看待，这是"泛教时"观念。教材不能死搬硬套，除了教师有意安排的教学内容之外，一切合格的言语材料都应成为聋儿学习的内容，这是"泛教材"观念。总之，"四泛"观念要把聋儿带到整个自然界和丰富多彩的社会生活中去，从而保证三大原则和实践观念的实现。

（三）言语行为教学模式对教师的要求

言语行为教学模式看起来似乎是见什么教什么，"到什么山唱什么歌"。但是，绝不是放任自流，教师也不能撒手不管或随心所欲，即兴所致。聋儿不是正常儿童，并非把他放在自然环境之中他就能自然而然地习得语言。在聋儿语训中，教师虽然不是活动的主体，但却是教学组织安排的主体，他要根据聋儿学习语言的规律，把经过精心设计的教学内容安排得自自然然，浑然天成。依据言语行为教学模式，可能会把教师从繁重而又枯燥的教室里解放出来，把教师从辛苦耕耘而收获较少的苦恼中解放出来，但是却对教师教学艺术、对教师的创造力和科学素质等提出了更高的要求。

言语行为教学模式首先要求教师更新教学观念。对一个人来说，知识的更新比较容易，观念的更新就比较困难，习惯的力量是最难对付的。但是，如果教学观念不更新，在新的教学模式当中就会手足无措，迷茫惶然。

其次，要求教师能为聋儿进入自然语言环境创造条件。比如要首先唤醒聋儿听觉，并注意训练聋儿辨音的精细度、敏感度和发音的清晰度，使聋儿养成佩戴助听器的习惯，学会熟练地调用助听器，从而保证聋儿能在自然语言环境中接纳各种语言信息，并正确发出自己的语言信息。要善于激发和保持聋儿学习语言、运用语言的兴趣，使其能主动地去接受语言信息、处理语言信息，并积极从事各种语言实践。只有这样，才能使自然语言环境对聋儿产生有效的作用。

第三，要求教师具有语训所需的各种科学知识，有丰富的语训经验，以便为聋儿提供各种应该提供的语料，把这些语料科学地创造性地安排到教学活动之中，并对聋儿在自然语言环境中作出艺术的引导。在教学活动中，教师由前台转向幕后，本来是精心设计的，但又要具有自然的形式，看起来就像是聋儿在自己进行角色表演，而其实这种角色表演又要按照教师的意图进行，这要比教师教、学生听这种传统的教学模式难得多。因此没有丰富的科学知识和语训经验，没有应变能力和创造性，是难以胜任这种教学任务的。

第四，要求教师能及时对聋儿学习情况进行检测，并因时因地因人给以艺术化的引导或纠正。聋儿听力损失不同，知识积累和智力发展不同，受训的年龄不同，再加上"四泛"观念所带来的情况不同，会使聋儿在语言学习上呈现出较大差异。因此，及时的检测和引导、纠正就显得尤为重要。

我们认为，对聋儿进行检测、引导和纠正的重点应放在语音和句子两个方面。语音是语言的物质外壳，是语音信息的载体。聋儿只有听懂了语音，才能理解句义；聋儿只有能发出较清晰的语音，才能把自己的思想情感表达出去并为他人所接收。句子是交际的最小单位，只有一个句子才能表达一个相对完整的意义，传达一个最起码的交际信息；句子直接同现实语境相联系，能看出语言同语境匹配的情况。因此，最能反映言语行为能力的是语音和句子，与言语行为关系最密切的也是语音和句子，所以教师要把注意力较多地放在语音和句子两个方面。当然任何事物都不是孤立的，其他交际因素和语言因素也有一定的作用，也是不容忽视的。

四、现状的思考

我国聋儿康复工作经过多年的努力，使一批聋儿得到了康复，积累了一些经验，证明在我国的国情下聋儿语言康复是完全可能的，并为拯救百万聋儿作了诸多方面的准备，开创之功不可泯灭。但是，也正是因为处于开创阶段，还有许多问题需要探讨，还有许多不足需要补正。

我们认为，当前我国聋儿语言康复中的突出问题，是不明确聋儿语言康复的是言语行为能力，而不是关于语言的知识。曾在全国试行的《聋儿语言训练康复标准》注意到了语言使用能力，这是值得肯定的。但是，它把发音和词语作为重点，且把词语误解为检查"表达能力"的指标。该标准几乎没有涉及句子的内容，而且它所谓的"语言使用能力"和"综合能力"，较多地是指复述故事、改正病句、背诵儿歌、模仿语音等，这些项目要么不能真正体现言语行为能力，要么跟言语行为能力根本不沾边。由此说明该《标准》并没有科学地理解言语行为能力，并没有真正重视言语行为能力。

就目前我国的聋儿语言训练来看，《聋儿语言训练康复标准》的观点不是少数制订者的观念，而是带有普遍性的。当前的聋儿语言训练，把较多的精力放在了汉语拼音、词汇和一些儿歌上面。教学空间多局限于教室，没有把聋儿导向自然语言环境，没有以言语行为为中心来组织教学。聋儿接触的自然语言过于贫乏单调、聋儿的语言实践机会少。这样一来，有意无意地把聋儿置于教师、家长与聋儿的单向语言交流中，不仅使聋儿处于被动的受训地位，而且切断了聋儿接触自然语言的众多渠道。在如此的状况之下，就是正常儿童也难以较好地学会语言。因为没有给聋儿提供足够丰富的自然语言，即使聋儿能从中总结出规律，这规律也必然是片面的、不系统的。即使聋儿能够从中总结出全面系统的规律，也因语言实践过少而不能将规律转化为言语行为能力。因此，言语行为能力仍不能得到康复。当前，初步康复的聋儿的会话水平普遍较低，与此有根本性的关系。如果依照这种观念继续发展下去，并逐渐形成包括大纲、教材、教法、检测标准等一整套教学程序和管理制度，将是相当危险的。

有人认为，我国的经济现状和科学条件，不可能完成聋儿康复的任务，因此，大面积开展聋儿语言康复工作是"超前"的。这种看法之所以产生，是因为虽然在聋儿语言康复事业上花了大量的人力物力，但是康复速度缓慢，康复质量不佳，康复人数不多。聋儿语言康复是一项艰巨的任务，但是并不能将目前的康复现状简单地归因于经济条件差，科学设备落后。经济现状和科学条件会影响到康复工作，但是，一方面有百万儿童等待着拯救，另一方面目前的康复现状是可以通过语训方法的改变获得较大改善的。所以，把康复工作就此搁下来也是不应该的。不过，这种看法确实为我们敲响了警钟：如果不能探索一条行之有效的语训之路，聋儿康复工作很可能夭折。

言语行为教学模式并不见得是十全十美的，而且具体实施起来还需要解决一系列的细节问题。但是，就当前我们的认识水平而言，它比当前语训模式更具优越性，而且与之思路相近的情景教学法在外语教学中已取得公认的成就，所以实行言语行为教学模式来迅速康复聋儿的言语行为能力，具有不可低估的现实意义。

五、结语

语言的掌握和运用并不完全是一个语言的问题。由于语言涉及到大千世界的万事万物，因此需要多方面的知识；由于语言是建立在逻辑思维基础之上的，因此需要一定的智力。正因如此，聋儿语言康复还需要知识的教育和智力的开发。通过学习语言来学习知识、开发智力，又通过学习知识和开发智力来促进语言的学习。人们在进行语言交际时，还往往配合以表情、手势、身姿。在培养聋儿的言语行为能力时，也应适当考虑到体态语的因素。

此外，语言除了充当交际工具之外，还是人类最重要的思维工具。因此，在康复聋儿的言语行为能力时，还应注意培养聋儿运用语言进行思维的能力。

聋儿语言康复是一个系统工程，需要方方面面的配合，又需要照顾到方方面面。就此而言，言语行为教学模式也具有相当的优越性。言语行为是人类非常重要的社会行为。言语行为的实施要有语言和体态语辅助；既能培养言语行为能力，又能增长知识和开发智力；既是在利用语言进行交际，又是在交际中运用语言进行思维。因此，言语行为能力的康复其实是一种系统康复。特别是当前学术界对于言语行为的研究还非常有限，对于言语行为诸因素还不能进行理想的分解和合成，因此，还不能提供不在言语行为中康复言语行为能力的理论和方法（也许永远不可能），在此种情况下，言语行为教学法模式可以说是不可替代的。

参考文献

桂诗春：《心理语言学》，上海：上海外语教育出版社，1985年。
黄家教：《聋哑儿童的语言训练》，《中国语文》1978年第2期。
李丹主编：《儿童发展心理学》，上海：华东师范大学出版社，1987年。

李宇明：《聋儿语言康复的目标、原则及其有关问题》，《民政研究》1989年第5期。
李宇明主编：《聋儿语言康复教程》，武汉：华中师范大学出版社，1990年。
香港聋人福利促进会编印：《"学龄前聋童训练"课程指引》，1988年。
张宁生：《教学实践中耳聋儿童学习语言的某些特点》，《心理学报》1980年第4期。
赵鸣之：《聋儿听力——语言康复医学》，天津：天津科学出版社，1987年。
朱曼殊主编：《儿童语言发展研究》，上海：华东师范大学出版社，1987年。
朱智贤、林崇德：《思维发展心理学》北京：北京师范大学出版社，1986年。
R. M. 利伯特等：《发展心理学》（刘范等译），北京：人民教育出版社，1984年。
A. P. 卢利亚：《神经语言学》（赵吉生、卫志强译），北京：北京大学出版社，1987年。

原载《聋儿康复》1991年第2期

第三编
语言与语言教育

语文教育之七维度[1]

近些年来,语文学界争讼不断,争讼的焦点之一是语文的性质,亦即语文是工具性的还是人文性的。宋代理学开山大儒周敦颐提出"文以载道",早将"文"与"道"的关系阐述明白。语文兼有"工具""人文"二性,既要帮助学生造得"载道之体",学得"载道之法",又需帮助学生信道、得道,拥有"所载之物"。

也有学者从"语文"二字上阐述语文的内容,"语"指"语言",但"文"可指"文字""文章""文学""文化"。对"文"的不同解读,便有"语言文字""语言文章""语言文学""语言文化"之异,语文的外延也就渐次扩大。其实就语文的教育实践来看,这"四文"的内容恐怕都在其中。

学术争讼往往各有所据,争讼过程可将一些问题看得更加清楚,但学术争讼也难以结案,常常是伴随着历史而延续。一些争讼由热渐凉,或是由凉重热,多是因为在此争讼领域有了新视角,或是发现了新材料。如上关于语文的学术争讼,也大约会受制于如上所说的学术争讼规律,将长期论辩下去。本文在语文争论的背景下,试图从"语文生活"这一新视角来看待语文和语文教育。

语文生活也可称"语言生活",是指运用、学习、研究语言文字的各种社

---

[1] 本研究得到国家社会科学基金重大项目"新时期语言文字规范化问题研究"(课题立项号12&ZD173)和国家教育重大基金项目"中小学语文教育改革研究"(课题立项号AHA120009)的赞助。

会活动，以及运用语言文字知识、语言文字产品的各种社会活动。语文生活是社会生活的重要组成部分，且贯穿人类终生，当然，不同年龄段、不同职业、不同时代，人们的语文生活会显示出不同特点。要过好语文生活，不断提升语文生活的质量，就需具有"语文能力"。语文能力获取和发展的途径有二：一是自我发展，二是通过教育。显然，语文教育的任务就是培养、发展学生（包括其他受教育者）的语文能力。由于不同时代、不同年龄段、不同职业的人群具有不同的语文生活，需要不同的语文能力，因此也需要不同的语文教育。

本文立足于当下与未来的语文生活，主要讨论中小学阶段的语文教育。中小学最为重要的语文生活是学习，是在教师等学习帮助者的帮助下获取一般的语文能力。不过这些讨论，有许多也适用于其他年龄段，具有一定的普遍性。

一、听说读写，阅读最为重要

听、说、读、写是当代语文教育界公认的四项基本语文能力。中国古代的学术重文字、重文献，其教育自然也是重阅读、重写字、重作文，少有听说之学，这仿佛与西方的教育传统不同。近几十年的语文教育虽然充满争论，但毋庸置疑也有诸多进步。进步之一就是注意了学生听说能力的培养，特别是小学阶段和师范学校的语文教育。

听、说是口语能力，读、写是书面语能力；听、读是接收语文信息的能力，说、写是产出语文信息的能力。当然，听说读写这些能力并非相互分离、独立运作，而是相互辅助、相互支撑的，它们在教学中各有规律又相互促进，在语文生活中各有所司又相辅相成，因而都应当得到培养。

但是也应当看到，这四种语文能力在语文生活、语文教育中的作用是有轻重之别的，总体来说，阅读最为重要。这是因为：

其一，人类已经进入信息时代，"信息爆炸"不再是未来学家的预言，而是当下生活的真实呈现。计算机网络、手机和新型阅读设备的广泛使用，人们的阅读量呈几何级数般增长，阅读已经成为获取信息最为主要的方式。当然，信息爆炸也带来了阅读的"碎片化""快餐化"等新特点，有用信息掺杂在大量的垃圾信息中需要甄选。适应这些新的阅读方式，及时整合信息碎片，有效萃取信息精华，是需要学习的语文能力。

其二，口语具有即时性、即兴性的特点，虽然录音技术也可以让口语具备穿越时间和空间的条件，但口语信息与书面信息仍有较大差异。书面语保存着大量的穿越时空的信息，信息质量相对上乘，而且文字信息便于反复咀嚼，长时品鉴。故而阅读仍然是同古今中外的哲人名流无声对话的最佳渠道，既增广见闻、丰富人生，又充实精神生活、提升精神境界。正因阅读具有重要的人生价值，甚至关乎民族精神，因此很多国家都出台了促进阅读的法律，如美国的《卓越阅读法》（1998）和《不让一个孩子落后法案》（2002）、日本的《关于推进儿童读书活动的法律》（2001）、韩国的《读书振兴法》（1994）和《读书文化振兴法》（2009）、俄罗斯的《民族阅读大纲》（2012）等。在我国，社会各界不断提倡"亲子阅读"、终身阅读；2013年4月，有关单位发布了《中学生阅读行动指南》，推荐了文学、历史、哲学、科学、社科、艺术、博物七个领域的读书目录；据说有关方面正在推进我国的全民阅读立法。

其三，阅读在提升语文能力方面具有不可代替的作用。一般来说，母语的口语获得途径主要是习得的，除了播音、话剧、相声等特殊的语言职业之外，教师对听、说的指导一般都是辅助性的。其实习得的岂止只是母语口语，书面语的获得到了一定阶段之后，也具有习得的性质。例如：多数文字是在大量阅读中认识的，在上下文中了解其意义的；词汇量是在阅读中积聚起来的，词语的用法和许多语法、修辞现象也多是在阅读中体验和把握的；至于说到审题立意、布局谋篇，更需要多读多仿；阅读对于文学鉴赏力的提升和写作能力的发展，其作用几乎是不可或缺的。除此之外，还要看到阅读与说话具有密切的关联度，经常阅读也可以提高说话水平。

在听说读写中，阅读处在特殊地位，因此语文教学应当更加重视阅读，突出阅读。语文工作者应当全面研究阅读和阅读教学问题，有效提高学生的阅读技能，其中包括利用现代信息技术进行阅读的技能。注意探讨通过阅读促进其他语文能力发展的有效途径。此外，特别要重视培养学生良好的阅读习惯，养成终生阅读的嗜好。

二、注意培养翻译能力

翻译，过去一直被认为是少数人所从事的职业，是少数专业人员才有的语文生活。在中学，没有设立专门的翻译课程，只在外语课、文言文课上有一些翻译指导；只有到了大学的外语系才有翻译课。翻译，不仅仅是把一种语言文字译成另一种语言文字或另一种方言，其本质是一种跨文化的语文交际。这种跨文化交际，已成为当今最为重要的语文生活。

人口流动是席卷中国、席卷全球的滚滚大潮。中国科学院《2012中国新型城市化报告》指出，2011年中国的城市化率已经达到51.3%。在城市化（也称"城镇化"）进程中，农村人口大量涌进城市，西部人口不停地流入东部；还有数量可观的台湾同胞来到大陆发展，许多外国朋友到中国旅游、留学或工作。这些跨方言、跨语言、跨地区、跨国度的人口流动，必然产生跨文化（包括亚文化）的语文生活。放眼世界，随着世界经济一体化的快速发展，世界人口流动的规模和速度更是前所未有，很多国家几乎成了新移民国家，很多国家的城市成了移民城市。随着留学、旅游、随子女外迁、劳工输出、产业走出去等浪潮，中国人出国出境率逐年激增。跨境跨国的语文生活需要跨文化交际能力。

当今之世，已经是一个被互联网"网络"起来的信息化世界。2013年中国互联网大会宣布，中国网民已达5.91亿，其中手机网民4.64亿。2013年8月8日《国务院关于促进信息消费扩大内需的若干意见》提出，到2015年，我国信息消费规模将超过3.2万亿元，"智慧城市"建设快速发展，已有多个云计算中心相继落成使用，一个"云时代""大数据时代"已经来到我们身边。网络将全世界不同的文化、不同文化的产品交叉在一起，让网民们在不同文化间穿越，在穿越中濡染趋同。过去，文化以纵向传承为主，而今，文化的横向传播力量越来越大。特别是全世界的年轻人，他们几乎在网上玩着相同的游戏，倾听相同的音乐，追捧相同的明星，谈论相似的文化话语。韩国"鸟叔"的骑马舞，一夜间红遍全球。网络带来了全世界不同文化的大汇集，即使是足不出户之人，也有过靠网络世界跨文化生活的需求。

《现代汉语词典》对"翻译"一词的解释是："把一种语言文字的意义用另一种语言文字表达出来（也指方言与民族共同语、方言与方言、古代语与现代语之间的一种用另一种表达）……"这一解释显然比一般人对"翻译"的理解更为宽泛，也更符合实际。的确，阅读古代文献，与不同方言区的人交流，甚至与不同社会阶层的人对话，都具有跨文化（包括亚文化）交际的性质。当今之世完全可以做出这样的判断：跨文化交际是当今语文生活的常态，因此也应当成为语文能力培养的常态。

跨文化交际意义上的翻译，已经有大量语文生活的实践，而且也常常发生一些小小的误会。比如南方人问成年人"你几岁了？"，北方人听来有些刺耳，因为这种问法在北方只能询问不谙世事的儿童；北方籍学生在武汉学校食堂中告诉炊事员要"四两米"，炊事员常常不知所措，因为武汉话中"米"是生的，"饭"才是熟的；台湾朋友在北京听人说"我拉你去机场"，顿生不悦，因为在台湾"拉"的对象是无生命的或是失去生命的。

在教学中，已经有了一些翻译教学实践，比如外语的翻译教学、文言文的翻译教学等。但是，还没有给予翻译以语文教育学上的理性认识。如果将翻译看作当代一种重要的语文能力，那么就有很多相关问题值得研究，如：翻译内容怎样呈现在语文课程标准中，语文教材怎样加入有利于培养翻译能力的内容，如何形成关于翻译的语文教学方法等等。同时，还要注意建立学生的跨文化意识，不断完善学生跨文化的知识结构，满足跨文化交际的语文生活需求。

三、不能忽视现代语言技术

以往，口语交际多是"人—人"直接交际，书面语交际是通过纸笔（手写）和书刊（印刷）实现的，是"人—书—人"的间接交际。而今，通过机器（计算机、手机、阅读机）进行的交际已经发展成为主要的交际模式，许多人对机器几乎是日不能离。现代语言技术的快速发展，现代语言技术产品的快速普及，正在造就一个交际的新时代。

"人—机—人"的交际模式，产生了一系列语言运用的新特点。这些新特点可以概括为两个方面：一是对语言的影响，出现了大量的新词语、新格式和词语的新意义，出现了一些新的文体风格，例如"囧、顶、萌、给力、拍砖、水军、灌水、吐槽、大V、标题党、XX控、微X、被XX、云XX"等，例如"淘宝体、凡客体、咆哮体"等；二是出现了一些新的信息载体，产生了一些新的信息传播方式，例如电子书、网络辞书、PPT、网页、BBS、跟贴、博客、微博、电子邮件、QQ、微信、易信、搜索引擎等。

正确评价现代语言技术对语文生活的影响，是科学语文观的重要组成部分。回顾历史会看得十分清楚，语言技术的进步及因之产生的语言新媒体，一直推动着语文生活步步向前。文字的出现，产生了书面语，人类可以耐心地琢磨语言规范，人类的经验可以通过书面语进行超时空的传播，从而使人类社会进入文明时期。印刷术的发明，带来了文字的规范化，产生了不同的印刷字体，书籍的大量印行使知识传播的半径和速度快速增大；报纸的产生，孕育了新闻、通讯、报告文学等多种新体裁，标题的内容和形式发生了"突变"，广告文体也随之发达起来；广播、电视的问世，使书面语可以用有声的方式传播，并产生了介乎口语与书面语之间的文体风格。现今，以计算机、互联网、手机为标志的现代语言技术和虚拟语言空间的出现，已经对语文生活发生了极其重大的影响，以后还会发生不可估量的影响。可以说，"人—机—人"的交际模式及其带来的语言运用的各种新特点，已经成为现代语文生活的重要组成部分。掌握现代语言技术，熟练运用现代语言技术产品，应成为现代人不可缺失的一种语文能力。

现代语言技术构造了当代的虚拟语言生活。但当前学界对虚拟语言生活的评价多是负面的。如：批评网络词语不规范，干扰了语文教学，影响了学生的语言发展；网络上的内容不真实、不健康，是"快餐文化"等等。这些批评，这些担忧，自然有其道理，但仅仅批评、担忧是不够的，应当有对虚拟语言生活的建设性评论，应当有虚拟语言生活必然拥有未来的预测。遥想当年，当小说、报纸、白话文、电视剧等刚刚问世之时，负面评价亦是多于正面评价，但是它们都没有因为负面评价而失去在今天语文生活中的重要地位。

面对现代信息技术和虚拟语言生活，语文教育必须与时俱进，甚至应得风气之先。有四点是急需做的：

其一，要将现代语言技术列入语文课程标准。现在的中小学信息化课程，与语文相关的有键盘输入方法、文章的一般处理技术等。输入方法与识字教学相关，但是在教师、教材等方面不一定有沟通协调，在语文教学任务上不一定有交集。其他现代语言技术，比如电子邮件、微博、微信、QQ群等，网文的编辑与网页的设计，语言文字的统计分析，办公文档的使用，PPT的制作等，学生基本上都是"无师自通"，或是靠同伴相授。其结果是学生在使用现代语言技术时，达不到理性的程度和自觉的水平，不能充分发挥现代信息技术的作用。要像重视识字教学一样重视现代语言技术教学，研究这些技术与语文教学的关系，厘定教学顺序，制定教学标准，使其成为语文教学的一个有机组成部分。

其二，各种与教学相关的软件设计与应用，都要征询语文教师的意见，或是邀请语文教师的参与。语文教师的参与，一方面可以避免软件内容与语文教学相抵触，比如汉字编码拆分原理、菜单名称规范等，能够促进现代语言技术更好地"汉化"；另一方面可以促使语文教师充分利用现代语言技术支持语文教学，比如为电子书包充实内容，通过QQ群来辅助语文教学、建立语文学习兴趣小组等等。

其三，要审视进入教育领域的电子设备是否有利于（起码无损于）学生的身体健康，特别是听力、视力和辐射等方面。比如现在的电纸书，是采用电子纸（E-ink）技术制成的阅读器，号称具有辐射小、耗电低、不伤眼睛等优点，更诱人的是显示效果逼真，能够取得和纸质书接近的阅读效果。供学生使用的这类阅读器，包括电子书包，国家有关方面应当出台相关标准，其中也应包括字体、字号、光度、语音等方面的参数。

其四，教师教育。现代语言技术在社会应用中，一般都是年轻人先掌握，然后再传授给年长者。年长者常常是信息技术的落后者，需要向年轻人学习。"教学相长"在信息化时代不再只是教育理念，而已成为现实。当今之世，不能把现代语言技术仅仅看作技术，更要看到它所带来的语文生活观念与语文实践的变革，看到它所构筑的虚拟世界。虚拟世界是充满生机异趣的新世界，是语文生活的新世界，也是语文学习的新世界。因此，必须有计划地对教师进行现代语言技术的培训，使其了解现代语言技术，熟练运用现代语言技术，创造性地教授现代语言技术，特别是认识到现代语言技术在当今语文教育中的意义，甚至在整个人生中的意义。

四、语文能力与语文知识

语文是由多学科支撑的，语文知识起码包含语言文字学、逻辑学、文章学、文学、文化学等多个学科的知识。曾经一段时期，语文课比较侧重知识讲授，有些高中的语文课，竟然讲到了多重复句。在语文知识的讲授中，也有牵强附会之处，例如"纸张、车辆、人口"这样的"名+量"构造本来就不多，非要学生写出十个来。这种"重知识、轻能力"的教学倾向理应受到批评，但是也应看到，当前语文教学忽视语文知识，甚至排斥语文知识，也是偏颇的。

说其偏颇是基于如下两个方面的考虑：

其一，知识与能力的关系。知识与能力属于不同的范畴，有些著名的语言学家，普通话讲不标准；有许多作家，并不懂语言学和文艺理论。体育、音乐、美术等专业是属于技能性的，具有这些专业的科学知识，并不见得就能具有这些专业的高超技能；反过来看，具有这些专业的技能的人，也不见得具有相当的专业知识。但是，这只是问题的一个方面，并不能依此断言知识与能力毫无关系。也有大量的事实表明，知识与能力是相互促进的，在一定条件下是可以相互转化的，知识的学习需要实践的体验，能力的获得需要知识的理性指导。

知识在什么条件下能够促进能力的发展或者转化为能力，尚需研究。但就大量的语文教学实践来看，语文知识对于语文能力的培养具有不可忽视的重要作用。例如：文字学知识对于识字，文字学、语音学、词汇学的知识对于辞书的使用和词语的理解，语法学知识对于基本句法结构的把握和病句的发现与修改，修辞学知识对于修辞方式的理解与运用，文章学、文学知识对于文章的修改与鉴赏，诗律学知识对于诗词的品评与创作等。语文知识对于语文能力的形成，其作用有时候是相当明显的，甚至是不可缺少的。

其二，语文基础知识应当成为公民的基本知识。这可以从两个方面来看：

1. 在语文生活中，几乎所有的人都需要制定语言规划，都需要评价语文现象。例如，微观社会语言学发现，很多家庭都在做"语言规划"。不少家长都会碰到这样的问题：对保姆的语言有无要求，是否要孩子学习方言，希望孩子学习哪门外语，孩子说什么样的词语是合适的，孩子说了俚语、脏字要不要纠正等等。家庭语言规划被认为同国家语言规划的过程具有相似性，规划的结果对家庭的前途命运都有重大影响。

再如，成年人在生活中常常需要对一些语文现象给出评价，比如：如何看待新词语，如何看待字母词，如何看待网络上的"火星文"，如何看待"提笔忘字"现象，如何看待简化字和繁体字，如何看待英语强势，等等。要做好家庭语言规划，要科学评价生活中的语文现象，需要一定的语文知识。

2. 很多人将来从事的工作需要语文知识，例如教师、作家、文秘、记者、编辑、校对、播音、翻译、律师、语言学家、计算机语言处理专家等。中学时期掌握一些语文基本知识，培养他们的语言学兴趣和文学兴趣，对于这些人将来的专业发展，具有重要意义。

中小学教学本来就具有科学普及的教育使命，小学之数学、科学等，中学之数学、物理、化学、生物、地理、历史等，讲授的基本上都是相关的科学知识，而不是培养的某种能力。语文课不仅要培养听说读写等能力，还应当承担起知识传授任务。我国当前公民的语言意识较低，许多网络言论缺乏语文常识，许多部门的决策不符合语言国情和语言发展规律，与中学语文知识教育缺位是有关系的。

五、结语

语文能力就是过好语文生活的能力。语文生活是动态的，在不断发展变化，根据现在语言生活的状况及未来预测，语文能力应当具有七个维度，相应地，语文教育也应具有这七个维度。这七个维度可以分为三个层次：1.基本语文能力层，指的是"听、说、读、写、译"；2.辅助性技能层，指的是掌握现代语言技术的能力，简称"技"；3.科学知识层，指的是掌握语言学、文字学、逻辑学、文章学、文学、文化学等语文知识的能力，简称"知"。

依照"听、说、读、写、译、技、知"这"七维"考察当今的语文教育，会得出若干新思考：1.应进一步分析"听、说、读、写"这四种语文能力在当今语文生活中的作用，要特别重视"阅读"的价值与作用；2.应当把翻译和现代语言技术列入语文教育的内容；3.语文教育不仅是培养语文能力，也应关注语文知识教育。

要实现语文教育的"七维"，就应当重新审视语文教学标准，提升语文教师的水平，更新完善语文教学的多方面的支撑体系，使语文教学在传统基础上实现一个新跨越。

参考文献

蔡可：《语文教育与现代公民的语文能力——国家语委副主任、教育部语言文字信息管理司司长李宇明教授访谈》，《中学语文教学》2010年第1期。

李行健等编：《吕叔湘论语文教育》，郑州：河南教育出版社，1995年。

李宇明：《关于中小学"双语教学"的思考》，《语言文字应用》增刊号，2003年。

吕叔湘、朱德熙：《语法修辞讲话》，沈阳：辽宁教育出版社，2002年。

倪宝元主编：《语言学与语文教育》，上海：上海教育出版社，1995年。

佟乐泉、张一清：《小学识字教学研究》，广州：广东教育出版社，1999年。

王丽编：《中国语文教育忧思录》，北京：教育科学出版社，1998年。

温儒敏：《温儒敏论语文教育》，北京：北京大学出版社，2010年。

温儒敏、巢宗祺主编：《义务教育语文课程标准（2011年版）解读》，上海：高等教育出版社，2012年。

叶澜：《重建课堂教学价值观》，《教育研究》2002年第5期。

张蕾、张彬福：《语文知道——〈中学语文教学〉30年（1979－2009）文萃》，北京：首都师范大学出版社，2009年。

张志公：《张志公语文教育论集》，北京：人民教育出版社，1994年。

郑浩、李节：《培养现代语文能力，过好现代语文生活——国家语委副主任、教育部语言文字信息管理司司长李宇明教授访谈录》，《语文建设》2008年第5期。

中华人民共和国教育部：《义务教育语文课程标准（2011版）》，北京：北京师范大学出版社，2012年。

朱慕菊主编：《走进新课程——与课程实施者对话》，北京：北京师范大学出版社，2002年。

庄文中：《中学语言教学研究》，广州：广东教育出版社，1999年。

原载《语文教学与研究》2013年第12期

语文生活与语文教育

运用口语和书面语所进行的各种活动，构成了人生非常重要的社会生活。这种社会生活可以称之为"语文生活"[1]。语文教育之目的，就是培养受教育者具有过好语文生活的能力。语文研究者，应该研究语文生活的状况及其发展趋势，研究语文生活需要人们具有什么样的语文能力，研究通过什么样的方式才能培养出语文生活需要的语文能力。这一观念与"真语文""语文即生活"等观点基本上是曲近工同的。

一、语文生活

语文生活是一个新概念，十几年前才由国人提出，较多运用、特别是用于语文教育领域还是近几年的事情。当这一概念被应用于语文教育领域之后，有人可能会把它同语文这个科目简单地联系起来，以为语文生活就如同语文课堂那样狭窄。其实不然，只要稍微用心思考一下就会发现，在教育普及的今天，在语言信息技术广泛介入日常生活的今天，几乎很少找到完全不使用语言文字的场合。因此可以说，语文生活是人类最为重要的社会生活之一。没有高质量、高品位的语文生活，就不可能有幸福而和谐的社会生活。认识语文生活的重要性，不仅是政治学、社会学、语言学的重要任务，也是语文研究者、语文教育者的重要任务。

语文生活虽然包罗万象，伴人终生，须臾难离，但概括起来可以分为三个方面：

A. 通过语言获取信息。当然这里所谓的"语言"应作广义理解，不仅包括口语和书面语，也包括伴随口语的体态表情，伴随书面语的各种符号，失聪

---

[1] "语文生活"与"语言生活"表达的概念相同或基本相同，可以视为同义词语。由于本文主要谈语文教育，故而本文使用"语文生活"这一表述。

人使用的手语，失明人使用的盲文，以及在特殊场合使用的语言衍生品和语言代用品，如旗语、灯语、电报、口令、计算机语言代码等等。广义的语言是一个庞大家族，在现实语文生活中，这一大家族的成员或相互配合协力完成交际任务，或在特殊人群、特殊场合中完成特殊的语文任务。当然，这里的信息也是广义的，包括语意、情感等等。

B. 通过语言发出信息。人发出的语言信息有两大基本类型：首发型和反馈型。首发型是他人或某社会群体主动发出信息，或者要求信息接收者给以信息反馈，如对话；或者不一定要求信息接收者给以信息反馈，如作家发表文学作品、科学家发表学术论文等。反馈型是对他人发出的信息给出即时反馈或延时反馈。口语对话基本上是即时反馈，信件来往基本上延时反馈。不过电子邮件、博客、微信等新的书面语交流方式，可能有即时反馈、延时反馈等不同情况。

C. 信息加工及知识建构。AB两方面是人的外部语文活动，通过这两种"人际交际"的语文活动，实现个人与他人、个人与社会、社团与社团的信息交换。C是大脑内部的语文活动，是信息的内化，通过这种"自我交际"的语文活动，促成人的知识积累与建构、智慧成长与觉悟，完成人生的社会化进程。

在现实语文生活中，ABC这三方面往往是相互作用、相随而行的。获取信息后常要进行信息反馈，于是便有了AB的互动。获取信息后需要对信息进行加工，进而将有用信息贮存起来，内化为知识或智慧；这便有了AC的关联。发出信息是根据一定的智慧运转程序从大脑里提取出合适的知识，然后进行语音编码或文字编码，配之以必要的体态表情等，发出合适的信息；这便有了BC联袂。

语言生活有共性也有个性。不同的人、不同的场合、不同的职业、不同的年龄阶段等等，会导致语文生活的差异，甚至是重大差异。比如：从出生到大学这一人生时期，语文学习是其最为重要的语文生活：从呀呀学语到识字读书，从写话到作文，从记叙文到议论文，从白话到文言，从母语到外语，从普通语文到专业语文等等。这同人生其他阶段的语文生活是不相同的。

又如，在利用计算机、手机等现代信息设备进行文字输入、网络浏览、学术报告等场合，会更多地运用到现代语言技术：键盘输入、字形字号选择、PPT制作、电子邮件收发、网络信息查询等，甚至还有博客、短信、微信等更新的语文交际方式。这种"人—机—人"的交际逐渐成为广用的语文生活。再如，在节庆等游艺活动场合，语文生活中常有猜字谜、对对联、成语接龙等语文游戏。

不同职业的人，其语文生活也常各具特性，如：语言学家、语文学研究者等，语文研究是其语文生活的重要组成部分；书法家之读帖弄墨，语文教师之语文教学，诗人之调和平仄韵脚，律师之能言善辩，相声演员之巧抖包袱，播音员之正字圆腔，校对员之咬文嚼字，文字速录师之耳聪手疾，如此等等。这些与职业相关的语文特长，成就了各种语文专才；这些语文特长，既是岗位所要求的劳动技能，也构成了职业的特殊语文生活。

语文学习、语文研究、语文游戏和职业语文等，主要出现在特殊职业人群、特殊年龄阶段和特殊的语文场合，可以称之为"特殊语文生活"。与之相对的是"一般语文生活"。

二、语文教育

语文教育，是为了让社会成员适应语文生活、过好语文生活，以及培养语言专才而进行的有规划的社会教育活动。理论上讲，决定语文教育的目标与内容，评价语文教育的成功与缺失，语文改革的依据、方向与推力，都应当是语文生活。语文生活可谓语文教育之本。

不同时代有不同的语文生活，社会对人的语文生活能力有不同的要求，故而有不同的语文教学。西方古代的语文教育重视口语，例如古罗马的精英们都重视演讲艺术的学习。中国古代，特别是科举时代，语文教育（小学）重视书面语，教学方法基本上是"书读百遍，其义自见"，学习目的主要是获取功名，治国理政。近代，废科举，立新学，兴白话，语文生活面貌一新，语文教育也为之一新，民国时期的国语国文课本，便是那时语文教育的缩影。当下之中国，社会、文化呈现多元局面，语文生活出现在现实、虚拟双空间中，碎片化的信息传递显出"微生活"的若干特征。如此之社会，如此之语文生活，对语文教育也必然提出诸多新需求。比如阅读的地位越来越重要，培养阅读能力和阅读兴趣，养成终生阅读习惯，已经成为语文教育的重要任务；比如以"翻译"为基础的跨文化交际能力，应当列入公民素质的清单；比如为了适应虚拟语文生活，需要掌握现代语言技术，熟悉虚拟语文媒体的用词特点、语用规律和网民的交际习性等等。

对语文教育的评价，对语文教育各种争论的评判，当然有不同的原则、标准和纬度，但其根本还是看适应语文生活的情况。

比如，语文教育界比较大陆与台湾的语文课本，发现台湾语文课本的文言文选篇要比大陆多。有人以此认为台湾人讲话具有较多的古雅成分，甚至认为台湾在中华传统文化方面保存较好，与语文课本中文言文选篇较多具有因果关系；于是便有提倡大陆语文课本增加文言文比例的呼吁，有反映这种观点的实验教材在编纂、试用，甚至还有把台湾语文课本引来使用的，"儿童读经"也曾热烘一时。现在很少有人否认阅读古籍、加强文言文教育的重要性，但有一个问题并没有得到科学研究，那就是在当下语文生活中，文言文究竟起着什么作用？

文言文在当今语文生活中的地位，与白话文运动之前显然不同。白话文运动之前，语文教育需要培养人的全面的文言文能力，既能熟练阅读文言文，又能熟练用文言文写作。而今文言文的阅读仍很重要，但用文言文写作的要求与古不同，除了少数专才外，只需要能在作文中适当引用些古文，有些文雅气息也许就可以了。白话文运动之前，语文教育是单言教育，只教授文言文；其后的语文教育是"白话＋文言"的双言教育，白话文是"听说读写"的全方位教育，文言文则基本上是阅读教育。这种变化是语文生活的变化决定的。当下语文教育中，文言文教育的目标、选篇的数量和具体的篇目等，对"读文言、写白话"的语文教育观点的评价等，都应从当代语文生活的需要去研究、去评定、去抉择，而不能仅以陆台两地的对比，仅凭感性经验。

再如，关于语文性质的争论旷日持久，焦点是语文的工具性与人文性。静心思之，平心论之，语文应当是两性兼具。没有人文性，何以会有课文美篇？何以能够会出听读之意义？何以能够通过说写表情达意？没有工具性，人文何以载行播传？道、理何以通达化心？人文性包括文学、文化、政教等等，强调到极致也许便是文化大革命中语文课、外语课的样子。工具性包括正音识字、遣词造句、布局谋篇等，强调到极致也许便是当年语文课"一分为二"的情况，或是当年语文知识充斥课堂、考卷的情况；社会对当今语文水平滑坡举出许多例子，如汉语拼音不会分词连写、标点符号使用不当、"的地得"不会分用、应用文写不妥贴、语文知识匮乏等，这是不是忽视语文的工具性造成的？

主张人文性还是主张工具性的学者，其实可能都承认语文兼具"工具、人文"二性，其分歧也许主要表现在对语文应当如何定性、对不满的语文现状该如何改变，或是在大纲拟定、教材编写、教学活动等层面应如何操作等。其实根本都是如何处理好工具、人文这二者的关系。解决这一争论，处理好工具性与人文性的关系，从当代语文生活的需要出发来审视，可能会有帮助。

三、从语文生活看当今的语文教育

100多年来，语文教育取得了划时代的进展，由"小学"[1]的单言教育发展到文白双言教育[2]，基本消除了青壮年文盲，并引入了一些虚拟生活的教育成分。语文教育总体上在跟随着语文生活的发展而不断变革，包括主动变革和被动变革。但是，从当下语文生活来审视当下的语文教育，也会发现一些不足。

在观念上，没有认识到语文生活对语文教育的决定性意义。制定语文教育的目标，规划语文教育的内容，评价语文教育的效率，改进语文教育的思路，臧否语文领域的观点等，都未自觉考虑语文生活这一根本性因素。语文学界对语文生活的状况及其发展趋势不明了，对语文生活的变化不敏感甚至表现出习惯性的排斥，不清楚语文生活对未来公民的语文能力要求，因而严重影响了语文教育的质量，制约了语文教育的发展，使得语文教育或只是顺着学科的惯性前进，或是对国外做法、地区经验作局部模仿甚至是跟风式借鉴，或是热衷于"厚古薄今"式的回归，回归到古代的私塾教育，回归到民国时期的课本。笔者并不是说语文教育必须故意摆脱历史惯性，不能借鉴历史及他地他国，而是说应当在理性指导下借鉴或是模仿。

在目标上，语文教育的靶的定位多为概念性或是战术性的。所谓概念性目标，就是很难对其瞄准，比如人文性、工具性等。所谓战术性目标，就是教学大纲、考试大纲之类，即使这些大纲是合理的，以此为教育目标也是严重偏误，因为严格来说它们并不是语文教育的目标。概念性目标使语文教育在朦胧

---

[1] 指"文字、音韵、训诂"之"小学"，人们常将其称之为"经学的附庸"或"经学的羽翼"。

[2] 民族地区则开展了民族语文和国家通用语言的"双语教育"。如果把外语教育也纳入语文教育的视野来看，100多年来的语文教育，可以说是由"单言单语"的语文教育发展为"双言双语"（包括"多言多语"）的语文教育。

中前行，在争论中盘旋。战术性目标不仅助长了应试教育，也禁锢了语文改革发展的思想翼羽。

在内容上，当前的语文教育严重滞后于当下的语文生活。例如：

1. 在传统的"听说读写"教育中，没有仔细研究这四个方面的内涵、权重的变化，并及时改进教育内容。比如"读"，其重要性不仅成为"听说读写"之首，而且阅读的内容与方式也在发生巨变，阅读文言文（包括掌握传统文字、古代文献的知识）的重要性大大提高，网络信息的检索与阅读逐渐成为常态，所谓的浅阅读、微信息正在深度影响人类的阅读方式、阅读习惯和阅读质量。

2. 由于通讯、交通的日新月异，世界范围内的人口大流动，互联网的快速发展与普及，双言双语人的批量涌现，使得不同时代、不同地区、不同民族、不同国度的文化快速交汇融合。不久的将来，每个人都会不同程度地生活在不同的文化之中。但是现在的语文教育还是"听说读写"，缺乏培养学生跨文化交际能力的自觉意识。

3. 过于"淡化"语文知识。语文活动需要具有语言文字及相关知识的处理能力。能够将听到的语音、读到的文字转化为信息，并将这些信息进行加工处理，离不开语言文字知识、相关的百科知识以及良好的思维习惯和科学的思维方法等等。能够将合适的信息从大脑中提取出来，并且因人因境转化为语音或文字，得体地进行表情达意，也离不开一定的语文知识。此外，语文知识是人类科学知识的一个重要门类，从科学普及的角度看也不应忽视语文知识教育。与之相关的，语言国情教育、科学语言观的培养等，几乎没有进入语文教育的视野。

语文教育内容的更新，是语文教育进步的重要体现，是关系到语文教育全局的基础性工程，涉及到教师知识的更新、教学课标的更新、教材内容的更新、教学方法的更新、教学组织的变化等等。教育内容滞后于语文生活，便导致语文教育的全面滞后。

在方法上，也大有改进之处。中小学阶段的语文生活主要有二：真实语文生活和虚设语文生活。语文课之外的语文生活，比如与父母、同伴等的语文交际，乘车、购物、参观、旅游等的语文交际，都是真实语文生活。对真实语言生活进行有效指导，是提升学生语文能力的重要途径，因为"习得"是语文能力获取的最佳方式。语文教学活动中的语文生活,多是教师精心设计的,并不真实。但虚设不同于虚假,应当尽量仿真,在仿真中让学生得到"真实体验"。教学中的虚设语文生活,若不重视其"真实性",教师讲课如"秀课",学生日记不真实,作文"假大空",不仅妨碍学生语文生活能力的正常发展,还可能产生教育伦理学上的问题,招致"说谎""虚假"之类的批评。

此外,中学的非语文课程,也具有培养学生语文能力的重要作用,特别是专业语文能力的培养,更是得益于这些学科。语文教育应当树立"大语文"观,通过"年级组"的协调,发挥其他科目的语文教育作用。

四、结语

语文能力是与计算能力、逻辑能力鼎足而立的人类最重要的能力,语文生活是人类最为重要的社会生活,故而语文教育在教育体系中具有超乎寻常的地位。现在社会上关注语文教学,批评语文教育,《语文建设》、《语言文字报》等报刊杂志开辟专栏讨论语文教育,皆因语文教育太重要。

社会对语文教育的批评抱怨,学生对语文教育的厌烦情绪,语文教师的辛劳与无奈,语文学界的长期争论,已经将语文教育推到了必须改革的历史关口。语文生活的现状和发展趋势对未来公民的语言生活能力的要求,是语文教育改革的基本依据,是语文教育改革的主要动力,是语文教育改革方向、改革效果的基本评价标准。但是,语文学界对语文生活的现状研究不够,对语文生活的未来发展没有预判,对语文生活与语文教育的关系缺乏应有的理性认识。因此,这些方面的研究应当受到重视,尽快开展起来,应当尽快克服语文教育的理念、目标、内容和方法等与当下语文生活严重脱节的现象,使未来的公民具有过好语文生活的各种能力。

原载《语文建设》2014年第2期

试论成人同儿童交际的语言特点[1]

在儿童语言研究中,"儿童为何能够习得语言"这一颇具理论色彩的问题一直争论纷然。在这些纷繁的观点当中,影响最大的是行为主义的后天模仿论和乔姆斯基的先天能力论。后天论者认为儿童是通过对成人语言的模仿来获得语言的。先天论者则认为儿童有一种与生俱来的先天的"语言获得装置"(Language Acquisition Device),这种受遗传因素决定的语言获得装置,能够对儿童听到的成人语言进行能动地分析加工,抽象概括出各种语言规则,从而学会语言。正是这种装置的存在,才使儿童在听到少量的句子之后,就能理解并创造出大量未曾听过的新句子。

现在来评价这两种观点的是非曲直,并且科学地回答儿童为何能够习得语言这一问题,似乎还为时过早,但是毋庸置疑,研究成人与儿童交际时的语言面貌,是具有十分重要的科学价值的,兴许可以为探索儿童为何能够习得语言的令人困惑的迷津提供一种新的帮助。因为尽管后天论者同先天论者的观点针锋相对,大有不共戴天之势,但是,两者都承认成人语言在儿童语言习得中具有十分重要的地位,没有成人语言的参与,儿童是难以习得语言的。在行为主义者看来,成人语言是儿童模仿的对象,没有成人语言儿童就无以模仿,这是不言而喻的。在乔姆斯基看来,成人语言只不过是儿童的语言获得装置加工概括抽象的材料,但是,若没有成人语言,儿童就无从加工概括抽象,纵有语言获得装置,也难以习得语言。事实也正是如此,世界上发现了许多从小在兽群中长大的孩子,他们都没有语言,甚至在以后也难以较好地学会语言。1970年在美国加利福尼亚州发现了一个十三岁的女孩,她一岁后就被幽禁在一间小屋里,父母从未对她讲过一句话。结果当她被发现时连一句也不会说。[2] 正因如

---

[1] 与李汛、汪国胜、曹琦、白丰兰合作。
[2] 见陈平(1982)。

此，研究成人同儿童交际的语言就有相当重要的意义。

儿童赖以模仿或加工的成人语言，主要是成人同儿童进行交际时所使用的语言（以下简称"C-E语言"），而不是成人之间进行交际所使用的语言（以下简称"C-C语言"），因为儿童大量听到的是C-E语言，而不是C-C语言。诚然C-E语言同C-C语言并无本质差异，前者只不过是后者的一种因谈话对象不同而形成的变体，但是二者之间在语音、词汇、语法、语用等方面都存在着不小的差异，因此有必要对C-E语言进行专门研究。

国外已有不少人注意到了这一问题，他们对C-E语言（国外一般称之为"幼儿语言"（Baby Talk）[1]进行了若干研究，但很少涉及到汉语的情况。而国内学者似乎尚未对此引起重视，再加之汉语口语和儿童语言的研究都非常薄弱，所以在此背景之下本文并不企及对C-E语言做出全面而又细致的研究，只打算就若干方面来描写一下C-E语言的特点。

一、语音特点

语音和文字都是语言信息的物质载体，成人与儿童的语言交际几乎只利用语音载体进行，就目前的教育状况来看，学前儿童还难以具有使用文字进行交际的能力。

在语音上，C-E语言的特点不是表现在音位系统上，而是表现在语调和语速上。大量的调查材料表明，C-E语言的语调一般都高于C-C语言的语调，且高低轻重的起伏较大；停顿多，拖腔长，语速也较C-C语言的语速缓慢。这种情况，在C-C语言和C-E语言混合穿插在一起的录音中体现得较为明显。例如：[2]

  （1）（爸爸给女儿讲故事）那个伯伯※肚子<u>饿</u>了※他怎么办呢↗他就找<u>吃</u>→的※※啊↗他看到了一个<u>餐馆</u>↘一个餐※餐馆里面呢→嗯→有卖饭的※卖酒的※啊※他们就※他就进去了※（妈妈插话）你讲那么复杂※（爸爸对妈妈说）K你不管它复杂不复杂※

爸爸正在给女儿讲武松打虎的故事，讲了好久还没有进入正题，妈妈嫌故事铺垫太长，过于复杂，就插进话头。爸爸听到妈妈插话，也急忙回答一句，

---

1 "幼儿语言"常易误解为幼儿所使用的语言，故本文不取用这一术语。
2 符号说明：下加线___表示重音；※表示短停顿；※※表示长停顿；→表示拖腔；↗表示语调上升；↘表示语调下降；K表示语速快。

又继续讲故事。爸爸讲故事的语言是C-E语言，从文中附加的符号可以看出，有重音、长短不等的停顿、拖腔和上升、下降语调，语速慢，语调波澜起伏。而爸爸妈妈的对话是C-C语言，语调平直，语速急快。录音机上的红灯指示仪还显示爸爸讲故事时语调高，而爸爸同妈妈对话时语调明显降低。

C-E语言的语调高而起伏，语速缓慢，因而语音清晰。儿童对于语音的感知能力和对于语义的理解能力及速度，远远赶不上成年人，所以C-E语言的这种语音特点适宜于同儿童的交际。有一次笔者之一故意模仿C-E语言的语音给妻子讲话，其妻愣了半天，有点生气地说："你咋这个味儿呀，我又不是小孩。"于此可见C-E语言的语音特点可以明显地被人感知出来。[1]

二、词汇特点

如果说C-E语言的的语音系统同C-C语言的语音系统没有不同，其差异主要表现在语调和语速上的话，那么C-E语言在词汇单位上却有一些C-C语言中所不具有的特殊词，一般称之为儿语词。这构成了C-E语言在词汇方面最显著的一个特点。

（一）儿语词

儿语词可以细分为叠素词、摹声词和仿儿词三类。叠素词是重叠词根语素构成的词，一般都是名词。如：

（2）a 手手（手）　　脚脚（脚）　　鸟鸟（鸟）
　　　b 杯杯（杯子）　桌桌（桌子/儿）　刀刀（刀子/儿）
　　　c 瓜瓜（瓜籽）　糖糖（糖块）　　果果（苹果）
　　　d 抹抹（棉球）　吹吹（口琴）　　听听（听诊器）

细细玩味这些叠素词，可以发现其构成方式为两类四种：一类是名词性语素的重叠（如a、b、c三组），一类是动词性语素的重叠（如d组）。名词性语素重叠这一类，都是改造C-C语言的词而形成的，从这些词与括号内词的比较中可以明显看出。a组C-C语言的词是单音词，重叠即为叠素词；b组是把"子"或"儿"去掉，重叠词根而为叠素词；c组是去掉合成词的某个语素，

---

[1] 此外，我们的材料中也有个别家长模仿儿童错误发音的，但有一定育儿经验的父母都不这样做。

然后重叠剩下的词根而为叠素词。由重叠动词性语素而构成的叠素词，这个动词性语素都与叠素词所表示的事物有一定的联系。"抹"是棉球的一种用途，在打针时护士总是先用棉球蘸上碘酒在某个部位抹来抹去消毒；"吹"是使口琴发音的方式。一般说来，叠动方式较少用，且每个家庭往往有其特殊性。

叠素词一般出现在与一岁半至三岁的儿童进行交际的C-E语言中。这类词具有放大信息强度、发音方便和表示亲昵语气的作用。[1]加大信息强度便于儿童接受，发音方便便于儿童学习，亲昵语气则反映了成人与儿童之间的关系。

摹声词是通过拟声造成的名词。例如：

（3）嘀嘀叭叭（汽车） 汪汪（狗） 咪咪（猫）

仿儿词是模仿儿童的习惯或错误而形成的。有个儿童喜欢在词前加"阿"，可能是由"阿姨"这个词错误类化而成的习惯。例如：

（4）阿园（幼儿园） 阿高叔叔（覃发高叔叔）

他的父母和邻居给他讲话时，也都使用"阿园"之类的说法。有个儿童第一次看画书时，其母亲指给她小白兔看，以后这个儿童就把看书说成"兔兔"，于是父母也只好"兔兔"起来。仿儿词不具有普遍性，不同的家庭会极其不同。

（二）通俗性

C-E语言在词汇方面的第二个特点是通俗易懂。请看一位母亲同其六岁的儿子的对话：

（5）母：还想当什么？

子：还想当日本鬼子！

母：为什么当日本鬼子呢？

子：日本鬼子最好，日本鬼子不欺人，不打人，专门打坏人！日本鬼子就这样的。

母：你在胡说八道！你是不是说的反话？

子：不是的，是正话！

母：人家把你抓起来！你知道吧，你这说出的是错的，是错话，你

---

[1] 叠素词的亲昵色彩，在C-C语言中也可以找到证明。亲属称谓多采用叠素方式构成，如"奶奶、爷爷、爸爸、妈妈、哥哥、姐姐、弟弟、妹妹"等。情人之间也往往叠名以示亲昵，如"明明、兰兰"。西北方言中也有不少的叠素词，这些词带有明显的亲昵色彩。

知道吧？告诉你，你要是这样的，人家把你抓起来，这个小孩真反动，他一定不是个好孩子，你在电视里看见日本鬼子好，还是日本鬼子坏？

子：日本鬼子好！不对，日本鬼子坏！

母：你看那日本鬼子是杀好人，还是杀坏人？

子：杀→坏人，咳，杀好人？

母：你规规矩矩地答，说！

子：杀→杀好人！

母：杀好人，那你刚才为什么说日本鬼子好呢？

子：说的好玩的！（自笑）

　　这是母亲耐心开导故意正话反说的孩子时的谈话，其所用词语除了"反动"之外，都是极通俗的。儿童的词汇量有限，阅历不广，只有使用通俗词语进行交谈。我们曾把这段话中的儿子的话抹去，并把C-E语言中出现的"小孩"、"孩子"这两个词也抹去，重放让人听。人们很快就能判明这是对孩子的谈话，理由是"都是给小孩说话的词"。

（三）其他

当然我们在录音材料中也发现有些家长使用书面语词。例如：

（6）阿颖，你看这幅画，天是湛蓝湛蓝的，水是碧绿碧绿的。

（7）啊，植树，是吧？嗯，是不是植树啊？

这种情况，若不是成人使用C-C语言的习惯残迹，那便是有意所为。我们询问过例（6）（7）的讲话人，他们说这样可以丰富孩子的词汇量，使其语言具有文彩。

此外，成人在同儿童谈话时，还有一种较明显的倾向，就是喜欢选用情感、形象色彩较强的词语，比如孩子的昵称、拟声词、语气词和感叹词等，从而使C-E语言带有较强的情感性，并且形象生动。

三、语法特点

（一）结构简单

与使用通俗常用词语异曲同工的是，C-E语言在语法上通常使用较为简单的结构。我们随机选出的与三岁儿童对话的材料进行的统计分析能反映出这一特点：

表1

句长指标	4音节以下	5—6音节	7—8音节	9—10音节	11—12音节	13音节以上	合计
句 数	5	9	3	6	3	4	30
百分比%	17	30	10	20	10	13	100

表2

句型	单句					复句	合计
	非主谓句	主谓句	主谓宾句	谓宾句	复杂谓语句		
句 数	4	2	12	6	2	4	30
百分比%	13	7	40	20	7	13	100

表1告诉我们C-E语言以短句为主，句长在6音节以下的几乎占一半，其中尤以5—6音节为最多。表2告诉我们C-E语言以使用简单句为主，复杂谓语句和复句所占比例只有20%。在对其他材料的分析统计中，其数据略有出入，但是以短句为主，以简单句为主这一质的规定性是一样的。

（二）疑问句的使用

除了语法结构简单之外，C-E语言在疑问句的使用上也颇具特色。请看例子：

（8）父：那个大老虎，可可[1]在哪里看到过的？在什么地方看到过老虎的？看到过没有？

女：看过啦。

父：是不是在动物园呢？

女：嗯。

父：老虎好大好大对不对？它一叫很怕，很可怕的，对不对？

---

[1] 儿童名字。

上例的问句，都是无疑而问，而且问句中一般都暗示了儿童该怎样回答，比如"是不是在动物园呢？""老虎好大好大对不对？"等，问句中已包含了问话者期待的答案。这种问句的使用目的显然不在于"问"，而是要启发儿童思考，或是要求听话者给以信息反馈，或是对儿童进行诱导提示。

（三）特殊的语法结构

C-E语言也可能出现C-C语言中所没有的语法结构。例如：

（9）我爸爸带你去玩。

（10）我给我妈妈给你讲。

这两例中，"我"与"爸爸""妈妈"是同位结构，而非领属性结构，相当于C-C语言中"爸爸我""妈妈我"。这种结构的形成是由C-E语言的特殊交际对象决定的。讲话人根据自己平时的语言习惯，只用代词，但又怕儿童不懂，再补加上"爸爸""妈妈"之类儿童所熟悉的词语。例（10）提供了这方面的信息，讲话人已说出了"我给"，后来又改口加上"妈妈"。正因如此，这种特殊结构在儿童掌握代词系统以后便逐渐消失了。

四、语用特点

以上侧重从语言的各个组成部分来描述C-E语言的特点，下面再从语言的总体使用上来探讨C-E语言的特点。

（一）重复

从信息论的角度看，语言应该由最简洁的形式传递出尽量多的新信息，"关门闭户掩柴扉"式的重复啰嗦历来为世人所不齿。但是父母可以跟孩子十次百次地重复讲过的故事、道理，容许而且充斥着重复是C-E语言的一个非常明显的特点。例如：

（11）有个武松伯伯，那个伯伯啊，他叫武松。

（12）好，讲故事，讲故事。珊珊讲故事，讲故事呢！从前呢，好，讲故事，讲故事，讲故事，讲了！

例（11）在字面上不是简单重复，但是意义上是重复的。例（12），妈妈催促女儿讲故事，"讲故事"这个结构竟一口气重复达七次之多。在C-E语言中，"好高好高的山""人很多很多"之类的重复形式也是俯拾皆是。前面讲到过的叠素词其实也是一种重复。

另外一种常见的重复方式，是重复孩子刚说过的话。例如：

(13) 母：这是什么呀？

女：车车。

母：车车。谁开车啊？

女：姐姐开车。

女：哦，姐姐在开车。车跑得快不快？

(14) 女：从前呢，有一个猴子。从小听妈妈话。把手放里面。

母：哦，把手放里面。放里面干什么呀？

女：睡觉。

母：睡觉，要不要妈妈拍呀？

这种重复一方面可以使儿童的语言和认识得到强化，另一方面可以成为继续谈话的话题或引题。"重复、重复、再重复"几乎成了儿童教育家的口头禅。重复虽不能增加信息量，但可以增加信息的强度，因此适宜于C-E语言。

（二）跳跃性

C-E语言在语用方面的第二个特点是具有极大的跳跃性。其表现之一是常常节外生枝。例如：

(15) 你把老师说的再说一遍，看你记不记得老师说的话，妈妈不在的时候，老师怎么对你说？你把老师说的话你给重复一下。不准玩东西！捡起来！捡起来！你把笔筒给我捡起来！你别这样！别笑！你今天不把话说清楚，你看我打不打你的人！

(16) 把耳朵揪着以后就拿这个拳头呀，拳头怎么捏的，可可知道拳头是怎么捏的。拳头怎么捏的？把这个拳头啊，就打这个老虎的头，对不对？

例(15)，妈妈正在要求孩子重复老师的话，忽然孩子去玩笔筒，妈妈不得不中断话题，制止孩子。孩子把笔筒掉在地上，且偷偷发笑，妈妈又命令孩子把笔筒捡起来，且不让笑。最后才又接着原话题谈下去。例(16)，父亲正讲武松打虎的故事，但讲到"拳头"时忽然岔开话题，问女儿知不知道拳头是怎么捏的，然后又继续讲故事。节外生枝式的谈话完全是由孩子的特点决定的。孩子注意力易于分散，听大人讲话时往往把注意力分散到其他方面，为了把谈话进行下去，成人不得不去干涉或吸引孩子。儿童的理解能力和知识面都很有限，成人讲到一些问题时，有必要停下来解释一下，或者询问一下，以便使孩子听懂谈话的内容，或检验孩子的理解情况，或者补充些必要的日常生活知识。

跳跃性的表现之二，是常常更改话题。例如：

（17）那你和她配合得还可以，不过，看起来阿颖对跳舞很陌生，没爱蓉跳得那么熟练，是不是？你们今天怎么呀？一个人坐一块砖，是吧？在那个大操场电影场干什么来着？

例（17），母亲正在评价两个小朋友的跳舞，忽然话题转到了一个与之毫不相干的问题上，询问她们下午一人坐一块砖在电影场（"大操场"是口误，说了之后即更正为"电影场"）干什么。成人同儿童谈话，或是要"哄孩子玩"，或是要进行教育，所以谈话之初并无一定的计划，往往海阔天空即兴讲来，使话题具有极大的跳跃性，听起来往往"杂乱无章"。

（三）诱发性

成人同儿童谈话，常常具有诱发性，这也是C-E语言的一个重要特点。例如：

（18）讲个故事妈妈听好不好？从前呢，讲个故事好不好？从前有个什么人呢？从前怎么样？

（19）母：它怎么说呀？

　　　子：它说："我要吃掉你！"

　　　母：你慢点说，自己说，不要妈妈问（口+沙）。从前，有一只笨老狼→

这两例都是成人要求儿童讲故事的，用"从前"来诱导，因为"从前"几乎是所有童话故事的开首语。例（18）进一步提示"从前有个什么人"，例（19）直接说出故事的开头："从前，有一只笨老狼→"。在前面论述C-E语言疑问句的特点时，我们已经提及这一现象，例（19）中"你慢点说，自己说，不要妈妈问（口+沙）"这个句子更明确地显示出"问"的诱发性的特点。

这种诱发性，一是起到限制话题的作用，二是因儿童记忆力还不强，成人有必要给以提示诱导。这种诱发性也告诉我们，成人与儿童的交际具有明显的"教授性"的特点，不同于C-C语言。

（四）修辞手法

C-E语言也常使用比拟、比喻、夸张、摹状等修辞手法。例如：

（20）一天，小鸡和小鸭在大树底下玩捉迷藏的游戏。

（21）母：你知道"孔雀开屏"是什么样的吗？

子：不知道。哦，像扇子一样的。

母：嗯，像一把很大很大的扇子。孔雀的尾巴很长，它的尾巴一打开，就像一张屏风。屏风，懂不懂？就是专家楼饭厅里摆的，像门那样的东西，是用来挡风或者将一间大房间隔成小房间用的东西。孔雀尾巴打开后，上面还有许多圆形的花纹，尾巴一抖，一闪一闪的，才好看。

（22）（青蛙）看到害虫就向它扑过去，伸出小舌头，"嘟→"它就卷回来了，就吃了。

例（20）是用拟人的修辞方法讲故事。例（21）用了"像一把很大很大的扇子""就像一张屏风""像门一样的东西"等比喻来讲解"孔雀开屏"，并细致形象地摹写了孔雀开屏时的情景。例（22）用一个象声词"嘟→"，以夸张的手法表示青蛙捕虫的速度之快，并把视觉形象转化为听觉形象。

这些修辞手法能使语言生动化、具体化，符合儿童的审美情趣和接受能力。至于具有语音合谐、句式整齐、加强气势、幽默滑稽等作用的修辞方式，C-E语言很少采用，起码不会有意识地采用。

五、C-E语言的内部差异

C-E语言内部存在着较大的差异，讲话者的文化水平、讲话者同交际对象的关系、交谈的话题、场景、方式等都会造成程度不同的差异。但是，最重要的差异则是因儿童性别和年龄的不同而带来的差异。

（一）因性别引起的差异

儿童性别的不同，往往决定成人使用不同的谈话风格。一般说来，与男孩的谈话较粗放，斥责、威胁的语句较多；而对女孩的谈话较温和，常用商量、开导的语气。请比较下面的例子：

（23）你是不是故意跳的？那么高为什么要跳？不怕摔死？

(24）你犯了什么错误？啊？犯了什么错误？你说啊！你说呀！今天在幼儿园犯了什么错误？

（25）唉，那不能拿！那妈妈打人的呢！你讲个故事讲个故事妈妈给你拿，好不好？

读完上三例，立即就可判别出前两例是对男孩的谈话，使用了反诘、呵斥、威胁的语气，而例（25）则是对女孩的谈话，用了语气较为缓和的祈使和"那妈妈打人的呢！"这个轻度威胁句，最后用带商量口吻的附加疑问句"好不好"，比起前两例来其差别是明显的。

父母之所以因儿童性别不同而使用不同的语气，主要同成年人对男女角色的不同期待有关。不仅语言是如此，其他教育方式也呈现出这种差别。比如父母一般对男孩多采用惩罚甚至棒喝的手段，而对女孩则较少采用。成人男女语言的差异与父母从小的不同语言对待有着一定的关系。

（二）因年龄引起的差异

儿童的年龄不同，成人使用语言的复杂度也不同。当孩子还不会说话的时候，成人同儿童的交际主要是模仿孩子的发音，刺激孩子伊呀学话的兴趣。例如：

（26）女：a—pu

母：a—pu, a, a—pu, 喊爸爸，喊爸爸，喊。把嘴张着，嗯，把嘴张着，喊哪！喊妈妈。

女：ma—ma

母：妈妈（笑）。还说，还说。

例（26）是母亲怀着十分喜悦的心情同三个月儿童谈话的片断。对于孩子无意义的发音，母亲都带着极大热情去重复，甚至还一厢情愿地把[pu]听成"爸"，把[ma]听成"妈"，使用的语言几乎是电报式的短句子。

当孩子年龄不断增大，语言能力不断提高，C-E语言也渐趋复杂。例如：

（27）女：虫虫，这是虫虫。

母：唉，这是虫虫。这呢？

女：这是鸭子。

母：小鸭子吃虫虫，是不是的？

(28) 母：你再重新讲好不好？

女：讲不到啊！（不会讲啊）

母：重新讲一遍小红帽的故事，给我讲一遍，好不好呀？

女：讲不到。

母：你讲了我就给个好东西你吃，我这有好东西。从前有个小红帽，你说，嗯→妈妈叫他干什么？从前呢，预备起→快点讲一个，快点啊！

女：我不想讲→

母：妈妈抱你讲好不？来吧。

（29）什么话能说得好玩，什么话不能说得好玩，你就得搞清楚，知道吧？这样的话是不能说的，知道吧？嗯？这就说得说得不实不符合实际了，是不是？这说的是假话，是谎话，这就不实际了。因为你在电视看见的明明是日本鬼子坏，你偏偏要说他好，你说你这样说对不对？嗯？对不对？你这样讲话，对不对？嗯？不能摇头！讲话！对不对？你这样讲话对不对？大声讲！

例（27）是母亲同两岁的女儿看图画时的对话，不仅用了"虫虫"这样的儿语词，而且用"这呢？"提出新话题，用"是不是的？"来要求给以信息反馈。这种谈话不仅在讲述一定的客观现象，而且交谈双方有了明显的语言交流，与例（26）的情况显然不同。例（28）是母亲劝诱其三岁半的女儿讲小红帽故事的谈话，不仅要求谈话对象复述较长的故事，而且用了"重新"这个较抽象的词和"预备起"这样的发令语，句子长度明显比例（27）有所增长。例（29）是母亲给六岁的儿子讲述"什么话能说得好玩，什么话不能说得好玩"的长篇训导辞。其中使用了"实际、因为"这样的较抽象甚至意义十分虚灵的词语，大量使用复句，而且一口气讲那么长。除了有大量的"对不对""是不是"这样的附加疑问之外，可以说同成人之间的谈话几乎没有什么不同。

我们所进行的一个统计分析，也能明显看出C-E语言随儿童年龄增长而渐趋复杂的趋势。

表3

谈话对象的年龄	平均每句的音节数
一岁11个月	4.8
三岁11个月	5
四岁10个月	5.2

表3显示，C-E语言的句长同儿童的年龄具有一定的对应关系。C-E语言随儿童年龄的发展，逐渐由简单到复杂，最后同C-C语言重合。

六、结语

从以上论述可知，C-E语言的一切特点都是由儿童的语言能力和认识能力决定的，都是为适应同儿童的交际而产生的。有趣的是，成人并不是通过专门训练而掌握C-E语言的这些特点的，而是在与儿童交谈中不自觉地学得的。这种现象表明，人类具有因谈话对象不同而自发调节自己语言的能力，这种能力可以姑且名之为"趋受话人能力"。趋受话人能力在不同方言、不同语言、不同文化阶层人们之间的交际中都可以观察到，可以说是具有普遍性的。

其次，在调查中我们发现，跟某一年龄段儿童进行交际的C-E语言，一般都比该年龄段儿童的语言稍为复杂。当孩子还在呀呀学语时，成人已在使用电报式的语言同其交际；当孩子刚会说话，父母就开始使用较复杂一点的语言；当孩子刚六七岁，刚有了日常会话能力时，父母们与之交际的语言已近乎C-C语言了。

C-E语言同儿童语言在复杂程度上的对比差，我们不妨称之为"略前性"。如果进一步的调查能确切地证明这种"略前性"存在的话，那么我们就可以断定，儿童语言是在C-E语言的带动下逐渐由低级向高级发展起来的，C-E语言对儿童语言的发展来说，具有"导之以先路"的向导作用。这样不仅可以对"儿童为何能够习得语言"作出新的解释，而且还可以以此提出一个供家长、儿童教师等有关人员使用的C-E语言规范标准，从而使儿童语言教育科学化。

参考文献

Charles A. Ferguson: *Baby Talk in Six Languages*. 中文节译见《国外语言学》1982年第3期。
Glenn E. Tagatz：《有关语言习得的三种主要理论》，《国外语言学》1985年第4期。
陈平：《美国心理语言学的一项新研究》，《国外语言学》1982年第3期。
郑敦淳：《儿童语言形式的转换》，《心理学科普园地》1983年第4期。

原载《华中师范大学学报》（哲社版）1987年第6期

母语获得理论与幼儿语言教学原则[1]

语言是人类最重要的交际工具和思维工具，是人类最重要的文化载体，是人区别于动物的最重要的标志。能否获得语言，能否十分熟练地使用语言，关系到人一生的生活质量。幼儿期（0—6岁）是语言（口语）最迅速的发展期，也是语言学习的最关键的时期。如何最大限度地促进幼儿语言高质量的发展，是幼儿教育中最为重要的课题。而欲讨论这一课题，不能不涉及母语获得的理论。

母语获得理论是语言学习理论中的一个重要分支，是关于儿童如何获得第一语言（母语）的一系列最根本的认识。本文拟对传统的行为主义学说、当代流行的乔姆斯基学说进行评价，并根据一些最新的中外研究成果谈谈我们的看法，目的是为幼儿语言教学提供理论依据。

一、行为主义框架内的母语获得理论

（一）基本观点

行为主义者否定母语获得具有先天的遗传学上的机制，认为儿童的母语学习，是后天的语言环境中一系列"刺激—反应"的结果。其中最有影响的是模仿说和强化说。

1. 模仿说。模仿说最早由美国的心理学家阿尔波特于1924年提出。他认为儿童是通过对父母语言的模仿而获得语言的，儿童语言是其父母语言的翻版。后来的大量观察表明，儿童并不仅仅通过模仿获得语言。为克服机械模仿说之不足，怀特赫斯特、瓦斯托等人又提出了选择性模仿说。选择性模仿说认为，儿童对话语的模仿，要受到儿童对话语理解的能力的限制，因此，有些话语可

---

[1] 此文在《幼儿教育》发表时因篇幅和刊物性质所限分为《母语获得理论与幼儿语言教学》和《幼儿语言教学的若干原则》两篇，删除了参考文献。此处合为一篇，重命篇名，删除了个别例子，并恢复了参考文献。

以模仿，而有些话语在某个发展阶段则不能模仿。

2. 强化说。强化说是由美国著名心理学家斯金纳提出的。他认为，儿童模仿正确，就会得到成人的认可或鼓励，即受到强化；模仿不正确，就得不到认可或鼓励，即得不到强化。在强化的作用下，儿童学会了正确的话语，放弃了不正确的话语。强化说进一步强调了儿童周围的人对儿童语言获得的重要性。

（二）简单评价

模仿和强化的确在儿童语言发展中起着不小的作用，我国的朱曼殊、许政援等心理学家在自己的研究中，也都证明了这一点。但是，儿童的语言发展却存在着许多不能用模仿和强化解释的现象：

第一，语言单位和语言的结构规则是有限的，但是，由这些单位和规则所组成的话语却是无限的。话语的无限性，从根本上决定了儿童所学会的话语不可能都有模仿的蓝本，也不可能都得到成人的强化。

第二，有些不合成人语言的现象，成人并没有提供模仿的蓝本，更不会有意地去强化，但是，儿童却讲出了这样的话语，甚至会顽固地保持一段时间。

第三，有许多语言现象，即使成人经常向儿童提供，并反复强化，儿童也不一定能够获得。

第四，许多研究发现，父母比较重视儿童话语意义的表达，但对儿童所使用的语言形式则比较宽容。例如很少见到成人去刻意纠正儿童的语言"错误"。

这些现象的存在，说明行为主义学说有着明显的缺陷。最根本的原因是，行为主义否定了儿童获得语言过程中的主动性和创造力。因此，自20世纪50年代乔姆斯基语言学兴起之后，行为主义理论受到了严厉的批评。

二、乔姆斯基的先天能力说

（一）基本观点

乔姆斯基认为，儿童头脑中存在着一个由遗传因素决定的先天的"语言获得机制"。这一机制包含两个系统：由若干范畴和规则构成的普遍语法系统；对语言信息的评价系统。当儿童一生下来，听到各种各样的话语，就触动语言获得机制开始工作。儿童像语言学家那样运用评价系统，从他听到的话语中分析、归纳、概括出各种语言（如英语、法语）的范畴或规则，并把这些具体的范畴或规则"代入"进普遍语法系统中，像给方程式中的未知数赋上具体的数值一样。这样，儿童就获得了一种具体的语言，如英语、法语等。

乔姆斯基学说的最重要的根据是：语言是一个复杂得令语言学家都感到头痛的系统，但是，儿童只要没有严重的语言学习障碍，就可以在四五年的时间里获得它。这种神奇的语言学习能力，是成人所远远比不上的。成年人学习外语，有好的老师和教材，有掌握了一种语言的基础和经验，条件比儿童优越得多。但是成人花费了大量的精力和时间，学习外语的水平却不怎么理想。

面对这种强烈的反差，不能不说儿童"是自然界特别制造的小机器，是专为学语言而设计的"。这个小机器具有先天的语言学习能力。

（二）简单评价

乔姆斯基学说重视儿童学习语言的主动性和创造性，能够解释行为主义所不能解释的一些现象。因此，是一种新奇而有价值的学说。但是，这一学说也有明显的不足：

第一，儿童是否具有一种如乔姆斯基所说的那种先天语言获得机制，还是一个无法验证的假说。

第二，过于轻视后天语言环境的作用。通过研究成人同儿童交际的语言特点，发现儿童语言的发展同成人与其交际的语言成正相关。成人在同儿童进行交谈时，语言较为规范，而且其语言水平比儿童当时的语言水平略高，起着"导之以先路"的作用。

第三，儿童学习语言的过程，也并非如乔姆斯基所说的那样轻松容易。儿童学话的过程十分艰巨，不仅有大量的失误，而且花费的学习时数也非常可观。儿童在早期的人生历程中，几乎是"全脱产"学习语言。而且，所谓在四五年内就能学会一种语言的说法，也颇轻率，因为四五岁儿童并不能运用语言进行较好的交际，离"熟练运用语言进行交际和思维"的水平，还有相当大的差距。

三、值得思考的问题

（一）儿童究竟是怎样获得母语的

关于儿童获得母语的学说，除了上面两种针锋相对且各有所据的观点之外，还有皮亚杰的认知说、布朗等的"规则学习说"和布鲁纳等的"社会交往说"。综观这些林林总总的学说，有长有短，但都难以圆满解释儿童语言发展之谜。不过，有如下两点是已经清楚的：

第一，儿童获得母语是一个充满创造性和主动性的过程，是儿童先天的语言学习能力与后天语言环境相互作用、相互促进的结果。

第二，儿童获得语言有习得（Acquisition）和学得（Learning）两种方式。习得是在自然语言环境中无意识学习语言，是儿童学习语言的主要方式；学得是在教学条件下学习语言，是儿童学习语言的辅助性的方式。

（二）儿童学习语言要不要"教"

对这么一个似乎有点"小儿科"而其实深奥莫测的问题，不同学说有不同回答。照乔姆斯基的学说看来，儿童学习语言完全是习得的，用不着教，教也不起作用。照行为主义的学说看来，儿童学习语言全靠教，教什么学什么，怎样教就怎样学。乔姆斯基学说未免太天真，行为主义学说未免太机械。就我们的观点来看，儿童学习语言需要"教"，但不是一般意义上的教。这话的大致意思是：

第一，不能讲授语言知识，不能只靠多说多练；

第二，有目的有计划地提供适合儿童习得语言的环境；

第三，根据儿童语言发展规律，重点教主要靠学得方式才能获得的东西，如：各种词汇项目、语用规则等。

四、幼儿语言教学的若干原则

幼儿语言教学的根本依据，是母语获得理论和儿童的语言发展规律。应用这些理论和规律，根据汉语的特点，可以进一步制订出幼儿语言教学的若干原则。我们认为，最重要的原则有如下一些。

（一）言语行为原则

结构主义语言学的开山大师索绪尔，把语言分为语言、言语和言语行为。语言是抽象的、看不见摸不着的、存在于每一个社团成员大脑之中的符号系统，是由言语抽象概括出来的。言语是具体的话语或文章，是对于语言的运用。言语行为是在一定的语境中说话人和听话人的具体交际活动。

儿童所听到的都是言语。儿童只有在言语行为中，或者说是在语言的具体运用中，才能学到语言。因此，语言教学常用的领读、道理讲解等，不适应于儿童学话。最为理想的办法，是同儿童进行各种各样的交谈。在交谈中，儿童学到各种语言单位和语言规则，同时也学到各种各样的语言运用技巧。如语言交际的合作原则、礼貌原则和话轮转换原则、语境匹配原则等。

一些反例很能说明问题。例如，一对聋哑夫妇希望他们的听力正常的儿子能通过电视学会正常人的语言。但因没有语言交际实践，最终归于失败。原苏联著名的神经心理学家卢利亚发现一对同卵双胞胎儿童，由于两人总是处在一起，对话极其简单，常是用半截子话叫喊，语言发展非常缓慢。直到五岁时，有80%的话语还是无组织的。后来，把他们分开放进幼儿园，增加了与同伴和成人的语言交际，语言都有一定的发展。

（二）略前性原则

儿童语言发展具有阶段性和顺序性。原苏联著名的心理学家、教育家维果斯基，曾经提出"最近发展区"的概念，认为教学的内容应在学生的最近发展区内，过于超前，学生不能接受；过于滞后，会失去教育的意义。

成人同儿童自然交谈的话语（简称CDS）是一种动态的话语，对不同年龄阶段的儿童，CDS的特点也不一样。它的语法、语义和语言内容所代表的认知难度，与交谈对象的语言水平和认知能力相比，稍微高一些。它是儿童听到最多的话语，是语言获得中最主要的输入材料。对儿童进行语言教学，就是要把CDS的特点自觉化，明确儿童当前所处的水平，依照儿童语言发展的顺序性确定儿童语言发展的最近发展区。教学的难度应在此发展区中。这就是略前性原则。形象地说，是"跳一跳，够得到"。

（三）扩充原则

引导儿童从已有的语言水平向最近语言发展区前进，较为常用的方法是对儿童的话语进行适宜的扩充。扩充是在重复的基础上向儿童提出新的语言学习任务，并给出学习范例。

（四）语境匹配原则

对儿童进行语言教学，最好是能做到话语同语言环境相匹配。这一原则是根据儿童的心理特点和语言学原理制订的。

认知说的创始人皮亚杰认为，儿童的语言发展，是儿童主体因素和客观环境因素相互作用的结果，是通过同化和顺应不断地从一个阶段发展到一个新的阶段的过程。皮亚杰只看到了认知在儿童语言发展中的作用，而忽视或否认语言对发展儿童认知的巨大促进作用，是片面的。但是，他的论述也具有许多不容轻视的合理成分。儿童早期的思维特点具有极强的"具象性"。只有使语言同语境密切匹配，才能取得较为理想的语言教学效果。

言语之中包含着大量的语境因素。只有在一定的语境中才能较好地理解话语。比如，口语对语境的依赖度高于书面语，儿童语言对语境的依赖度高于成人。离开了语言环境，是不大可能顺利学习语言的。外语学习就是这方面的极有说服力的例子。在中国学习英语，一辈子都不容易学得地道；而在美国或英国等英语国家学习英语，进展就快捷得多。

人们在考察CDS时发现，父母同儿童的日常交谈，话题的控制权一般是由儿童控制的。成人对儿童提出的话题，进行评论、述说或提问。儿童所提出的话题，不仅大多都比较适合儿童的语言水平和认知发展水平，而且也多是与当时的语境相匹配的。至于与语境不匹配的话语，多数只能是语言游戏而已，如儿童不断地就某一个问题的无休止的连锁提问。

（五）良好原型原则

儿童的语言发展是一个由原型不断外扩发展的过程。例如儿童最初掌握的词语，都与某一特定的对象相联系，具有专指的性质。这一特定的专指对象，就是儿童掌握的该词语的原始模型（简称原型）。几乎所有细心的家长都会发现，儿童最早说的"妈妈"，只是指自己的妈妈，对于别的孩子叫他们的妈妈，感到困惑不解。

原型是此后儿童词语发展的参照基点。儿童根据原型所提供的词语信息，利用一定的词义发展策略和能力，不断地充实、扩展和加深词义内容。对于一些有下位词语的词，如"家具、水果、动物、食品"等，还要通过原型建立起这些上位词的词义，并形成这个上位词所拥有的成员的格局。因此，儿童一开始接触什么样的原型，对于儿童以后的词义发展有较大的影响。原型越典型，儿童词义的发展越顺利。原型越不典型，词义的发展过程就会越曲折。

（六）迁移性原则

儿童语言的发展是一系列迁移性反应的结果。最重要的迁移性反应有三种：情景迁移；所指迁移；语法迁移。

情景迁移，是指在甲情景时学的话，改换到乙情景、丙情景中说。这样逐渐使儿童学会让相同的语言适应多种不同的语境，并逐渐在心理上把语言从语境中分离出来，实现言语向语言的转化。

语言符号由声音和意义两个方面组成，声音叫"能指"，意义叫"所指"。所指迁移，是指以甲原型为基础学习的语言单位，再迁移到相关的其他实物上，让语言同它的各种所指都发生关联。比如，老师教"苹果"这个词，用的实物是一个塑料苹果。接着可以把"苹果"这个词用到真的各种各样的苹果身上，如国光、秦冠、黄帅、红香蕉、老倭锦等。通过所指迁移，可以使儿童把握某语言单位的外延，并逐渐深化内涵。

语法迁移是指用某语言单位造出不同类型的句子。如老师一开始用"这是苹果"这句话教"苹果"这个词，以后可以视情况再使用这样的句子：

（1）我吃苹果。

（2）苹果是水果。

（3）你喜欢吃苹果吗？

（4）请把苹果放在篮子里。

（5）桌子上有两个苹果。

（n）……

语法迁移常用的有扩展、变换、联合、简缩、替换等。通过语法迁移，使儿童掌握某语言单位的各种用法，并掌握与之有关的一些句式、句型和句类，从而提高儿童的语言能力和语言运用能力。

（七）容错原则

儿童语言发展中，常常会出现所谓的"错误"。这些"错误"是指对目标语言的偏离，是成人用自己语言的标准来衡量的。其实儿童的语言错误不同于成人的语言错误。因为：

a）是儿童语言学习具有创造力的表现。不犯语言错误的儿童，其语言就不可能有较好的发展；凡是错话最多的时候，就是他的语言能力面临飞跃发展的时期。

b）儿童的语言错误是不可避免的，成人的刻意纠正往往是无效的。这些错误随着语言的发展，往往会得到自动调整。

c) 儿童的语言错误往往是有规律的，是对某种规则的泛化应用。这些错误有许多正是说明儿童掌握了某种语法规则的体现。

因此，在儿童语言的教学中，教师和家长要有"容错"观念。对儿童语言错误的过多的不合理的纠正，不仅没有多大的效果，而且还会扼杀儿童的语言创造力，破坏儿童已经形成的有积极意义的语言系统，严重时还可能造成儿童语言学习的心理障碍。当然，在儿童处在可以改正错误的发展时刻，也有必要进行一些合适的较有策略的纠正。

（八）无察觉原则

儿童从没有意识到他在学习一种什么语言。儿童是在游戏中、在人与人的互动中、在对客观世界和人类社会的认知中，无意识地学习语言的。或者说，儿童是出于生存和娱悦的需要学习语言的。对儿童的语言教学，不要让儿童感觉到自己是在学习语言，而是在从事各种活动。这就是无察觉原则。

这一原则要求教师把有意识的语言教学，用儿童无意识的方式表现出来，用儿童感兴趣的方式表现出来。依此原则，每一位教师，每一位跟儿童有接触的人，都是在进行语言教学；幼儿的一切活动、幼儿在每时每刻，也都是在上语言课。这就是泛教师、泛教室、泛教材、泛课时的"四泛"观念。

原则是死的，只有把这些原则因人因时相互配合使用，并在这些原则的指导下，设计出各种具体的适应实际的教学方法，原则才能变成活的有效的东西。原则由死变活，要靠教师的理论素养和主观能动性的充分发挥。

1. 儿童的语言发展虽然有许多共性，但是每一个儿童也都有自己的特点。语言发展有不同的阶段性，语言有不同的子系统。不同的发展阶段、不同的语言子系统的语言发展，也有自己不同的规律。因此，这些原则要因人制宜，因时制宜，因情制宜。

2. 每一条原则都是从不同的角度、针对不同的层面和问题而言的，因此，需要相互配合，交互为用。而且由于我们对儿童语言发展规律的认识还十分有限，有些原则可能不一定是科学的，也还需要补充一些新的原则。

3. 在原则的指导下，还需要设计出各种行之有效的具体的适应实际的教学方法。原则只有落实为各种教学方法，才能在语言教学中发挥作用。教学方法的设计和实施，都要靠教师发挥主观能动性。

总之，儿童的语言教学的最根本的依据，就是儿童语言发展的规律、儿童语言学习的特点和汉语的特点。这三者又恰恰是相当薄弱的学科或领域，需要大批的学者和幼教工作者，在实践中去摸索、去总结。因此，需要大家都做有心人，并要力所能及地进行研究工作。每一个家长和幼教工作者，都要负起历史的使命，为把我们的下一代教育好作出每个人应有的贡献。

参考文献

李宇明、白丰兰：《父母语言艺术》，北京：北京语言学院出版社，1991年。
李宇明、唐志东：《汉族儿童问句系统习得探微》，武汉：华中师范大学出版社，1991年。
李宇明：《第一语言习得论》，《黄冈师专学报》1993年第1期。
李宇明：《乳儿话语理解的个案研究》，《语言研究》1993年第1期。
朱曼殊主编：《心理语言学》，上海：华东师范大学出版社，1990年。

原载《幼儿教育》1994年第10、11期

父母语言艺术[1]

一、用好您手中的金钥匙——父母问话艺术

父母的问话不仅负有教授孩子问话技能的语言使命,而且还是了解孩子语言发展、知识水平和心灵奥秘的探测器,是促进孩子心智发展的动力机。有人曾把问号比作一把倒挂着的小钥匙,的确,父母的问话是教育孩子的一把金钥匙,每位父母都应该用好您手中的这把金钥匙。

(一)无疑而问

要了解某种情况,解开心中的疑团,人们便使用问句来询问。这种有疑而问的问话是成人之间交际的一种主要形式。父母为了解孩子在幼儿园的学习和生活情况,为知道孩子同小朋友争吵、打架的原因,为知道孩子为什么撒谎等等,也要使用有疑而问的问话。但除此之外,父母还要多用无疑而问的问话。无疑而问不是父母要孩子解答自己的疑问,而是要提醒孩子注意,启发孩子思考,指示思考问题的方向和角度,诱导孩子去探索答案。请看例子:

(1) 什么话能说、什么话不能说,你就得搞清楚,知道吧?这样的话是不能说的,知道吧?嗯?

母亲给孩子讲说"什么话能说、什么话不能说"的道理,用了两个"知道吧?"和一个"嗯?"来提醒孩子注意,以强调自己说的话的重要性。父母给孩子讲故事时也常用无疑而问来提醒孩子注意:

(2) 女儿:虫虫,这是虫虫。
母亲:这是虫虫。这呢?
女儿:这是鸭子。
母亲:小鸭子吃虫虫,是不是的?

---

[1] 与白丰兰合作。

这是母亲同两岁的女儿看图画时的对话，母亲用"这呢？"来提示孩子该注意什么，引出新话题，又用"小鸭子吃虫虫，是不是的？"来启发孩子思考。

无疑而问，就是把陈述句改换成问句的形式，问句中往往已经包含着父母期待的答案，比如"小鸭子吃虫虫"，接着再附加一个"是不是的？"来提问，把陈述句变成了一个疑问句，父母也期待着孩子回答"是"。

无疑而问最常用的问句形式是选择问、正反问和是非问。比如：

（3）这朵花是红的还是黄的？（选择问）

（4）这朵花是不是红的？（正反问）

（5）这朵花是红的吗？（是非问）

例（3）提出了"红的""黄的"两种可能性，让孩子从两种可能性中选一种进行回答；例（4）也提出了两种可能性："是红的"和"不是红的"。不过这两种可能性一个是正面的，一个是反面的；例（5）也是具有两种可能性："是"和"不是"。问话中提供的可能性，限制了孩子思考的范围，因此具有提示思路的作用；而且，只要在可能性中选择一种作答就可以了，回答起来较为容易，适合儿童的特点。

反问句也是一种无疑而问，不过反问句往往包含有强烈的不友好的感情，而且儿童理解起来有一定困难，所以父母要慎用。

（二）是什么、怎么样、为什么

人们的提问大体上可以分为三类：是什么、怎么样、为什么。"是什么"是一种判断性的提问，要求回答事物的名称等；"怎么样"是一种描述性的提问，要求回答事物的形貌、声色、运动、功能等；"为什么"是一种究因性的提问，要求回答各种各样的原因。前两种问题都是具体的，而后一种问题却是抽象的；前两种问题是认识的基础，代表认识的初级阶段，后一种问题是认识的升华，代表认识的高级阶段。

研究表明：凡是年龄较大的孩子、智商比较高的孩子，不仅能回答"是什么""怎么样"的问题，而且也能回答"为什么"的问题；同时喜欢问"为什么"的问题。相反，凡是年龄较小的孩子、智商比较低的孩子，只能回答"是什么"或"怎么样"，但不能回答或不能正确回答"为什么"的问题；同时喜欢问"是什么"或"怎么样"，而不喜欢问"为什么"的问题。

根据这种研究,父母在孩子小的时候,应多提问"是什么"和"怎么样"的问题,在孩子长到三四岁以后就要多问他"为什么"的问题。对于同一件事情,父母不能只满足于问孩子"是什么"或"怎么样",而要在这两类问话以后,还要提出"为什么"的问题,以便发展孩子的抽象思维能力,刺激孩子探究因果联系的兴趣。由于遗传和其他因素的影响,男孩子的抽象思维发展较快,而女孩子的形象思维发展较快。因此,对待女孩子更要多问她"为什么"的问题,以便弥补她的思维缺陷。

提问的目的是为了让孩子根据问话的内容作出回答。为了让孩子能回答父母的提问,父母在问话时要辅之以引导。比如您问"用复写纸为什么可以复写出字"的问题时,最好让孩子反复观察一下复写纸,用手在上面抹抹,甚至您还可以让孩子在白纸上涂上些颜料,用这种自制的"复写纸"复写一下。这样孩子就能回答出您的提问了。回答的过程,也就是学习知识、认识事物的过程。如果孩子的回答不准确,父母要及时地给以补充和纠正。

(三)重复问,连锁问

为了让孩子巩固已有的知识,父母可以对同一问题过一段时间就重复提问一下,直到他对答如流为止。此外,还要注意连锁提问。请看下面的两段对话:

(6) 爸爸:这里有个小水坑,怎么过去呢?

　　儿子:我跨过去。

　　爸爸:如果水坑很宽,跨不过去呢?

　　儿子:我蹚过去。

　　爸爸:如果水坑很深呢?

　　儿子:我找块木板搭在上面,架个桥过去。

　　爸爸:如果没有木板呢?

　　儿子:我坐小船过去。

　　爸爸:如果没有小船呢?

　　儿子:我绕过去。

(7) 妈妈:这草上是什么呀?

　　女儿:露水。

　　妈妈:露水是怎么来的?

女儿：从天上落下来的。

妈妈：从天上落下来的是雨，怎么是露水呢？

女儿：……

妈妈：露水是湿空气碰上青草凝成的小水珠。

例（6）的连锁提问，能训练孩子的联想能力和解决问题的能力；例（7）的连锁提问是一种寻根究底的提问，直到孩子回答不出来时，才给出答案。这种答案给孩子的印象最深。就此而言，连锁提问是开发孩子智力的有效方式。

（四）让孩子学会提问

问话是由未知到已知的捷径，是求知欲望的一种表现。因此父母不仅自己要善于提问，而且还要让孩子学会提问。

孩子的语言主要是从父母那里学来的，父母在向孩子提问时，不仅是在提问，而且也是在传授问话艺术。凡是喜欢问孩子问题的父母，他们的孩子也最喜欢提问题。因此，父母要多对孩子提问。而且，父母使用的问句类型要全，不仅使用选择问、正反问和是非问，而且还要适当地使用特指问：问人、问事、问时间、问空间、问方式、问原因、问结果、问目的、问数量等等。

要让孩子学会使用问句，就要给孩子多留点疑问，并且培养孩子的浓厚的求知欲。有了浓厚的求知兴趣，又有很多问题，他就会经常地向人提问，以满足自己的求知欲。这就要求父母不要把孩子关在房间里，而应让他走出去，接受更多新刺激。接触的世界越是广泛，他的疑问就越多，他的问话也就越多，他的知识面也就越宽。当然，保护孩子问话的积极性也是不容忽视的。有些父母对孩子的问话很冷漠，有时还会批评孩子问得心烦。这种做法常常挫伤孩子问话的积极性，从而抑制了孩子的求知欲，这应该视为父母之大忌。

二、父母应如何对待孩子的问话

有三个孩子分别向他们的父母问了同一个问题：我是从哪里生出来的？甲的父母说他是父亲从火星上抱来的，孩子甲于是认为他是父亲生的，并推断男人会生孩子，而且总希望回火星上去看看老家；乙的父母说他是从医院育婴室中抱回来的，因此乙有病从来不怕去医院，而且对医生护士有着特殊的感情；丙出生时母亲剖腹产，丙的父母告诉她，她是从妈妈的肚子里被医生用手术刀割出来的，丙因此误认为生孩子都要在肚子上割口子。

对于同一问题的这三种回答，对孩子产生了三种不同的影响，可见父母答话的重要性。父母的答话，就如同一条知识的传送带，不断地把各种各样的知识传输给孩子。父母应特别重视这条传送带，要让它正常运行，永不停息。

（一）保护孩子问话的兴趣

儿童大约在两岁左右就开始学会提问，3岁至9岁特别爱提问题，这是孩子在日常生活环境中进行学习的一种重要方式，是语言和思维发展到一定程度的体现，说明孩子在动脑筋，有了求知的欲望。提问题的多少，是衡量一个孩子智商高低的重要标准。因此，父母应该尽力保护孩子问话的兴趣。

当孩子提问时，父母要给以称赞，鼓励他的求知欲，并且要不厌其烦地解答孩子提出的各种各样的问题，使他从父母的回答中疑团得到解决，知识得到增加，获得问话的满足。满足是一种愉快的体验，满足是一种最强烈的刺激素，它能保护孩子问话的兴趣，养成好问的良好习惯。

父母不能较好地回答孩子的提问往往有两种情况：一是太忙，无暇回答；一是孩子提出的问题不好回答。如果父母太忙，这时应给孩子作出简明的解释，并答应他以后解答。但这种许诺要真的兑现，不能当作搪塞孩子的口实。

孩子是提怪问题的"专家"，大史学家司马光小时候曾问："怎么知道汉朝有个司马迁？"天文学家哥白尼曾问他父母："我看得见月亮，月亮看得见我吗？"诸如"为什么别人家有两个孩子，我们家只我一个？""星星有没有妈妈？""女人为什么不长胡子？""一加一为什么等于二？""电视里面的人为什么不吃饭？"等问题，父母都会遇到。

对待孩子的怪问题，父母如果回答不出来，不要爱面子乱说一通，可以告诉他看看书或请教专家以后再给他讲，也可以说父母不知道，让他长大了去解决这一难题。对于难度较大、回答以后孩子不一定能听懂的难题，对于关于性之类的难以在小时候就给孩子讲的问题，对于当前科学还没有解决的难题，可以告诉孩子："你现在还小，等长大了就知道了。"或是说："大人们也有不知道的问题，要知道是怎么回事，你就要学习，等长大了去探索答案。"

这样回答既保护了孩子提问的兴趣，又没有给他不正确的知识，同时还能从小就培养他认识世界、探索世界的信念。

（二）引而不发，跃如也

父母的答话并不是简单地告诉孩子一个正确的答案，关键在于引导孩子自己去寻找答案，这种探索精神是保证孩子将来成功的一种金不换的素质。因此，父母在答话时，要能做到像射箭一样，拉开弓，对准目标，然后让孩子把箭射出去，命中目标，这就叫"引而不发，跃如也"。比如乘坐公共汽车，街旁的房子往后面迅速退去，孩子问："房子为什么会跑？"这时，你可以等车停下来再让孩子观察房子动不动，或者回来之后用物体移动做演示，让孩子看清物体移动后的情况。这样孩子自己就可以得出正确的答案。

引而不发，并不是父母只比划比划，而是要通过诱导确保孩子能得到答案。这样的答案，孩子记得牢，印象深，甚至终生都不会忘记。

（三）善用形象

孩子一般都处于形象思维阶段，对于抽象的问题难以把握。因此，父母的回答要具有形象性，要多用具体的比喻来说明深奥的道理。伟大科学家牛顿小时候曾问母亲："风车为什么会转？"母亲回答说："那是风在推动它转。"牛顿又问："风是怎么来的？"母亲说："你看，水从高处往低处流，空气也是这样。有的地方气压高，有的地方气压低。空气一流动，就是风。"牛顿的母亲以水作比喻，使牛顿懂得了风的流动和风车的转动，后来牛顿上小学时，就带着他自制的风车。

（四）答中有问

父母在回答时，还要注意问孩子。这样的问可分为三种：一是问他为什么提出来这样的问题。孩子问话都有一定的动机，了解了孩子提问题的动机，才能有的放矢，做到回答恰如其分。二是问他懂得了没有。通过这一问，可以知道孩子是否已经掌握了答案。如果不懂，或是理解得不准确，父母应再重新回答，或者调整一下自己回答问题的方式。三是提出与此相关的进一步的问题，来引导孩子做深入的思考。这种提问可以分同类提问和深化提问。比如您给孩子讲了小纸船为什么会浮在水面上不下沉的道理，然后问他："小皮球会不会浮在水面上？""茶杯会不会浮在水面上？"这是同类提问。同类提问可以开阔孩子的知识面，进行类推思维，同时可以帮助孩子从相同现象中总结出更高层次的规律：水是有浮力的。以此训练孩子的归纳思维。如果您给孩子讲了小纸船为什么会浮在水面上不下沉的道理，然后问他"如果是一块石头会不会浮在水面上？"这是深化提问。深化提问能把孩子的认识引进一步。这种提问孩子可能答不出来，有时大人也回答不出来。这不要紧，留给孩子一大串问号，就某种意义而言，比给他一些现成的答案更有好处。

（五）教会孩子答话

父母的答话不仅是向孩子传授知识，而且还担负着培养孩子答话艺术的使命。能否针对问句恰当地回答问题，也是人生的一门重要的艺术。成功的答话应是：问而有答，答是所问，答出自己的水平，答得对方满意。要做到这些，需要一定的知识和智力，需要父母多方的引导培养，需要大量的答话实践，这是不必赘言的。此处需指出的是，父母的答话是孩子学习答话的最重要的教材，因此，父母在回答孩子提问时，要用成功的答话标准来要求自己，给孩子树立个好榜样。

三、父母的许诺艺术

有的孩子爱撒谎，有的孩子不守信用，有的孩子对父母不信任，有的孩子干什么事都要讲个条件。这与父母许诺不当有关系。

（一）说话要算数

许诺和哄骗只有一点差别，那就是想不想兑现。哄骗孩子可能每个父母都曾做过，但这却是一种最不负责任的教育方法，你哄骗孩子，孩子也会哄骗你。因此，许诺一定要兑现，所谓"君子一言，驷马难追"是也。

古代有个叫曾子的人，他妻子要到集市上去买东西，小孩也缠着要去。他妻子说："你回家吧，我从集市上回来，给你杀猪吃。"孩子就在家等着妈妈回来。等她回来了，曾子就拿刀去杀猪。曾子的妻子急忙去制止，说对孩子说着玩的，怎么当真呢？曾子说，不能随便哄骗孩子，他们是照父母的样子学的，说了话就得算数。最后曾子还是把猪杀了，给孩子煮着吃。

许诺兑现，孩子才会信任父母，父母才会有权威。孩子从父母身上也学会了说话算数的优良品质，对自己说的话有一种责任感，懂得说话办事要对自己负责任。

既然许诺要兑现，那么，父母对孩子的许诺就不能太随便。许诺时首先得考虑诺言能否兑现。有些孩子逼着父母给他摘一颗星星，父母缠不过，答应明天晚上给他摘一颗，结果第二天晚上摘不到，使孩子非常失望，并且也对父母的话产生了怀疑。

许诺有导向的作用，许什么样的诺，有着把孩子的注意力引向何处的问题。因此父母许的诺要以发展孩子的心理、智力为主，以物质为次。比如答应给孩子讲故事、带孩子看电影、给他买一本小人书等。如果过多地采用物质刺激的办法，时间长了就会给孩子带来不好的影响，会使他成为一个"小财迷"或是"小馋猫"，会把孩子变成一个格调低下的人。

（二）得与他谈条件

许诺时要用条件句，比如"如果……就……、只有……才……"等。孩子要你带他去坐碰碰车，你可以说："如果你能学会系鞋带，我就带你去坐碰碰车。"孩子要你给她买洋娃娃，你可以说："只有你学会这首儿歌，我才给你买洋娃娃。"或是："只要你不再欺负小朋友，我就给你买洋娃娃。"这样，就会使孩子懂得，他要经过努力才能得到想得到的东西，什么东西都不是从天上掉下来的。

条件不能太高，并且要讲清满足这一条件该怎样做。比如你让孩子学习系鞋带，就要教给他系鞋带的方法，帮助他学会系鞋带。如果条件太高，或是因为你没有指导而导致孩子在努力的情况下也没达到条件，就会失去许诺的意义。甚至会导致孩子为了得到东西，而去撒谎欺骗。父母提出的条件一定要明确，以便于兑现时进行检查，也便于孩子为着一个明确的目标而努力。

当然不能事事都讲条件，不能许每一次诺都得附加上条件。孩子有了好的表现，父母也可以主动许诺。如果事事讲条件，也可能会使孩子厌烦，甚至使其沾染上讨价还价的毛病，使他将他同父母的关系误认为是一种"条件关系"。

（三）失诺以后

由于客观条件的变化，许诺总有不能兑现的时候。比如你答应星期天带孩子上外婆家玩，忽然星期天要加班；你答应今天给孩子买玩具，但玩具店没有合适的玩具；你答应周末带孩子去看电影，但周末电影院放映的片子儿童不宜。如此等等，总会有的。

当许诺不能兑现时，一定要给孩子讲清道理，表示道歉，使他不致产生误解。你也可以和孩子商量，采用其他方式来补尝：比如不能带孩子去看电影，可以带他到公园去划船，到动物园去看猴子等；你也可以把兑现的时间推迟一下，比如这个星期天不能带他到外婆家，那就到下个星期天；今天买不到合适的玩具，那就等到有合适的时候再买。

许诺不能兑现，千万不可搪塞孩子或是哄骗孩子。有时，由于事情多把许诺给忘了，这时，父母一定要作自我批评，求得孩子的谅解。为了备忘，夫妻最好能相互提醒一下，或者把事情记在一个小本子上，经常翻看一下。

（四）面对孩子的过分要求

孩子每天都会给父母提出许多要求，要你给他讲故事、穿衣服、买玩具、陪他玩。有些要求你能满足，有些要求你不能满足。他要星星你给他摘不下来，他要你不上班一天到晚陪着他，你办不到。因此，对孩子的要求既不能一概拒绝，也不能有求必应。

对于做不到或不能做的要求，父母要对孩子讲明道理，讲明不能满足或暂时不能满足他的要求的原因。比如他要你不上班陪着他，你应讲上班的意义，讲劳动的道理；他要你给他摘星星，你可以告诉他只有坐宇宙飞船上天才能摘到星星，要他长大了成为一名宇航员。这样也会满足孩子的好奇心，增长他的知识和求知欲，给他插上理想的翅膀。

对于大人能满足的要求，也不能件件应承，最好的办法是引导孩子学会自己努力去满足自己的要求。比如他要你给他穿衣服，你可以教导他自己穿；他要你给他买一只小白兔，你可以教他自制小白兔玩具。不能事事依靠大人，要自己动手，养成一种良好的习惯。

总之，许诺是一个敏感而又难以处理的问题，许诺得当，可以促进孩子的发展，培养孩子的良性行为和品格；许诺不得当，将会严重影响孩子的发展和优良品格的形成。父母们都要讲究点许诺的艺术。

四、父母怎样给孩子讲故事

故事是人生的第一套教科书。孩子通过五光十色的故事来认识世界，来学会表述世界，并在听故事的同时启发丰富的想象力，锻炼记忆力。父母都应该成为"故事大王"，通过讲述故事，使孩子由世界的生客成长为世界的主人。

（一）让他听得懂

孩子的语言理解能力和知识积累都很有限，因此，故事的内容不要太抽象，情节不能太复杂。讲述故事的语言要明白、准确、口语化。语速要慢，声调要富于起伏变化，多使用绘声绘色的词，句子结构要短，句与句之间的关联要明确，跳跃性不能过大。父母讲故事时表情要生动，最好要伴以各种的手势和动作，也可以制作一些道具或使用实物以帮助理解。讲故事时可以先说个大致的梗概，接着介绍一下人物，讲完要作一个简单的结语，或是讲一讲故事所要说的内在含义。

（二）吸引着他

孩子注意力常常会分散，最佳注意时间只有10到20分钟。因此，故事内容要集中，人物的性格、形象要鲜明突出，少描写人物的心理和景物。故事的动作性、情节性要强，不同性别的孩子，兴趣点不同，男孩一般爱听打仗的故事，女孩则多喜欢充满人情味的童话和社会伦理故事。不同年龄的孩子的兴趣点也不同，小的时候喜欢听动物故事，大一点的孩子喜欢故事中有人物也有动物，再大一点的孩子就比较喜欢听人的故事和各种有关自然界和社会等方面的知识性故事。因此，父母要根据孩子的年龄、性别、个性等特点来选择故事内容。

小孩子对儿歌有着天生的爱好，在故事当中穿插点儿歌，不仅可以对孩子进行语言韵律的教育，而且也可以增加故事的生动性。孩子往往不甘寂寞，都非常喜欢游戏，如果把故事改编成角色游戏，父母和孩子一起来演"故事"，那样对孩子的吸引力就会更大。

（三）要创造性地讲述

世界是一个五彩斑斓、一摇三变的万花筒，飞鸟游鱼走兽、青树红花绿草、晓风午阳晚霞、春雨秋霜冬雪、天籁人语乐声……这些都可以也应该成为故事的内容。父母要把整个世界都融入故事中，不能一张口就是狼外婆、调皮猴之类。只有您把整个世界都捧给孩子，孩子才能拥有整个世界；如果您给孩子的是个支离破碎的世界，孩子也就只能拥有关于世界的支离破碎的知识。

讲述事物，要注意讲清事物的典型特征和与相关事物的联系。比如讲小白兔，要讲它的长耳朵和红眼睛，讲它吃青草、树叶和蔬菜；讲雪花，要讲它的洁白无暇，讲它的形成，同时还要指出冬天和寒春有雪，可以用它堆雪人、打雪仗等。

讲述事件，要注意讲明事件发生的时间、地点、事件中的人物、事件的发生、发展和结局等，而且要特别注意事件的时间线索、因果关系和故事的教育意义。

讲述科学知识，对于年龄较小的孩子要讲清"是什么"，对于稍大一点的孩子，要多讲"为什么"。比如给孩子讲地球围绕太阳转，这是"是什么"的问题；还要讲地球为什么会绕太阳转，这是"为什么"的问题。当然，如果孩子长到了五六岁，不妨再给他讲讲哥白尼的故事，给他点科学史的知识。

要把世界都捧给孩子，只靠《晚安故事三六五》《学前儿童的十万个为什么》《外国童话和寓言选集》《少年科学瞭望台丛书》等是远远不够的，这需要父母们的即兴创造。因此，父母不仅要做讲故事的能手，而且还要成为编故事的行家。可以说，称职的父母不仅是故事大王，而且是故事作家。

（四）断而有续

谁也不可能一口气把世界上的事情都讲完，讲故事都必须有中断，但要做到断而不乱、断而有续。这样就能把故事串起来，把孩子听故事的欲望保持下来。父母可以参考如下方法：

1. 每天安排专门讲故事的时间

著名文豪歌德，小时候他的母亲有意识地每天给他讲故事，像是连载小说或电视连续剧那样。每天讲到高潮或新故事发生时刹车，"且听下回分解"，以后的情节让小歌德自己去想象。小歌德常能构想出各种情节，有时还同他的祖母一起商量，并急待着第二天故事情节的发展。第二天，母亲先让小歌德讲讲自己的构想，然后再自己讲。每逢猜中时，小歌德都兴奋不已。这为歌德后来的文学创作奠定了基础。

2. 树立一个想象的故事讲述者的形象

许多故事不可能像连载小说，相互之间都有联系。为了把这些故事串起来，父母可以树立一个想象的故事讲述者的形象，假托这些故事是"智慧老人"或"故事爷爷"讲给小朋友听的。

3. 用一个故事中的人物串连故事

许多儿童电视连续剧常采用这种办法来串连故事，比如《聪明的一休》

《尼尔斯骑鹅旅行记》等，民间关于阿凡提的故事、济公的故事等，也是采用的这种办法。

4. 生长法

对以往讲过的故事，要时常给以重复和照应。三岁前的孩子可以不厌其烦听他已经听过了无数次的故事，可以进行简单重复。三岁以后的孩子就不大喜欢简单重复了，因此，对于这样的孩子，父母要特别注意在原有故事基础上进行发展。一种发展是升华性的发展，逐渐增加知识的深度和情节的复杂度，这正像果树由枝条上长出花蕾并不断生长开出花朵结出果实一样；一种发展是横向发展，逐渐添加与之相关的故事或知识，比如从仓颉造字讲到汉字的演变，再讲到世界上的其他文字。这正像果树不断地分枝从而形成硕大的树冠。通过生长法可以把前后所讲的故事串连起来并有所发展，从而不断加深拓宽孩子的知识面。

5. 让他也来讲

父母给孩子讲故事，不能老唱"独角戏"，最好也引导孩子进入故事，两代人唱唱"二人转"，或者是让孩子当演员，父母做忠实的观众。

让孩子也来讲，可以让他简单地复述故事，也可以让他概述故事情节，还可以把故事剧本化，父母孩子分别扮演角色，依故事情节进行表演；可以让孩子来接续故事，或是讲听过的故事的体会；也可以让孩子自编故事进行讲述。

通过让孩子讲，可以锻炼孩子的记忆力、口头表达能力、抽象概括能力、联想创造能力。父母也可以从中了解到孩子对故事的理解状况，从而调整自己讲故事的方式、故事的内容、故事的深度等，从而使故事更适合孩子的口味。

父母如果把孩子自编的故事和接续的故事记下来，并给以耐心而有效的指导，让孩子在父母的指导下不断地对他的故事进行修改润色，直到满意为止。这样，不仅可以使孩子成为故事大王，而且，可以培养出儿童作家来。只要父母是有心人，指导得法，每个孩子在他上学前都会有一本非常好的故事创作集。

世界就像是一棵参天大树，每一个故事就是这棵树的枝、芽、叶、花、果。父母应通过故事把世界之树栽植在儿童的心田上，也让它枝繁叶茂，花艳果硕，也让儿童拥有世界这棵参天大树。

五、父母怎样向孩子提出要求

父母都会时常要求孩子做什么或不做什么,但却常常碰到你要他做他偏不做、不要他做他偏做的苦恼。对此不少父母常诉诸高压手段甚至武力,然而效果并不理想;也有一些父母能针对孩子的年龄特点、性格特点因材施教,使孩子茁壮成长。总结正反两方面的经验教训,笔者认为,父母在向孩子提出要求时,至少应做到以下几点:

(一)要他做

要求孩子做什么事,首先要考虑到孩子能否完成,要考虑做这种事对孩子的发展有无帮助,讲究要求的合理性。比如您在公园里要求孩子去摘花,或是在商店里要求孩子去偷糖果,当然是不合理的要求,孩子拒绝做这种事完全是正当的。再如您要孩子一天到晚钻到书本里,孩子也受不了。因此父母所提的要求一定要合理。

其次,在孩子做事之前,父母要讲清完成这一任务的程序和要达到的目标,以便于孩子把事情做好。比如您让孩子扫地,就要先讲清楚到哪里拿扫帚,怎样才能把地扫干净,怎样把脏物撮出去,倒在什么地方,最后把扫地的工具再放到什么地方。必要时父母还要先做示范。这样,有利于孩子把任务完成,并且养成好习惯。对于一些难度较大的任务,父母还可以跟孩子一块讨论完成任务的计划、步骤。

第三,给孩子树立完成任务的信心。父母最好能使用这类句子来提要求:"我们相信你能把地扫干净!""你能自己穿衣服吗?""好孩子都会自己洗手绢,你会洗吗?""大狗熊才笨呢,连小船都不会叠。你肯定能叠一条很漂亮的小船。来,叠个看看!"

最后,要对孩子完成任务的情况作出评价。评价要以表扬为主,多肯定他做得好的方面。同时也要准确地指出不足之处,不过指出的不足不能太多,挑重要的并且以孩子的能力可以弥补的。这样有助于孩子下次把事情干好。如果您把他说得一无是处,下次再提要求时,孩子就不愿意干了。

（二）不要他做

禁止孩子做某事时，父母一定要讲清不让做的道理。比如您不准孩子玩火，就要讲清楚玩火的害处。孩子的是非标准同成人有很大差别，他往往并不知道哪些该做哪些不该做，哪些是对的哪些是错的。然而孩子也往往是最守规矩的，一旦他明白了道理，就不会再去做不该做的事。

除了讲清道理以外，父母还应该给孩子树立不违反要求的信心，比如说："我们的小宝宝很懂道理，知道不该做的事就不做。""小猴子爱偷吃零食，结果怎么样也长不胖，你才不乱吃零食呢。""好孩子都讲卫生，不把指头放在嘴里。"当然，黄牌警告也往往是必要的。父母可以根据情况，指出如果违反要求就会受到什么样的惩罚，而且惩罚要兑现。当然父母所讲的和真要执行的惩罚应是合适的，比如不带孩子去看电影，不给他买新玩具等。当然有时也可能是打一下，但打不是目的，而是一种威慑力量，不要轻易使用。

孩子如果按父母要求办了，就要给以奖励。奖励以精神奖励为主，表扬、爱抚、给他一朵小红花或是一面小红旗、给他买点玩具等是很好的奖励方法。有一个小朋友，父母要求他玩了玩具之后把玩具收藏好，结果这个小朋友按要求做了，父母就给他买了一个他非常想要的小汽车玩具。从此，这个孩子就养成了玩了玩具后就把玩具收拾起来的好习惯。

（三）平等对待他

祈使可以分为命令型和商量型。父母要多用商量型，少用命令型。绝大多数用问句表达的祈使属于商量型，如："要跟小朋友搞好团结，是吧？""把地扫一下好吗？""你能不能自己扣扣子？""不能乱丢东西对不对？"或者"请你帮妈妈擦擦桌子！""睡觉吧！""别把衣服弄脏了！"

商量可以培养孩子的自尊心，并且孩子也可以从父母的语言中学会礼貌。有些父母常用命令句，这样往往会造成孩子的逆反心理，你命令我做我偏不做；有些孩子说话没礼貌，也往往同父母常用命令句有关；有些孩子自卑感很强，也是常被命令的结果。当然，并不是命令句不能用，但要少用，慎用，特别是斥骂性的命令句，更是如此。

（四）面对不听话的孩子

孩子不听从父母的要求有各种各样的原因。比如：孩子生活在游戏的世界里，有时会把父母的禁止当作游戏而未认真执行；孩子自制力较差，有时忍不住诱惑而违反要求；孩子完成任务的能力较低，不能按父母的要求办事；孩子处于逆反心理阶段，有对抗情绪；父母的要求不合理，孩子不愿执行或不能执行；父母提要求时道理没讲清，完成任务的程序、目标没讲清；父母说话不算数，失去了权威；父母对孩子过于溺爱或过于压制等等。这些都可能导致孩子不按父母的要求办事。

孩子是在跌跤中学会走路的，孩子也是在过失中成长的。因此，父母要心平气和地对待孩子的过失，弄清原因，对症下药。首先父母应从自身寻找一下原因，看看自己的榜样作用如何。如果父母常把东西乱丢，怎么会养成孩子不乱丢东西的习惯呢？如果您要求的方式有问题，就应该改变一下要求方式，不能过分地责备孩子。对待孩子的无意过失要宽容，对待孩子的有意过失要引导。列宁小时候曾把姑妈家的漂亮花瓶打碎了，但他不承认。列宁的妈妈玛丽亚讲了一个诚实的故事，使列宁明白了不应撒谎的道理，他就主动承认了错误。

孩子在成长过程中，常要经过几个心理逆反阶段，这个阶段的孩子特别"不听话"。逆反并不是坏事，它预示着孩子心理上发生一个飞跃，逆反就是这种飞跃前的不适应。如果说在此阶段父母引导得好，逆反阶段很快就会结束。但是，如果这时父母给以高压，可能会延长逆反期或是造成孩子的逆反性格。因此，对待这一时期的孩子，父母要特别有耐心，以开导为主，甚至可以少提要求。

当然，绝不是说对于孩子的过失可以放任不管，恰恰相反，放纵孩子是最危险的，小时候放纵，长大就会失去责任感，甚至无法无天，那时想管也管不了了。我们只是说，要管得得法，管得合理，管得有艺术性。

最后需要指出的是，父母不应以"听不听话"来评价孩子，更不要把孩子培养成对父母百依百顺的小羊羔。孩子有时候不按父母的要求办，可能反映孩子有主见或是闪烁着好奇和创造性的火花。比如您要求孩子要爱护玩具，他可能为了探究玩具的奥秘把它拆开或是砸碎了，您要求孩子放学了及时回来，他竟在公园里捉蝴蝶制作标本入了迷，如此等等。对于这种"不听话"，父母们要巧妙地给以保护和引导。

原载《演讲与口才》1990年第7—11期

论语言运用与语言获得[1]

语言观形形色色、千种百类，但大致有形式的和功能的两大分野。形式的语言观倾向于从静态的纯语言的角度研究和解释语言，功能的语言观倾向于从动态的角度结合认知和语言运用来研究和解释语言。过去，形式的语言观对第二语言教学影响较大，也取得了许多值得给予足够重视的研究成果；但是伴随着功能语言学或认知语言学的兴起，[2]功能的语言观逐渐进入第二语言教学领域。从功能的角度来探讨第二语言教学的有关问题，也许会有一些新的景观。

语言教学的根本依据，是语言学习的机理和语言学习的必然性发展过程。研究怎么教，首先须知怎么学。而现实中许多语言教学规划的制订与实施，多是从教的角度考虑问题，多是以语言学的学科体系为教学依据，这种考虑问题的"角度偏差"和教学上的"依据偏差"，必然影响到第二语言教学的质量与效率。

本文从功能语言观出发考察语言运用的有关问题，考察儿童第一语言学习中语言运用的特点，据此提出：语言教学的根本目的是使学习者获取将语言符号与语境要素匹配起来的语言能力，而语言能力的最佳获得途径是语言运用。最后，根据第二语言学习与第一语言学习的相关性和特殊性，讨论第二语言教学的有关问题。

一、语言运用及相关问题

获得了某种语言，即意味着具有了某种语言的"语言能力"。具有某种语言的"语言能力"，并非指掌握了某种语言的符号体系，而是指具有了运用某

---
[1] 此文曾在第六届国际汉语教学讨论会（1999年8月，德国汉诺威）上宣读。
[2] 关于功能语言学，请参见李宇明（1999）的论述和文后所附的参考文献。另请参见张敏（1998）的有关讨论。

种语言的能力。在语言学习领域里,"语言能力"同"语言运用能力"应是同一概念,不需区分。

语言运用牵涉语言符号和语境因素两个范畴的内容。语言运用就是依照一定的规则将语言符号同语境因素匹配起来,因此,语言能力其实就是语言符号与语境诸要素合理匹配的能力。语言教学之目的,不仅要使学习者掌握语言的符号系统,而且要使学习者把握好各种语境要素,更重要的是要通过一系列的手段促进学习者获得语言符号与语境诸要素的匹配能力。

(一)指示语

语用学(Pragmatics)的研究表明,语言符号与语境的匹配,全赖各种各样的指示语(Deixis)来实现。[1]语言符号与语境的联系可分三类:a)语言符号同其语境所指之间的联系,该联系反映着语言符号与世界的关系;b)说话人、听话人、话语人物之间的联系,此联系反映的是人们之间的社交关系;c)语篇[2]中各话语单位之间的联系,这种联系反映着上下文之间的各种关联。与此相应,指示语大体亦可分三类:对象指示语;社交指示语和语篇指示语。

1. 对象指示语

对象指示语的功能,是把表示人物、事物、空间、时间等的词语同其在一定语境中的具体所指连接起来。例如:

(1)她的戒指是怎么送给保安的,以后张木匠也没有过问,她自己自然也没有说。(赵树理《登记》)

例(1)中的"保安"指示的是接收小飞蛾戒指的人,"张木匠"指示的是张家庄那个身为小飞蛾丈夫的张木匠,"她、她自己"指示的是张木匠的妻子、保安的情人、绰号叫小飞蛾的女人,"她的戒指"指示的是小飞蛾送给情人保安的那枚戒指。"以后"指示的是小飞蛾因被发现戒指送给保安而遭痛打之后。

2. 社交指示语

社交指示语表示话语中人物之间的关系,说话人与听话人之间的关系,以及话语中的人物同说话人、听话人之间的关系。例如:

---

[1] 关于语用学和指示语的情况,请参见何自然(1988)。
[2] 本文的"语篇"概念包括书面语语篇(Text)和口语语篇(Discourse)。关于语篇的问题,详见黄国文(1988)。

（2）诸位朋友们：今天让我来说个新故事。这个故事题目叫《登记》，要从一个罗汉钱说起。（同上）

例（2）中的"我"指示讲故事人，"诸位朋友们"指示听故事人，它们之间的社交关系乃是讲故事者与听故事者的关系。称听故事者为"朋友"，表达了讲听之间的友好、平等关系。从社交指示的角度看，例（1）中的张木匠、小飞蛾、保安三者之间是夫妻关系、情人关系和情敌关系。而且这三人同例（2）中的"我、诸位朋友们"之间是故事中的人物与讲故事人、听故事人的关系。进而论之，社交关系不仅指示人物之间的各种具体、复杂的关系，而且通过这些具体、复杂的关系还可以概括出存在于人物之间的权势关系、亲疏关系、情感关系等等。

3. 语篇指示语

语篇指示语表示话语单位（一般是以"小句"为单位[1]）内部的各种关系。例如：

（3）人们在沙漠里旅行，受到热沙炙烤而干渴难熬的时候，要是遇到这种树，只要用刀子在它身上划一道口子，它就会流出清香可口的汁液来让你解渴。它是沙漠旅行者的朋友，所以叫旅行家树。

例中的"要是……就……、只要……就……、所以"等都是语篇指示语，分别指示前后两个话语单位具有假设条件与结果、一般条件与结果、原因与结果等逻辑关系。

（二）语言符号

因指示语同一定语境因素相联系，故语境中的语言符号同脱离语境的语言符号有许多差异。脱离语境的语言符号是抽象的，可简称"语符"；语境中的语言符号是具体的，可简称"言符"。因为按照索绪尔（Ferdinand de Saussure）关于"语言·言语"（langue·parole）的划分，前者属于语言范畴，后者属于言语范畴。

语符与言符的主要差异表现在如下四点：

第一，词语的指称具体化。例如：

---

[1] 小句（包括汉语复句中的分句）是话语交际中最基本的单位，也是句法构造中的最大单位。在汉语中小句的地位十分重要，邢福义先生甚至认为小句在汉语语法中具有"本位"意义，并提出了"小句中枢"的理论主张。详见邢福义（1997）。

（4）放学以后，圆圆有事不能按时回家，他到电话亭里给妈妈打电话。

（5）大约在1925年，丰子恺在上海家里描那种小画，乘兴落笔，俄顷成章，就贴在壁上，自己欣赏。被郑振铎看见，拿去制版，逐期刊登在《文学周报》上，定名为"子恺漫画"。从此中国有了漫画这名词，漫画开始流行起来。

语符"他"，指称自己和对方以外的某个人；例（4）中的言符"他"指称"圆圆"这个具体对象。语符"从此"的意义是"从这个时候起"，例（5）中的言符"从此"具体指的是"从1925年起"。当然，词语的指称具体化是多方面的，例如对多义的选择、对词语歧义的过滤等，也是词语具体化的表现。

第二，句子的时空有定。句子实乃跨越语言和言语两界的单位。作为语言单位的句子不同语境发生联系，对属于语言单位的句子进行考察，是语法学的事情；而作为言语单位的句子则必然同一定语境相关联，句子所表达的时间和空间都是有定的，对属于言语单位的句子进行考察，属于语篇学的范畴。例如：

（6）他把化学药品和瓶瓶罐罐都搬到那个角落里，卖完了报，就做各种有趣的实验。

作为语言的句子，例（6）的句义是抽象的，不需究问"他"什么时间"把化学药品和瓶瓶罐罐"搬到了哪个"角落"，也不能确定"卖完了报，就做各种有趣的实验"发生在哪一时间区间。例（6）的上文是：

（7）爱迪生十二岁的时候，在火车上卖报。有一节车厢是专给乘客吸烟用的，车长同意他在那里占用一个角落。

结合上文看，很显然作为言语的句子的例（6），其句意是具体的，事件发生在"爱迪生十二岁的时候"，"那个角落"是指爱迪生卖报的那列火车上吸烟专用车厢的角落。

第三，言符中有许多语符不可能有的特殊形式。例如：

（8）光肥皂就买下二十条，因为听说荒山僻野的人一生只洗一次澡，故当地不产肥皂。

（9）一会儿，厨房就传来吵声，老婆在责备保姆，都七点半了，怎么还没给孩子弄饭？

（10）吃过饭了，刚才。

"光肥皂""都七点半"这类组合和例（10）中的补说现象，在语符中是不可能存在的，只有在言符中才能见到。言语交际中还会有不完整句、各种口头禅等口语独有现象。

此外，许多研究发现，会话中最常见的小句结构，是一个谓词带一个明显的论元。及物谓词虽然理论上可以支配两个或三个名词性成分，但在现实会话中倾向于只带一个受事角色的论元，省略其他论元；而不及物谓词却倾向于不省略系事论元。这种"一论元"现象[1]，也为言符所特有。

第四，变异、失误现象。话语是生动活泼的，充满着各种新颖的变异形式。这些变异形式或是讲话人有意而为之，或为无意而为之；或昙花一现，或为社团接受而长久使用。"很＋名"这种程度副词修饰名词的格式，便是由言符的变异而发展为语符的一种现象。当然，言符中还存在着口误、笔误等失误现象，而且某些变异形式一开始也常被视为"错误"而处于规范者的喊打声中，当然这种"错误"与口误、笔误有着本质的差异。

（三）言符的价值

就共时状态说，语言是一个静态的体系，但自历时的角度纵而观之，语言却是动态的，无时无刻不在发展变化。语言的发展变化都自语言运用始，语言运用是语言的活力之所在。这也意味着一个发生学上的重要命题：语符来自言符。就此而论，语言单位是对言语单位的概括，语法规则是若干语用习惯的语言化。

语言的价值也在于语言运用。语言是人类最重要的用于交际、思维和认知的符号体系，语言的功能只有在语言运用中方能体现，方能发挥。只要是没有严重的语言障碍者，都具备或高或低的语言运用能力，因为这是作为社团成员所必备的能力。至于分析语言系统的各种知识、能力和技术，是为特殊的科学目的服务的，就一般人而言，不需要具备这些知识、能力和技术，他们学习这些知识、能力和技术，也主要是为了提高语言运用能力。

综上所述，言符蕴含着语符，勾连着语境，其在人类语言生活中的价值极

---

[1] "一论元"现象最早是由J. W. Du Bois在1987年提出的，之后又有很多学者对这一现象进行了研究，发现这种现象在许多语言中都是存在的。参见Tao Hongyin & Sandra A. Thompson（1995）；李宇明（1999）。

高。某些学派为某种语言学目的而不管言符，这是允许的而且也是可以理解的，但是作为整个语言学实不应忽视语言运用和言符，就语言教学来说甚至应把语言运用和言符置于异常重要的地位。

二、第一语言学习[1]

语言学习是人类非常重要的一种活动。就语言习得和语言学得而言，习得的效果远好于学得，因为第一语言获得的速度和质量都远胜于第二语言学习。既然如此，第二语言教学应充分借鉴第一语言学习的方式，将第一语言学习的状况最大限度地迁移到第二语言学习中，是提高第二语言学习的质量与速度的最直接最重要的举措。

关于第一语言获得的机理，已有许多学说。例如属于行为主义理论范畴的经典的模仿说和斯金纳（B. F. Skinner）的强化说，与行为主义针锋相对的乔姆斯基（N. Chomsky）的先天语言能力说和伦内伯格（E. H. Lenneberg）的自然成熟说，异军突起的皮亚杰（J. Piaget）的认知说等等。20世纪70年代以来，不同学说相互影响渗透，又产生了一些以某种理论为主且也突破门户兼采他家之长的新学说，如怀特赫斯特（G. J. Whitehurst）和瓦托斯（R. Vasta）的选择性模仿说，莫勒（O. H. Mowrer）、斯塔茨（A. W. Staas）等人的中介说，塔格兹（G. E. Tagatz）等的规则学习说，布鲁纳（J. Brunner）等的社会交往说。[2]这些学说虽然都有一定的理论背景和事实基础，但仍具有一定的假说性质。

关于第一语言获得的过程，人们相信它是由若干个有序的发展阶段所构成。但严格说来，这还只是一种学术信仰。第一语言获得究竟有哪些发展阶段，这些发展阶段的顺序如何，语言的各子系统的发展过程是什么样子，当今科学恐怕顶多只能粗略地描绘一番。

尽管如此，有一点是相当清楚的，那就是第一语言是在语言运用中获得的。对于学习第一语言的儿童来说，语言运用是他生活的一个重要组成部分，是儿童社会化、获取社团成员资格的必由之路。

---

1 为避免同本书的其他论文重复，本节有删节。
2 关于这些学说的较详细的评介，可参见李宇明（1995）。

三、第二语言教学

语言是民族维系的纽带，是民族精神和民族文化的重要体现，而且也是民族之间、文化之间相互接触、交融的津梁。民族与文化的交往必然产生第二语言的学习活动。第二语言的学习和教学活动在人类的历史上开始很早，西方可以追溯到古希腊和古罗马时代，而对外汉语教学至少从汉代就已经开始，而且一直没有中断。[1]

在源远流长的第二语言教学的实践和研究中，产生了语法翻译法、直接法、情景教学法、听说法、认知—符号法、自然法、交际法等与一定的时代和一定的语言学理论相联系的第二语言教学方法[2]。第二语言教学方法的演进趋势是：a）越来越多地利用语境因素，越来越向现实语言交际靠近；b）从语言领域延绵到文化领域[3]；c）从关注怎样教到开始关注怎样学。

（一）两种语言学习的相关性

当把视点移到怎样学的问题时，一个令人心动的发现是，第二语言的获得与第一语言的获得具有相同或相似的发展顺序。美国心理语言学家布朗（R. Brown）在其名著 *A First Language: The Early Stages*（《最初的语言》）一书中，描述了学习英语的儿童对14种常用的语法要素的发展顺序：

1）现在进行时；

2/3）介词（in/on）；

4）复数；

5）不规则过去时；

6）所有格；

7）非缩写的系词；

8）冠词；

9）规则的过去时；

---

[1] 参见鲁健骥（1999）。

[2] 关于第二语言教学的理论和方法，可参阅李宇明主编（1998）第四章第二节《第二语言获得》，周小兵（1996）第三章。

[3] 关于第二语言教学中的文化问题，请参见王建勤（1996）及其文后所附的参考文献。

10）规则的第三人称现在时；

11）不规则的第三人称现在时；

12）非缩写的助动词；

13）缩写的系词；

14）缩写的助动词。

这种第一语言的发展顺序后来为维里尔斯夫妇（J. G. de Villiers & P. A. de Villiers）的研究所验证。有意思的是，杜雷（H. Dulay）、布尔特（M. Burt）、贝利（N. Bailey）、克拉申（S. Krashen）等人，考察了儿童和成人把英语作为第二语言学习时，这些语法要素的发展顺序与布朗所描述的顺序基本一致。[1]

虽然这一发现需要进一步验证，但许多第二语言教学专家相信，第二语言学习同第一语言学习，两者的语言发展遵从相似的步骤，并认为第二语言学习也有较多的习得因素，甚至干脆把第二语言学习叫做"第二语言习得"（Second Language Acquisition）。

语言教学（包括第二语言教学）的目标，是培养学习者将语言与语境匹配起来的语言能力，因此，第二语言教学体系应当是以语言运用为中心的体系。儿童的第一语言学习显示，语言与语境的匹配能力是在语言运用中获得的，第一语言学习是较为成功的，且第二语言学习同第一语言学习在语言发展步骤上具有相似性，那么，第二语言教学就应最大限度地借鉴第一语言学习的经验，以第一语言学习为范例，创设合适的语言环境，加大习得的因素。

（二）理性与语言能力的获得

当然，以第一语言学习为范例，并不是要把成人"儿童化"，全盘照搬儿童的语言习得的方式，事实上成人也不可能机械照搬儿童的语言习得方式。不能照搬的最根本的理由是，成人的语言学习与儿童的第一语言学习有不同的特点。例如：

a）儿童的语言学习是地地道道的零起点，而成人起码获得了一种语言，是在具有第一语言的背景下学习目标语言的。

b）成人具有了一定的认知能力、社会阅历，并获得了一个具有归属感的

---

[1] 参见朱曼殊、缪小春（1990，P311）；王初明（1990）。

文化系统。

c）成人语言学习的任务远大于儿童，成人不仅要学习口语，还要掌握书面语[1]。

d）也有不少人相信，语言学习有最佳期和临界期。一般说来，七岁之前是语言学习的最佳期，十三四岁左右是语言学习的临界期。成人的语言学习在临界期之外。[2]

但是，成人的语言学习与儿童语言学习的最大不同在于成人的语言学习具有"理性化"的特征。这种理性化主要表现在：a）语言和文化迁移；b）语言和文化知识的介入。

1. 语言迁移和文化迁移

人是理性动物，人类的一切有计划的活动都充满着理性的思考。成人在学习第二语言时，不可能不将第一语言的规则迁移到第二语言的学习中。人类语言具有许多共性[3]，也各有各的个性。因此，语言迁移也可再分为"正迁移"和"负迁移"。[4]语言与文化水乳交融，成人在获得第一语言的同时，也获取了第一语言所附丽的文化世界。成人在进行第二语言学习时，也不可能不将第一语言的文化世界迁移到第二语言的学习中。不同民族的文化世界也具有共性和个性，因此，文化迁移也有"正迁移"和"负迁移"。语言和文化的迁移现象，有些较为明显，有些较为隐蔽；有些是表层的，有些是深层的。

语言和文化的正迁移，是成人第二语言学习的优势，充分利用这种优势有

---

1 不容忽视的是，第一语言的书面语学习也需要相当长的时日。就汉语来说，要较好地掌握书面语，需要从小学到高中十余年的学习。

2 提出语言学习的最佳期和临界期的概念，主要是为了解释儿童语言学习的成绩为何会优于成人。窃以为对这两个概念应当谨慎，因为这两个概念的提出，表现出的实际上是学术界对成人语言学习的悲观态度。而事实上语言学习是否真的有最佳期和临界期，临界期是否使语言习得机制（Language Acquisition Device）全面衰竭，还需更多的科学验证。从第二语言教学的角度看，宁信其无，不信其有。只有这样才有信心去充分发挥成人语言学习的优势，千方百计地提高第二语言教学的质量。

3 关于语言共性的问题，请参见伯纳德·科姆里（1989）。

4 张德鑫（1996，P45）指出："从心理学的角度看，母语影响主要表现在正迁移、零迁移、负迁移三个方面。所谓'迁移'是指已获得的知识技能等对学习掌握新知识、新技能的影响。正迁移通常发生在母语和目的语处于相同或相似的情况下，零迁移是母语与目的语完全不同从而毫无影响可言，负迁移是由于跟目的语差别大或不完全相同而造成的……"

利于第二语言学习。成人在用习得的方式学习第二语言时，语言和文化的正迁移更是发挥着不可替代的作用。当然，语言和文化的负迁移是成人第二语言学习的弱势，甚至是第二语言学习的痼疾；如何有效地克服负迁移，成为第二语言教学的攻关课题。对比语言学框架内的第二语言教学，我们注意到了语言的迁移问题，但是往往较多地强调负迁移的消极作用，而对正迁移没有给予足够的重视，这是对比语言学框架内的第二语言教学的不足。但也未必像某些学者所指摘的那样一无是处，在当今的第二语言教学中，对比分析仍应有一席之地。[1]

2. 语言和文化知识的介入

成人第二语言学习，往往要接触一些有关目标语言知识，包括语言知识和文化知识，如音系体现、文字学常识、词汇特点、语法构造、文化习俗等。语言、文化知识的介入对语言学习一定是有帮助的，因此，不论是第二语言教学，还是学校阶段的第一语言教学，都必设此类课程。

但是，语言、文化知识的介入，也会带来一些值得深思的问题。首先，学习者所接触的语言和文化的知识，是学者对语言和文化的研究成果。任何研究都难以达到穷尽完善的境地，因此，学习者所获取的语言和文化知识也肯定不是尽善尽美的。其次，学习者不可能一下子获取一种语言的语言知识及其相关的文化知识，而是伴随着学习的深入逐步掌握的。并且，还有一个对知识能否正确把握的问题。第三，语言和文化规则不是数学定理，由于历史发展演变的不同步、新的语言现象横向扩散的不平衡、语言与方言之间的特殊影响、社会阶层的特殊语言和文化习惯，以及语言运用中的变异，不可避免地会存在有悖于一般规则的例外现象。

有此三端，语言和文化知识介入必然会导致偏离目标语言和目标文化的现象。比如，第二语言学习者时常将一般的语言和文化知识类推到例外现象上，或者是"泛化"到另类语言、文化现象上，造成第二语言学习过程中常见的"过度概括"。因语言和文化知识介入而导致的各种偏误，是第一语言和第二语言中都不曾有的，因此不同于第一语言的负迁移所导致的各种偏误。这些现象是对比语言学框架内的第二语言教学理论所不能很好解释和妥贴解决的，同时也是中介语理论和偏误分析得以建立和发展的重要理据之一。

---

[1] 关于对比语言学在第二语言教学中的作用，请参见赵永新（1995）。

当然，理性的语言知识和文化知识在语言学习的内化（Internalization）过程中究竟起什么样的作用，在不同的学习阶段所起的作用如何，怎样向学习者输入这类理性知识，都还是值得仔细考察的课题。

四、结语

获得语言就是获得语言运用的能力，即将语言符号同语境匹配起来的能力。因此，第二语言的教学体系应当是以语言运用为轴心的教学体系。

儿童第一语言的获得是在语言运用中进行的，这表明语言运用能力只有在语言运用中才能获得。在各种语言学习类型中，儿童语言获得是最为成功的范例，而且，第二语言学习同第一语言学习具有相关性，因此，最大限度地借鉴儿童语言学习的经验，是促进第二语言教学的重要举措。

当然，成人的第二语言学习与儿童的第一语言学习有很多差异，因此，在第二语言教学中也不能机械照搬儿童的第一语言学习方式。以语言和文化迁移、语言和文化知识的介入为特征的理性化，是成人第二语言学习同儿童第一语言学习诸多差异中最大最重要的差异，如何看待这种理性化，如何充分发挥这种理性化的积极作用而克服其消极作用，是第二语言教学需要投入较多精力进行研究的重要课题。

参考文献

D. M. Morehead and Ann E. Morehead (eds.). *Normal and Deficient Child Language*. Maryland: University Park Press, 1976.

H. Clark and E. Clark. *Psychology and Languag*. NewYork: Harcourt, Brace, Jovanovich, 1977.

Helen Goodluck. *Language Acquisition*. Oxford: Blackwell Ltd, 1991.

David Crystal. *Introduction to Language Pathology*. London: Edward Arnoid Ltd, 1980.

Tao Hongyin & Sandra A. Thompson. 语法和语法的关联：汉语会话中常用的小句结构（徐赳赳译），《国外语言学》1995年第4期。

伯纳德·科姆里：《语言共性和语言类型》（沈家煊译），北京：华夏出版社，1989年。

桂诗春：《心理语言学》，上海：上海外语教育出版社，1985年。

桂诗春：《应用语言学》，长沙：湖南教育出版社，1988年。

桂诗春、宁春岩：《语言学方法论》，上海：外语教学与研究出版社，1997年。

何自然：《语用学概论》，长沙：湖南教育出版社，1988年。
黄国文：《语篇分析概要》，长沙：湖南教育出版社，1988年。
李宇明等：《试论成人同儿童交际的语言特点》，《华中师范大学学报》（哲社版）1987年第6期。
李宇明、唐志东：《汉族儿童问句系统习得探微》，武汉：华中师范大学出版社，1991年。
李宇明：《语言学习异同论》，《世界汉语教学》1993年第1期（并收入《世界汉语教学》编辑部、《语言文字应用》编辑部、《语言教学与研究》编辑部编《语言学习理论研究》，北京：北京语言学院出版社，1994年。
李宇明：《儿童语言的发展》，武汉：华中师范大学出版社，1995年。
李宇明主编：《理论语言学教程》，武汉：华中师范大学出版社，1998年。
李宇明：《功能解释语法》，载自于根元主编《应用语言学理论纲要》，北京：华语教学出版社，1999年。
柳英绿、金基石主编：《对外汉语教学的理论与实践》，延吉：延边大学出版社，1997年。
鲁健骥：《偏误分析与对外汉语教学》，《语言文字应用》1992年第1期。
鲁健骥：《中介语研究十年》，中国对外汉语教学学会秘书处，《中国对外汉语教学学会成立十周年纪念论文选》，北京：北京语言学院出版社，1996年。
鲁健骥：《对外汉语教学学科建设的一个重要课题——谈对外汉语教学历史的研究》，中国对外汉语教学学会编，《中国对外汉语教学学会第六次学术讨论会论文选》，北京：华语教学出版社，1999年。
吕必松：《中国对外汉语教学法的发展》，《世界汉语教学》1989年第4期。
吕必松：《汉语研究与汉语教学》，《世界汉语教学》1991年第4期。
吕必松主编：《语言教育问题研究论文集》，北京：华语教学出版社，1999年。
麦基：《语言教学分析》（中译本），北京：北京语言学院出版社，1990年。
彭聃龄等：《语言心理学》，北京：北京师范大学出版社，1991年。
皮亚杰：《发生认识论原理》（王钿宪译），上海：商务印书馆，1985年。
皮亚杰：《儿童的语言与思维》（中译本），北京：文化教育出版社，1980年。
皮特·科德：《应用语言学导论》中译本，上海：上海外语教育出版社，1983年。
史有为：《"习得"的含义和用法》，《世界汉语教学》1989年第2期。
孙德坤：《关于"学习"与"习得"的区别》，《世界汉语教学》1989年第2期。
王初明：《应用心理语言学》，长沙：湖南教育出版社，1990年。
王建勤：《跨文化研究的新维度》，中国对外汉语教学学会《中国对外汉语教学学会第五次学术讨论会论文选》，北京：北京语言学院出版社，1996年。
王益明：《国外关于成人的儿向言语的研究》，《心理科学》1991年第2期。
温晓虹：《习得第一语言和第二语言之比较》，《语言教学与研究》1992年第3期。
温晓虹、张九武：《语言习得研究概述》，《世界汉语教学》1992年第1期。
邢福义主编：《文化语言学》，武汉：湖北教育出版社，1990年。

邢福义：《汉语语法学》，长春：东北师范大学出版社，1997年。
俞如珍、金顺德：《当代西方语法理论》，上海：上海外语教育出版社，1994年。
张德鑫：《中外语言文化漫议》，北京：华语教学出版社，1996年。
张　敏：《认知语言学与汉语名词短语》，北京：中国社会科学出版社，1998年。
赵金铭：《汉语研究与对外汉语教学》，北京：语文出版社，1997年。
赵永新：《语言对比研究与对外汉语教学》，北京：华语教学出版社，1995年。
周小兵：《第二语言教学论》，石家庄：河北教育出版社，1996年。
朱曼殊主编：《儿童语言发展研究》，上海：华东师范大学出版社，1986年。
朱曼殊、缪小春：《心理语言学》，上海：华东师范大学出版社，1990年。

原载《语言文字应用》2000年第3期

笔误原因调查[1]

在书写过程中,书写者把本来能够正确写出的书写形式写错的现象,谓之笔误。1986年笔者对湖北省当阳县三所中学[2]进行了笔误调查,考察了抄写材料的难易、抄写者的态度、性别、抄写速度及听写与抄写等因素对笔误的影响。[3]结果表明,笔误出现率同用于书写上的注意力有直接关系。

我们随机选出初二和高二学生各80人,其中男女各半。把他们分成八组,按照主试要求抄写或听写。第二组抄写的是《实验心理学论文集》中的文章,约1000字,内容虽难,但一般无生字;其他组抄写或听写初一课本中《我的老师》一文,约1000字,材料较易,没有生字。主试用一定的引导语有意造成抄(听)写者的不同态度或速度。调查结果如表1所示:

表1

组 别	笔误总量	笔误率‰	组 别	笔误总量	笔误率%
第一组(参照组)	133	6.65	第五组(男生组)	158	7.90
第二组(材料对比组)	43	2.15	第六组(女生组)	101	5.05
第三组(态度轻视组)	167	8.35	第七组(快速抄写组)	169	8.45
第四组(态度重视组)	89	4.45	第八组(听写组)	258	12.90

---

1 此文与魏世根合作,调查是由魏世根完成的。
2 这三所学校是当阳县一中、长坂中学、玉阳镇一中。在此谨致谢忱。
3 笔误形式很多,除错别字外还有标点符号误、字行位置误、重写、漏写、多写、误写等,不过以错别字方面的笔误为多。笔者曾通过各种方法收集错别字3242个次,其中笔误字2501个次,约占错别字总数的77%,这种情况表明,对于具有一定文化程度的人来说,其错别字主要是因笔误造成的。

从表1可以看到许多因素会影响笔误。

A. 抄写熟悉材料的笔误多于抄写生疏材料的笔误。一二两组除抄写材料难易不同外,其他条件都一样,但第二组笔误率比第一组低4.50%。我们进行的一次补充调查也能说明这一问题,补充调查组除抄写前默记两遍外,其他条件与第一组相同,但其笔误率竟高达10.75%。

B. 态度轻视组的笔误多于态度重视组的笔误。三、四两组除抄写态度外,其他条件全同。态度轻视的第三组笔误率远高于态度重视的第四组。第一组态度持中,其笔误率也介乎三、四两组之间。

C. 男性的笔误多于女性的笔误。五、六组除性别外,其他条件全同。男生组的笔误率高出女生组2.85%。第一组为男女混合组,笔误率介乎五、六组之间。性别所导致的笔误差异实质上是由书写时不同的细心程度造成的。

D. 快速抄写的笔误多于常速抄写的笔误。比较一、七两组,可以明显看出,作为快速抄写的第七组的笔误率,高于常速抄写的第一组的笔误率。

E. 听写的笔误多于抄写的笔误。第八组的笔误率高出第一组6.25%。

以上五种情况都包含着同一种因素的两个方面。这各种因素相互对比的两个方面笔误率一高一低。其高低之差体现着某因素对笔误的影响程度。从表2可以看出,听写和抄写这一因素(E)对笔误影响最大,其他依次是抄写材料的难易(A)、抄写态度(B)、抄写者性别(C)、抄写速度(D)。

表2

	A	B	C	D	E
笔误率差 %	4.50	3.90	2.85	1.80	6.25
笔误率差的大小比较	2	3	4	5	1

以上所考察的五种因素,都与用在书写上的注意力有关。态度重视者比态度轻视者书写时的注意力集中,细心的女性比粗心的男性注意力集中。快速书写组平均用于每字的注意时间约为1.42秒,而参照组则平均约为1.87秒,因此后者分配给每一字的注意时间长,注意力多。抄写较难的材料也必然要求付出更多的注意力。听写过程实际是把语音信号转换为文字信号的过程。由于转换过程较复杂,必然分去听写者不少的注意力,因此也就减少了用于书写的注意力。由此可见,笔误与用于书写的注意力直接相关,二者呈明显的反比例关系。

听写和抄写的结果尚且如此,那么用文字直接表述自己思想,比如写信或创作,其笔误情况又该如何呢?如果不是用笔写,而是打字或排版呢?如果除了这5种因素之外,再考虑到别的因素呢?这些都还有待于进一步的调查研究。

原载《中国语文天地》1987年第6期

数学语言及数学语言教学

一、数学语言概说

语言是人类社会最重要的交际工具。就目前我们认识到的语言来说,可以分为两大类型:自然语言和人工语言。自然语言就是人们日常交际所使用的语言,如汉语、英语、俄语等;人工语言是人们为了特殊的交际目的所设计出来的语言,如计算机所使用的算法语言等。数学语言是自然语言与人工语言的混合语言。

数学语言中所含的人工语言成分,主要体现在符号、公式和图表上。所含的自然语言成分,主要是指标题、叙述、应用题、练习要求所使用的语言以及对于符号、算式等的自然语言翻译。例如:

(1)(4160-80×40)÷120。

(2)从4160里减去80与40的积,再除以120。

例(1)是个公式,属于人工语言。例(2)是对例(1)的文字叙述,属自然语言范畴。

数学语言是一种科技文体的语言,因此它具有精确、严密、简明的特点。又由于数学的主要研究对象是数量、数量关系等,所以数量词语使用频率特别高,而且在句子中常常占据突出的地位。

首先,研究数学语言,有助于全面认识语言规律。我们知道,语言规律是对大量语言现象的概括和抽象。掌握的语言现象愈多,所概括、抽象出来的语言规律就愈全面、愈正确。以往的语言研究,大多是以非科技语言作为对象的。而数学语言中,有许多语言现象是较为特殊的。比如说词类,一般语法书都少不了叹词和语气词两类,而数学语言中几乎没有叹词一类,语气词也极为少见,我们看到的只有"呢"和"吗"。例如:

(3) 48与23的和是多少？再减去36呢？

(4) 你能算出这个图形的周长是多少厘米吗？

再如数量结构修饰数词的现象，在一般自然语言中也是难得见到的现象。一部完善的语法，应该包括这类现象。

其次，研究数学语法，还有助于全面认识语言同记录语言的符号之间的关系。用汉语编成的数学课本主要采用三种形式来记录数学语言：汉字、符号和阿拉伯数字。汉字所记录的数学语言，读写一般来说是一致的；但是用符号和阿拉伯数字所记录的数学语言，读写常常出现不一致现象。如"九除十八"，算式写作"18÷9"，18和9的次序读写恰恰相反，再如"百分之五"记作5%，读写的次序也不一致。这种情况，过去是被忽视了的。

研究数学语言，不仅具有以上所谈的理论意义，也具有相当重要的实用意义。首先，它有助于数学语言的规范化。任何语言都有一个规范化的问题，数学语言也不例外。比如"="可以读作"等、等于、是、得"，例如：

(5) 一九得九。（9×1=9）

(6) 哪两个数相加得11？

上两例中的"得"也可以说成"是、等、等于"。这四个词是否都是必要的？如果是必要的，该如何分工？如果是不必要的，该用哪个？又如"乘"与"乘以"，"除"与"除以"的分别有无必要？能否将"乘以、除以"废除？再如：

(7) 600减去35乘以14的积。

例（7）表示的意思是"600-35×14"，还是"（600-35）×14"？如何消除歧义？这些问题，都需要研究，都需要规范。

第三，研究数学语言，有利于数学教学。数学教师大概都有这样的经验：学生解应用题，最困难的是依题意列出算式。如果教师掌握了应用题的语法特点，便能顺利地引导学生理解题意；学生掌握了应用题的语法特点，便能较快较准确地理解题意。例如：

(8) 一个工厂原来每天烧煤4165公斤，改进方法后，每天烧煤3420公斤。一个星期可节约煤多少公斤？

例（8）中有两个"一个"。如果学生懂得点数学语法，他就会立刻判定，前面的"一个"是无用的数量，后面的"一个"是有用的数量。

第四，研究数学语言，对于语文教材和数学教材的编写，有一定的意义。我们知道，语文课，既是一门知识课，又是一门工具课。它担负着向学生传授语文知识和充当其他学科工具的双重任务。但我们现在的语文课只是语文知识课，而没有注意发挥其工具作用，在我们的语文课本上，几乎看不到理科语言的现象，这就有失偏颇。而数学教材，也常常忽视同语文课配合。比如小学语文课本第一册已经讲了"汽车""猫"，而小学数学课本第二册的应用题中，还是用图表示。再如小学语文第一册已讲了汉语拼音，小学数学课本中出现的生字，完全可以注上拼音，以帮助学生理解，或是考虑用汉语拼音来代替应用题中的实物图。另一方面，在数学教材中，常常出现一些在同年级的语文教材中所未出现的复杂语法现象，因而使数学教师不仅要讲授数学，而且还得帮助学生解决语言文字的困难。比如小学数学第一册的这些句子，对于刚入学的小学生来说，几乎是难以理解的：

（9）先把方格里每一横行、每一竖行的三个数加起来，再把每一斜行的三个数加起来。

（10）用4、7、11三个数写出两个加法算式和两个减法算式。

做这种题目的难度，远远赶不上理解这些文字的难度，这显然是极不合理的。

以上论述，显示了研究数学语言的重要意义，因此，应该引起语言工作者和数学教育工作者的高度重视。当然，较为理想的是编一部数学语法乃至理科语言语法，但是，由于过去人们在这方面的研究几乎是张白纸，要完成如此宏大的工程，眼下似乎是不可能的。笔者准备先从小学数学研究起，然后再推而广之。这里发表的就是笔者研究小学数学的一些初步收获。所使用的教材是人民教育出版社数学室编的全日制六年制小学课本，同时也参考了北京、天津、上海、浙江小学数学教材的联合编写组编的全日制六年制小学课本。

数学语言虽与纯自然语言有许多不同，但相同的地方也不少。笔者不准备全面描述数学语言，只就数学语言与纯自然语言的大异之处，和与数学教学关系密切的问题，拟几个专题来写。这样，既能突出数学语言的特点，也有利于集中地讨论一些问题。

二、数量词语的语法特点

数量关系是数学的重要研究对象,因此,数学语言中的数量词语相当活跃,也特别重要。研究数学语言,不能不首先研究数量词语。下面就从词法和句法两个角度来择要介绍它们的语法特点。

(一) 数词

数词是指由数码、数位、数符三种语素构成的表示数的词。数码语素共有"一、二[1]、三、四、五、六、七、八、九、十"十个,数位语素常用的有"十、百、千、万、亿(万万)"等。"十"既是数码,又是数位。就一般情况而论,数码和数位都是非自由语素,只有二者组合以后才能自由运用。一个数码同一个数位组合,构成一个简单的系位构造,数码是系数,数位是位。比如"三十"是一个简单系位构造,"三"是系数,"十"是位。系数同位的语义关系是相乘关系,"三十"等于"3×10"。二者之间的语法关系是偏正修饰关系,偏项数码修饰正项数位。

若干个简单系位构造,还可以依位的高低为序组合成一个系位组合,比如"六百五十"就是由"六百"和"五十"这两个简单系位构造构成的。在系位组合中,各简单系位构造间的语义关系是相加关系,如"六百五十"等于"600+50"。它们之间的语法关系是联合关系而不是修饰关系,因此其组合层次"六百 五十",而不是"六百五 十"。

简单系位构造和一个系位组合,还可以再以系数的身份同"万、亿"以上的数位语素构成一个复杂的系位构造,如"二十亿""三百六十万"等。在复杂的系位构造中,系数同位的语义关系,仍是相乘关系,"二十亿"等于"20×100,000,000","三百六十万"等于"360×10,000";系数同位的语法关系,仍然是偏正修饰关系。因此,"二十亿"和"三百六十万"的组合层次应是"二十 亿、三百六十 万",而不是"二 十亿、三百六 十万"或"三百 六十万"。就数学而言,"十万、百万、千万、十亿"等都是位,但

---

[1] "二"同"两"是同义词。其差别可参见朱德熙(1982)§4.10。

就语言学而言，它们都不是数位语素，因为还有"二十一亿""三百六十五万"这类数。它们的组合层次只能分析为"二十二 亿、三百六十 万"。这两个数同"二十亿""三百六十万"完全是平行结构，所以"二十亿"和"三百六十万"中的"十"不是同"亿、万"直接组合的。

数符主要是指"零、分、之、又、点、第"六个语素。在一般情况下，数符也是一种不独立成词的非自由语素，其作用是造成某种特殊的数或连接一些特殊的系位组合。"零"的作用有二：一是造成一个特殊的自然数"0"，如"零的平方根是零"中的"零"；一是用在两个不连续的系位组合中表示缺位，如"一万零三十"，"一万"同"三十"之间缺"千、百"两位，于是就用"零"连接。"分、之"是用于分数和小数中的数符。在分数中，"分"表示其前的数为分母，"之"表示其后的数为分子，如"五分之三"。在小数中，"分"同其前的数位语素或系位构造构成小数的"位"，"之"表示其后的数为"×分"位上的小数值，如"百分之五（0.05）"。"又"在带分数和带小数中表示整数部分与分数部分或小数部分的分界，如"一又五分之三（$1\frac{3}{5}$）""七又百分之五（7.05）"。"点"的作用与"又"相似，不过只用在小数（包括纯小数）中。小数既有"几分之几"的读法，又有"几点几"的读法，"点"表示小数中整数部分与小数部分的分界。"第"用在正整数之前，把基数变为序数。比如"五"是基数，"第五"是序数。

数码、数位、数符在一般情况下是非自由语素，但在如下特殊情况中也可成词。当数码充当个位的系数时，由于读数时个位不说出，所以，当一个数只由一个个位数构成时，数码（包括"零"）就是一个词。如"5比3多2"和"0和任何数相乘都得0"中的"5、3、2、0"。在一个简单的系位构造中，如果系数是"一"，这个"一"有时可以省去。在此情况下，数位语素也可单独成词，如"10个百是一千"中的"百"。

在自然语言中，数词还有概数一类，如"五十来个人""十多个人""七八个人"，但数学语言中却罕见。自然语言中，数词还有虚化用法，如"三教九流""千山万水"。这种用法也不会在数学语言中出现。此外，"若干、半"也可以看作数词。[1]

在自然语言中，数词一般都不单独充当句子成分。而在数学语言中，数词却可以单独充当主语、宾语、定语、补语等。例如：

（11）9比10少1。

（12）2的平方是4。[2]

（13）从十数到一百。

例（11）中的9是主语，1是宾语；例（12）中的2是定语，4是宾语；例（13）中的"一百"是补语。上三例中，"十（10）"还分别充当了"比、从"这两个介词的宾语。

（二）量词

量词是表示计量单位的词。数学语言中的量词的特色，主要表现在度量衡量词上。这些表示度量衡的量词不仅多，而且还拥有大量的复合量词，以适应复杂的计量。如"架次、人次、吨公里、米每秒、米每秒平方、弧度每秒、弧度每秒平方"等。当应用题涉及物理学等方面的计算时，还会出现三合量词，如："瓦特每米开尔文、焦尔每摩开尔文"等，[3]在复合量词中，被复合的两项或三项之间存在着两类不同的语义关系。"架次、吨公里"等的内部语义关系为相乘关系，比如一架飞机飞行一次，一乘一为一架次，五架飞机飞行五次，为二十五架次。"米每秒、米每秒平方"等的内部语义关系为相除关系，比如某物体每秒运动二米，就是"二米每秒"，如果某物体两秒运动二米，则是"一米每秒"。凡相除关系者，被复合项之间加"每"作标志；相乘关系者，被复合项之间不加"每"。三项复合量词的内部语义关系，就我们所掌握材料来看，都是同具乘除的关系，而且是有层次的。如"瓦特每米开尔文（瓦

---

1 关于一些特殊的数词，可参见朱德熙（1982）§4.5—§4.11。

2 "2的平方"在数学中是作为一个数处理的，但从语言学角度来看，它却是一个词组。数词虽然是表数的词，但是表数的语言单位并不一定都是数词。其他的例子如字母，虽然在数学中也可以表示数，但它们却是具有代词性质的词。字母除了表数之外，还可以表示角、线段、点等。

3 复合量词的命名，以1979年版《辞海》所附《计量单位表》为准。

/米·开)"的关系是<u>瓦特</u> <u>每米</u> <u>开尔文</u>。

数学运算中的名数都是由量词充当的。量词在数学语言中是纯计量性质的，不像自然语言中的有些量词具有叙说描画色彩。所以，除度量衡之外的量词，都是最一般的。而且，数学语言中的量词不能叠用，不像自然语言那样。

(三) 数量组合

自然语言中，数词和量词一般都要组合之后再在句中担负一定的职能。数学语言中，数词可以不同量词组合而独自充当句子成分，如例（11）—（13），但是，量词却一般不独用，要求同数词组合，而且数量组合在数学语言中也仍然是常见的现象。若干个数量结构，也可以依量词所表示的单位大小为序组合成较为复杂的数量结构，如"五元六角七分、三厘米五毫米、五两八钱"等，这就是数学中所讲的"复名数"。在这种数量结构中，如果量词是单音节，而且量与量之间是十进率的，那么，结构最末的那个量词可以省略不说，如"五元六角七、五两八"等。数学语言中量词虽不能叠用，但数量结构却可以叠用，如："十根十根地数""十个十个地数"等。叠用的数量结构一般只充当状语。

数量结构可以在句中充当主语、宾语、状语、补语和定语。例如：

（14）一斤等于十两。

（15）小金跳绳，第一次跳25下，第二次跳30下，小金一共跳了多少下？

（16）学校举办菊花展览，有38盆白菊花、40盆黄菊花，一共有多少盆菊花？

例（14）中的"一斤"是主语，"十两"是宾语；例（15）中的"第一次、第二次"是状语，"25下、30下"是补语；例（16）中的"38盆、40盆"是定语。数量结构充当定语，自然语言中只有例（16）中的"数+量+名"语序，而数学语言中还常采用"名+数+量"的语序。例如：

（17）百货商场第一天卖出电视机86台……

（18）自行车厂第一次运出自行车2000辆……

"名+数+量"语序中的"名"一般是处在宾语位置上，而且，其数量也多是解题中需重视的。此外，在某些记帐式的叙述中，有些数量结构还可以分析为谓语。例如：

（19）第一机床厂1976年—1979年某种机床的生产情况如下：1976年1,000台，1977年1,200台，1978年1,500台，1979年2,000台。

例（19）中带点的数量结构都可以视为谓语。

从以上介绍中可以看出，数学语言中的数量词语是颇具特色的。认识它们的语法特点，可以丰富我们对语言的认识，而且对于数学教学也有一定的帮助。

三、代数词的语法特点

代数词是指代替数词的词，而不是代数里的词。代数词可以大致分为三类：疑问代数词、非疑问代数词和字母。

（一）疑问代数词

疑问代数词主要有"多少、几、多"三个词。"多少"的基本作用是询问数的。例如：

（20）675除以5得多少？

（21）52除673，商是多少？

要连数带计算单位一起询问时，"多少"一般要同量词组合使用。例如：

（22）食堂用26公斤黄豆生成182公斤豆芽，平均1公斤黄豆生成多少公斤豆芽？

（23）绿化祖国采集树种，三年级有4个班，每班采集20公斤。四年级有3个班，每班采集25公斤。两个年级一共采集树种多少公斤？

"多少+量词"和一般的数量结构一样，修饰名词时也呈现出两种语序：名词+多少+量词，如例（23）；多少+量词+名词，如例（22）。有时，也可以只用"多少"来询问数量。例如：

（24）学校操场长120米，宽80米，它的面积是多少？

"多少"后面没带"平方米"这个量词，这种用法的"多少"相当于一个数量结构。

"几"的用法同"多少"相近，但在用法和意义上都有些许不同。"几"

不能询问数量，只能询问数，如例（24）中的"多少"就不能换成"几"。"几"可以代替系数。例如：

（25）下面各题，除数可以看作几十来试商？

"几十"中的"几"是系数，"十"是位，这里的"几"不能换作"多少"。可见"多少"没有系数语素的功能。"几"还可以连用询问分数或小数。例如：

（26）1厘米是几分之几米？

"多少"无此用法。此外，在语义上，"几"倾向于表示较小的整数，"多少"无此限制。例如：

（27）一台磨面机1小时可以磨面粉62公斤，要磨面粉310公斤，需要几小时？

（28）3.6乘以2.5的积加上7.2的一半，和是多少？

例（27）的计算结果是5小时，例（28）的计算结果是12.6，因此，例（27）可以用"几"而例（28）必须用"多少"，并且，例（27）中的"几"可以换成"多少"。

"多"的意义与"多少"相近，可以询问数或数量，但其用法却同"多少"大相径庭，它不同量词组合，而且只用来修饰形容词。例如：

（29）一条绳子的一半长2米，这条绳子共有多长？

由此可见，"多"具有副词的语法性质，而"多少、几"具有数词或数量词的语法性质，只在询问数量这点上是相通的。

（二）非疑问代数词

非疑问代数词常用的只有"若干"一个词，在自然语言中，"若干"可以直接同名词组合（如"若干人"），可以同量词组合（如若干斤），也可以同"万、亿"组合（如"若干万、若干亿"）。在数学语言中一般只有后两种用法。如：

（30）幸福食品店运进了若干斤水果，其中苹果有300斤，占水果总重量的50%，幸福食品店总共运进水果多少斤？

如果数量大，"若干斤"还可以说成"若干万斤、若干亿斤"，而不常说"若干水果"。当说不出来或不需说出具体数量时，可以只使用"若干"。

（三）字母

字母是数学语言乃至所有科技语言中最有特色的一类语言成分，属于人工语言的范畴。字母的一个重要作用，就是代替数词。一般说来，人们倾向于用 x、y、z 表示未知数。例如：

（31）设这桶汽油有 x 升。

（32）设每小时需要行驶 x 公里。

在式子题中，字母也可以用于更抽象的运算，这种情况在中学数学教材中最为常见。例如：

（33）$(a+b-c-d)(a-b-c+d)$。

（34）$(a-2b)^2(a+2b^2)$。

在这种抽象运算中，字母往往不代替某个具体的数。

字母在数学语言中，并不仅仅是代替数词，它还可以代替名词，特别是术语性名词。例如：

（35）画圆时，固定的一点叫做圆心，圆心常用字母 O 表示；从圆心到圆上任意一点的线段，叫做半径，半径常用字母 r 表示；通过圆心并且每端都在圆上的线段，叫做直径，直径常用字母 d 表示。

一般情况下，用什么样的字母代替什么样的名词术语，字母是大写还是小写，都是有规定的。用大写字母 O 代替"圆心"，用小写字母 r、d 代替"半径、直径"。这种字母是名词性质的。但是，有时仍含有数量意义。例如：

（36）由此可以看出：半径为 r、圆心角为 n° 的扇形的面积（S）的计算公式是……

在例（36）中，r 表示任意的长度，n 表示任意的角度，S 表示任意的面积。r、n、S 在这里显然是代替数或数量的，其作用与例（33）（34）中的字母相通。

在几何图形或其他图示中，字母还可以用来给点、线、角、图等命名，如"A 点、图 B"之类。这种用法的字母已不是代词，而是正正经经的名词。例如：

（37）圆上 A、B 两点之间的部分叫做弧，读做"弧 AB"。

（38）角 α 上的顶点在圆心 O，像这样，顶点在圆心的角叫做圆心角。

这种用法的字母常和它的上位同类名同现，而且一般的语序是"类名+

字母",如"弧AB、角α、圆心O"等都是,而依现代汉语的语序应为"AB弧、α角、O圆心"等。有趣的是:数词也有这种用法,如"角一(∠1)、图二"等,但这种用法有局限性,所以不及字母普遍。

此外,数学中还可以用"□、( )、＿、?"之类的符号来询问数。例如:

(39)0×9=□。

(40)4公斤=( )斤。

(41)你的身高有＿米＿厘米?

(42)65-47=?

这种符号的作用有点像"多少、几"。

四、比较句的主要类型

对两种或两类事物就某方面进行比较的句子,叫比较句。例如:

(43)黑兔比白兔少13只。

例(43)是对黑兔和白兔在数量方面进行的比较。数学语言中最常用的是"比"字句、"是"字句和"于"字句。

(一)比字句

带有"比"字的比较句叫比字句,如例(1)。它的基本格式是:A比Bx。A和B是比较项,x表示比较的结果。根据x中有无数量词语出现和出现什么样的数量词语,可以把比字句分为X_1、X_2、X_3三个小类。

X_1是指x中不含数量词语的比字句。例如:

(44)小明比小华高。

(45)一班比二班干得少。

这种比字句中的x,表示比较项之间有差距(较差),而并不提供这种差距的具体数值(较差值)。如例(44)中,"高"表明小明的身高与小华的不同,却不能说明二者身高究竟相差多少。再观察例(44)、(45),会看到它们中的X都含有(包括仅有)一个形容词。如果把"高、多、长、大、重"之类的形容词定为"正"性,把与之相对的"低、少、短、小、轻"之类的形容词定为"负"性，那么，我们会发现X_1中的x虽不表示较差值，但却可以给较差值定性。当x中的形容词为正性时，说明A所具有的量大于B；反之，则说明A所具有的量小于B。因为较差值等于A－B。

X_1在自然语言中是最常见的比字句，而且x不一定要含有形容词。例如：

（46）白酒比甜酒来劲。

A和B也不一定能在量上进行比较。例如：

（47）小王比小刘大方。

但是在数学语言中，A和B一般都是可以进行量的比较的，x一般要含形容词，而X_1这种比字句的使用频率也远不及X_2、X_3高。

X_2和X_3是指x中含有数量词语的比较句。例如：

（48）东方机械厂一车间有工人200人，二车间工人数比一车间多40人。二车间有工人多少人？

（49）东方机械厂一车间有工人200人，二车间工人数比一车间多20%。二车间有工人多少人？

例（48）是X_2，例（49）是X_3，它们中的x都含有数量词语（L）。这些数量词语的作用是表示较差值。进一步观察会发现这两个例句中的数量词是不一样的。"40人"直接刻划出了较差值，而"20%"则是间接刻划较差值，它只表示较差值与其中一个比项（B）的比值，因此，欲知较差值多大，还需再行运算（B×L_3）。这两种数量词语在语言形式上也不相同。L_2可以是"数词+量词"，如"40人"，而L_3只能是表示分数或倍数的数词，不能有量词，如"20%"。

了解这两种数量词语的差别很有用处，如例（48）的运算程序是200+40=240（人），而例（49）的运算程序则是200×（1+20%）=240（人），或是200+200×20%=240（人）。

这两类比字句中的x，去掉数量词语后剩下的那一部分，可以是一个形容词，如例（48）（49）中的"多"，也可以是含形容词的谓词性词组。例如：

（50）王村生产队前年种甘蔗44.4亩，去年比前年多种1/4。去年多种多少亩？

还可以是含有数量变化意义的动词。例如：

（51）生产队有4亩小麦试验田，去年平均亩产675公斤，今年比去年每亩增产38斤,今年共收小麦多少斤?

此类动词还有"减产、节约、浪费、提高、降低、节余"等,它们也可以确定为正性或负性。X_2和X_3中的形容词、动词等,同数量词语一起来确定较差值的正负,进而表明A和B的大小。

(二)是字句

带有"是"这类字眼的比较句,叫是字句。例如:

(52)用35斤黄豆生豆芽,生成的豆芽的重量是黄豆的7倍。豆芽重多少斤?

(53)做一套制服,上衣用布2.4米,裤子用布是上衣的5/6。做这套制服一共用布多少米?

是字句的基本格式是:A是B的L。A和B都是比较项,A是前项,B是后项。L表示A与B的比值。如例(52),豆芽重量为A,黄豆重量为B,L=A/B=7。由于L是表比值的,所以充当L的词语只能是表示分数或倍数的数词,并且不带量词(名数),由L=A/B 得A=B×L,所以,是字句中的"的",其语义是表示B与L相乘。"的"的这种语义作用,自然语言中是没有的。

是字句本来是一种判断句,在这种特殊的格式中才能表示比较。这种格式中最重要的是数词,如果去掉数词,"A是B的"就不能表示比较,甚至不成话。例如:

(54)你是我的。

(55)*生成的豆芽的重量是黄豆的。

分析例(52)、(53)会看到,是字句的较差值是由L刻划的,由于L表示的是A与B的比值,因此也是一种间接刻划,欲知A和B的较差值,还需进行运算。如例(52)中的较差值=35×7-35=210(斤)(即较差值A-B=B×L-B)。当L>1时,A>B;当L<1时,A<B。

由此可见,是字句和X_3比字句虽然都是靠L来间接地刻划较差值,但它们刻划的具体方法是不同的,属于不同类型的比较句。正因如此,它们可以连用,一个作为已知条件句,另一个作为疑问句。例如:

(56)某厂女工人数比男工人数少1/5,女工人数是男工人数的几分之几?

是字句中的"是",有时还可换成别的字眼。例如:

(57)六年级一班有学生42人,男生占全班人数的4/7,男生有多少人?女生有多少人?

(58)小汽车每小时行驶140公里,它的速度相当于超音速客机的1/15。求超音速客机的速度。

这些词在用法上虽有差异,但都可以换成"是",因此,可以归入是字句。

(三)于字句

于字句是指这样的比较句:

(59)7厘米大于5厘米。

(60)3小于4。

由上例可以看出,于字句的基本格式是:Ax于B。自然语言中可充当x的词语很多,如"优于、长于、高于、重于"等,小学数学语言常用的只有"大于、小于、等于"。带"大、小"的于字句是一种差比句式,"大、小"表示比较的结果,它们同X_1类比字句有变换关系。请比较:

(59′)7厘米比5厘米大。

(60′)3比4小。

这说明"大"和"小"不仅指出A、B间有较差,而且也可以给较差值定性,只是不表示较差值是多大。细读一下例(59),就会觉得把"大"换作"长"更顺当些,而例(60)则没有这样的感觉。这就是表示差比的于字句常用"大、小"的原因。而且,由于表示差比的于字句和X_1比字句的表义作用相通,所以数学语言倾向于采用于字句,这也是X_1比字句使用频率较低的原因。

五、祈使句和疑问句

数学语言中只存在陈述句、祈使句、疑问句三类句型,没有感叹句。这里主要谈谈祈使句和疑问句的特点。

(一)祈使句

表示命令或要求的句子,叫祈使句。同自然语言相比,数学语言中的祈使句主要具有如下特点:

自然语言中，祈使句常常带有语气词"吧、了、啊、啦、嘛"之类，而数学语言一般都不带语气词。例如：

（61）回答下列各题。

（62）把下面每组的两个算式列成一个综合算式。

语气词在祈使句中的作用，是表示说话人在发出命令或提出要求时的情感和态度。数学语言是一种中性语言，而且没有命令、禁止、规劝、商量、催促等作用，只是提出要求，所以不需要使用语气词。与之有关的是，自然语言中的祈使句，往往含有"请、混帐"等表示敬意或贬斥的词语，这些词语一般也不在数学语言中出现。

自然语言中，形容词、形容词性词组和副词也可以构成祈使句，而且，能进入祈使句的动词种类也相当多，使用也相当灵活。数学语言中的祈使句，只能由动词或动词性词组构成，同时，所使用的动词范围很小，常用的限于"看、听、说、读、画、指、写、数、算、量"等与"眼观、耳闻、口说、手写、思记、辨别"等有关系的动词。这些动词常以"A、AA、A一A、AA看"四种方式出现。如：

（63）口算。

（64）量一量你的一庹长，看比1米多多少。再量一量你的一步长，看看多少厘米。

（65）读一读。

（66）从你的胳膊肘到手指尖，够不够1尺？量量看。

例（63）中的"口算"是一个动词，它单独构成一个祈使句。这种动词一般限于双音动词，而且多不能重叠。例（64）—（66）是动词叠用的例子，"A一A"式和"AA看"式都可单独使用，如例（65）、（66）。AA式一般不单独使用，常与其他成分一起构成以动词为中心的复杂结构，当然"A一A"式和"A"式也可以与其他成分一起构成以动词为中心的复杂结构，如例（64）。但是，"AA看"式则常常相对独立使用，除例（66）外，再如：

（67）量出1尺长的白线，再量出十寸长的黑线，比比看，一样长吗？

在动词这四种形式中，重叠式的语气相对和缓一些，其中尤以"AA看"式为最。因为"AA看"是一个典型的口语化结构。也正因如此，在低年级数学教材中较易碰到"AA看"这种形式。

祈使句在数学语言中，主要用在做题要求方面，祈使的对象是学生，而且，编写教材时并未真正与学生面对面，所以，以不带呼语、主语为常，只是时而可以见到下种现象：

(68) 自己用竖式算出得数。

由于祈使句常用于做题要求，所以在一定条件下，使用不同的动词或词组，所表达的意思是差不多的，也就是说，学生可以用同类的反应来满足不同字面的要求。例如：

(69) 指出下面每个三角形的底和高，并分别算出它们的面积。

把"指出"换成"说出、找出"，把"算出"换成"求、求出、计算"等，并不改变做题要求。事实上，教材在使用这些词语时，也具有一定的随意性。

（二）疑问句

数学语言中的疑问句都是有疑而问的，而且以特指问最常见。特指问中，又以询问数量的为最多，因为疑问句主要用在应用题中，而多数应用题又都是涉及数量关系的。询问数量的疑问句，在自然语言中所占的比重并不大。

自然语言中的疑问句，常带"吗、呢、吧、啊"等语气词，而数学语言中只用"吗、呢"两个。"吗"只出现在是非问句中。例如：

(70) 量一量下面三角形中三条边的长，它有两条边相等吗？

"呢"只出现在特指问和选择问中。例如：

(71) 用字母表示运算定律有什么好处呢？

(72) 这种解法对不对呢？

例(71)是特指问，例(72)是选择问。"呢"用得最多的，是在省略问句中。例如：

(73) 每个角上的数减去9得多少？减去8呢？减去7呢？

(74) 计算下面的两组题后，说一说，当除数大于1时，商比被除数大还是小？当除数小于1时呢？

例(73)后面的句子省去了"得多少"，是特指问的省略。例(74)后面一句省去了"商比被除数大还是小"，是选择问的省略。

还应看到，数学语言中的疑问语气词不仅不丰富，而且使用频率很低，一本教材中见不到几个，虽然疑问句在数学语言中使用频率很高，几乎每道应用题都要用到。这说明数学语言中的疑问句以不带语气词为常。这在数学语言中是正常现象，陈述句和上面谈到的祈使句一般也不使用语气词。

在数学语言的书面语中，式子题也是一种独特的疑问句。此外，表格、示意图之类也可以具有疑问句的功能。

值得重视的是，数学语言中的疑问句，大都可以改用祈使句来表达。例如：

（75）一个正方形的桌面，边长是7分米。它的周长是多少分米？

例（75）中的疑问句，可以换成"求周长、求它的周长、计算它的周长、求它的周长是多少分米"之类，意义不变。实际上，教材在采用疑问句还是采用祈使句的问题上，态度也是相当随便的。请比较：

（76）下面的图形中哪些角是直角？（全日制六年制小学课本《数学》第六册，北京出版社，1984年，第96页。）

（77）找出下面图形中的直角。（同上）

这一有趣现象产生的原因在于，祈使句和疑问句都是要听话人做出反应的句子，祈使句要人做出动作反应，疑问句要人做出解答反应。由于数学中的祈使句主要用于做题，所以它所要求的反应绝大多数也是一种解答反应，因此，就同疑问句相通了。若以此视之，数学语言的语气句型似乎只分为两大类就够了——陈述句和祈问句。陈述句是叙说一件事情而不强求人做出反应的句子，祈问句则是一种要人就句子的要求做出某种反应的句子。

六、复句与句群

数学语言中，解释性语言和应用题中都使用复句和句群。由于应用题的理解在数学教学中占有较为重要的地位，因此，本节主要以应用题为例讨论一下数学语言中复句与句群的主要类型、特点及形成这些特点的原因。

（一）简单复句

简单复句主要有四种类型：并列复句、连贯复句、总分复句和条件复句。下面逐一例说：

1. 并列复句

分句间意义上平排并列的复句叫并列复句。例如：

（78）食堂原来每天烧煤85斤，现在每天烧煤70斤。

第一分句讲的是食堂原来每天烧煤的情况，第二句讲的是食堂现在每天烧煤的情况，两个分句的意义是平排并列、不分主次的。并列复句可以叙说不同事物的情况。例如：

（79）甲数是28，乙数是甲数的4/7。

并列复句也可以叙说同一事物的两种或几种不同情况。例如：

（80）我国南北相距约5500公里，东西相距的长度是南北相距的10/11。

并列复句也可以是对同一事情（或事物）的不同表达方式。例如：

（81）某采煤队六月份上半月采煤5700吨，完成全月计划的3/5。

例（81）叙说的是某采煤队六月份上半月采煤的情况，第一分句用具体数字来叙说，第二分句用完成全月计划的情况来叙说。

2. 连贯复句

连贯复句是指各分句所叙说的事情在时间上有先后之分或在语义上层次不同，而又不是用于对比的复句。例如：

（82）两列火车同时从相距420公里的两个车站相对开出，3小时相遇。

这是时间上有先后之分的连贯复句。这类复句同例（78）不同。例（78）所说的食堂烧煤情况虽有"原来"和"现在"的不同，但那显然是用于对比的。

3. 总分复句

分句间具有总括说与分别说关系的复句叫总分复句。例如：

（83）去年科技小组收了两个大西瓜，第一个重25斤，第二个重20斤。

（84）立新小学买书用去67元，订报纸用去12元，一共用去多少元？

（85）六年级一班有学生42人，其中男生24人。（女生有多少人？）

例（83）先总说有两个大西瓜，后分说这两个西瓜的重量，属于"先总后分"型。例（84）先分说买书和订报的钱，后总问用了多少钱，属于"先分后总"型。例（85）先总说学生总数，但分说时说了男生数，女生数留作问题在下一句中提出。这种情况属于"分说不完全"型。

4. 条件复句

分句间存在着条件与结果关系的复句叫条件复句。例如：

（86）一项工程，由甲队单独做，需要3天完成。

"由甲队单独做"是"需要3天完成"的条件，而后者又是在前者条件下出现的结果。在条件复句中，条件分句往往可以加上"如果"，或是干脆由"照这样计算"的话充当。例如：

（87）如果两队合做一天，完成全部工程的几分之几？

（二）复杂复句

复杂复句是由简单复句扩充或不同类型的简单复句相互配置而成的。例如：

（88）a用绳子测井深，b把绳子三折来量，c井外余4尺；d把绳子四折来量，e井外余1尺。

（89）a一辆汽车从甲地开往乙地，b第一小时行了全路程的3/8，c第二小时行了全路程的5/18，d两小时共行了114公里。

在例（88）中，b、c是条件关系，d、e是条件关系，b、c同d、e构成并列关系，a同它们构成连贯关系。在例（89）中，b、c、d是总分关系，a同它们构成连贯关系。从对这些例子分句间的关系的分析中可以看到，复杂复句都是由简单复句分层配置或包孕扩充构成的。

（三）复句的特点

同自然语言进行比较，数学语言中的复句显然具有三大特点：类型少、变化少和关联词语少。自然语言中，复句的类型繁多。[1]数学语言中复句主要只有四大类型，每一类型内的小类也不多。在自然语言中，分句的位置可以根据需要前后灵活变动。而数学语言中，分句的位置一般都比较固定。自然语言中分句常用各种各样的关联词语相联系，而由前面的例子可以明显看出，数学语言中分句间很少使用关联词语，常常采用"意合法"把分句串起来。

以上所谈的复句特点是由小学数学教材的内容和数学语言的特点决定的。小学数学，主要是加减乘除的运算，数量间的关系都比较简单，逻辑思维也不太复杂，因此，它用不着太多的复句类型。数学语言是一种说明性的、客观性

---

[1] 自然语言中的复句面貌，请参看邢福义（1985）的论述，此书是目前对复句研究得最全面、最深入的一部专著。

语言，不需要描绘事件的复杂变化，不需要刻划人们对同一事件的不同的主观态度和爱恶情感，不需要使用不同的风格。

还应指出的是，照一般看法，关联词语可以标明分句间的关系，使表达精密化。这是对的。但是，数学语言有数量之间的内在逻辑联系，这种内在逻辑联系的存在，削弱了关联词语在数学中的地位，因此，数学语言可以不用那些在自然语言中有时是不可少的关联词语。这样，既可以使数学语言精炼而又不致于带来表意含混。

（四）句群

句群同复句的根本不同，在于句群是两个或几个句子，复句是一个句子。口语中，这种差别可以用语调、停顿等来分辨；书面语中，主要靠成句标点的有无来分辨。数学语言是一种书面语言，但是，因为标点使用的任意性，使得复句与句群的区分显得没有必要。请比较：

（90）小红和小军跳绳，小红跳30下，小军跳38下。小军比小红多跳几下？

（91）小明和小青比赛口算，一分钟小明算46道，小青算40道，小明比小青多算几道？

上两例表述内容的复杂程度和表述顺序基本上没有差别，但前者是复句，后者是句群。当然，这说明数学语言有待于规范化，但也表明数学语言中复句与句群的内部关系基本上是差不多的，可以采取相同的分析方法。

七、数学语言的总体特点

前面各节的讨论中，我们注意从数学语言与自然语言的比较中来显示数学语言的特点。不过，那些特点都是较为具体的。本节从总体上来讨论数学语言的特点。

数学语言是科技文体的代表，它具有较为明显的三大特点：1. 简明、严密；2. 客观性强；3. 读写脱节。

（一）简明、严密

同口语和文艺作品比较，数学语言最为显著的特点是文字简练，表义明确、严密。文字简练的特点起码可以从三个方面表现出来。第一，大量地采用符号、公式和图表。如果把它们翻译成自然语言，就会大大加大篇幅，而且也不便于运算，如：

（92）S=（a+b）×h/2

这是梯形面积公式，如果用自然语言表达，大概是：

（93）梯形面积等于上底加下底的和乘以高再除以2。

再如：

（94）

月份	一	二	三	四	五	六	七	八	九	十	十一	十二
平均气温	3º	5º	10º	16º	22º	28º	32º	33º	25º	19º	11º	4º

例（94）是某地1979年月平均气温表，若用自然语言表达，不知要哆嗦成什么样。例（93）较多地借用了古代汉语成分。我国数学历史悠久，因此数学语言中沉淀了相当多的古语成分，很多名词术语，如"乘、差、幂、大于、小于、乘以、除以"等，都是从古代传承下来的。而且，在语法上也借用了不少古汉语的格式，如数词直接修饰名词，数量词语放在名词之后，等等。我们知道，古汉语一般是较为简洁的。再如：

（95）一列火车1小时行73公里，用同样的速度行216公里，需要几小时？

表述中尽量不带多余的字眼，能省略就省略，能压缩就压缩。将例（95）说成例（96）也是可以的，但却很不简练：

（96）有一列火车，用1小时行驶了73公里的路程。如果用同样的速度行驶，行驶216公里的路程需要几个小时？

数学语言的表义明确的特点主要体现在：第一，术语意义的单一性；第二，符号含义的确定性；第三，不使用模糊语言，比如，数学语言中几乎不使用概数和约数，不采用比喻、夸张、拟人、大词小用、小词大用、歇后语、双关等修辞手法；第四，尽力避免歧义。例如：

（97）72除以12再加上72，得多少？

如果例（97）中没有"再"，此题有两种算法："72÷12+72"和"72÷（12+72）"。由于采用了一些必要的语言手段，才避免了歧义。

数学是一种逻辑思维，常常包含着较为复杂的判断和推理。因此，数学语言必须具有严密性。特别是在释题和提出做题要求时，常用一些较为复杂的句子。下面举几个第二册中的例子：

（98）你还能写出像左边这样的两个数相加，得数是99的竖式吗？（P42）

例中划线的是宾语部分，它以"像左边这样"和"两个数相加，得数是99"这一联合结构充当定语，其中"两个数相加，得数是99"又是个复句形式。

（99）把1、2、3、4、16、17、18、19这八个数分成两组，每组四个数，要使每组的四个数相加的得数相等，应该怎样分？

这是由四个分句构成的复杂复句。以上这些复杂的句子，无疑可以使语言更加严密。

（二）客观性强

语言一般都有传情达意两个方面，而数学语言重在达意。请看下面的例子：

（100）一个小钢厂去年产钢44万吨，今年计划比去年增产25%，今年计划产钢多少万吨？

（101）根据"今年计划比去年增产25%"，可以把去年钢的产量看作"1"，今年钢的产量就是去年的（1+25%）；求今年计划产钢多少万吨，也就是求44万吨的（1+25%）是多少。

例（101）是对例（100）的解题提示，这两例中使用的语言，除了达意之外，看不出有多少传情的成分。它们所选用的词几乎都是中性的字眼，不含褒贬情感；也没有带感叹词、语气等传情元素；也没有使用什么传情绘色的修辞格式，甚至也没有注意节律的配置等问题。完全是一种中性的客观的叙述。这两例所反映出来的特点，是数学语言的普遍特点。

（三）读写脱节

数学语言是一种目的性很强的语言，甚至发展到了读写严重脱节的地步，这可以大致分为四种情况。

第一，无法读。例如繁分数：

$$(102)\quad 1+\cfrac{1}{1-\cfrac{1}{1+\cfrac{1}{2}}} \qquad (103)\quad \cfrac{\left(3\frac{1}{2}+4\right)\times 1\frac{3}{5}}{10-\frac{7}{8}\div\frac{5}{16}}$$

这两例恐怕是难以读出来的，就是硬读，也听不懂，比如例（103）读成"10减去8分之7与16分之5的商分之3又2分之一加4的和再乘以1又5分之3"，谁也不知道是什么意思。

第二，多读性。例如：

（104）（600-35）×14

例（104）可以读作"600减去35再乘以14"，也可以读作"600减35乘以14"，还可以读作"左括号，600减35，右括号，乘以14"等等。几乎所有的算式都具有这种多读性。

第三，读写顺序不一。比如百分数，写是由左至右，读是由右至左。再如"m^3""cm^2"读作"立方米""平方厘米"，读写顺序也是刚好相反。

第四，写的不一定读出，读的不一定写出。如"0.25"读成"零点二五"，读写是一致的；但若读成"百分之二十五"，读写就不一致了，"零"和"点"写出不读，"百分之"读出但未写。此外，由于数学语言的口语性不强，有时能读出但听不大明白，也是常有的事。

（四）认识数学语言特点的意义

以上所谈的数学语言的特点是相对的，不是绝对的，不能说自然语言就完全没有这些性质。但是，这些性质也确实是在数学语言中表现得最为突出，因此，仍不妨把它们称为数学语言的特点。

认识数学语言的特点，可以帮助我们加深对于自然语言的认识，通过比较，可以看出"传情"是自然语言的一个极为重要的特点，"达意"是语言的共同职能。然而，目前的自然语言研究和自然语言教学，对"传情"这方面都注意得非常不够，主要精力放在语法分析上，顶多再加上点语义解释，尤其是语言教学，不能只分析句子成分、教会字的写法和词的意义就算万事大吉；对于以汉语作为母语的学生来说，更为重要的是要教会他熟练地运用母语去表达各种情感。

认识数学语言的特点，可以增强我们使用数学语言的自觉性。对于那些有利于数学表述的特点，应尽力去发展它、完善它；对于那些有消极作用的特点，应尽力去削弱它，或采取某他补救措施，比如对于"简明、严密、客观性强"这些特点，就要尽力去发展它。在编制应用题时，要力避与阐述数量关系无用的套话，不要企图把应用题写成知识百科或是思想教育的材料。而对于"读写脱节"的特点则应注意用所长、避所短。从而促进数学语言的规范化，扩大数学语言的交际作用，为培养学生的数学能力创造更为有利的条件。

八、有关数学语言教学的若干问题

数学语言教学同数学教学不是同一概念。数学语言教学不仅涉及数学教材的编写和数学课堂教学，而且还涉及到语文教材的编写和语文课堂教学等问题。这里谈三个问题。

（一）教材编写和课堂教学

要使用符合数学语言特点的语言进行教材编写和课堂教学。表义的精确性、表达的简明性和感情上的中性，是数学语言的三大特点，数学教材和课堂教学所使用的语言都要符合这三大特点。目前有三个问题应当注意：

第一，在应用题编写中，掺杂进了很多与数学本身没有必然联系的话语，从而使语言不够简明，干扰了数学教学。比如"为了向雷锋叔叔学习""在党的十一届三中全会精神鼓舞下""某某小朋友助人为乐"之类的话，在某些数学教材或老师课堂教学中，都有出现。小学生识字量有限，排除冗余信息的能力还不高，因此，在应用题中加上这些对数学本身无关紧要的话，徒增学生理解的难度，影响学生的数学学习，这是不足取的。

第二，使用语言不够规范。首先是同义说法太多。比如"长方形"又叫"矩形"；"等于"又可以叫"是、等、得"；直角三角形的边又可以叫"勾、股、弦"；小数的读法既可以读成"几点几"，又可以读成"×分之×"；"18÷2"可以有"18除以2""2除18"等不同说法。其次，有许多写法不符合汉语语序的习惯或称数习惯。比如"5%"念成"百分之五"，语序恰巧相反；"10,000"中的"，"也与汉语称数习惯不符。在汉语传统称数法中，没有"十千"的说法，所以"，"打到千位后并不方便，至于"1,000,

000"更加如此。当然，这种书写方式对于西洋语言来说是很方便的。

第三，有些题目，故弄玄虚，采取模糊、双关等手段来为难学生。这就更不符合数学语言的特点了。

任何语言系统，都存在一些不够规范的现象。相比之下，由于数学本身要求其表达语言具有精确性和简明性，因此规范化问题就显得更为迫切，要使数学语言规范化，首先要全面分析，制定出一个较为明确的科学标准，并努力遵守这种标准，其次是个重视的问题，到目前为止，数学语言规范化的问题还很少有人研究，这是一种不正常的现象。

（二）语言知识与数学教学

数学内容是由数学语言来表达的，学生理解题意，是通过数学语言来把握的。因此，数学教学，不仅是要学生弄清事物之间错综复杂的数量关系，而且还要学生弄清数学语言各单位间的关系。所以数学教学是一种双重教学，通过一些语言知识的传授大大有助于学生数学能力的提高。比如对一些专用术语内部结构的讲解，有利于学生迅速、牢固地掌握概念。在"9÷3"中，"9"是"被除数"，"÷"读"除以"。"被除数"中，"被除"是修饰"数"的，说这种"数"是什么样的数；"被"表示被动、承受某种动作之义，因此，"被除数"就是由别的数来除它的数。"除以"这种构词格式，是一个动词性语素加上一个介词性语素构成的，"除以"就等于"用×去除×"。"9÷3"就等于"用（以）3去除9"。这样，学生就不会把"被除数"同"除数"搞混，把"除以"同"除"搞混。再如下面一道题：

（105）客车和货车同时从两地相对开出，4.5小时相遇。客车每小时行65公里，是货车速度的1.3倍。两地间的铁路长多少公里？

这道题是比较复杂的，教师在讲时，如果能结合点语言知识，就会减少这题目的难度。比如讲清"相对、相遇"中的"相"表示"双方交互"的意思，就便于使学生把握"相对、相遇"这两个概念，"甲是乙的X倍"是一个比较句，题目中"是"前的主语承前省略，"甲"在这里相当于"客车"。"的"是一个结构助词，在"某的多少倍"这种格式中，相当于乘号。"客车和货车同时从两地相对开出，4.5小时相遇"是一个时间承接复句，"开出"在先，"相遇"在后，二者的时间差就是"4.5小时"。这种语言知识的讲授，一定有助于学生理解题意。如果学生理解了题意，列出算式来并且求出结果就不成问题了。

数学语言同自然界语言有很多不同之处。自然语言又有口语和书面语之分。学生学习数学语言会碰到两个方面的困难：一是由自然语言到数学语言的转换，一是由口语到书面语的转换。只有顺利地进行了这两种"转换"，学生才能扫除语言障碍，专心学习数学问题。而目前指导学生完成这两种转换，不是通过有意识的比较，倒有点像过去私塾教学，"书读百遍，其义自见"，让学生凭经验直感去体会。所以有位数学教授曾说，我国数学教学的弱点是语文教学没跟上。

要结合语言知识进行数学教学，就要求数学教师具有一定的语言素养。讲课时不一定大讲语言学的名词术语，大讲数学语言同自然语言、口语同书面语的各种不同，但一定要学会巧妙地运用语言学这把金钥匙。因此，改善数学教师的知识结构，在数学师资培训部门设置切合数学教学的语言学课程（不是那种"银样蜡枪头"的现代汉语），是提高数学教学质量的不容忽视的一环，应引起有关方面的重视。

（三）语文教学的主动配合

语文教学的一个重要任务，就是提高学生的语言理解和语言运用能力。语言有各种风格和语体，数学语言独具特色，是科技语体的代表，是简明风格的典型，因此，讲授数学语言的特点，是语文教学不可推卸的任务。现在的语文教学，除了文字的教学之外，其他方面对于学生的语言实践作用一直不大。其原因之一，就是语文教学一直在灌输概念体系，在修改病句上兜圈子。我们觉得，对于已基本掌握了口语的学生来说，最重要的就是要引导他们去把握各种语体风格的特点。现在语文教学，特别是语言教学，之所以不怎么为人重视，重理轻文、重文轻语的现象普遍存在，语文教学不能为其他学科的教学提供必要的帮助肯定是一个重要因素。查现在流行的语文教材，乃至大专学校的汉语教材，都很少涉及数学语言之类的内容，甚至连个例句也不怎么容易找到。这样一来，不仅语文教学缺乏实用性，所讲的语言规律也有偏颇。比如在语文教学中，说数词不能直接修饰名词，而数学语言中像"三角形三内角之和等于180°"这样的例子，俯拾皆是；数量词语修饰名词的语序是"数+量+名"，而数学语言中"名+数+量"的语序比比皆是；汉语拥有大量的语气词，而数学语言中的语气词只有一两个（呢、吗）。如果语文教学能考虑到数学语言，乃至其他理科语言的情况，不仅可以使所讲的语言规律不致偏颇，也可充分发挥其作为其他学科工具的作用，提高语文教学的地位和作用，诱发学生对于语言学习的兴趣，减少语文教师的烦恼。

此外，数学教材的编写和语文教材的编写要相互参照，语文教材中已学过的字词，数学教材中就不必再以图代字；数学教材中已学过的字词，语文教材也不必再重讲一遍。而且，数学教材中要尽量避免语法现象过于复杂的语句，尽量不给学生带来语言和文字方面的障碍。

参考文献

邢福义：《复句与关系词语》，哈尔滨：黑龙江人民出版社，1985年。
朱德熙：《语法讲义》，上海：商务印书馆，1982年。

原载《语文教学与研究》1986年第3—10期、1987年第2期

现代汉语教学目的论

语言教学深深受制于教学目的,要进行现代汉语教学的改革,就不能不研究现代汉语的教学目的。现代汉语教学有母语教学和非母语教学之分,本文讨论的是现代汉语的母语教学问题。人类掌握母语可以说是从出生的时侯开始的,儿童在五六岁时就基本上习得了本民族的口语,因此,真正的现代汉语教学应该是从汉族儿童上小学以后开始的。从小学到大学乃至以后的时期,不同的学习阶段,现代汉语教学的目的也各不相同。本文所讲的现代汉语教学的目的,仅限于大学本科。

一、教学目的的制定

(一)教学目的的制定者

就我国的国情而言,教学目的的制定涉及到三个层级的人员:

1. 教学管理层级的人员。管理层级的人员,根据国家教育的总体精神和各专业各单位的实际情况以及社会的需要,制定出教学的总体目标和一些原则上的要求。

2. 教学大纲和教材的制定者与编写者。这些人员一般都是由专家和教师组成的,或者这些人员本身就是集专家和教师的双重身份于一身。他们根据本专业的学术特点和教育学原理,把管理层级制定的目标和要求精心落实到教学大纲和教材里,成为教学的依据和蓝本。

3. 从事教学的教师。教师依据教学大纲和教材,运用一定的教学艺术,完成教学目的。表面看来,他们只是被动地完成教学目的;但是,因为他们在教学的第一线,最了解已有的教学目的的合适性,因此他们的实践经验反馈到前两个环节,能成为前两个环节的重要参考依据,从而为教学目的的制定和修正作出不可忽视的贡献。

从理论上来讲，以上三种人员，前两者与教学目的的制定关系最为密切，后者是实际的落实者，但是，其作用也不可忽视。三种人员的密切配合，常相沟通，是保证教学目的制定的合适性的需要，同时也是保证教学目的不断更新以符合不断发展变化的国情和学术情况的需要。

（二）教学目的制定的依据

教学目的的制定，应有一定的科学根据。这些根据主要有以下几个方面：（1）国情；（2）学科特点；（3）学生实情。

所谓国情是指：a）国家的教育方针，即国家希望培养什么样的人才；b）现实的需要，即在当前的社会进程中需要什么样的人才；c）国家的教育实力，即具有什么样的教育条件。国情从宏观上对教学目的的制定发生作用，管理人员依据国情对各学校各层级的教学目的只作出原则上的规划，往往不对各具体的学科做出要求，当然，国家对于一些感兴趣的学科也可能会有一些原则性的要求。

学科特点是指：a）学科的学术发展已达到的水平，这关系到人们对学科研究对象的认识，从而认识它的学术价值和实用价值；b）该学科同相关学科的关系，因为相关学科会因对该学科的需要而对它提出某种要求，从而成为该学科的教学目的之一；c）该学科的原有教学传统，因为任何新的发展都是以传统为基础的，一旦形成传统的东西就具有一定的稳固性，从而影响到教学目的的制定和更新。这些传统，包括已有的教学大纲，教材和教师的带有普遍性的教学习惯等。

学生实情是指：a）学生已经具有的本学科的能力和知识；b）因各种条件限定的学生可得到的学习时间；c）学生因学习相关学科和以后的毕业去向而产生的对本学科的需要和兴趣等。

（三）教学目的的制定程序

教学目的的制定不是少数人关在家里闭门造车，凭经验或想象拟出个什么东西，而是科学的产物。既是科学的产物，就要遵从一定的原则，按照一定的程序。前面已经指出了教学目的制定的依据，这里谈制定的程序。

一般的程序是：（1）先根据一些原理和/或已有的教学经验提出可供讨论或试行的草案；（2）组织专家及教师等有关人员进行讨论和/或试行；（3）

在讨论和/或试行的基础上进行修订，得到带有一定强制性的规定，并在教学大纲、教材和教学实践中落实。不过，这一程序是一个不断循环往复的动态过程，也只有通过不断的实践和修订，才能使教学目的逐渐科学化，并能得到不断的更新。对于一些较成熟的教学专业而言，更需要不断更新。

（四）教学目的的合适性的衡量

某教学专业的教学目的是否合适，不能只靠感性认识，也不能看长官意志，而应当有若干衡量标准。这些标准较主要的有：a) 是否符合国情；b) 是否符合本学科的特点；c) 是否符合教育学原理；d) 通过教学是否可以达到预期的目的。前三者是理论性的标准，后一者是实践性的标准。理论标准所衡量的是教学目的的正确性，实践标准所衡量的是教学目的的可行性，二者相辅相成。正确性加可行性，便构成了教学目的的合适性。

当然，在使用这些标准进行衡量时，还要具体情况具体分析，并且要综合考察，不能偏执一面，不及其余。有较好的量器，尚需使用好量器的方法，才能保证丈量的可靠性。这就不用赘述了。

二、现代汉语教学目的制定依据的考察

前面讨论了一般教学目的的制定问题，现代汉语本科教学目的的制定，无疑应该遵从上面的论述。因此，也可以从国情、学科特点和学生实情等方面来看。

（一）国情

在国情方面最需引起重视的是，我们国家的语言生活同过去相比发生了很大变化，社会的发展现实对语言人才有了较多较急较特殊的需求。第一，伴随进一步改革开放的步伐，不同地区的交流愈来愈频繁，文化生活愈来愈丰富，对语言规范化和语言使用的要求愈来愈高，并且急需一些诸如新闻、公关、谈判、编辑、翻译、文书等语言特殊人才。第二，现代社会发展的一个重要标志，是适用于各个方面的电子计算机的研制和运用，众所周知，电子计算机在当代与语言学结下了不解之缘，所以也急需这方面的现代汉语特殊人才。第三，经济的发展，文化的发展，中外交流的发展，必然要求语文教育的发展。

对师范院校本科的现代汉语教学来说，培养一批能够胜任中学和大学现代汉语教学的教师，培养若干对外汉语教学的教师，已是社会的迫切需要。

（二）学科特点

就现代汉语研究和教学的几十年的发展以及它在相关学科中的地位来看，现代汉语具有如下一些学科特点：第一，现代汉语研究虽然还谈不上非常充分，但是已经有了相当的发展，探索了一些理论，揭示了一些规律，积累了较多的材料，因此，可以说是一个趋向成熟的学科。第二，举世公认，语言学是当今人文科学的带头学科，它的理论、方法和材料，纷纷为相关学科所借鉴。人们在研究和学习相关学科时，已经把语言学作为基础学科来对待。在我国，现代汉语是公认的语言学的带头学科，所以，现代汉语不管是在语言学还是在其他相关学科中，都具有基础学科的性质。第三，语言教学，人们研究较多的是第二语言教学，对于母语教学的研究反倒没有受到应有的重视，而且成就也不算大。但是，由于它已经有了几十年的基础，所以，它的教学目的也已经有了一个雏形。当然，这一雏形还相当不清晰，甚至像我们下面将谈到的，有相当程度的错位。

（三）学生实情

由于各高校的性质和各地区情况的不同，不同的教师授课的年级和各个学生所存在的个体差异等，学生实情很难一概而论。不过，根据近几年一些杂志的讨论，一些会议的反映和笔者所了解的情况来看，也有一些共同的特点：

第一，由于缺乏严格的训练，学生的口语表达能力，特别是普通话水平不够理想；第二，由于近些年社会用字很不规范，学生的文字关一般都没有过好，书面语也不怎么理想；第三，由于高考中有一定比例的语言知识题，为了备考，学生已经掌握了不少关于现代汉语的知识。比如，据说某重点高中已经把大学现代汉语教材的许多内容都给学生讲到了。当然，学生所掌握的知识还不系统，知其然而不知所以然。这种中学教学的"超标现象"普遍存在。第四，学生对于我国方言的状况缺乏理想的认识。第五，学生对于国家的语言文字政策了解一些，但是很不全面，很不深刻，很不系统，因而执行的自觉性还不够高。第六，由于人们对于客观事物的认识不同，现代汉语体系也是千差万别；而学生一般只了解中学现行的体系，局限于一家之言。第七，学生几乎不具备对现代汉语进行科学研究的素质或能力。

此外，有相当比例的学生由于各种各样的原因对现代汉语学习的兴趣不浓，这也是一种较具普遍性的学生实情。

三、现代汉语的教学目的

大学本科现代汉语教学的目的应该有如下几个方面：（1）进一步提高学生运用现代汉语的能力；（2）加深学生对现代汉语的理性认识；（3）增强学生对国家语言规划的认识；（4）培养学生研究现代汉语的初步能力。

（一）进一步提高学生运用现代汉语的能力

这一教学目的包括两个方面的内容：第一，进一步培养学生运用母语进行口头和书面交际的能力。这一教学内容本来是在上大学之前就应该实现的。在学前期，儿童就具有了一定的口语能力；小学和中学，是提高口语能力并获得书面语能力的阶段。但是，由于我国教育发展的不平衡，也由于不少学校采取"应试教育"这种类似于科举考试式的教学对策，致使这一教学目的在中小学阶段未能达到。把这一目的列入大学现代汉语的教学，是补课性质的。

第二，培养学生的运用现代汉语的某种或某些特殊能力。这一内容在中小学阶段已有所涉及，但是，像新闻、文秘、编辑、公关、语言教学等行业所需要的特殊语言能力，是需要特殊培养的。完成这一教学目的，既需要大量的实践训练，也必须加强语用学的教学。只靠一般的语音、词汇、语法教学和传统的修辞教学，是难以实现这一教学目的的。

（二）加深学生对现代汉语的理性认识

在中小学教育阶段，学生已经具有了一些关于现代汉语的理性知识，但是必然还很不系统，很不深入，对"其所以然"知之甚少。如果说，学生在上大学之前，主要是熟练掌握语言运用能力，特别是一般语言运用能力的话，那么，对于语言的理性认识则基本上是在大学期间获得的。对现代汉语的理性认识，主要是关于现代汉语（包括现代汉语方言）的基础知识和基本理论。只有有了对现代汉语的理性认识，才能进一步发展运用语言的能力，才能为其后的两个教学目的打下坚实的基础。

同时，如前所说，语言学在整个科学体系中占有十分重要的地位。对于学习和研究与之有关的相关学科，语言学具有工具学科的意义。加强学生对于现代汉语的理性认识，对于一些相关学科的学习和研究，具有不容忽视的意义。就此而言，无论怎么强调这一教学目的都不过分。

（三）增强学生对国家语言规划的认识

语言规划是宏观社会语言学的一项主要内容，其中包括一般所讲的国家语言文字政策问题，也包括各职能部门制定的一些关于语言文字应用的法规和细则等。语言规划是建立在语言研究，其中也包括社会语言学研究的基础之上的。毫无疑问，要明白这些政策法规，自觉执行这些政策法规，认识其重要意义，必须要有对于这些规划的理性认识。大学中文系的绝大部分学生毕业之后，都要跟国家的语言规划发生关系，或从事语言教学，或做文书编辑，或从事公共关系工作，或进行语言文字研究等，这些工作都离不开对国家语言规划的认识。

（四）培养学生研究现代汉语的初步能力

如果说前三个教学目的在大学阶段之前都有所涉及的话，那么，这一教学目的则是全新的。培养学生对现代汉语研究的初步能力之所以应成为教学目的之一，是因为：（1）大学是培养语言研究人才的一个重要基地，部分大学毕业生将来要进入或经过再深造进入科研领地。（2）一部分大学毕业生，师范院校的大部分学生，将来要走向语言教学岗位。没有初步的科研能力是难以很好地完成教学任务的；而且，随着科研的迅速发展，语言教学体系必然会不断地更新变改，这些未来的教师只有具备了初步的科研能力，才能较快较好地克服知识老化，较迅速地适应不断更新变改的教学体系。（3）语言学是一种介乎社会科学和自然科学之间的学科，语言又是训练文科学生科研能力的较好的材料。因此，在中文系的教学中，培养学生对现代汉语的研究能力，其意义绝不仅仅限于语言学，还具有培养学生一般科研能力的意义。

四、现行的现代汉语教学目的的考察

大学本科现行的教学目的，是在历史过程中形成的，曾经对现代汉语的教学发挥了不可磨灭的积极作用。但是，随着社会形势的发展，教学观念的更新，学术研究的进步，毫无疑问，现行的现代汉语教学目的也存在着应该充实、更改的地方。由于各地各个教师教学情况的差异，由于不同的教材编写者的观念和教材编写时间的差异，所反映出的教学目的也有差异。这里仅就一般情况作些考察。

（一）现行教学目的概论

现行的现代汉语教学目的，可以用通常所说的"三基"来表述：基本理论、基础知识、基本技能。基本理论和基础知识，主要是指现代汉语本身的和国家语言文字政策方面的；基本技能，是指一般语言运用能力方面的。

从教学的结果来看，这些教学目的并没有达到或全面达到。究其原因，有诸多方面，比如，教学课时不足，因中学教学"超标"和社会上知识贬值思潮的冲击而引起的学生厌学情绪，有些教师教学不得法等；但是，毋须讳言，这一结果的形成有教学目的本身的问题，而后者正是本文特别关心的。

（二）现行教学目的长短论

考察现行的现代汉语教学目的的长与短，自然应与上节所谈的理论上的教学目的作比较。上节所谈的四个教学目的，现行的教学目的都有所涉及。因此，就总体而言，并没有根本性的失误。但是，在各个目的的细目上，在教学的重点上，却存在着较为严重的缺陷。

第一，在培养学生运用语言能力方面，较重视一般语言能力，而没有重视现在社会急需的如文书、编辑、公关等特殊语言能力；培养语言能力的方法，不适当地侧重于语言知识的讲授上，而对实践环节并没有抓得很紧（相比之下，过去比现在抓得紧些；一些中师和师专对此抓得紧些；高师比综合性大学抓得好些），只有很少的学校开有言语交际学或专门性的语言应用课程。这种给中学"补课"性的教学目的，往往因教法不当而收效不大；而且学生学了现代汉语课，也并不能获取多少特殊行业的语言交际技能。所以，本来是现代汉语教学传统的拳头项目，却使它发挥不了应该发挥的作用。

第二，在现代汉语的基本理论和基础知识的教学上，往往是较重视基础知识，相比而言，对基本理论的重视程度甚显不足；而且由于教材本身的相对保守性和现代汉语研究的快速发展，也由于一些教师的知识老化，讲授内容往往较为陈旧，距离科研前沿太远。这些基本理论和基础知识的讲授，并不能让学生掌握现代汉语的基本规律，也难以发挥其他方面的重要作用。比如：为相关学科的学习和研究提供工具；为培养学生的现代汉语乃至一般的科研能力打下坚实的基础；为克服毕业之后的知识老化而应拥有的自我知识更新能力等。此外，这方面还存在着与中学教学不同程度重复的问题，处理不当，往往是一盆"夹生饭"，学生也往往提不起劲头。

第三，在语言规划方面，存在的问题是：（1）有些教师觉得它的科学性不够强，对此问题往往是蜻蜓点水，一掠而过；学生也往往对此问题没有多少兴趣；（2）即使比较重视这一问题的教师，也很少将其上升到社会语言学的高度，讲具体的东西多，讲重要意义多，讲理论和规律少；（3）在讲述这一问题时，也多是讲认真执行，大力宣传，而较少讲该怎样进一步发展它，完善它。学生看到的是一堆具体的文件，看到的是历史上的一次一次的修订，这自然不利于完成这一教学目的。

第四，在培养学生的现代汉语的科研能力方面，除了在学生做这方面的毕业论文时对这些学生有些训练之外，一般都不同程度地忽视这一教学目的，起码是重视得相当不够。原因很多，比如，现行的教学大纲和教材，特别是师范院校的大纲和教材，多数不把它作为教学目的，或不把它作为较为重要的教学目的；许多教师，特别是师范院校的教师，似乎觉得对大学本科的学生不必要进行这方面的训练；学生不大了解本学科的科研现状及其发展历史，平时也没能受到应有的科研素质培养，甚至没有科研意识；因把教学精力较多花在了基本技能的训练上，从而无暇顾及等等。

此外，在现行的现代汉语教学中，"语言教学方法和理论"的内容更少涉及。

五、现代汉语教学目的的更新和实施

现行的现代汉语教学目的虽然没有根本性的失误，但是，同理想的教学目的相比，尚有若干不足，因此应该更新；更新后的教学目的，也有一个该怎样实施的问题。这当然是一个大题目，非一人能够胜任，非一文可以说清，非一时可以解决。本文就只能根据自己的井蛙之见，谈点粗浅的想法。

（一）更新观念

要更新现行的教学目的，要实施较为理想的教学目的，首要的必须更新观念。有四种观念至为重要：

第一，社会观念。现代汉语教学应为我们所属的现代社会服务，培养当今社会所需要的特别是所急需的语言人才，这就要求教学目的的制定者和具体实施者紧跟社会发展的步伐，明了国情，从而使教学目的能够随着社会的发展不断更新和完善。这样，也才能引起社会对现代汉语教学的兴趣、关心和支持，从而有可能使语言学由门可罗雀变为门庭若市，带来语言学事业的发展，由某些人所谓的"无用学科"变为当今社会的"当用学科"。

第二，学科观念。现代汉语在当今中国语言学中是一门显学。近十余年来，现代汉语研究发展比较迅速，其影响逐渐超出语言学而进入一些相关学科。面对这一局面，人们应有新的学科观念，看到现代汉语教学对于发展其他学科的意义。注重培养学科的研究人才、教学人才和其他应用人才。同时，也应尽其所能为相关学科服务，使教学与现代汉语的学科地位相称。

第三，否定观念。科学发展的一种重要机制就是不断地进行自我否定，失去这种机制，科学就将停滞，并变成一种束缚思想的桎梏，走向它的反面。科学是这样，人也是这样。因此，要更新教学目的，实施新的教学目的，就必须具有否定观念。人的否定观念是科学的否定机制的必然体现和必然要求。当然，否定并不是要割断历史，而是一种继承性的否定；也只有这种否定才是科学意义上的否定。

第四，探索观念。科学的发展就是一个不断探索的过程。探索的含义，既表明在科学面前没有至高无上的权威，没有不可探索的禁区，也表明科学研究需要一种探索精神和进行探索的科学方法。合适的教学目的不能凭空产生，达到新的教学目的的途径也难以闭门造车，必须经过艰苦反复的探索。

（二）更新大纲和教材

教学大纲和教材是教学目的的具体体现，要更新教学目的，必须更新教学大纲和教材；并且，更新的教学目的也必须在更新后的教学大纲和教材中得到体现和相对的稳定。大纲的制定和教材的编写，一方面要依据已有的教学目的；另一方面，也是更新教学目的的探索。

大纲的制定和教材的编写要具有更新教学目的的意义，就需要人们在新的观念指导下进行科学的探索。探索的标志之一是，能涌现出一批体例、内容等各不相同的教材而不是千部一腔。据笔者愚见，高等教育出版社出版的邢福义先生主编的《现代汉语》和钱乃荣先生主编的《现代汉语》，就比较具有各自的特色。这两部教材在现代汉语的教学目的上做了较大的拓展和更新，是值得称道的。

（三）更新教学方法

教学方法既受制于一定的教学目的，又对教学目的具有一定的反作用。这种反作用主要表现在：（1）它是教学目的得以实现的保证，一种合适的教学目的只有通过一定的教学方法才得以实现，才能站住脚跟；（2）它对教学目的的合适性具有一定的检验作用，再好的教学目的，如果不能在一定的教学方法中得到实现，就说明它可能不具有合适性，可能只是理论上的东西。（3）教学方法除了受制于教学目的之外，还受到其他因素的制约。这些其他因素的变化，也会带来教学法的改变。教学法的改变又必然会直接或间接地对改进教学目的起作用。

就教学方法对于教学目的的反作用来看，在新观念的导引下大胆更新教学方法，既是新的教学目的得以实现的保证，又具有更新旧的教学目的、完善新的教学目的的功能。

（四）其他一些问题

除了前面谈及的几个问题之外，还有其他一些问题也需要注意。如知识结构的更新、统筹安排教学内容等。科学发展日新月异，人的知识老化的速度空前加快。没有合理的新的知识结构，就难以进行真正意义上的教学改革。因此，克服知识老化，更新知识结构，无论是探索合适的教学目的，还是完成新的教学目的，都具有重要的不可忽视的意义。要更新知识结构，就要求人们的学术思想是一个保持开放的体系，并始终站在科研、教学和管理的第一线。就此而言，那些学术思想封闭陈旧的人，那些已经不在科研、教学和管理第一线的人，哪怕是曾经风流一时的权威，也不应该作为制定教学目的的主体人物。

教学目的不是空的，要由一定的教学内容具体体现出来。因此，有一个统筹安排教学内容的问题。教学内容，有教材内的，有教材外的；有低层级的，有高层级的；有些是要在课堂上由教师讲的，有些是要由教师在课外进行辅导或由学生自学的；有些是在基础课中学习的，有些是在专题课或选修课中提高的；有些要在本门课程中教给学生，有些要通过相关课程的配合；如此等等。所以，怎样统筹安排教学内容，也至关重要。

六、结语

教学目的是教学改革的关键环节。本文认为：制定或修正教学目的，应依据国情、学科特点和学生实情。就目前的情况而言，较为合适的现代汉语教学目的，应该是：（1）进一步提高学生的口语和书面语表达能力，并注意发展学生的一些语言的特殊运用能力；（2）加深对现代汉语（包括现代汉语方言）的理性认识；（3）增强对国家语言规划的认识；（4）培养学生研究现代汉语的初步能力。

现行的教学目的虽然没有根本性的失误，但是，细目上有较为严重的缺陷，而且在重点上也有严重偏误。为使现代汉语的教学满足当今社会和学科发展的需要，就必须更新它，充实它，完善它。这已成为当务之急。要更新教学目的，就要更新观念，更新教学大纲和教材，更新教学方法，更新知识结构，统筹安排教学内容。只有这样，才能使现代汉语的教学目的得到有效、合理而又迅速的更新，并保证新的合理的现代汉语教学内容在教学中切实实现。

现代汉语教学目的是一门大学问，由于本人对国情了解不充分，学术水平有限，教学经验不足，因此，本文的看法可能有诸多不当，请专家、同行不吝赐教。

参考文献

李宇明：《语言学习异同论》，《世界汉语教学》1993年第1期。
盛 炎：《语言教学原理》，重庆：重庆出版社，1990年。
桂诗春：《应用语言学》，长沙：湖南教育出版社，1988年。
W. F. 麦基：《语言教学分析》（中译本），北京：北京语言学院出版社，1990年。
S. 皮特. 科德：《应用语言学导论》（中译本），上海：上海外语教育出版社，1983年。

原载《荆州师专学报》1993年第6期

影响现代汉语教学法的语言因素考察

教学法是教师根据一定的教学原理,综合把握各种与教学有关的因素,把教学内容传授给学生以完成教学目的的手段。它是教学的重要环节,是达到教学目的的保证,是教师的创造性高智力劳动的表现,是教学经验的理性升华,同时,也是教学科学是否成熟的标志之一。现代汉语教学法属于语言教学法之一种,语言教学有母语教学和非母语教学之分,因此,语言教学法也首先要区分母语教学法和非母语教学法。本文要讨论的是关于母语教学法的问题。

若从本世纪30年代算起,作为母语的现代汉语教学大约已有60余年的历史。在这60余年中,出版了许多有影响的教材,积累了许多教学经验,培养了几代现代汉语的各方面的人才。但是,不无遗憾的是,作为科学意义上的现代汉语教学法却没有建立起来。没有看到这方面的专著,也没有设置这方面的课程,甚至很少见到有关的讨论文章。由于教学法是衡量教学科学成熟与否的标志之一,因此,没有现代汉语母语教学法的现状表明,我国现代汉语教学还没有到达成熟自觉的阶段。

科学的发展有它自身的规律,虽然有时也不可避免地受到一些人为因素的影响。作为母语教学的现代汉语教学法历经60年而没有成为一门科学,其中自然有人们没有给以足够重视的问题,但是,更重要的是有许多条件尚不成熟。为使现代汉语教学法早日成为一门科学,我们有必要从语言学的角度对影响现代汉语教学法的若干因素作一番考察,以便创造出适宜它建立的条件。

一、语言学习理论与现代汉语教学法

影响现代汉语教学法的因素很多,最重要的是如下几种:教学对象、教学内容、教学目的、教学条件。这些因素或这些因素所包含的问题,有的涉及一般教育学的问题，比如，教学条件、教学对象的学习素质等等；有的则直接与语言学相关。本文所关心的是与语言学相关的问题。

与语言学相关的问题主要是以下三点：关于语言学习理论的问题；关于语言的一般看法和对现代汉语的研究状况；现代汉语的教学目的。本节先谈语言学习理论与现代汉语教学法的问题。

（一）语言学习理论

语言学习理论是关于人类语言学习规律的认识。语言学习是由语言输入、内化、语言输出、反馈等环节构成的循环链；这一循环链不停的运动，使学习者不断地提高语言水平，并最终获得语言能力。人类语言学习有三种基本类型：语言习得（Language Acquisition）、语言学得（Language Learning）、语言康复（Language Rehabilitation）。

语言习得是指学习者在自然的语言环境中运用语言学习机制（Language Acquisition Device，简称 L. A. D.）获得语言的一种学习方式。学习者所接触的语言输入是一些有限的杂乱无章的话语，但是，他可在这样的话语中抽象概括出语言的规律，获取理解和输出语言的能力。第一语言的口语学习主要使用这种学习方式，第一语言的书面语学习和第二语言的学习也离不开这种学习方式。

语言学得是指学习者通过课堂讲授方式学习语言。学习者所接触到的语言输入是比较规范而有序的话语，并且常能获得一些关于语言的理性知识。第一语言的口语学习较少使用这种方式，第一语言的书面语学习和第二语言的学习常离不开这种方式。

语言康复是指有语言学习障碍的人在一定的医疗基础上和采取一定的补偿手段的条件下学习语言或恢复语言。比如，聋童的语言康复，失语症患者的语言恢复，无喉人的语言再学习，口吃患者的矫治等。语言康复除了需要习得和学得两种语言学习方式之外，还需要一些特殊的治疗、补偿、辅助手段，因此与一般的语言学习有所不同。

这三种语言学习方式及其交叉混合使得语言学习的循环链呈现出不同的运动规律；不同的运动规律，也必然要求有不同的教学方法。[1]

---

[1] 关于语言学习过程和各种学习方式的详细论述，请参见李宇明（1993）。

（二）现代汉语的学习

作为母语的现代汉语学习，有口语学习、书面语学习和标准语学习之分。口语学习的主要学习方式是习得，并在学龄前就已基本完成；此后就是进一步提高和规范化的问题。书面语学习的早期以学得方式为主，当学习达到一定水平时习得方式逐渐占较大比例。就目前我国的现实而言，绝大多数人最早学习的母语是地域方言，此后可能要学习标准语。标准语的学习，虽然不同于第二语言学习，但是，与第二语言学习有着很大的相似之处。从语码的角度来看，地域方言也是一个语码系统，从方言到标准语，同由第一语言到第二语言相似，也是由一个语码系统转换到另一个语码系统。因此，标准语的学习与第二语言学习本质是相同的，其学习遵循第二语言学习的规律。比如，学习中也有第一语码系统的迁移问题（包括方言的干扰问题），也有中介语（Interlanguage，或称"过渡语"，即人们近年来讨论的所谓地方普通话）的问题等。所以，标准语的学习可以称为"准第二语言学习"。

就大学生的现代汉语学习而言，其口语和书面语需要进一步地提高完善和规范化，并且许多方言区的学生还需要学习普通话或提高普通话水平。因此，既有一般的母语习得和学得的问题，也有准第二语言学习的问题。

（三）对现代汉语教学法的要求

我国对于语言学习理论的研究非常薄弱，第一语言习得和第二语言习得的规律还知之甚少；对于书面语学习的研究还主要是解决识字的问题。特别是，现在许多人还没有真正意识到作为母语的现代汉语的学习也应分为不同的语言学习类型，而是将其混为一谈，多以学得对待之。

语言学习理论是教学法的基础，没有科学的语言学习理论指导的教学法，只能是盲目和试误性质的。就以上的分析来看，大学的现代汉语教学法，应注意区分不同的现代汉语学习，处理好习得与学得的关系，处理好一般母语学习和准第二语言学习的关系。这就要求加强语言学习理论的研究，特别是加强对不同类型的现代汉语学习规律的探讨，并据此建立科学有效的现代汉语教学法。

二. 语言研究对现代汉语教学法的影响

（一）语言研究与语言教学法

与语言教学法关系最为密切的语言研究主要有两个方面：一，关于语言的一般看法；二，目的语的研究状况。[1]

关于语言的一般看法属于语言理论的范畴，不同的语言学流派，对于语言常有不同的甚至是完全相反的看法。比如，青年语法学派到结构主义者，把语言看作是一套习惯；萨丕尔－沃尔夫等人把语言看作是决定世界观的东西；乔姆斯基等人则把语言看作一套规则系统；如此等等。

不同的语言观必然会产生不同的语言教学法。比如，把语言看作一套习惯，那么在进行语言教学时，就不注意对语言规律的讲述，而主要是引导学生多接触语言素材，多听、多看、多说、多写，让学生在大量的语言实践中去识记或悟出语言的习惯。把语言看作一套规则系统，那么在进行语言教学时，就会把主要精力放在规则的讲述上，语言素材只是学生发现规则的起触发作用的材料。

教学法有不同的层次，有的属于方法论的层次，有的是具体的教学方法。一般说来，关于语言的一般看法主要影响的是方法论层次上的教学法，而目的语的研究状况主要影响的是具体的教学方法。当对目的语没有一定水平的认识时，就不可能有比较科学有效的教学方法。比如，我国传统的小学对汉语的认识非常不足，特别是缺乏对于语法的研究，因此，我国过去的私塾教学，只能采取"书读百遍，其义自见"的死记、顿悟之法，采取对对联的教学方法。在今天的对外汉语教学中，如"了"等一些教师无法说清楚的现象，主要原因也是对这类现象的研究不够。

（二）我国当前的语言研究

我国的语言理论由于各种各样的原因，一直是语言研究的薄弱环节。1949年以前，我国接受一些欧美语言学界的说法；建国以后的相当一段时期内，又偏向苏联一方。随着改革开放，我国引进了当代语言学的各种理论，出现了多

---

[1] 目的语（Target-language）又称"目标语"，是指学生所要学的、教师所要教的语言。比如，现代汉语教学的目的语就是现代汉语，普通话教学的目的语就是普通话。

元化的局面；但是，由于缺乏对这些多元理论的整合，我国没有形成关于语言一般看法的理论系统。伴随着多元理论的引入，我国也引进了许多与这些理论相应的教学法，但是，这些教学法是否适合现代汉语的教学，还需要试验；对这些教学法进行整合也是一大问题。还应看到，我们所引进的教学法多是第二语言教学方面的，母语教学法引进的还较少。

在60余年中，我国对于现代汉语的研究有了相当的进展，对现代汉语的面貌有了一个大概的了解。但是，许多语言事实尚待进一步挖掘，已发现的语言事实还有待做更精细的描写，许多语言规律尚待进一步总结和认识，一个适合于描述汉语的语言框架也还在探索之中。因此，可以说我们对于现代汉语的认识还相当不够。

虽然语言研究的现状使我们具有了讨论现代汉语教学法的可能，产生了建立现代汉语教学法的要求，但是，不庸讳言，要建立较为科学而有效的教学法也还有一定的距离。鉴于这种状况，我们应加强语言理论的研究，特别是要注意结合现代汉语的实际对多元的理论进行系统化的整合，使之相互之间不相矛盾冲突；注意把多种教学法用于现代汉语教学的试验，考察其他语言母语教学的情况，寻找出较为适合于现代汉语母语教学的方法；加强对现代汉语的进一步研究，科学地、全面地搜集现代汉语事实，建立起权威性的语料库，既注意研究汉语的特点，又注意与同语族的和不同语族的语言进行比较和对比研究，从而既找到一个适合于描述汉语的框架，又能把从汉语中得到的规律上升到普通语言学的水平。这样，一个科学而有效的现代汉语教学法就有了建立的良好条件。

三、教学目的对现代汉语教学法的影响

（一）教学目的与教学法

教学法是完成教学目的的手段，衡量教学法的优与劣，就是看它能否有效地实现教学目的；教学目的的不同，也往往决定教学内容的不同。正因如此，教学目的的不同便往往决定教学中要使用不同的教学法。比如：培养播音员所用的教学法，肯定不同于培养文字编辑人员所用的教学法；培养一般人的语言运用能力，不需要讲特别多的关于语言的理性知识，而培养语言教师则要讲授较

系统的语言知识；培养语言研究人员，所用的教学方法更是不同。

（二）现代汉语的教学目的

这里所说的现代汉语教学目的，当然指的是大学现代汉语的教学目的。我们在《现代汉语教学目的论》一文中，曾把大学，特别是大学本科的现代汉语教学目的概括为如下四点：a. 进一步提高学生的运用现代汉语的能力，其中包括运用现代汉语的某种特殊能力，如文秘、编辑、公共关系等行业所需的特殊语言能力；b. 加深对现代汉语的理性认识，系统全面理性地把握现代汉语的语言系统；c. 增强对国家语言规划的认识；d. 培养研究现代汉语的初步能力。

我们在该文中接着考察了现行的现代汉语教学目的，认为：就总体而言，现行的现代汉语教学目的没有根本性的失误，但也存在着较为严重的缺陷：a. 在培养学生语言能力方面，忽视特殊语言能力，而且较少使用习得的方式；b. 对基本理论重视不够；c. 没有上升到社会语言学的高度来讲社会语言规划；d. 很少注意培养学生的语言研究能力。同时还应看到，在目前的现代汉语教学中，现行的教学目的难以较好地实现。这种有严重缺陷且又往往难以实现的现行教学目的，自然不利于产生较好的现代汉语教学法。

四、结语

任何一门科学的发展，都离不开一定的基础和条件，都需要有一个良性的生态环境。现代汉语教学法也是如此。通过以上的考察，我们看到，语言学习理论是教学法的基础；关于语言的一般看法制约着方法论层次上的教学法；目的语的研究状况制约着具体的教学方法；教学目的制约着教学内容，也制约着教学方法，同时也是对教学法科学与否、合适与否的最有权威的检验。因此，要建立科学而有效的现代汉语教学法，除了对教学法的本身要加强研究、探索和试验之外，还亟待：

a. 加强语言学习理论的研究，摸清学习现代汉语的规律；

b. 加强语言理论的研究，在多元的理论中根据汉语的实际进行系统的梳理整合；

c. 加强对现代汉语本身的研究，发掘事实，总结规律，构建一个较为理想的描述现代汉语的框架；

d. 改革现行的有严重缺陷的现代汉语教学目的。

从而为建立一个科学而有效的现代汉语教学法打下坚实的基础,创造良好的学术生态环境。

参考文献

李宇明:《语言学习异同论》,《世界汉语教学》1993年第1期。
李宇明:《现代汉语教学目的论》,《荆州师专学报》1993年第6期。
盛 炎:《语言教学原理》,重庆:重庆出版社,1990年。
桂诗春:《应用语言学》,长沙:湖南教育出版社,1988年。
[加] W. F. 麦基:《语言教学分析》(中译本),北京:北京语言学院出版社,1990年。
[英] S. 皮特.科德:《应用语言学导论》(中译本),上海:上海外语教育出版社,1983年。

原载《云梦学刊》1993年第2期

语文现代化与语文教育[1]

一、语文教育的含义与内容

（一）语文教育中"语文"的含义

语文教育中"教育"的含义是明确的，"语文"的含义意见尚不一致。概括起来大约有四种理解：a）指"语言文字"；b）指"语言文学"；c）指"语言文章"；d）指"语言文化"。

认为"语文"指"语言文字"，大约是因为：1."语文"本身包含有"语言文字"的意义，如"国家的语文政策、《中国语文》、《语文建设》"等中的"语文"指的就是"语言文字"；2.代表着一种语文教育观念，这种观念认为语文教学主要是语言文字的教学。

将"语文"理解为"语言文学"，大约是认为"文学"在语文教学中的地位非常重要。就语文教学的实践而言，年级越高文学教学的比重越大，课本中所选的文学篇目也越多；1956—1957年大陆的中学语文教育改革试验，曾经实行"汉语""文学"分科；专门培养中学语文师资的高师中文系，教研室和课程设置一般都分为"语言""文学"两大系统，而且教研室、教师和课程的数量，文学都要多于语言。有这些因素，怎能不把"语文"理解为"语言文学"？

将"语文"理解为"语言文章"和"语言文化"，大约与近几十年来文章学、文化学的发展有关。文章学和文化学的发展使一些学者认识到，在中小学语文教育中文学固然很重要，但是文学并不能涵盖人的语文能力，不能包括其他文化知识。

---

[1] 此文是作者在首届亚太地区中文教学研讨工作坊(2001年3月13日—15日·香港教育学院)的学术报告。

以上这些理解的共同点,是把"语文"中的"语"看作"语言",分歧在于"语文"中的"文"指的是什么。由于对"文"的理解不同,也牵涉到对"语"的理解的差异:理解a)中的"语言"不包括"文字",其他三种理解中的"语言"显然包括"文字"的内容。

要廓清"语文"的含义,有必要看看"语文"形成的历史:

科举时代的私塾教育,没有与今天的语文相对应的教学科目。清末废科举兴学堂,开始设"国文"科[1],课本中所选文章是文言文。随着国语运动、白话文运动的开展,在"五四"运动的冲击下,1920年1月,当时的北京政府教育部下令将国民学校(小学)的"国文"改为"国语",白话文正式进入课堂,但小学以上仍是"国文"。1948年8月,当时的华北人民政府教育部教科书编审委员会,着手编写新的中小学语文课本,时任编审委员会主任的叶圣陶先生负责起草《中学语文科课程标准草稿》,自此便有了"语文"一名。叶圣陶先生曾经明确指出,"语文"一名是在1949年下半年用起来的,"语就是口头语言,文就是书面语言。把口头语言和书面语言连在一起说,就叫语文。"[2]

就历史渊源上讲,中小学教育中的"语文"是对"国语"和"国文"的综合,指的是:e)口语和书面语。

"语文"既然指口语和书面语,就应包括口语和书面语的载体——语言和文字,而且也包括口语和书面语的应用,包括口语和书面语中所包含的文化内容。就此而言,"语文"的e)种含义包含了前面所说a)—c)三种含义,与d)种含义非常接近,其间差异可能主要只在表述上。

(二)语文教育的功能及其内容

语文教育的功能,有"工具说"和"载道说"之争。有人重视语文的工具性,认为语文教育主要是培养和提高学生使用语言文字的能力,此谓"工具说"。有人重视语文的教化功能,希望通过语文来培养学生的道德观念(也包括政治思想)、文化素养和文学能力等等,语言文字只是基本功,只是使学生

---

[1] 于根元(1996,P77—78)指出:"1905年停科举。1903年,清政府在洋务派办学堂的基础上,公布了张之洞等提出的'学堂章程',其中有与语文教育相关的课程,国文单独设科自此始。"

[2] 叶圣陶《认真学习语文》,载中央教育科学研究所编(1980,P138)。

能够接受教化的"拐杖",此谓"载道说"。

其实,"工具说"和"载道说"只是理论上的论证,只是在某种倾向发展到极端时才强调语文的另一个功能。例如文化大革命期间,语文"政治化"的倾向十分严重,因此,"文革"之后有不少人重提语文工具说。就语文教育的历史来看,纯粹把语文作工具进行教学和纯粹不把语文作工具进行教学的现象,都是不大可能存在的,语文教育的"工具"作用和"载道"作用实难分割。一方面,无工具则无以载道;另一方面,语文不是单纯的工具,语言文字所表达的内容必然含有道德观念、文化知识、文学等成分。"工具说"和"载道说"只是强调的侧重点不同罢了。

语文教育的功能与语文教育的内容密切相关。综合"工具说"和"载道说",语文教育的内容应该包括三个方面：A. 语言文字；B. 语言文字的运用；C. 语言文字及其运用所负载的文化内容（包括文学等）。如图所示：

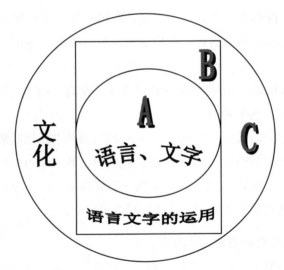

A. 语言、文字；B. 语言文字的运用；C. 语言文字及其运用所负载的文化内容。

语言是人类最重要的用于交际、思维和文化录承的符号系统[1],这个符号系统由语音、语义、语汇、语法等子系统构成。文字是语言的记录符号系统,

---

[1] 这里的"文化"是广义的,其外延是指人类的一切创造物,其中也包括人类可以支配、认识和欣赏的自然物。这里的"录承"的含义是"记录、传播、继承"。可参见邢福义主编（1990）和李宇明主编（2000）的有关论述。

具有形、音、义三个方面的特征。让学生掌握语言和文字这两个符号系统，是语文教育的基础性任务。但是，就中小学语文教育而言，让学生掌握这两个符号体系不是目的，目的是让学生能够根据语言生活的需要和语用规律，很好运用口语和书面语进行交际及其他相关活动。因此，语言文字的运用是语文教育的基本内容。

语言和文字是人类创造和拥有的最为宝贵的文化财富。语言和文字是特殊的文化现象，它们既是文化的不可缺少的组成部分，又是记录、传播、继承文化的符号系统。因此，在语言、文字之中，在语言、文字的运用之中，都深深积淀着包括心理文化、制度文化和物质文化在内的各种文化内容，不管是掌握语言、文字系统本身，还是在一定的语境中运用语言、文字，都必须在一定程度上掌握其中所积淀的文化。运用语言、文字的结果是形成口语和书面语（即一般所谓的"言语"），口语和书面语的内容，以更为显豁的方式表述着包括文学在内的各种文化内容。学生在学习运用语言、文字进行表述和理解时，就是在学习文化和运用文化。所谓"文以载道"之"道"，就是文化的一个组成部分。因此，语文教学离不开文化，而且这里的文化是比"文学、文章"、传统所谓的"道"等的范围更为广泛。有意识的文化的教与学，是语文教育在A、B两个层面上的拓展与提升。

语文教学这三个方面的内容显然处于不同的层面：A是语文教育的基础；B是语文教育的基本内容；C是语文教育的拓展与提升。当然，在实际的语文教学中，这三个层面是不可分离、相辅相成的。

二、百余年语文现代化对语文教育的贡献

（一）语文现代化

语文现代化中的"语文"是指"语言"和"文字"，与语文教育中"语文"的含义不同。狭义的语文现代化，是指利用计算机进行语言文字信息处理。能够利用计算机进行语言文字信息处理，除了计算机本身的技术之外，还需要两个方面的条件：

a）对语言文字的多种属性有了深入的研究，而且可以使这些研究成果通过一定的技术"计算机化"；

b）语言文字本身及其社会应用具有一定的规范，如建立民族共同语而且民族共同语得到一定程度的普及，建立现代文字规范而且社会用字达到一定的规范化程度等等。

a）是语言文字信息处理的内在直接条件，b）是语言文字信息处理的外在保障条件。对于a），业界人士已经多有论述，但却往往忽视b），其实，在没有必要的语言文字规范的情况下，在一种语言内部方言分歧非常严重、用字非常混乱的情况下，是无法顺利进行语言文字信息处理的。

这两个方面条件的实现，显然非朝夕之功，因此应当把语文现代化理解为一个动态的过程，而不应看作一个静态的时间点段。利用计算机进行语言文字处理只是语文现代化在当代的标志，语文现代化的进程早就起步了。

周有光先生认为，语文现代化包括四个方面[1]：

a）语言的共同化；
b）文体的口语化；
c）文字的简便化；
d）表音的字母化。

吴积才、冯志伟等先生，都赞成周有光先生的观点[2]。费锦昌等先生在周有光等的观点的基础上，又补充了一条[3]：

e）语言文字信息处理计算机化。

就本文的观点看，补充这一条是至关重要的。如果同意周、费、吴、冯等先生的看法，中国的语文现代化从清代末年的切音字运动就已发轫，行进了一百余年的历程。

（二）改进语文教育

百余年的语文现代化，一个始终不渝的目标就是改进语文教育。例如：

切音字运动的先驱卢戆章，在《中国第一快切音新字·原序》中说："凡字无师能自读，基于字话一律，则读于口遂即达于心；又基于字画简易，则易于习认、亦即易于捉笔，省费十余年之光阴。将此光阴专攻于算学、格致、化

---

1 见王均主编（1995）的《前言》。
2 中国语文现代化学会1998年在昆明举行的第三次学术会议上，也较多地涉及了这一问题。见苏培成主编（2000）的吴积才的《开幕词》、冯志伟的《闭幕词》。
3 费锦昌主编（1997，P1）。

学,以及种种之实学,何患国不富强也哉!"[1]

最早提出"普通话"这一词语的朱文熊,在《江苏新字母》后附的《附论各省音之变迁及举例》中说:"夫吾之所以望同胞者,能自立于生存竞争之世界耳。顾文字不易,教育总不能普及;国语不一,团结总不能坚固。"[2]

著有《合声简字》的劳乃宣,在《进呈简字谱录折》中说:"是故今日欲救中国,非教育普及不可;欲教育普及,非有易识之字不可;欲为易识之字,非用拼音之法不可。"[3]

历史已经证明,在当时的条件下教育是不能救国的,当时中国教育的落后也不都是语言文字的问题。且不论上述说法的时代局限性,单就先驱们希望通过语言、文字等的改革来改进教育的主张来说,是特别令人敬佩的。百余年的语文现代化的实践,对语文教育作出了重大贡献。

语言共同化和文体口语化,解决的主要是语言问题。

语言共同化,主要是指确立和推行现代汉民族共同语。历史上的国语运动、20世纪50年代以来的普通话规范和推广运动,在其他语言文字改革运动的配合下,逐渐确立了现代汉民族共同语并在语音、词汇、语法等方面形成了共同语的规范。随着现代汉民族共同语的逐渐推广普及,沟通了方言区的交际隔阂,畅通了国内各民族之间的语言联系,并逐渐使教学有了统一的语言。文体口语化是从白话文运动开始的。白话文运动的狂飙,打破了文言文的一统天下,白话文取得了正统的地位,扭转了历史上形成的言文严重脱节的局面。而且,由于语言共同化和文体口语化,理论上说语文教学可以达到两个"一致":学生口里说的同书本上写的一致,即"言文一致";教师使用的教学语言与学生所要学习的语言都是现代汉语,即"教与学的语言一致"。

文字简便化和表音字母化,解决的主要是文字问题。

文字简便化主要是指汉字在使用上要便利。汉字在几千年的发展演变中,出现了许多异体、异读、笔画繁难等不便使用的现象。对汉字进行整理、简化,使之便于应用,成为百年文字改革的主流。如清末开始的切音字运动,20世纪20年代末到30年代初的文字拉丁化运动,从20世纪30年代开始的汉字简化

---

[1] 文字改革出版社编(1958,P2)。
[2] 朱文熊(1906,P28)。
[3] 文字改革出版社(1958,P80)。"欲为易识之字"是否"非用拼音之法",尚待历史说话,但前面所讲,实乃真知灼见。

实践，新中国进行的汉字规范化、标准化工作，都直接或间接地促成了文字简便化。当然，在百年文字改革中，许多改革者的目的可能是要使汉字拼音化。表音字母化主要是指用字母给汉字注音。在历史上给汉字注音的方法有直音、反切等等，比起字母来很不方便。注音字母、国语罗马字和汉语拼音方案等，都使汉字的表音实现了字母化。

百余年语言文字的现代化工作，对语文教育的贡献，主要是帮助语文教育解决语言文字的问题，亦即帮助解决的是语文教育的基础层面的问题。当然，这些工作对语言文字运用层面和语文教育中的文化层面的问题也有帮助，但是对这两个层面的帮助不是直接的和主要的。从20世纪60年代开始进行的汉语文信息的计算机处理（又称计算机语言处理、中文信息处理等），初步解决了字处理的问题，在语言处理方面也有了重要进展。这些工作对当前语文教育的影响还不大，但将来肯定会发生重大影响。

三、语文教育界的探索

（一）语文教育的两个着力点

近百年语文教育（包括早年的"国文"和"国语"）成绩很大，拙文不能对此全面总结，只从上述语文教育的三个方面作宏观的勾勒。

近百年的语文教育，主要的着力点是解决A、C两个层面的问题。

在A层面上，用力最多、收效最大的是小学的识字教学和中学的语法教学。例如，为了解决小学阶段识字难的问题，产生了一系列的识字教学法，其中影响较大的有"集中识字""分散识字"（随文识字）"部件识字""字理识字""字族文识字""注音识字，提前读写"等等。虽然这些识字教学法还需要继续进行试验，需要继续在实验、推广的过程中进行理论上的总结和教学上的完善，但是它们的出现与推广，已经使识字这只语文教学的"拦路虎"不再"拦路"，退一步说也是找到了降伏这只拦路虎的办法，功莫大焉。

再如当年在中学阶段进行的"汉语、文学"分科试验。关于这一试验的设想，早在1951年3月召开的教育部第一次全国中等教育会议就已提出，1954年8月正式决定在中学实行汉语、文学分科教学，开始拟订"暂拟汉语教学语法系统"，并委托张志公先生主编《汉语》课本。1955年秋分科实验在全国79所中学的初一年级展开，1956年秋试验在全国推开，1957年之后停止了试验。虽然"汉语、文学"的分科试验非常短暂，但"暂拟汉语教学语法系统"却奠定了中学语法教学的基本格局，影响至今，它的新时期的修订版"中学教学语法系统提要"，仍为当今中学语法教学所遵循。

C层面涉及语文教育的方方面面，但主要体现在对课文的编选上。从总体上看，课文的编选受社会思潮和政治观念的影响很大，且有很重的文学情结，但往往缺乏文化（广义的文化）上的审视。当前中国内地语文教育改革的呼声很高，要求改革的内容仍属于C层面，虽然仍是多从政治观念上提出问题，但已向着文化的深层拓展，如道德问题、修养问题、人格问题、语文素质问题等等。

（二）语文教育的薄弱环节

由前面论述的语文教育的三个方面内容来看，近百年的语文教育还存在着一些较为薄弱的地方，概括来说是三方面：

第一，重文轻语。虽然早在1920年就开始设置国语科，几十年来要求重视口语教学的呼声从未中断，但是重视书面语轻视口语的"重文轻语"痼疾，仍然在语文教育中普遍存在。这种现象之所以成为"痼疾"，与我国几千年的教育传统、与国人根深蒂固的重文轻语的语言观念、与当今的考试和用人制度、与对口语的科学研究不够等都有关系。

第二，语言文字的运用是语文教育的基本内容，但关于语言文字运用的成体系有章法的教学，几乎是空档。运用语言文字的能力，就是根据交际需要，在一定的语言环境中妥当选用各种"语码"的能力，而不是简单的"听、说、读、写"。语用学、社会语言学、修辞学等对语言文字的应用规律都有一些探索，应当有人将这些学科的成果进行集成，并根据语文教育规律应用于语文教学。

第三，对语文教学中的文化问题，缺乏理性的审视和布局。语言文字及其运用所负载的文化内容，起着拓展和提升语文教育的重要作用。但是，这方面的教学缺乏"大文化"的思考，涉及的文化层面不全，文化之根不深。

除此之外，语文教学也同其他相关学科一样，重知识轻能力，素质教育虽然受到重视，但应试教育并未得到根本转变。这种"为知识、为考试"的语文教育，不仅对语文教育的实践有害，而且极大地妨碍着对语文教育规律的科学探讨。

（三）信息时代的语文教育

世纪之交历来都是思考的历史关头，反思历史，谋划未来。这一类的优秀的反思和谋划，常能或明或暗地影响一个世纪的历史进程。20世纪的语文教育，告别了传统的"书院模式"和"私塾模式"，开始了现代教育的进程，为新世纪的语文教育打下了基础。新世纪的语文教育，除了继承上个世纪的成果，克服、弥补上面所言的不足之外，大约还必须考虑信息化的问题。

不少哲人都预言，21世纪是以"数字化"为特征的信息时代。紧跟时代发展步伐，加强语文的信息教育，培养学生的语文信息能力，将是新世纪语文教育新的也是非常重要的任务之一。语文信息能力的基础是用计算机和其他设备输入语言文字，即笔墨纸砚这"文房四宝"的现代化。如果说过去要求学好普通话、规范字和汉语拼音只是练好语文基本功的话，那么今天则是进入信息时代的不可缺少、不可替代的要求。语文信息能力除了信息输入的能力之外，还有信息的检索、传递、加工、储存等能力，这些都是过去语文教育不曾涉及或没有自觉涉及的新课题。

如前所述，语言文字现代化的第五个方面是语言文字信息处理计算机化。作为语文现代化当代标志的语文信息处理，几十年来对语文教育的影响一直不大，但是随着社会的信息化进程，这方面对语文教育一定会发生重大影响。信息化与语文教育的问题，应是语言学界和语文教育界积极思考、合力探索的问题。

值得注意的是，现在中国内地的语文教育改革，有轻视语言文字教学的倾向。业已进行的信息教育，与语文教育是不同的科目，无论是课程设计还是具体的教学活动，与语文教育都是"两张皮"。轻视语言文字教学的倾向和信息教育与语文教育"两张皮"的现象，可能会给语文教育带来较大的负面影响。

参考文献

陈必祥主编：《中国现代教育发展史》，昆明：云南教育出版社，1987年。
费锦昌主编：《中国语文现代化百年记事》，北京：语文出版社，1997年。
李宇明主编：《语言学概论》，上海：高等教育出版社，2000年。
苏培成主编：《语文现代化论丛（四）》，北京：北京大学出版社，2000年。
佟乐泉、张一清：《小学识字教学研究》，广州：广东教育出版社，1999年。

王建华:《语用学在语文教学中的运用》,杭州:杭州大学出版社,1993年。
王 均主编:《当代中国的文字改革》,北京:当代中国出版社,1995年。
文字改革出版社编:《清末文字改革文集》,北京:文字改革出版社,1958年。
邢福义主编:《文化语言学》,武汉:湖北教育出版社,1990年。
许嘉璐:《语言文字学及其应用研究》,广州:广东教育出版社,1999年。
于根元:《二十世纪的中国语言应用研究》,太原:书海出版社,1996年。
中央教育科学研究所编:《叶圣陶语文教育论集(上册)》,北京:教育科学出版社,1980年。
周光庆、刘玮:《汉语与中国新文化启蒙》,台湾东大图书公司,1996年。
朱文熊:《江苏新字母》,北京:文字改革出版社,1958年。
庄文中:《中学语言教学研究》,广州:广东教育出版社,1999年。

原载《语言文字应用》2002年第1期

语言教学与儿童语言研究

一、语言教学

语言教学是应用语言学的一个重要组成部分,包括母语教学、非母语教学和病理语言康复训练三个方面。语言教学直接关系到全民的语言素质,关系到社会语言生活的质量,因此应受到语言文字工作者的高度重视。

我国在语言教学方面所取得的成就有目共睹,但从时代的高度看,也还有许多工作急需去做,还有一些领域亟待开拓:

1. 语言教学的根本依据是语言学习规律和语言学习理论。提高语言教学的质量和效率,语言教学改革的新主张及对改革的合理性的预断,都离不开对语言学习规律的认识,离不开语言学习理论的指导。无庸讳言,我国对语言学习规律和语言学习理论的研究还相当薄弱,如果这一状况不能有较大的改观,要使语言教学有较大的发展是不可能的。

2. 母语教学是一个纵横交错的系统工程。纵向看,小学到大学各阶段应该教哪些内容,采取什么样的教学方法,达到什么样的教学目的,还需要进行仔细的研究和科学规划;横向看,需要研究语言知识和语言能力、书面语学习和口语学习、语言学习同其他学习的关系。

3. 非母语教学,特别是汉语作为第二语言的教学,还有一系列的理论和实践问题需要深入研究,例如习得(Acquisition)和学得(Learning)的关系、中介语问题、对比分析和偏误分析、语言学习能力和语言学习策略、文化休克等。关于非母语教学,国外有不少流派,不少主张。这些主张的科学性需要检验,怎样用于我国的非母语教学,也需要实践。

4. 语言康复等病理语言学领域,扫盲、推广普通话等社会语言文字工作领域,也有许多语言教学的问题值得关注。

二、儿童语言研究

儿童的语言发展是其社会化发展的必由之路；研究儿童的语言发展，是探索语言学习规律、建立语言学习理论的基础性工作，并具有重要的理论语言学价值。我国的儿童语言研究起步较晚，步态蹒跚，需投放较多研究力量。

1. 建立儿童语言发展的语料库。既改进儿童语言的研究手段，也使更多的人能够利用语料库进行儿童语言和其他方面的研究。

2. 探寻儿童语音、语义、语汇、语法的发展规律，同时要注意研究儿童语用能力的发展。

3. 儿童的双语、双言教育应受到特别的关注。当前的双语双言教育，大多开始于语言学习的最佳期甚至临界期之后，带来了普通话推广和外语学习的一系列社会问题。但是，双语学习可能牵涉到民族情感等问题，因此，对儿童进行双语教育，必须在大量试验的基础上审慎进行。

4. 我国存在相当数量的有语言障碍的儿童，如盲、聋哑、弱智、语言发展迟缓的儿童等。研究他们的语言发展特点，对他们进行语言能力的康复和培建，既有重要的社会意义，也有重要的学术价值。

5. 第一语言习得是最为成功的语言学习。如何借鉴儿童语言学习的原理，促进第二语言教学、特殊儿童的语言康复，是一个颇具学术魅力的课题。而且通过这些不同的语言类型的比较，也有利于概括出语言学习的一般规律和理论。

为把我国的语言文字工作全面推向21世纪，特就语言教学和儿童语言研究两个方面略陈管见，以就教于方家，也供有关部门在进行语言规划时参考。

原载《语言文字应用》1998年第1期

第四编
语言能力与语言教育规划

公民语言能力是国家语言资源
——序《母语·文章·教育》

南开大学和高等教育出版社,对"大学语文"潜心研究,积极实践,卓有成效。他们成立专门机构,重视课程资源建设,利用网络改革教学方法,面向全体学生开设课程,开展母语宣传和写作竞赛活动,举办高校教师培训研讨,建立教学协作体等等。近悉南开大学"大学语文"课评为"国家精品课程",语文教育研究中心获"国家级教学团队"称号,敬慕之情自心涌生。学道酬勤,一分耕耘一分收获,一分美行一分誉名。《母语·文章·教育》,围绕高校母语教育专题探讨,是他们实践的升华,科研的新果,让人开卷有所得,合卷有所思。下面是我的一些所得所思:

在语言规划领域,当年只把语言看作问题,而今还把语言看作资源。语言资源作为一种新的语言观,正成为学界探究的新课题,并促人反思往日语言文字工作领域之成规,以新态度对待中国的各种语言、方言及外语,用新措施保存、保护、开发利用各种语言资源。

宏观而论,语言资源可分三类:第一类是自然语言及其文字,包括汉语汉字及汉语方言、各少数民族语言文字及其方言、外国语言文字等。第二类是自然语言的衍生品,如辞书、各种检字法、利用语言文字进行的信息检索法、语言文字教科书、语言文字的各种规范标准、语料库、语言知识库、计算机字库、各种键盘输入法、处理语言文字（包括语言翻译）的各种软件技术等等。这一类语言资源，有些是传统的，有些是面向信息化的，与高新科技和经济发展密切相关。第三类是语言能力，包括母语能力和外族语能力。语言能力优秀者便是各种语言人才。

语言能力何以可入语言资源之列？其一，语言是人类用于交际和思维的最为重要的符号体系，语言能力决定着信息表达与获取的能力，且较大程度影响思维水平。其二，语言文字是文化的重要组成部分，亦是文化的重要载体，语言能力决定文化水平，关乎语言认同。其三，有了一定的语言能力，母语才能延续和发展，外语才能引进和使用，各种衍生的语言资源才能掌控和继续创造。因此，公民的语言能力应看作国家重要的语言资源，看作国家软实力的重要组成部分。

语言能力既然是重要的语言资源，就需要周密进行语言教育、语言应用和语言人才等方面的宏观规划，需要教育机构精心培育公民的语言能力，以便将资源转化为可持续发展的国家力量。

大学语文是培养母语能力的延伸课程，其主要任务窃以为有三：其一，培养学生理性的母语意识。热爱母语是最重要的良性情感，母语学习的过程就是逐渐加深母语情感的过程。早期的母语情感是感性的，将这种感性的母语情感转化为理性的母语意识，母语的感情才最牢固，最浓烈。其二，全面提升学生的母语能力，包括娴熟得体的口语交际能力、优雅的书面语表达能力、精略随意的书面语阅读能力，这其中也包括关于母语的科学知识。不尊重母语的国家是没有前途的，未熟练掌握母语的人是无创新力的。其三，丰富学生的母语文化。母语文化是个人成长的母乳，文化经典是母语皇冠上的明珠。母语文化了解得越多，理解得越深刻，母语的能力就越强，母语感情也就越厚重越恒久。

大学语文在学生的母语情感、母语能力中掺入了更多的理性成分，使学生能够更好地感受母语、运用母语，能够更好地理解母语文化、传承母语文化、光大母语文化，因此大学语文是使国家语言资源大幅度增值的事业。当然大学语文还较年轻，教师教什么、怎么教，学生学什么、怎么学，还需在实践中长期探讨。正因如此，这部论文集更显得珍贵。

我受聘于南开大学指导博士生，本集作者可引为同事，并为同事们在大学语文课程中创造的成绩深感自豪。戊子匆去，己丑将至，在此即将移时增岁之际，殷盼大学语文有更多的成果问世，公民的语言能力有大幅度提升，国家的语言资源能得到更好的开发利用。

原载陈洪、李瑞山等著《母语·文章·教育——大学语文研究文集》，高等教育出版社，2008年12月。

语言能力需要终身培育

——序李君《大学语文教材研究（1978—2008）》

李君的博士学位论文《大学语文教材研究（1978—2008）》即将付梓，我由衷高兴。

李君的求学之路很不平坦，但终有所成。"王冕七岁上死了父亲。"这是语法学上的经典例句，一般人分析这个句子，能滔滔不绝地从语法讲到语义，而对于九岁丧父的李君来说，可能有更多的人生感悟。是母亲一人供养七个孩子长大成人，饥饿和寒冷是他们家当年生活的代名词。李君1994年考入黑龙江大学中文系，是哥嫂的无私供读才使他得以完成学业。大学毕业工作了两年，有了点儿经济积蓄，他才考回黑龙江大学读硕士。毕业后再工作四年，又有了点儿经济积蓄，又考入南开大学攻读博士学位。现在是黑龙江大学的副教授。东北的黑土地很养人，生活的磨难是人生的一笔重要财富。

据我所知，《大学语文教材研究》是我国第一篇从应用语言学角度研究大学语文教材的博士论文，研究材料的时间跨度从1978年到2008年共计30年，研究教材的数量多达350余部。为尽量全尽量多地获取这些研究素材，李君前后用了一个多月的时间到国家图书馆查阅复印。为节省开支，或是住在昏暗的地下室，或是到同学处借宿；复印费用太贵就用相机拍照，照片就拍了四万多张。通过对350余部大学语文教材多角度的统计分析，得出了一系列可信的数据，展示了新时期30年来大学语文教材编写的基本风貌和发展变化，对大学语文教材的编写提出了具有大量事实根据的建议。研究的扎实来自于材料的扎实，更体现着一个学者的学品与人品。

在李君搜集材料、撰写论文的过程中，作为他的博士论文导师，我和他一起思考大学语文的教学目标、教学内容等问题。大学语文之"语文"，究竟是何含义？是语言文字，是语言文学，还是语言文化？甚至就是文学、文化、文章学？在已有的教材研究、教学讨论和教材选文上，都会发现对"大学语文"理解上的各种倾向性。也许不同层次、不同类型的大学，或是大学中的不同专业，就应该有不同倾向的大学语文教材。

大学语文教材的倾向尽管多样，但大都认为应有一定的语言文字内容。的确，大学生还是需要学习一定的语言学知识，需要继续发展其语言能力的。但要进一步追问，大学生究竟需要哪些语言学知识？需要怎样发展其语言能力？由于学术研究的欠缺，恐怕谁都难以给出清单式的回答。回答这一问题，需要对现代社会成人的语言生活进行系统的研究，需要从语言能力的终身发展上进行教学规划。

人生的每个阶段，都有每个阶段的人生任务，由生到长，由壮到老。语言生活是人类最为重要的社会生活之一，关乎人生质量，从物质生活到精神生活。人生的每个阶段，有每个阶段的语言生活，保证每个阶段的语言生活质量，就需要获取一定的语言能力和语言知识，就需要终身观照下的语言教育。"终身观照"的语言教育，要旨有二：其一，人需要终身接受语言教育；其二，人生每一阶段的语言教育，都应有终身的系统考虑。

人生每阶段的语言教育，应考虑三方面的问题：第一，此阶段人的心智水平能够接受什么样的语言教育；第二，前段已经完成了哪些语言教育；第三，哪些教育是为后面的人生阶段教育做准备的，哪些教育是作用终生的。据此三点，可以粗略描画人生一些阶段的语言发展任务。比如：

婴幼儿期，是孩子发展基本口语的时期。2012年9月，教育部发布的《3—6岁儿童学习与发展指南》，从健康、语言、社会、科学、艺术五个领域描述幼儿的学习与发展。《指南》将幼儿期语言发展放在重要地位，是非常科学的。

小学阶段开始识字，开始发展书面语，在此基础上进一步发展口语，并适时地引入第二语言，特别是外语。

中学阶段是基本语言能力的培育阶段。中学生要具有运用口语和书面语完成人生主要交际任务的能力；要具有一定的外语能力、使用一般的现代语言技术的能力和一定的语言学知识。中学生的语言能力其实代表着国民的基本语言能力。

大学阶段是高级语言能力的培养阶段，起码需要考虑如下几点：第一，能够运用口语和书面语自如交际，且有一定的文学鉴赏能力；第二，外语能力有较大提高，甚至开始学习第二外语；第三，具有一定的语言科学素养，树立科学的语言观，对语言生活现象能够合理看待；第四，较为熟练地使用现代语言技术；第五，能够借助语言学促进专业学习，具有解决本专业语言问题的意识和初步能力。例如：法学、医学专业的学生，应有一定的应用语言学素养；哲学专业学生，应有一定的语用学、语言哲学、语言逻辑学的素养；计算语言学、发展心理学等专业的学生，应有一定的语言结构分析能力；理工科学生应有一定的术语学素养，等等。

语言生活随社会发展而快速变化，新词语雨后春笋般涌现，现代语言技术伴随着信息技术的进步而日新月异，在信息化时代语言能力对于人生的意义也愈发重要，因此，语言能力也需要终身培育，大学之后的人生旅程中，还需要不断地进行语言学习。

我国的语言教学实践和语言教育研究，虽然有较长的历史，但是缺乏对人生各阶段语言生活、语言需要的描述，缺乏终身语言教育的规划，特别是对高中之后人生各阶段的语言教育胸无定数，不确定还需要教些什么，还能教些什么，以及用什么方式去教，因此有了不同目标、不同内容的大学语文教材。当然，我国已经进入老年社会，老年语言生活还罕有学者涉足，老年语言学还是一片"处女地"。

李君的这篇论文，开了一个好头，但"终身观照"的语言教育还有很大的研究空间，需要学界，需要李君继续耕耘，继续开拓。

古人讲究教学相长，李君的研究也启发我思考了很多问题。李君谈起他的人生历程，总是感谢曾经帮助过他的人，特别是教育过指导过他的老师们。我常为他的"懂得感恩"而感动。这感动，也是教学相长的一部分。此时我也把这种"感恩"的感动化为言语，来表示对南开大学和南开大学同仁们的感谢。我国有悠久的语言文字工作传统，但却没有直接支撑的学科。在马庆株先生的倡议下，南开大学首设语言规划学博士专业，使我有机缘与马庆株等先生一起，为国家培养了一批从事语言规划研究的博士，以企对国家语言文字事业尽绵薄的学术之力。

唐代崔护有诗云："去年今日此门中，人面桃花相映红。人面不知何处去，桃花依旧笑春风。"（《题都城南庄》）诗人展现了对"人面桃花"的美好回忆，也强烈抒发了"物是人非"的人生感慨。我却突闪奇念，若将语言规划学专业比作诗中的"桃花春风"，我多么希望，不管人面何处去，桃花依能笑春风！

原载李君《大学语文教材研究（1978—2008）》，黑龙江大学出版社，2012年

外语能力是重要的人生资本

——序《中小学英语综合语言技能与分级学习丛书》

外语是外国人的语言,但绝非与我无关、与我无用之物。随着中国的改革开放和世界一体化进程的加快,外语应成为当代国人的必备素养。掌握一门外语,就多一条文化沟通的渠道,增加一种观察世界、表达世界的方式。对己而言,外语能力已成为人生的重要资本;于国而言,公民的外语能力应视为国家重要的语言资源;就整个人类而言,多一些掌握外语的人,利于国与国间的相互了解与理解,利于世界的和平与和谐。

已经拥有27个成员国的欧洲联盟(European Union),信奉"多元一体"的理念,要求其成员国公民学习两门外语。瑞士是多语言国家,把境内的德语、法语、意大利语和拉丁罗曼语都平等地定为国语。这个多语言的山国要求学生在义务教育阶段掌握三种语言:母语、本国的一种他族语、外语(一般是英语)。高中阶段准备就读大学的学生,还须学习第二外语,即掌握四种语言。掌握一门或几门外语,在欧洲自古为常;就是亚洲、非洲的许多地区,"双语人"和"多语人"也不罕见。

我国的外语教育可溯至遥远的先秦,但现代意义上的外语教育始自清朝末年,其标志是1862年至1964年陆续建立京师同文馆、上海广方言馆和广东同文馆。100多年来我国的外语教育,致力于把"单语人"变为"双语人",培养了一批批外语人才,为国家一步一步地走向现代化作出了贡献。但时至今日,我国仍有不少人视外语为"外物",不把它看作国家的语言资源去充分开发利用,不把它看作人生必有素养去自觉学习,外语学习理念不合语言科学和国际潮流,外语教育现状不适应国家发展,公民外语水平普遍不高、学习效率偏低、语种分布不合理等已成时弊痼疾,亟待医疗。

儿童是语言学习的天才,只要有适合的语境,适当的教育,正常儿童都能学会多种语言,且轻松自如。显然,外语学习应在尊重母语的前提下及早进行，将来的目标应是在义务教育阶段就基本掌握一门外语。外语教育应"为用而学，在学中用，在用中学"。中小学阶段最要紧者，不是达到什么应试水平，而是激发外语学习兴趣，养成良好学习习惯，特别是在发音、阅读、应用等方面打好基础。

《中小学英语综合语言技能与分级学习》丛书依当代外语教育理念而编，有明显的创新意识，有不少值得称道之处。如：撷取英美语料以保持语言的原生态；以听带说、以读带写，巧妙培养学生综合能力；以学生为主体，重视语言潜能的开发等等。最为珍贵的是，丛书提倡学生摸索适合自己的英语学习方法，了解和掌握记忆的规律，养成良好的学习习惯。外语学习无定法，适合自己的就是好方法。学习者要探寻适合自己的方法，谓之"学会学习"。教育者要帮助学生寻觅适合他的学习方法，谓之"因材施教"，谓之"授之以渔"。

昨日，远山收去戊子年最后一轮夕阳。今晨，海水荡起己丑年最初一抹朝霞。鼠牛换岁天地新，外语观念亦应随着时辰的更新而更新，公民的外语能力亦应伴着国家的发展而提升。

原载黄芳主编，《中小学英语综合语言技能与分级学习丛书》，广东人民出版社，2010年

培养各种外语人才

——序鲁子问《外语政策研究》

外语产自外国,但绝非外我之物,而是必握之器。

语言是人类最为重要的交际工具,同时还贮存着使用这一语言的人群的知识创造,蕴含着使用这一语言的人群的世界观,渗透着使用这一语言的人群的民族情感。就个人而言,外语与活动半径、信息能力、生活水平皆有关系。掌握一门外语就是多了一种新的交际工具,可以同另一民族交换信息、交流情感;就是多了一种观察世界的新视角,多了一个宏大的知识库。就国家而言,外语已经是"国家能力"的重要组成部分。在国内,需要用外语对在华的外国人员进行服务与管理;在海外,一切事务的处理、利益的维护、国际义务的履行都需要外语。就世界而言,维护文化的多样性,建立人类的文化互信,共同应对国际问题,促进世界和平进步,需要不同族群相互学习语言。提升国民的外语能力,发展国家的外语能力,需要国家制定合适的外语政策。当然,要提倡世界上不同种族相互学习语言,还需要国际公约。

我国有没有外语政策研究的专著?也许没有,起码是我没有读到过。我国有没有外语政策?一定有。因为我国有超过百年的外语教育史,当今学习外语者有三亿之众,相关部门有升学晋职的外语要求,日常生活中也常会遇到关于外语的规定,或是提倡它,或是限制它。但是大约没有几人能够清晰说我国的外语政策!这可能是因为,我国的外语政策是隐性的,分散的,不系统的,缺乏顶层设计的……

鲁子问教授主编的《外语政策研究》此时出版,可谓得风气之先,可谓应时势之需。这部著作,从公共政策的视角来研究外语政策,认为外语政策是为实现公共利益而制定的行动过程方案,具有导向功能、协调功能、控制功能和象征功能;应兼用政治学、社会学、语言学等学科方法来研究外语政策,应从社会发展、外语教育、国家安全等角度来制定外语政策,要用法律、行政、经济、社会文化等综合手段来执行外语政策,要从绩效、利益、效率、公平、发展等方面来评价外语政策。这部著作还详细介绍了以国家安全为目标的美国外语政策,讨论了美国"国家安全语言启动计划"、《国防部外语内容标准》的内容,并就其所涉及的国家外语能力规划、外语人口规划、语种规划、外语教育规划、外语资源利用等进行了深入分析。

这部著作的理论成果和国外事例,对于做好我国当前的外语规划,促使我国外语政策的显性化和系统化,无疑是具有重要的参考意义。我国学界在如何提高外语教学质量方面,有大量研究,但在外语规划、外语政策、外语生活、外语服务等方面的研究明显不足。就此而言,《外语政策研究》也是值得称道的。

2010年7月,《国家中长期教育改革和发展规划纲要(2010—2020年)》发布。纲要第21章明确提出要"培养各种外语人才"。这可以看作我国当今外语规划的指导思想,也是做好我国外语规划的"破题"之句。当改革开放发展到今天,当中国更加坚定地走入国际社会,当中外交流的范围日渐拓展、频度快速加密,当海外事务在国家的发展中变得越来越重要,当外语已经成为公民的素养和"国家语言能力"的重要组成部分,就必须接着做好国家外语规划这篇大文章,诸如:怎样及时了解和满足国家的外语需求,怎样培养外语人才,培养哪些语种的外语人才,培养什么规格的外语人才,怎样充分发挥外语人才的作用……

元代词曲大家乔梦符提出作乐府的六字之法:凤头,猪肚,豹尾。中国外语规划的破题之句已经如同"凤头"般俊秀,我们期待着其后的文章能像"猪肚"般丰富充实,"豹尾"般刚健有力。

原载鲁子问,《外语政策研究》,北京大学出版社,2012年

培养双言双语人[1]

语言保护和语言沟通，是当代语言生活的两大课题，也是牵涉到国家语言政策的两大课题。解决这两大课题必须统筹考虑，只谈语言保护还是只谈语言沟通，都难免片面；孤立地强调语言保护或语言沟通，都会带来社会问题。中国是一个多方言多语言多文化的发展中的大国，语言资源异常丰富，语言问题也相当复杂，因此，合理解决语言保护和语言沟通的问题，也就显得尤为重要和急迫。本文认为，造就大量的双言双语人，是统筹解决这两大课题的重要途径。

一、语言生活的两大课题

语言生活是一个使用频率越来越高的概念。李宇明（1997）曾经指出："凡学习、运用和研究语言文字的各种活动，以及对语言文字研究成果的各种应用，都属于语言生活的范畴。"依此理解，语言生活的领域是异常广阔的，它在整个社会生活和社会发展中的地位也是十分重要的。从语言规划的角度看，语言生活中两个颇为重要的课题是：语言保护和语言沟通。

（一）语言保护

语言是十分宝贵的社会资源。我国的语言资源十分丰富。首先，汉语是世界上少有的、方言如此分歧复杂的语种。从史的方面着眼，方言是古代语言和古代文化的"化石库"。方言中保存着大量的古代语言的成分，通过不同方言的比较研究，可以拟测古代语言的面貌，发现语言发展演变的规律。方言是地域文化的重要负载者，民族文化不是抽象的，是由丰富多彩的地域文化综合构

---

[1] 此文曾经在"香港多语多文化研讨会"（1997年3月，香港大学）上宣读。此次发表，作了较大修改。

成的。在方言及其所负载的地域文化中，蕴含着古代的民族文化成分，具有不可替代的文化价值。从现实和未来着眼，方言是滋养民族共同语发育的"营养基"。基础方言规定了民族共同语的基本面貌，推动着共同语的发展。基础方言之外的非基础方言，在民族共同语的发展中也具有重要作用。20世纪80年代以来，现代汉语发生了并正在发生着重要变化，粤方言、闽方言、吴方言等南方方言（包括海外华人社区使用的"华语"），以及在这些方言基础上所形成的"地方普通话"，为20余年来现代汉语的变化做出了有目共睹的重要贡献。当代新词新语的产生、外语词语的译借、新句法格式的出现和语体风格的嬗变，有许多都应归功于这些方言。因此，不管是着眼于历史还是放眼现在与未来，众多的汉语方言都是不可多得的语言财富和文化财富，都是具有极大的开发利用价值的语言资源和文化资源。

中国境内有汉藏语系、阿尔泰语系、南亚语系、印欧语系、马来—波里尼西亚语系这五个语系的语言，周庆生（2000：98）认为我国的语言有80多种。由于语言与方言的界限本非泾渭分明，也有学者认为我国的语言有100多种。我国究竟有多少种语言，有待进一步研究，但这些语言无疑都是语言学的宝库，为汉藏语系的谱系比较研究，为语言类型学、语言联盟等方面的研究，提供了得天独厚的基础条件。民族语言是民族传统属性的重要标志之一，系连着民族的情感，它的地位和命运在一般情况下也体现着或关系着它所属的民族的地位和命运。民族的语言也是民族文化的重要载体，众多的民族语言，代表着众多的文化样式。不同文化的接触和交融可以推动文化的快速发展，甚至可以创造出新的文化。因此，众多的语言及其所代表的众多的文化样式，是财富，是可供开发利用的资源。

但是应当看到，随着各地、各族人民和国内外的交往越来越密切，随着社会生活的变迁越来越迅速，随着因特网的使用越来越普遍，汉语各方言和许多民族语言的面貌正在发生重大变化，一些汉语的土话和一些少数民族语言正在消亡。在社会历史进程中，一些方言和语言的消亡也许难以避免，但是，并不能因此而对濒临灭亡的方言和语言无动于衷。语言不同于其他东西，一旦消亡就很难复活（希伯来语也许是个消亡之后又复活的例外），也无法复制。语言消亡也将带来文化、次文化的消亡或"化石化"。因此，语言保护（或曰"语言－文化保护"）已刻不容缓。

当前，愈来愈多的人已经认识到了环境保护、物种保护、水土保护、文物保护等的重要性和迫切性，社会宣传的力度、采取的保护措施和投入的人力物力都比较大。但是非常遗憾的是，却很少有人意识到语言保护的重要性和迫切性。

（二）语言沟通

在和平与发展的世界新秩序中，在日新月异的信息时代，每个地区、每个民族都不能把自己封闭起来。各地区各民族为了自己的生存与发展，必须相互接触、相互了解和理解，必须相互交流、相互借鉴与合作，以减少分歧、误解和争端，共同进步，携手发展。地区间民族间的接触、交流与合作，必以语言为先导，因此，需要语言沟通（或曰"语言－文化沟通"）。

汉语各方言正以前所未有的速度缩小差异，"众星拱月"般地向普通话靠拢；国内外各语言间的相互接触、相互渗透也日渐增多。不同地区、国内各民族和国内外的语言沟通，在我国改革开放大潮的推动下有了相当大的发展，但是方言间的隔阂和语言间的沟壑，仍极大地妨碍着人们的语言交际和文化交流，大大小小的、或隐或现的、直接的或间接的、国内的和国际的语言冲突和文化冲突时有发生。因此，在当今中国的语言生活中，既需要考虑语言保护问题，保护和开发各种语言资源和文化资源，繁衍自己的语言和文化（包括次文化），保持其地域特色和民族属性，又需要认真解决语言沟通的问题。

（三）双言双语人

语言沟通与语言保护具有一定的矛盾性。语言的沟通往往影响到对语言的保护，过分的不恰当的语言保护则势必影响语言沟通。二者之间的矛盾性，决定了必须统筹考虑语言保护和语言沟通的问题。寻求二者兼顾的语言对策，是宏观社会语言学的一项重要使命。笔者认为，造就大批的双言双语人（当然也包括"多言多语人"），是解决语言沟通与语言保护这对矛盾的一种较好途径。

双言人是指起码能够使用两种方言的人，双言人所使用的方言中，一般有一种是"母言"。双语人是指起码能够使用两种语言的人，双语人所使用的语言中，一般有一种是母语。在获得和使用母言、母语的过程中，双言双语人便把某种方言、某种语言及其所植根的文化继承下来，并繁衍开去，起到了一定的语言保护作用。在获得另一种方言、另一种语言的过程中，双言双语人也了解了另一种方言、另一种语言及其所植根的文化，并具有同另一方言区、另一语言社团的人进行语言交往的能力，实现了语言沟通。而且，双言双语现象可以具有较强的稳固性，有些民族的双言双语现象已经持续了几百年甚至上千年。因此，造就大量的双言双语人，可以兼顾语言保护和语言沟通。

二、培养双言双语人存在的若干问题

双言双语人古已有之。王健庵（1992）、喻遂生（1993）、金若（1993）等对《诗经》和两周金文韵文的研究表明，起码在西周时代汉语已有方言存在。有方言和方言间的交际，就必然有双言人。汉族与周边民族的交往起码在甲骨文时代就已经开始，语言是民族交往的先导，因此，起码在殷商时代就有双语人存在。双言双语人历代不绝，他们为地区间和民族间的交流做出了不容忽视的贡献。教育是大批量造就双言双语人的重要途径。清代洋务运动时期，开办了"广方言馆""同文馆"等外语学校，清朝末年兴起了国语运动，从而使双言双语人才的培养进入了新的历史阶段。在100多年的历史进程中，我国通过教育等方式培养了许许多多的双言双语人。

20世纪50年代以来，我国大陆在推广普通话和外语教育等文化建设方面做了大量的工作，培养了数以亿计的双言双语人。关于我国培养双言双语人方面的成绩，在政府文献和许多论文论著中都已有反映，本文只打算讨论一下这方面存在的问题。我觉得，我国在造就双言双语人方面存在的值得考虑和重视的问题主要是：

（一）存在大量的单言单语人

只会讲一种方言的人称为"单言人"，只会讲一种语言的人可称为"单语人"。一般说来，单言人一定是单语人，但是单语人不一定是单言人。现在，我国许多人的语言生活仍然是单言单语式的。从地域分布上看，单言单语人主要集中在交通、通讯不发达的地区（民族杂居地区除外）；从社会分布上看，年龄较大和文化水平较低的人群中，单言单语人的比例较高。特别值得注意的是，我国普及九年义务教育的成就虽然创造了人类教育史上的奇迹，但是仍然存在着一定数量的青壮年文盲或半文盲，在一些贫穷落后地区，少年儿童失学辍学的现象仍不罕见，新的文盲和半文盲不断滋生。文盲和半文盲中的绝大多数都是单言单语人,这就意味着单言单语人还在批量产生。大量的单言单语人的存在,无疑会严重地影响地区间、民族间、国家间的语言沟通。

(二) 弱势双言双语人的比例过大

任何语言乃至任何方言,在法律地位上和社会道义上应一律平等,没有优劣高下之分。但是,在现实语言生活中,由于历史、文化、政治、经济和使用人口等方面的种种差异,而使得不同的语言或方言在交际价值方面有强势和弱势之分。一般说来,使用范围较广、交际价值较高的语言和方言是强势的,使用范围较窄、交际价值较低的语言和方言是弱势的。

就当前我国的语言生活来看,普通话是强势方言(从社会语言学的角度看,普通话也是一种方言,是地位较高的权威方言),汉民族是中国的主体民族,汉语的使用范围较广,科技含量较高,在法律上具有"国家通用语言"的地位,是中国诸语言中的强势语言。就世界范围来说,一些大语种,特别是英语的使用范围较广,交际价值较高,是强势语言。能较好地掌握和使用强势方言、强势语言的双言双语人,是"强势双言双语人"。在所掌握的双言双语中没有强势方言、强势语言的双言双语人,或不能较好地使用强势方言、强势语言的双言双语人,是"弱势双言双语人"。弱势双言双语人比之单言单语人,在语言沟通方面稍有优势,但其优势远不如强势双言双语人。

在我国的双言双语人中,弱势双言双语人的比例过大。许多双言人所掌握的方言中没有普通话这种强势方言,或者说的是方音特别重的"地方普通话"。许多操双语的少数民族成员,或者其双语中没有汉语,或者会说汉语但是说的是某种弱势的汉语方言(包括"地方普通话")。许多人不会说外语,许多会说外语的中国人,其外语水平也相对较低,有相当一部分人不能用外语进行较为自如的全方位的交际,他们也是弱势双语人。

弱势双言双语人比例过大的原因主要有二:其一,我国语言教育的范围和质量都还不够理想。大陆推广普通话的工作开展了几十年,但是由于人口众多,方言复杂,再加上"文化大革命"的冲击、"粤语北上"的影响和其他社会因素的干扰,能够讲普通话的人仍然集中在某些行业、某些地区和某几个年龄段。外语教育的范围和条件比起普通话教育来就更为有限。其二,许多双言双语人一般都是"自然双言双语人"。自然双言双语人不是通过正规教育的途径获得第二方言、第二语言的,而是由于迁徙、旅居、杂居或生活在双言双语环境中自然而然习得（Acquisition）的。由于我国的语言分布状况，自然习得普通话的机会并不很多，如分布在我国东北、西北和西南的少数民族，即使掌握了汉语，也多是东北、西北和西南地区的汉语方言，而不是普通话。南方方言区的人，自然习得的第二方言也多是南方的方言或带有较强南方味的地方普通话。

（三）普通话和外语教育的起始年龄偏大

应该承认，我国对普通话教育和外国语教育是相当重视的，特别是改革开放的新时期，但是效果并不怎么理想。社会用于语言教育的投入、个人用于语言学习的投入都很大，但是，投入与产出很不成比例。原因是多方面的，其中一个最为主要的原因，我认为是普通话和外语教育的起始年龄偏大。

伦内伯格（E. Lenneberg）、彭菲尔德（W. Penfield）等人的研究表明，语言学习在年龄上有最佳期和临界期。（参见李宇明，1995）查穆伯斯（J. K. Chambers）在《方言习得》（Dialect Acquisition）一文中把语言习得者分为"早期习得者"和"晚期习得者"，并颇有见地地指出：早期习得者（7岁和7岁以下）可以顺利习得语言，晚期习得者（14岁和14岁以上）几乎不能顺利习得语言；7至14岁之间的人，有的属于早期习得者，有的属于晚期习得者。（陈前瑞，1994）学术界虽然对语言学习最佳期、临界期的年龄还有不同看法，但多数研究者认为，语言学习的最佳期在7岁左右，临界期在13岁左右。7岁之前可以较快地、地道地掌握任何一种口语，临界期以后再学习语言就比较困难，而且难以学得地道。

在我国大陆，条件较好的城市学校，多数是在小学高年级开始教外语，条件较差的乡镇学校，多是在中学才开设外语课。学生开始学习外语的年龄已接近临界期或在临界期之后，加上学生的外语成绩与升初中、升高中的关系并不太密切，一般都收效不大。绝大多数人的外语其实是在大学或专门的外语教育机构学习的。近年来，一些小学、中学和大学正在努力加强外语教学，比如一些大学，要求某些课程用外语讲授，一些中小学尝试进行"汉外双语教学"。这些措施还都处在试验阶段，而且还有许多政策性、学术性的问题需要解决，其效果如何亦需实践的检验。

学校的普通话教育状况比外语教育状况稍好一些，但是，使用方言和地方普通话进行教学的学校并不在少数，特别是高等学校（师范类的高等学校情况好一些)、乡镇学校和南方方言区的学校。许多学生在语言学习的临界期之前并未掌握普通话。

由于普通话和外语教育的起始年龄偏大，造成了普通话教育和外语教育的高投入低产出、全社会的普通话水平不高和外语水平低下的局面。语言教育的起始年龄偏大，固然与教育条件（如师资条件等）有关，但主要原因是在教育指导思想和语言教学等方面忽视语言学习规律，而且对造就强势双言双语人的意义缺乏足够的自觉的认识。

（四）少数民族地区的双语教育问题

中国是一个多民族国家，少数民族地区的教学语言是一个较为敏感的问题。许多专家认为，语言教育中使用母语，可使个人充分发展，民族的语言和文化得到保存和延续；学习主体民族的语言，不仅有助于民族间的理解、交流与团结，而且也有利于少数民族自身的发展。因此，在中国的民族大家庭中，少数民族实行双语制，少数民族地区实行双语教育，从任何角度看都是正确的、必要的。当然，少数民族的双语教育应遵从少数民族自己的愿望，尊重少数民族的家长与学生自己的选择。

少数民族地区的双语教育有许多问题值得思考和研究，例如：

1. 在哪个年龄阶段，或者说在儿童的母语发展到何种水平时开始进行汉语教育最为合适？

2. 在儿童语言学习的临界期前后，是否有可能完成最基本的双语教育（特别是第二语言的口语教育）？

3. 母语与汉语在教学中如何分工与合作？比如，哪些课程适合用母语教学，哪些课程适合用汉语教学？

4. 怎样提高少数民族语言的现代科学技术和现代文化的含量，提供较为充足的适合少数民族学生学习母语和汉语的课外读物。

三、结语

无论从今天所处的时代还是从我国的政治、文化、经济等方面着眼，都必须对上述问题采取积极而有效的对策，特别是要加强对双言双语现象、双言双语教育和双言双语人的研究。坦诚地说，人们对双言双语的认识还相当有限，重大的社会文化活动，必须有坚实的科学研究的基础，不能仅凭热情和轰轰烈烈的运动。我感到，需要研究的课题起码有如下一些：

1. 中国双言双语的历史考察。以史为鉴则明。

2. 中国双言双语的现状、问题与对策。这方面要特别注重田野调查和实证性研究，制订对策要以宏观社会语言学理论和应用语言学的理论作为指导，要富有远见，要符合国情。

3. 双言双语教育的规律及教育改革。双言双语教育应遵从语言学习规律。语言学习规律是我国学术研究中的薄弱领域。就各种类型的语言学习而言，儿童第一语言习得是最为成功的，应加强对第一语言习得的研究，从中获取有益借鉴。

4. 双言双语人的心态与优势。

5. 大批量培养双言双语人的规划与措施。规划与措施要具有可操作性，要有法律效力。

此外需要注意的是，随着普通话在国内的推广，可能会出现新的单言单语现象。比如有些儿童可能只学习普通话而不再学习方言，成为新的单言人。有些少数民族的儿童，可能只学习汉语而不学习母语，或者把母语学习看做是掌握汉语的"拐杖"，学会了汉语就把母语的拐杖甩掉了，从而成为新的单语人。如何看待这种新现象，也值得研究。

总之，语言是文化、次文化纵向传承的"基因"，是不同文化、次文化横向交融的梁津。语言资源的保护与开发，就某种意义而言，比物种资源、文物资料的保护与开发更为重要。应加紧对我国方言和语言的调查研究，建立能保存方言和语言真实面貌的语言档案，设法创造一个良好的语言生态环境。与此同时，在现代科技、政治、经济等大背景下制订语言沟通战略，争取在不长的时期内培养出大批的强势双言双语人，以利于国际国内的交流与合作，以利于中国迅速地走向现代化。

参考文献

陈恩泉等：《双语双方言（三）》，香港：汉学出版社，1994年。

陈前瑞：《方言习得的八条原则——介绍J. K. Chambers的〈方言习得〉》，《国外语言学》1994年第3期。

国家对外汉语教学领导小组办公室：《各国推广本族语情况汇编》，北京：北京语言学院出版社，1990年。

国家语言文字工作委员会法规室：《语言文字工作百题》，北京：语文出版社，1995年。

金若：《〈诗经〉韵系的时代分野》，《古汉语研究》1993年第4期。

李宇明：《儿童语言的发展》，武汉：华中师范大学出版社，1995年。

李宇明：《语言保护刍议》，深圳语言研究所编《双语双方言（五）》，香港：汉学出版社，1997年。另载《中国民族语言学会通讯》1998年第1期。

眸子：《语言生活与精神文明》，《语文建设》1997年第1期。

孙宏开：《试论我国的双语现象》，《民族研究》1983年第6期。

王健庵：《〈诗经〉用韵的两大方言韵系》，《中国语文》1992年第3期。

邢福义等：《文化语言学》，武汉：湖北教育出版社，1990年。

许嘉璐等：《中国语言学现状与展望》，北京：外语教学与研究出版社，1996年。

严学宭：《中国对比语言学浅说》，武汉：华中工学院出版社，1985年。

语文出版社：《语言文字规范手册》（增订本），北京：语文出版社，1993年。

喻遂生：《两周金文韵文和先秦"楚音"》，《西南师大学报》1993年第2期。

中国社会科学院民族研究所：《世界语言报告（中国部分）》，北京：中国社会科学院民族研究所，2000年。

周庆生：《语言与人类》，北京：中央民族大学出版社，2000年。

周庆生主编：《国外语言政策与语言规划进程》，北京：语文出版社，2001年。

周有光：《新语文的建设》，北京：语文出版社，1992年。

原载《长江学术》2003年第4期

关于中小学"双语教学"的思考[1]

双语现象（Bilingualism）[2]是双语教育（Bilingual Education）产生的基础。双语现象自古存在，但对双语问题的研究却仅有百年历史。随着双语问题研究的进展，产生了当今对双语教育的重视。双语教育是一个系统，它的中心环节是双语教学（Bilingual Teaching），围绕双语教学还有一系列配套的制度、条件、举措等等。学界常将"双语教育"和"双语教学"混用不分，其实从理论到实践都不容忽视二者的差别。[3]

双语教学在我国历史悠久，但自觉关注双语教学，却是自20世纪80年代的少数民族教育改革开始。[4]民族双语教学所使用的双语，是本民族语和普通话，可称为"民汉双语教学"。随着国家的改革开放，为加强少数民族学生的外语教学，一些民族学校在原来双语教学的基础上，开始探索"民族语—汉语—外语"三语教学。[5]

此时，汉族学校也正谈论外语的重要性和如何加强外语教学的问题，在民汉双语教学的启发下，在海外一些国家和地区"双语教学"的影响下，有人提出并开始在汉族学校进行"汉语—外语"双语教学。有些学者在讨论地方语言规划（Language Planning）时，提出过实行双语制、普及英语教育的主张，认为普及英语教育应"以早期施教为重点，从小学开始加大英语教学量，完善

---

1 此文曾在湖南大学"第一届岳麓语言获得研讨会"（The First Yuelu Language Acquisition Workshop，2003年12月12—14日）上宣读。
2 多语现象（Multilingualism）是双语现象的复杂化，本文的"双语现象"在一些时候也包括多语现象，"双语"在一些时候也包括"多语"。
3 戴庆厦等（1999，P172—174）曾经讨论过"双语教育"和"双语教学"的诸多问题，可参看。
4 参见戴庆厦等（1999，P139—165）。
5 参见关辛秋（1996）。

教学体系"。[1]步入21世纪，有些地方教育行政部门正式发文，开始大力提倡汉外双语教学试验[2]。一些出版社为支持教育改革，有计划地推进双语教材的出版。双语教学的研究机构开始出现，双语教学的观摩会、学术研讨会不断举行，网络上出现了许多关于双语教学的专栏。人民教育出版社2003年的《人教版双语教材宣传单》，用"如火如荼、轰轰烈烈"来形容当前的汉外双语教学局面，也许真的不算过分。[3]

汉外双语教学的覆盖面相当广泛，从幼儿园到大学，从自然科学课程到文科课程乃至语文课程[4]，从课内讲授到课外活动，都有进行汉外双语教学试验的。汉外双语教学自出现至今，社会上一直议论纷纷，赞成者有之，反对者更

---

[1] 参见宫日英（1996）。

[2] 双语教学试验的"试验"，也有不少用的是"实验"。现代汉语词典对"试验"的解释是："为了察看某事的结果或某物的性能而从事某种活动。"与其平行的词语有"试点、试行、试制"等。对"实验"的解释是："为了检验某种科学理论或假设而进行某种操作或从事某种活动。"笔者以为，双语教学主要是试点性质的，通过试点摸索经验，察看成效，然后决定是否推广，而不是或主要不是检验性质的。当然，任何"试验"都有理论假设，因此带有一些"检验"性质；任何"实验"也都需要察看，有不少实验也可能会摸索经验以求推广。尽管如此，笔者还是认为用"试验"更合适些。除引用的原文外，本文一律用"试验"。

[3] 无名氏（2004）这样描述当前的汉外双语教学局面："双语教学目前在教育界已经不是一个陌生的词汇，在上海、辽宁、山东、广东、苏州等许多省市的许多地区和学校，双语教学实验大有由"星星之火"转为"燎原之势"的趋势。辽宁、上海、广东均是教育行政部门整体推进，都选择了100所学校进行实验。苏州市于2001年选择了31所中小学启动了双语教学实验，江西省教育厅也要求所属地市各建立4至5所双语实验学校，另外还有许多省市具备相应条件的学校也在进行实验。与此相适应，一些双语研究机构开始建立，如教育部课程教材研究所就成立了"双语课程教材研究开发中心"，华东师范大学课程与教学研究所成立了"双语教育研究中心"，山东省成立了省级的"双语教学专业委员会"，前不久，"苏州市双语教学研究中心"也挂牌成立。有关双语教学的交流和研讨活动也不断开展，2003年就分别在上海、广州、苏州等地举办了以双语教学为主体的研讨会。以双语教学为主的科研课题也已列入国家"十五"规划的重点课题。全国性的双语教学研究机构也呼之欲出。"王旭东（2003, P77—78）、陈昌文（2003）也介绍了双语教学的情况，并有一些新资料。

[4] Sohu网2003年12月10日转发《文汇报》文章《小学语文要用英语来教？不尊重母语是莫大悲哀》，称杨浦高级中学名誉校长于漪，有一次看到小学语文用英语教的"双语教学"。于漪认为："语文教育是培养我们的民族情结、民族文化、民族精神的一种手段，而不是单纯意义上的语言工具。母语和学生之间的联系是一种亲情的联系，而我们现在的人对自己的母语如此不尊重，真是莫大的悲哀。"四川省彭州中学网刊载的彭州中学双语教学实验班情况介绍，有"语文教学中的双语教学实施方案"。

有之。其实,赞成的声浪再大,也淹没不了双语教学所面临的诸多窘迫问题;同样,反对的理由再多,也阻止不了双语教学的开展,因为外语(英语)对人生的影响太巨大了,巨大到个人理智和社会理智都难以正常发挥作用的地步。所以,在当前的情势下,对双语教学进行深入研究比表示赞成或反对更重要。本文以中小学的汉外双语教学为讨论范围,先比较它与民汉双语教学的同异,然后提出双语教学亟待深入研究的若干问题。

一、两种不同性质的"双语教学"

加拿大著名的应用语言学家威廉·麦基(William F. Mackey 1970,P552)认为,"双语学校"的概念包含了很多并不相同的现象,"英国的学校中,只要学校一半课程用英语讲授就称为双语学校;在加拿大,为操法语的加拿大儿童所开的学校,全部课程用英语讲才叫双语学校;在苏联,除俄语外全部课程用英语讲的学校叫双语学校,或者有些课程用格鲁吉亚语,有些用俄语讲的学校叫双语学校;而在美国,英语作为第二语言教学的学校叫双语学校,如教会学校或周末民族学校"。他认为:"完全不同类型的双语情况被不明智地归为双语学校,并用来作为双语研究的基础……'双语学校'这个术语意义甚丰,即使在同一个国家里,在任何讨论中的见解都可能因人而异,因此,按目前的定义双语学校无法成为研究的对象。"

威廉·麦基的这一观察具有普遍性,这一认识发人深思。双语学校的概念如此,双语教育、双语教学的概念亦如此。在我国,讨论国外情况还是国内情况,许多不同的"双语教学"现象也被混同为一,于研究于实践皆无裨益。实应较而析之,分别研究,区别对待。例如,民族学校的"双语教学"和汉族学校的"双语教学",就是两种不同性质的双语教学。这可以从双语性质和教学目的两个方面来说明:

(一)教学使用的双语,性质不同

我国民族学校的双语教学,其双语是本民族语和普通话。本民族语是学生的母语;普通话是汉民族的共同语,也是中华民族相互交际的通用语。1982年12月4日通过的《中华人民共和国宪法》第十九条,指出普通话"全国通用",2000年10月31日通过的《中华人民共和国国家通用语言文字法》第二

条,把普通话明确法定为"国家通用语言"。从语言功能和语言地位的角度观察,民族语和普通话有三个明显的特点:

1. 本土性。这两种语言都是本土语言,不是外语。

2. 现实性。这两种语言都活跃在少数民族的现实语言生活中,发挥着交际功能,虽然民族语和普通话在交际功能上有分工、不平行。

3. 义务性。这两种语言都是少数民族在中华民族这个共同体中生活应该掌握的。掌握母语有利于民族文化的保存与发展,有利于民族情感的维系,是民族成员的义务。掌握普通话有利于本民族发展,有利于族际交际、民族团结和国家统一,是中华人民共和国公民的义务。

汉族学校当前试验的双语教学,其双语是本民族语(普通话)和外语(就当前双语教学的实践来看,名为外语实为英语,[1]虽然有的地方教育行政部门也提出了其他外语的问题[2])。普通话是本土的,外语不是本土的;普通话在我国现实语言生活中发挥交际功能,而外语,一般场合基本不用,只在极个别、很特殊的场合才有交际功能;学生有掌握普通话的义务,但没有掌握外语的义务。所以,汉外双语教学与民汉双语教学,两者教学语言的社会性质很是不同。

新加坡、香港也有不少学校进行汉英双语教学。英语是新加坡和香港的官方工作语言,具有社会交际的现实性。新加坡和香港的公民虽然没有掌握英语的义务,但是若不懂英语,就不能有较好的就业岗位,不能享受较好的政府信息服务,不可能有高质量的社会生活。因此,中国内地的汉外双语教学,与新加坡、香港双语教学的教学语言,社会性质也不相同。

(二)教学目的不同

民汉双语教学的主要目的,是让学生既掌握民族母语,又能较好掌握国家通用语言,使学生"民汉兼通"。戴庆厦、董艳(1995,P49—50),把民族地区的双语教学分为三种类型:

1. 一贯制双语类型。中小学教学语言以民族语为主,到大专院校教学语言为民族语与汉语双语并行,或转为汉语为主。

---

[1] 江西省教育厅(2001)发布的双语教学试验试点工作的通知,措辞就是中小学中英文双语教学,而不是中外文双语教学。
[2] 例如,辽宁省教育厅(2002)指出:"选修课采用原版教材。必修课引用原版教材作为辅助教材使用。实验可用英语、日语、俄语、德语、法语、西班牙语等多个语种,以英语为主。"

2. 小学双语型。小学低年级母语为主要教学语言，小学高年级汉语成为主要教学语言。

3. 辅助双语型。小学低年级用母语辅助教学，小学高年级完全以汉语为教学语言。

这三种双语教学类型，适用于语言文字状况不同的少数民族。粗略看来，这些双语教学似乎都是让学生从母语逐步过渡到汉语，或母语与汉语并行。但这并不能说民汉双语教学的目的，就是在民族学校推广国家通用语言。请看两项有关的研究：

戴庆厦等（1999，P147—156）指出，从清朝到民国，政府在民族地区主要是开设汉文课或汉文学校，教民族学生学习汉语。新中国成立后，鼓励民族学校使用本民族语文进行教学，并在需要和自愿的原则下开设汉文课。1951年政务院批准的马叙伦《关于第一次全国民族教育会议的报告》指出："凡有现行通用文字的民族，如蒙古、朝鲜、维吾尔、哈萨克、藏等族，小学和中学的各课程必须用民族语文教学。有独立语言而尚无文字或文字不完全的民族，一面着手创立文字或改革文字；一面得按自愿原则，采用汉语文或本民族所习用的语文教学。关于少数民族学生学汉文问题，会议一致同意各少数民族的各级学校得按当地少数民族的需要和自愿设语文课。"[1]至此方有了真正的民汉双语教学。但是，1958年至1976年，因对民族关系、民族语言的不当认识而取消了民族语文教学。[2] "文化大革命"结束之后开始的民汉双语教学，在此种历史背景下看，其实是在恢复民族语文教学。

关辛秋（1996）先后调查了九项民族双语教学试验，其中有一项是幼儿朝鲜语"浸没式"试验。东北一些朝鲜族幼儿，因其父母基本不懂朝鲜语而不会讲母语。为帮助这些幼儿掌握母语，有些城市举办了朝鲜语幼儿园，使他们经过教育成为操双语者。

戴庆厦等（1999）和关辛秋（1996）的研究说明，民族学校（幼儿园）的双语教学，并不只是为了推广国家通用语言，也是为了扩大民族语文的教学。

民汉双语教学的另一目的，是让学生更好学习科学文化知识。我国许多少数民族没有文字，有文字的民族中，只有少数历史较为悠久的民族文字可以表

---

1 转引自周庆生（2001，P258）。
2 其间也曾经有过短暂的调整，局部恢复过民族语文的教学。

达现代科学文化（当然需要不断完善）。通过双语教学让少数民族学生掌握汉语文，显然对学习现代科学文化知识有利。此外也有调查表明，过去一些民族学校一开始就用汉语教学，导致少数民族学生大量流失，出现了"学校出文盲"的怪现象。[1]戴庆厦、董艳（1995，P43）指出："重视民族语文，抓好双语教育，在社会扫盲、普及文化、提高普及义务教育效果方面十分显著。……可以说，要摆脱贫困走上科技致富的道路，就必须处理好民族语言和汉语的关系。"双语教学在提高民族地区的文化水平、促进民族地区经济文化的发展等方面，具有重要意义。

汉外双语教学的目的，是加强外语教育。此说的主要根据有三：

第一，地方教育主管部门关于开展双语教学的文件或所制定的双语教学发展规划，明确指出双语教学是为了加强外语教育或普及外语教育。例如：

（1）江西省教育厅（2001）："为进一步深化我省基础教育课程改革，切实加强中小学外语教学，……省教育厅研究决定，从今年秋季新学年始，启动部分有条件的学校和学科进行中、英文双语教学试验试点工作，以加强我省中小学英语学习训练……"

（2）辽宁省教育厅（2002）："为推进教育现代化，应对入世挑战，培养国际化复合型人才，深入实施素质教育，提高中小学生外语水平，使我省中小学的外语教学水平逐渐实现与国际接轨，省教育厅决定在全省中小学全面普及外语教育，聘请外籍教师，引进外语教材和先进的教学管理模式，开展'双语'教学实验。"

（3）上海市闸北区教育局（2001）："通过五年的实践，全区50%的教师能进行学科双语教学；在直观性强、操作性强的学科先行试点的基础上，随着试点年级的滚动，争取所有学校、所有学科（汉语除外）都有双语教学班；并有一批双语教学示范学校。培养一批具有现代教育理念、会外语、有专长、能用外语驾驭学科教学的复合型的新型教师；形成各学科双语教学骨干队伍；通过在其他学科用外语授课的形式，创设浓郁的校园外语学习氛围，在学科教学过程中体现外语的信息传递、思想交流、情感表达的功能，让学生发展交际技能、学习技能和思维技能，形成我区学科双语教学特色。"

第二，从试验的实际状况看，双语教学的主要做法是用外语讲授学科课

---
1 见戴庆厦等（1999，P154—155）。

程，或是希望形成听说外语的校园环境。再如，《人教版双语教材宣传单》及《人教版双语教材一览》，其实都是英文教材。2003年9月2日由中国日报网站主办的《21世纪小学生英文报》，被宣传为"中国第一份由国家级媒体主办的、直接面向小学生的双语报纸"。[1]

第三，一些理论研究的取向，也是把双语教学看作加强外语教育的举措。例如：

（1）华南师范大学国际与比较教育研究所（2003）发出的《双语教学与基础教育改革国际研讨会邀请函》："走向新世纪，中国都在积极推进英语教学，以策应知识经济兴起和经济全球化发展，特别是中国加入WTO后教育发展的要求，双语教学倍受重视，三年来华南师范大学国际与比较教育研究所与美国、芬兰及香港教育学院合作开展'综合式英语教学实验'，对以英语教学为主的双语教学做出重大的推动，为了进一步推进实验和提升双语教学成果，现课题组与惠州市教育局及广东省比较教育研究会联合于2003年9月18—20日在惠州市举办综合英语教学实验为主体的第三次'双语教学与基础教育改革国际研讨会'，特致函邀请您等专家与会指导，发表高论，研讨中国外语教育与基础教育改革。"在这封邀请函里，"外语教育""英语教学""以英语教学为主的双语教学""双语教学"等概念共现，所指内涵基本相同。

（2）王本华（2003，P117—118）指出："双语教学就是将母语以外的另外一种语言直接应用于语言学科以外的其他各种学科的教学，使第二语言的学习与各学科知识的获取同步进行。……在双语教学中，学科知识的获取是主要目的……采用双语教学更大程度上是给学习者创造学习和使用第二语言的空间，使他们在掌握学科知识的同时，能够尽可能多地使用需要他们掌握的第二语言。而双语教学的终极目的，就是让学习者能同时使用母语和第二语言进行思维，能在这两种语言之间根据交际对象和工作环境的需要进行自由的切换，以便在精通母语和母语文化的同时更好地了解世界各国的文化，使他们具有进行跨文化交流的能力，并树立跨文化意识。"[2]

（3）张民生（2003，P20—21）非常明确地指出："'积极推进中小学

---

[1] 见无名氏（2003）。
[2] 用汉语讲授学科知识，就当前的条件看，比用外语讲授学科知识更有利于教师教、学生学，因此把学科知识获取说成双语教学的"主要目的"是不符合实际的。至于说"终极目的"的实现，也需要以外语水平达到一定程度为前提。在研究者和试验者的心目中，双语教学可能有诸多目的，但是说到底是让学生能很好地掌握一门外语。

双语教学实验'旨在在更广阔的学科领域中，更丰富的语言层面上扩大学习者的英语实践时空，拓展英语教学的外延，深化英语教学的内涵，优化英语习得环境氛围，整体提高学生的英语水平，在确保学科目标基本达成的基础上，体现英语教学和学科教学的有机结合。"

汉外双语教学的目的，不仅不同于民汉双语教学，而且也不同于美国等地的双语教学。美籍华裔语言学家李英哲（1996，P150—151）指出："在美国，联邦政府教育部中虽然有双语教育司，但是它们的双语教育主要是以使用单语，也就是英语为最终目标的一种教育方式，是一种暂时性、过渡性的双语教育。美国认为她主要是一个使用英语的国家，只想把从世界各地来的移民都同化成英语使用者。所以，可以说，美国过渡性的双语政策不是真正的双语教育。它其实是以单语（英语）为最终目标的暂时性的双语政策，主要目的是为了协助母语为非英语的儿童在刚移民到美国时以母语先接受教育，直到英语学好时，才停止在学校中使用母语，继而用英语进行所有教育。"[1]事实上，为加强外语学习而进行的双语教学，在世界上都是不多见的双语教学类型。

二、亟待研究的若干问题

近年来进行汉外双语教学试验的中小学至少有三四百所。[2]这些试验向应用语言学家和教育学家提出了新课题，同时也提供了十分难得的研究机遇。就中小学的汉外双语教学而言，笔者把自认为最需深入研究的问题列举出来，并无结论，意在引发双语教学研究者的思考，或可为教育决策者提供参考。

（一）法律根据

教学语言是国家语言政策的重要体现，是国家语言规划的重要内容，是教育主权的有机组成部分。现行的《中华人民共和国宪法》第四条第四款规定"各民族都有使用和发展自己的语言文字的自由"，第十九条规定"国家推广全国通用的普通话"。根据宪法有关语言文字的精神，我国的多部法律法规都对学校语言文字的使用做出了明确规定。

---

[1] 周小兵（1996，P334—335）也认为，美国的双语教育是"为了使新移民尽快掌握英文以适应美国社会"；但是，这种双语教育"也是为了让他们的后代不丢掉母语的民族文化"。他对美国双语教育的评价，与李英哲（1996）的评价有所不同。
[2] 参见陈昌文（2003）、无名氏（2004）。

首先要看到，民汉双语教学是有法律根据的。例如：

（1）1984年《中华人民共和国民族区域自治法》第三十七条第三款："招收少数民族学生为主的学校，有条件的应当采用少数民族文字的课本，并用少数民族语言讲课；小学高年级或者中学设汉文课程，推广全国通用的普通话。"

（2）1992年《中华人民共和国义务教育法实施细则》第二十五条："用少数民族通用的语言文字教学的学校，应当在小学高年级开设汉语文课程，也可以根据实际情况适当提前开设。"

但是，把外语作为教育机构的教学语言（外语课程除外）是没有法律根据的。例如：

（3）1986年《中华人民共和国义务教育法》第六条："学校应当推广使用全国通用的普通话。"

（4）1992年《中华人民共和国义务教育法实施细则》第二十四条："实施义务教育的学校在教育教学和各种活动中，应当推广使用全国通用的普通话。""师范院校的教育教学和各种活动应当使用普通话。"

（5）1989年《幼儿园管理条例》第十五条："幼儿园应当使用全国通用的普通话。"

（6）1995年《中华人民共和国教育法》第十二条："汉语言文字为学校及其他教育机构的基本教学语言文字。""学校及其他教育机构进行教学，应当推广全国通用的普通话和规范字。"

（7）2000年《中华人民共和国国家通用语言文字法》第十条第一款："学校及其他教育机构以普通话和规范汉字为基本的教育教学用语用字。法律另有规定的除外。""学校及其他教育机构通过汉语文课程教授普通话和规范汉字。使用的汉语文教材，应当符合国家通用语言文字的规范和标准。"

这些法律法规条文明确规定，普通话和规范汉字（或称"国家通用语言文字""汉语言文字"）是学校及其他教育机构法定的教育教学用语用字。汉外双语教学，把外语作为教学语言，甚至还希望把外语作为校园语言，尚缺乏现行法律根据。

有人已经关注汉外双语教学的法律依据问题。上海市一位人大代表认为，在非外语学科中用外语教学是不妥当的，此举与国家现行法律不合拍。[1]《中

---

1 见陈韶旭（2003）。

国教育报》一位记者把汉外双语教学试验说成是"不合法状态下进行的公开活动",认为"目前的双语教学已经把英语上升到了主要教育教学用语的地位,是法律本身疏漏了,还是这种地位的上升本身就不合法呢?双语教学最终能否得到法律的确认?这是摆在双语教学面前亟待解决的问题"。[1]

的确,怎样在法律层面解释外语作为中小学非外语课的教学语言的问题,决定着汉外双语教学的根本命运。在研究这一问题时,应注意世界正在讨论的语言权利(Language Rights)问题。学习和使用母语(Mother Tongue)及所在国官方语言的权利,被认为是"必需的"语言权利,是不可剥夺的语言人权(Human Rights)。外语对于人的发展也异常重要,[2]因此有些国际组织呼吁把外语学习也列入语言权利的范围,当然,外语学习权利是"充实取向"的语言权利,不同于"必需的"语言权利。[3]

(二)母语问题

半个多世纪以来,国际社会,特别是联合国教科文组织,非常重视人的母语权力问题,这是因为母语在人生发展和群体的语言保持(Language Maintenance)中具有重要地位。[4]母语对社会及其成员的意义,起码有三个方面需要明确提及:

1. 世界认知。作为第一语言获得的母语,是最自然的思维工具和最便捷的认知工具,只有用这种母语思维,才能达到思维的最高境界。因此,作为第一语言获得的母语是最为理想的教学语言和学习语言,是最佳的思想创新工具。

2. 母语认同。个体通过母语获得母语所承载的民族文化,民族文化是个体认知世界和形成人生价值取向的基底,人的社会归属感来自于对母语文化的认同,对母语的情感也就是对民族的情感。

3. 母语功能。语言功能是指语言可以发挥交际职能的社会领域,一般可以把语言的功能领域三分为家庭、社会和国际。a)只能在家庭使用的语言,是弱势语言。b)社会领域可以再分为日常生活、商贸旅游、文学艺术、科技教

---

1 见刘华蓉(2002)。
2 联合国教科文组织(1953,P518)说,世界上很多人都相信,"会说一门外语将是获得某种财富、自由、自制、权利和社会地位的保证。"王本华(2003,P118)说:"能否熟练掌握英语已经成为衡量一个人的知识结构甚至综合素质的一个重要方面。"
3 托弗·斯库特纳布·坎加斯、罗伯特·菲利普森(1994,P303—305)。
4 李宇明(2003)。

育、大众传媒、行政司法等。语言使用的社会领域越广泛，语言的功能就越强大，语言的活力就越旺盛，语言的地位也就越高。c）国际领域可以分为地区性和世界性，也可以依照外交、科技、商贸等进行分类。能够在国际领域发挥交际作用的语言，往往不是语言自身的力量，而是拥有这些语言的国家或民族有较高的国际地位。一个经济强国，也往往是一个语言大国。

个体语言发展是有规律的。一般而言，学前是口语发展最快的时期，小学、初中是书面语发展的重要时期，高中和大学是学习在科技教育、大众传媒、行政司法等领域运用的语言的重要时期。汉外双语教学是在中小学母语发展重要时期开展的试验，把用汉语讲授的课程改为外语讲授，必然占去了学生使用母语的大量的时间和实践，减少了学校和教师发展学生母语的注意与资源。因此，人们自然会产生"母语担忧"：

忧之一为个体母语问题。汉外双语教学是否会对学生母语的发展产生负面影响？是否会因这种负面影响进而影响思维发展？是否会影响学生的母语情感和母语文化的认同？是否会影响学生在科技教育、大众传媒、行政司法等领域流利地使用母语？

忧之二为群体母语问题。进行汉外双语教学的都是"尖子学校"，进入这些学校的学生多是尖子生。如果中国尖子生的母语发展受到影响，特别是不能用母语在科技教育、大众传媒、行政司法等领域进行自由交际，那么汉语可能最终会失去在科技教育、大众传媒、行政司法等领域的表达功能，取而代之的将是外语。当汉语的功能萎缩为家庭交际、日常生活、商贸旅游、文学艺术等用语之时，大约也就与今天新加坡、香港的汉语命运差不多了。

汉语是世界上有影响的且正在快速向国际传播的大语种，汉语是中华文化的根基，汉语是中华民族立足于世的象征。因此，汉外双语教学必须认真考虑对母语的影响，起码应当有这方面的调研计划和对比试验。如果真是影响到母语，就应当有必要的补救措施，绝不能对学生母语的发展和汉语的未来有所损害。[1]

（三）学习效果

教学成效的最终体现是学生学习的效果。在双语教学试验中，学科的学习

1　2003年9月，Sohu网《文教视线》开辟《谁动了十三亿中国人的母语权？！》专栏，讨论当代中国鼓励英语而轻视汉语的种种现象，专栏作家兼葭的《谁动了我的"母语权"？》，表达了人们对母语问题的关注。

效果和外语的学习效果,都是非常值得关注的。

1. 学科的学习效果。前已有述,双语教学的基本做法,是教师用外语讲授学科课程,相应的也就是学生要用外语学习学科课程。教学语言的变化对师资造成的首要影响是,原本能够熟练讲授学科课程的教师遇到了语言问题,原来的外语教师虽无语言问题,但却遇到了学科知识传授的问题。这是否会影响学科教学质量?教学语言的变化,对学生也提出了新要求,要学会通过外语来接受信息、思考问题,要通过外语来学习学科知识和外语。这是否会影响学生的学科学习质量?

2. 外语的学习效果。双语教学的主要目的是提高外语教学的质量,那么外语学习的效果究竟如何?语言学习是语言输入、内化、语言输出、反馈等环节反复进行的过程,这种过程必须在一定语言环境中进行。语言学习也是学习者通过大脑语言获得机制对语言输入进行各种主动加工的过程,大量研究表明,语言输入对语言学习起着十分重要的作用,它不仅是语言学习者的样板,是语言学习者语言知识获取的来源,而且由于合适的语言输入总是同学习者的语言水平保持着"略前"的比例,因此语言输入还起着带领学习者语言发展的作用。[1]问题是,在当前的师资状况下,学生能够得到合适的语言输入吗?教师能够既把学科知识讲深讲透,又能照顾到学生的外语水平吗?语言是在语言应用中获得的,语言应用是在合适的语言环境中进行的。外语在中国语言生活中不具有现实性,难以形成有利于外语获得的现实语境。没有适合的语言环境,能够获得地道的外语吗?

卢丹怀(2001)认为双语教育在全世界正面临新挑战。他指出:从20世纪80年代后期开始,美国社会对双语教育提出了质疑。"双语教育之所以遭到反对,主要是因为人们从双语教育的现实情况和结果体会到,使用两种语言来对新移民实行学校教育,这不是达到帮助他们提高英语水平、及早融入主流社会的有效之途。"[2]双语教育一直是香港追求的目标,但是卢丹怀(2001)指

---

[1] 关于语言学习的理论问题,详见李宇明(1993)。
[2] 这是温茨(Ron K. Unz)的观点。温茨是美国硅谷的百万富翁,他在加利福尼亚州提出废除学校双语教育的动议,1998年该州就此举行公民投票,61%支持温茨,结果导致该州大多数双语教育课程停办。1999年,温茨在亚利桑那州提出类似的提议,结果以63%的赞成票获得通过。温茨还相信,类似的成功不久会在卡罗拉多州和宾夕法尼亚州的Massachusetts出现。见卢丹怀(2001)。

出,"香港的双语教育至今没有取得令人满意的结果。"[1]于此可见,汉外双语教学能够提高学生的外语水平,但是外语水平的提高效果要受到许多因素的影响,并不必然会像人们想象的那样。

(四)教学条件和教学模式

双语教学改变了教学语言,从而要求一系列教学要素的变化,首当其冲的是师资和教材。双语教学需要一大批外语好、学科专业精、具有现代教育理念、能够使用现代教育手段的师资队伍,如何迅速建设起一支合格的双语师资队伍?双语教学需要用原汁原味的外语编写或用双语编写的、符合21世纪学术发展和教育理念的、多个学科的多种层次的教材,以及与之相适应的教学参考书和教具(包括辅助教学的计算机软件)等,怎样来完成这样宏大的工程?

不同的教育情况,需要不同的教育模式。不同地区、不同学校、不同年级,教育的情况都各自不同,怎样根据各种不同情况采用合适的双语教学模式,非常值得探讨。例如,在哪个年龄段开设外语课程最合适?在哪个年龄段可以开展"双语教学"?哪类课程可以开展"双语教学"?双语教学有哪些模式?比如,根据双语使用的比例可以把双语教学分为母语为主外语为辅、外语为主母语为辅、全部外语、母语外语自由使用等模式;根据双语在课堂上的分工(课堂用语、知识讲解、重难点辅导等),也可以分为不同的模式。[2]这些不同的双语教学模式各适应什么样的教育情况呢?

(五)教学成本

双语教学的成本十分昂贵。周小兵(1996,P335)指出,美国纽约市长教育经费特别顾问巴蒂罗(Herman Badillo),1994年的调查发现,一般学生平均每年使用教育经费3500—5000美元,而纽约市双语教育和其他特殊教育的学生则为18700美元,大约为一般学生的4倍。纽约市接受双语教育和其他特殊教育的学生只占全市学生的13%,但占用的教育经费却达到25%。为此,该市认为双语教育影响了正规教育,不断提出消减双语教育经费的方案。

---

[1] 王本华主编(2003)收入了卢丹怀的这篇论文,但未见这里引述的美国、香港的情况,大约做了删节。

[2] 王本华(2003,P123)注意到双语教学的模式,总结出了"渗透型、穿插型、示范型、选修课型"等类型。但认为这些模式是"由于双语教学刚刚起步,受教材、师资和学生现有英语水平的限制"造成的,言下之意,这些教学模式是不完善的。这显然与本文所主张的对双语教学模式的研究不同。

在我国，大家逐渐接受了教育是崇高的公益事业的理念，教育经费，特别是基础教育经费，应当主要从公共财政中支付。我国是发展中国家，有限的教育经费支撑着世界上最大的教育，教育经费不足的问题难以在短期内有较大改观。这种国情允许在多大范围内开展相当于一般教育费用4倍的双语教学？而且，推广国家通用的语言文字是政府的职责，公共财政应当支付，课程式的外语教学属于国民教育计划中的内容，公共财政也可以支付，但是，双语教学超出了国民教育计划，这种强化外语教学的费用公共财政应该支付吗？

三、一些更深层次的问题

教育是未来的事业，今天的教育是为明天培养适用的人才，因此，应当站在明天来思考双语教学的相关问题。教育是关系到个人一生和民族未来的社会行为，在倡导双语教学时必须审慎思考一些更深层次的问题。

1. 双语人真的方方面面都优于单语人吗？应当有一个调查，当今世界之精英，究竟有多少是双语人？当今世界上的双语人，究竟有多少是社会精英？双语使用不是平等的，双语中往往一强一弱，其中的强势语言大多都是作为第一语言习得的母语。还应当有一个调查，当今世界精英队伍中的双语人，究竟有多少能够熟练使用双语，即能够用双语进行自由思考、用双语进行自由交际（根据交际对象和工作环境的需要进行自由切换）？事实上人们对双语教育的学术认识十分有限，已有认识的结论也很不一致，甚至相当矛盾。[1]

2. 人人都能学好外语吗？语言学习不同于一般知识的学习。第一语言大都能成功获得，但第二语言学习并非所有人都能成功，因为人们的"语言学能"并不相同。要所有学生的外语都达到相当的水平，有无科学根据？

3. 加强外语学习，究竟加强的是什么？是学习外语还是用外语学习？是听说读写的交际能力，还是用外语思维的能力？语言不仅是人类最重要的交际工具和思维工具，而且还是文化的一部分，双语教学培养的并不只是运用外语进行交际和思维的能力，它还会传授与外语相伴相随的文化系统和价值观念。在世界观正在形成过程中的中小学生中进行如此大规模的文化引入，的确是应当谨慎的事情。我们应当努力培养双语人，但是，权衡利弊，分析成本与效益，

---

[1] 参见鲁宾（1979，P547—550）。

除了双语教学之外，还有没有更好的加强外语学习的方法呢？

4. 一个国家究竟需要多少外语人才？作为未来时代的一般公民，起码应当达到什么样的外语水平？一个国家需要哪些外语语种的人才？英语是否在21世纪的各个领域都一定是"龙头老大"？随着中国社会、经济和科学文化的发展，可以坚信，汉语在国际交际中的作用会越来越大。英语与汉语的国际地位差距是否会有所变化？

5. 知识经济方兴未艾，信息时代正快步向我们走来。信息技术，特别是自动翻译技术的进步，将在因语言而形成的族际交际鸿沟之上架起桥梁。乐观点估计，较为实用的自动翻译系统在几十年内就会实现。那时，外语学习仍然很必要，但是其重要性绝不再像现在人们所感受的那样，一般的外语交际将由机器来完成或由机器来辅助完成。在进行外语规划和双语教学试验之时，不能不考虑信息技术的进步对外语市场的影响。

参考文献

包天仁：《双语教学要慎重》（刘华蓉采访整理），《中国教育报》2002年9月3日第3版。
陈昌文：《中小学双语教材的现状及其走势》，《中国出版》2004年第3期。
陈韶旭：《双语教学已在试点 相关法规亟盼出台》，人民教育出版社官网2003年3月18日。
戴庆厦、董 艳：《中国国情与双语教育》，陈恩泉主编《双语双方言（四）》，香港：汉学出版社，1996年。
戴庆厦等：《中国少数民族语言文字应用研究》，昆明：云南民族出版社，1999年。
付 克：《中国外语教育史》，上海：上海外语教育出版社，1984年。
宫日英：《实行双语制 走向国际化——关于海南省语言规划的思考》，陈恩泉主编《双语双方言（四）》，香港：汉学出版社，1996年。
顾明远：《从语言的功能谈到小学外语教学》，《课程·教材·教法》2003年第6期。
关辛秋：《中国少数民族双语教育实验调查与思考》，陈恩泉主编《双语双方言（四）》，香港：汉学出版社，1996年。
华南师范大学国际与比较教育研究所：《双语教学与基础教育改革国际研讨会邀请函》，中国教育先锋网2003年9月1日。
蒹 葭：《谁动了我的"母语权"？》，Sohu网文教视线2003年9月25日。
姜宏德：《论双语教育目标定位中的几个关系问题》，《中国教育学刊》2003年第4期。
江西省教育厅：《关于启动中小学中英文双语教学试验试点工作的通知》，江西省教育厅2001年3月16日。

拉尔夫·法索德：《本地语教育的再思考》（1992），周庆生主编（2001）。

李英哲：《不同华人社会的双语教育与语言使用状况》，陈恩泉主编《双语双方言（四）》，汉学出版社，1996年。

李宇明：《语言学习异同论》，《世界汉语教学》1993年第1期。

李宇明：《语言保护刍议》，陈恩泉主编《双语双方言（五）》，香港：汉学出版社，1997年。

李宇明：《论母语》，《世界汉语教学》2003年第1期。

联合国教科文组织：《本地语在教育中的应用：联合国教科文组织1951年专家会议报告》（1953），周庆生主编（2001）。

辽宁省教育厅：《教育厅关于加强中小学外语教学开展中小学"双语"教学实验的意见》，人民教育出版社网（2002）。另见王本华主编（2003）。

刘华蓉：《双语教学误入歧途？》，《中国教育报》2002年9月3日第3版。另见王本华主编（2003）。

卢丹怀：《双语教育面临新挑战》，《全球教育展望》2001年第10期。

鲁宾：《双语教育与语言规划》（1979），周庆生主编（2001）。

洛恩·拉福热：《语言教学与语言规划》（1990），周庆生主编（2001）。

全国人大教科文卫委员会教育室、教育部语言文字应用管理司：《中华人民共和国国家通用语言文字法学习读本》，北京：语文出版社，2001年。

苏金智：《论语言权》，周庆生、王洁、苏金智主编《语言与法律研究的新视野》，北京：法律出版社，2003年。

托弗·斯库特纳布·坎加斯、罗伯特·菲利普森：《语言人权的历史与现状》（1994），周庆生主编（2001）。

王本华：《双语教学简论》（2003），王本华主编（2003）。

王本华主编：《双语教学论丛》，北京：人民教育出版社，2003年。

王旭东：《关于"双语教学"的再思考》（2003），王本华主编（2003）。

威廉·麦基：《双语教育类型》（1970），周庆生主编（2001）。

无名氏：《中国首份小学生双语报纸诞生，引领素质教育先河》，广东教育厅网2003年9月2日。

无名氏：《双语教学成焦点：赞成还是反对？》，Hongkong. com 2004年1月6日。

严学宭：《中国对比语言学浅说》，武汉：华中工学院出版社，1985年。

闸北区教育局：《闸北区推进双语教学"十五"规划（征求意见稿）（2001-2005）》，人民教育出版社官网，2001年。

张民生：《积极稳妥推进上海中小学双语教学实验工作》（2003），王本华主编（2003）。

赵登明、凌茜：《英语在中国社会文化中的定位分析》，《光明日报》2003年5月13日第4版。

周庆生主编：《国外语言政策与语言规划进程》，北京：语文出版社，2001年。

周庆生：《教育语言政策嬗变：海峡两岸比较》，陈恩泉主编《双语双方言（七）》，香港：汉学出版社，2001年。

周士君：《"外语热"暗藏文化危机！》，Sohu 网文教视线2003年9月25日。

周小兵：《美国的双语交际和双语教学》，陈恩泉主编《双语双方言（四）》，香港：汉学出版社，1996年。

周耀文：《论在我国民族地区建立多种形式的双语文教育体制》，陈恩泉主编《双语双方言（二）》，香港：彩虹出版社，1992年。

原载《语言文字应用》2003增刊号

师范大学生的语言文字状况及其教学问题[1]

社会的语言文字水平,取决于大众的语言文字水平。大众的语言文字水平,基本上取决于他在学校所受到的语言文字教育,以及进入社会以后的再学习。就我国目前的教育状况而言,中等文化水平的人占社会的大多数,因此中等教育中的语言文字教育水平,奠定了整个社会的语言文字水平的基础。中等教育的师资主要来自高等师范学校,那么,逻辑上的结果是,高等师范学校学生,特别是中文系大学生的语言文字状况,直接影响或制约着整个社会的语言文字水平。因此,研究高等师范学校学生的语言文字状况和高等师范的语言文字教学问题,对于社会的语言规划具有不容忽视的意义。

1994年1月,我们对H师范大学的大学生就一些语言文字问题进行了问卷调查。本文主要依据对中文系三、四年级的问卷调查结果来讨论问题。所以,本文所说的师范大学生主要是指中文系本科三、四年级学生;所说的语言文字教学,是指现代汉语教学。

一、师大生的语言文字运用水平

师大学生要胜任中学和中等师范的语言文字教育任务,必须具备一定的语言和语言学素质。这些素质主要包括:一定的运用语言文字的水平;一定的现代汉语知识水平;对语言教学理论和方法有一定的了解。此外还要有一定的对社会语言生活的关注意识。培养学生这几个方面的素质,其实就是现代汉语课的主要教学目的和要完成的教学任务。这里先讨论学生运用语言文字的水平。

语言文字的运用是一种综合能力,涉及到语言和非语言的多种因素;因此,要全面而又科学地考察学生的语言文字运用水平,是一项非常复杂、细致的工作,不是一次问卷调查所能完成的。本文所能做到的只是考察学生说普通

---
[1] 张新、邓虹、刘小红等同志帮助进行了调查,特致谢意。

话和使用规范汉字的水平。

（一）学生的普通话水平

我们主要用学生自己判定和给常用汉字注音两种方法来考察学生的普通话水平。对学生填写"现在您自认为您的普通话讲得：A. 很好。B. 较好。C. 不好。原因是_____。"的问卷结果进行分析（如表1所示），发现自认为普通话较好的占大多数，很好的超过不好的约1倍。女生和男生自认为较好的比例非常接近，但是，自认为很好的女生近于男生的3倍，而自认为普通话讲得不好的男生却约为女生的15.5倍。

表1 学生自我判定的普通话水平（%）

	很好	较好	不好	合计
女生（88人）	34.09	64.77	1.44	100
男生（94人）	12.77	64.89	22.34	100
平均（182人）	23.08	64.84	12.08	100

自我判定的水平与学生的实际水平肯定不可能完全相符，但是由学生给汉字注音的情况看，学生的自我判定的总体情况是可信的。我们让学生给常用的"山、明、男、林、嘴、虎、是、鞋、解、说"等10个汉字注上汉语拼音。评分标准是每字10分，全对100分；一个字的声、韵、调，一者有错即评为该字全错，扣10分。调查结果是：女生平均得分85.47，男生平均得分81.33，总平均分为83.35。如果把全对和错1字的成绩记为优秀，把错2—3个字的记为良好，把错4个字的记为及格，把其他的记为差，从表2中可以看出，优秀和良好的占绝大多数，其中女生优秀的比例大于男生，女生及格和差的比例低于男生。

表2 学生给汉字注音的水平（%）

	优秀	良好	及格	差	合计
女生（86人）	59.30	32.56	3.49	4.65	100
男生（90人）	42.22	44.45	6.67	6.66	100
平均（176人）	50.57	38.64	5.11	5.68	100

这两项的调查结果都说明H师范大学中文系学生的普通话总体上达到了较

好的水平,且女生水平高于男生。

学生普通话成绩较好,与绝大多数学生较好地树立了普通话作为教师的职业语言的观念有直接关系。学生对于"您认为:老师应该不应该用普通话讲课?A. 应该。B. 无所谓。为什么?"问卷的回答,有93.51%的人认为"应该",有6.49%的人认为"无所谓"。教师应该用普通话教学的理由,56.08%的人认为,教师讲普通话才能让来自不同方言区的学生听懂课;33.33%认为,普通话是教师的职业语言,教师应做推广普通话的表率;其余的10.59%认为,讲普通话可以提高教师的形象,或是普通话有感染力等。

回答"无所谓"的理由有:A. 教师讲惯了方言,改说普通话影响顺利表达;B. 大学教师重在知识传授,讲课内容是关键;C. 也有个别学生认为老师讲方言,会使学生感到亲切。这些学生大部分来自当地,用方言讲课的老师讲的也多是当地方言,他们听课没有多大的语言障碍;如果这些学生不是当地人,恐怕不一定会做出"无所谓"的回答。还有个别学生,自己普通话说得不怎么好,认为"无所谓"其实是在为自己寻找理由。

张积家(1990)曾仿效美国社会心理学家W. E. Lambert的"变语匹配"技术,选既会讲普通话又会讲地方话的男、女各一人,让他们用普通话和地方话朗读相同的文章,然后把录音放给学生听,请学生对朗读者的人格特征、讲课效果和人际吸引等方面进行评价。实验结果是:各种性别的小学生、中学生和大学生,对操普通话者的评价都高于操地方话者。说明教师用普通话讲课会取得更好的教学效果,普通话应成为教师的职业语言。我们的调查表明,师大学生的职业语言观念已基本树立,因此会积极地提高自己的普通话水平。

(二)影响学生普通话的主要因素

调查表明,方言是影响学生说好普通话的主要因素。当要求学生回答"您说普通话在哪些方面感到最为困难"时,回答没有困难的占8.19%;指出在发音或发音的某方面有困难的,占86.21%;在词汇或表达方面有困难的占3.88%;回答在其他方面有困难的为1.72%。

表3 学生自己感到发音困难的各种情况(%)

	声母	韵母	声调	其他	合计
女生(118)	67.80	14.41	1.69	2.54	86.44

	声母	韵母	声调	其他	合计
男生（114）	52.63	7.02	7.89	18.42	85.96
平均（232）	60.34	10.78	4.74	10.35	86.21

对学生回答的结果作进一步分析，如表3所示，学生在发音方面困难较大的是声母，次之是韵母，再次是声调。如表4所示，在声母中，卷舌音与不卷舌音的区分、n与l的区分、h与f的区分是困难较大的。在韵母的发音上，学生最感困难的是前后鼻音的区分（84%）。而这些正是H师范大学所在地的方言（其实也是H师范大学多数学生母言）与普通话差异最大的地方。

表4 学生自己感到声母困难的各种情况（%）

	卷舌否	h—f	n—l	其他	合计
女生（80）	57.50	8.75	28.75	5.00	100
男生（60）	48.33	21.67	30.00	0.00	100
平均（140）	53.57	14.29	29.29	2.85	100

我们对学生给汉字注音所出现的错误也进行了分析。出现错误共319人次，其中声母方面的错误占39.81%，韵母方面的错误占36.99%，声调方面的错误占23.20%。声母方面的错误最多的是卷舌与不卷舌，其次是n与l，再次是h与f；韵母方面的错误60%以上出在前后鼻音的区分上。声调方面的错误有两种：A. 调值错误，占声调错误的60.67%；B. 调号位置打错（错误性质以调号打在韵头上居多），占39.33%。

学生自我感到的发音困难与学生注音的错误情况，在具体比例数据上有出入。其原因可能是：A. 自我感觉与实际操作有出入；B. 两种性质不同的作业间的差异。但是，二者显现出的共同点是：因方言影响而造成的困难或错误是主要的。这说明提高学生的普通话水平，主要是排除方言的负迁移问题。

（三）学生使用规范汉字的情况

从本次调查的答卷情况来看，学生使用规范汉字的情况还是不错的。在收到的188份问卷中，只见到31例用字错误。在这31例错误用字中，不规范的简化字占29.03%，被废除的繁体字、异体字占35.48%，错别字等占35.49%。这些数据说明，对学生使用规范汉字影响最大的是被废除的繁体字和异体字，这与当前社会上的繁体字回潮不无关系；其次是"二简"方案的后遗影响。

在问卷中，我们要求学生举出一些校园不规范用字的例子。在188人中，能举出1个以上例子的只占32.45%，笼统说有但未举例的占9.04%，不回答或回答不出的占48.94%，回答不合格的（如指出读音错误或方言词语的例子）占9.57%。在学生举出的不规范校园用字的例子中，属于不规范简化字的占70%，被废除的繁体字和异体字占16%，错别字等占14%。这一调查说明两个问题：A. 学生的汉字规范观念，特别是对于社会用字规范的关注意识不强，因此只有三分之一左右的人能举出实例。而且所举例子多是非长久用字，如海报、标语、招贴、菜谱等。B. 在不规范用字中，比较关注不规范的简化字，而对不规范的繁体字、异体字关注不够。这与学生答卷中繁体字、异体字的数量多于不规范简化字是相一致的。

二、师范大学生的语言和语言教学知识

如果说师范大学生的普通话和规范字的水平还算不错的话，那么，他们对现代汉语知识的掌握和对语言教学的理论、方法的了解，却相对较差。

（一）学生的语言知识水平

我们在问卷中要求学生写出普通话的定义和我国现行的语言文字政策，以检验学生的语言常识水平。普通话的定义（以北京语音为标准音，以北方方言为基础方言，以典范的现代白话文著作为语法规范）由三个子命题构成，我们采用的评分标准是：凡答对一个子命题者记1分。由表5看出，这些已经学过"现代汉语"课的学生得0分者竟高达14.36%，得3分者只有27.66%。而且4年级的得分低于3年级（可能与知识遗忘和各自的学习情况有关）；男生优于女生，这与前面所述的女生普通话水平优于男生形成对比。

表5 学生回答普通话定义的各种情况（%）

	0分	1分	2分	3分	合计
女生（92）	17.39	26.09	30.43	26.09	100
男生（96）	11.46	17.71	41.67	29.16	100
3年级（110）	9.09	9.09	41.82	40.00	100
4年级（78）	21.79	39.74	28.20	10.26	100
平均（188）	14.36	21.81	36.17	27.66	100

在要求学生回答"我国现行的语言文字政策"时，其成绩更差。为便于记分，我们把此题分解为如下4条：1. 制订更为科学的标准；2. 大力推广普通话；3. 现代汉语规范化；4. 现行汉字的规范化和标准化。凡答对1条者记1分。如表6所示，得0分者为42.55%，没有一个能得到3分和4分，而且年级差异和性别差异也不明显。

从具体答案看，得分最多的是"大力推广普通话"，其次是"汉字的规范化和标准化"，偶见回答"现代汉语规范化"的，但却没人能答出"制订更为科学的标准"。这说明学生对于我国现行的语言文字政策了解十分不够，还停留在最一般的朴素水平上。

表6 学生回答现行语言文字政策的情况（%）

	0分	1分	2分	3分以上	合计
女生（92）	44.57	39.13	16.30	0.00	100
男生（96）	40.63	32.29	27.08	0.00	100
3年级（110）	40.91	36.36	22.73	0.00	100
4年级（78）	44.30	34.18	20.25	0.00	100
平均（188）	42.55	35.64	21.81	0.00	100

问卷要求学生回答的这两个问题，是"现代汉语"课"概论"中讲述的最起码的常识内容，回答这两个问题虽然不能全面反映出学生对于现代汉语知识的掌握水平，但由此可窥见一斑。在学生回答的问卷中，我们也发现许多常识性的问题，如把"简化字"与规范汉字的概念等同，或与不规范简化字的概念混淆；表述中不区分"声调"和"语调"等。给汉字注音时把调号打错位置，要求指出校园的不规范用字而扯到方言词汇和发音上，这些也是学生基础知识不牢固的表现。

（二）对语言教学理论和方法的了解

作为高等师范的学生，特别是中文系的学生，只有具备一定的语言教学理论和教学方法的知识，才能胜任将来要担负的语言教学的任务。在问卷中我们专门设计了一个题目来测试学生这方面的知识："如果您是一位中学教师，您会用什么方法教学生学习语言？（本题最多只能选择2项）A. 要他模仿。B. 多说多练。C. 重点讲明规律。D. 强调语言学习的重要性。E. 不知道，因为老师没有教语言教学法。F._____。"

学生答卷的结果如表7所示。从表中看到，多数人主张多说多练，其次是重点讲明规律，再次是强调语言学习的重要性，也有少数人主张模仿；没有一人在F项填写超出问卷列出的内容；除1人外，也没有人意识到自己不懂语言教学法。

表7 学生对语言教学法的认识

	A	B	C	D	E	F	合计
人次	15	167	78	29	1	0	290
%	5.17	57.59	26.90	10.00	0.34	0.00	100

语言教学属于狭义的应用语言学的范畴。语言教学最根本的原则是依照语言学习规律，促使目标语言（Target Language）的内化（Internalization）；在内化的过程中，会形成一种"中介语"（Inter-language）。语言教学的根本任务就是通过"偏误分析"等了解学生的具体语言水平，利用学生的语言创造性和母语（或母言）的正迁移促进中介语的形成，并使之不断地较快地向目标语言逼近。对于中学汉语教学而言，学生的母言已经基本成熟，主要的任务是普通话的口语和书面语教学。因此中学生的语言学习，既不同于儿童的第一语言获得（First Language Acquisition），也不同于成人的第二语言学习（Second Language Acquisition）。在他们的目标语言（即普通话）学习中，既需要用语言习得（Language Acquisition）的方式，也需要用语言学得（Language Learning）的方式。语言模仿、多说多练是习得的学习方式；暗熟语言规律、明了语言学习的重要性等，则侧重于学得。它们对于中介语的形成和发展都有一定的意义，但都是不充分的、外在的。

就学生的答卷来看，他们对于语言教学理论和方法的认识还是朴素的、贫乏的，没有上升到科学的平面。原因之一是，现代汉语教学缺乏这方面的内容，学生只具有一些零星听到的传统语言教学的知识。而且他们的答卷在一定程度上是依据对自己语言学习过程的自省。例如，我们让学生自我判定普通话水平时，还要求讲出原因；大部分学生把自己普通话水平的好坏，归因于有无较好的学习普通话的环境和自己方言同普通话的差异程度。这种归因就明显地说明了他们的答卷在一定程度上是依据对自己语言学习过程的自省。

三、关于现代汉语的教学问题

现代汉语是高等师范学校语言教学的最重要的基础课程,它的教学水平直接关系到学生的语言状况。从我们调查来看,多数学生认为现代汉语课对他们还是有帮助的。学生对"您认为《现代汉语》课对您有无帮助?A. 帮助很大。B. 有些帮助。C. 没有帮助。因为_____。"的回答,认为"帮助很大"的占31.91%,认为"有些帮助"的占62.77%,[1]认为"没有帮助"的占5.32%。通过对学生的归因分析,可以看到该课对学生帮助最大的是知识的提高(57.24%),其次是语言能力的提高(24.14%);对学生的其他方面,如对于其他课程的学习、将来从事教学、社交和研究等也有帮助(18.62%)。但是,根据上面调查所得到的学生的实际语言状况和该课所应达到的教学目标来看,现代汉语课也有许多需要改进的方面。

(一)提高学生的学术意识

现代汉语是一门科学,必须具有一定的学术意识,才能学好这门课。但是问卷调查说明,学生对于现代汉语的学习意识主要是实用性的,或是满足自己的朴素的学习兴趣。

学生对"您对《现代汉语》哪些内容最感兴趣?A. 绪论。B. 语音。C. 文字。D. 词汇。E. 语法。F. 语用(包括修辞)。因为_____。"的回答,在185人中对语用感兴趣的人数最多(71.35%);其次是语法(45.95%)、词汇(36.76%)和语音(31.35%);对文字感兴趣的为25.35%;很少有人对绪论感兴趣(2.16%)。[2]但是,当分析学生所回答的原因时,发现大部分学生陈述的感兴趣的理由,都是实用性、趣味性的,如可以提高说话的水平和技巧,学起来不枯燥,贴近生活等;有一少部分是从将来从事教学的需要考虑的;只有个别人是从科学的角度来看的。由于学生把实用和趣味作为参照点,所以,对

---

1 许多认为"有些帮助"的学生是从消极方面归因的,如说是"陈年旧谷,新瓶旧酒""无大的实践意义""科学性不够,实用性不大""训练不严,内容浮泛"等。所以对于认为"有些帮助"的应作一分为二的分析。

2 本题答卷者可选多项,所以百分数的和大于100%。

语用感兴趣的最多，而没有多少人对绪论感兴趣，就是可以理解的了。

当要求学生回答"您认为《现代汉语》课的哪些内容应该加强？还应增加些什么内容？应删减哪些内容？"时，大多数学生希望增加或加强的是普通话语音的训练和语用等实用的内容，只有少数学生要求增加、强化语言知识、语言理论等方面的内容。而希望删减的是学生在中学已经学过的内容（如修辞格、句子成分的划分）和所谓的不实用的理论（如语音的音理分析）等。这些回答也是以实用和趣味为参照的。

学习讲究实用和趣味并不错，但是，作为中文系的大学生对于专业基础课的学习来说，这种学习意识还处在低层次上。没有学术意识的学习，就不会有高质量的学习。尽力尽快地把学生的学习出发点提高到学术层面，是现代汉语教学的一项重要任务。

（二）更新教学内容

中学教学现状，社会的进步和学术的发展，要求大学的现代汉语教学必须大幅度地更新教学内容。由于受高考的影响，不少中学已经"侵食"了许多现在大学现代汉语教材的内容，比如武汉市一所中学在讲复句时已经分析到了四重复句。这必然造成大学教学"炒冷饭"的局面。学生在回答"《现代汉语》内容同您在中学学习的内容的重复率大约为____%。"的问题时，平均认为重复率为43.94%。这种高得令人吃惊的重复率是由感觉得到的，并不一定符合实际，但是，它起码说明了学生认为该课的内容陈旧，缺乏较强的学术吸引力。学生在回答现代汉语课对他们有无帮助的原因时，许多认为"有些帮助"或"没有帮助"的学生所说的理由，也包含内容陈旧的问题，如把该课形象地比作"陈年旧谷，新瓶旧酒"。记得前些年，有些教师感叹现代汉语教学面临"危机"。果真如此，那么造成这种"危机"的重要原因之一，就是教学内容陈旧的问题。

根据社会的需要和学术的发展，就我们的教学实践来看，更新教学内容除了删除与中学重复的内容外，主要是提高教材的学术档次和增加新的知识板块。

A. 提高教材的学术档次。现在通行的一些教材，较多地注重基本知识，基础理论的内容相对薄弱。比如，关于当前的语言文字政策，很少涉及社会语言规划的基础理论；修辞的内容虽然突破了传统的修辞格，但是远没有上升到语用学的高度，从而使教学内容严重滞后于当前的学术研究。没有学术档次的教材，对大学生就没有吸引力；丧失吸引力的课程必然导致教学的失败。

B. 增补新的知识板块。就现在的眼光而论，目前流行的一些教材，在知识系统上有不少缺口。比如，方言是现代汉语的重要内容，而不少教材只能算作"普通话读本"；语言教学是师范生的必备知识，但是教材几乎没有涉及这方面的内容；语言运用的知识和理论，也是相当薄弱的，离现在的社会语言生活相去太远。关于语言研究的方法和理论，汉语研究的历史和现状等，也缺乏适当的介绍。

不过值得高兴的是，最近出版的由邢福义先生主编的《现代汉语》和钱乃荣先生主编的《现代汉语》，在教材内容更新方面，特别是在提高教材的学术档次、根据社会需要和学术的发展增补新的知识板块、加强学生的学术意识和科研训练等方面，做了较多的探索。

（三）加强基本功的训练

语言方面的基本功主要包括：A. 说好普通话，用好规范字；B. 具有一般的语言学常识；C. 具有分析语言、文字的基本技能。这些基本功本应是学生在中学阶段就应掌握的，但是本次问卷调查表明，学生的基本功并不扎实。调号位置注错，常用字注音出错，基本概念模糊混淆，基本常识得分甚低，缺乏对社会语言生活的必要关注等，就是基本功不扎实的明证。

基本功训练中的大部分内容，依理不是大学教育的任务；但是，就当前的学生现状而言，这种为中等教育补课的局面不是一两天就能结束的。

四、结语

本文是基于对H师范大学中文系三、四年级学生的问卷调查完成的，问卷也不可能涉及学生各方面的语言文字状况，因此是否具有典型性，还有待进一步研究。但是，就本次调查而言，学生明显地存在着重语言轻文字、重说话轻知识、重实用轻理论的倾向，虽然绝大多数学生基本树立了职业语言的观念，普通话水平和使用规范汉字的水平还比较好，但是，在基本知识、基础理论、基本技能、基本的语言观念和语言学习观念等方面，还存在着严重的缺陷；高等师范的现代汉语教学还是有成绩的,但是,也需要更新教学内容,删除与中学教学重复的和较为陈旧的内容,提高学术档次,增补一些新的知识板块,并且在培养和提高学生的学术意识和加强学生的基本功训练等方面,需作较大的努力。

参考文献

李宇明:《语言学习异同论》,《世界汉语教学》1993年第1期。
李宇明:《现代汉语教学目的论》,《荆州师专学报》1993年第6期。
邢福义主编:《现代汉语》(高等师范学校教学用书),上海:高等教育出版社,1991年。
张积家:《教师口音的社会心理影响》,《心理科学通讯》1990年第6期。
W. F. 麦基:《语言教学分析》(王得杏等译),北京:北京语言学院出版社,1990年。
S. P. 科德:《应用语言学导论》(上海外国语学院外国语言文学研究所译),上海:上海外语教育出版社,1983年。

原载《语言文字应用》1994年第2期

教育：语言竞争之热点领域

社会生活是分领域的。语言在社会生活各领域中的运用，便形成各社会领域的语言生活。这社会领域中，教育领域的语言竞争最为激烈。下面是些例子：

1. "儿童读经"现象。这种现象已经持续20余年，其理念是让儿童尽早接触古代经典。

2. 现代"私塾"教育。许多城市时有出现，四书五经是其主要教育内容，也有再教点外语、武术的。

3. 建议中小学教授繁体字。近些年，在"两会"等政治议坛上常能听到"恢复繁体字"的议论，其中常有在中小学教授繁体字的具体建议。

4. 方言文化进课堂。十余年来，南方一些方言区通过校本课程等方式，把当地方言或方言文化引入课堂。为让学生了解乡土文化，或为保护方言或非物质文化遗产。

5. 中小学"双语教育"。汉语地区一些学校开展的"双语教育"，其实就是用英语作为教学语言。目的是全面培养中小学生的英语能力。

6. 大学提倡用外语教专业课。提倡者认为，这样的课程有利于培养大学生的专业外语能力，或有利于招收外国留学生。

7. 外语在高考中的地位及考试方式，发生了不小变化，或降低分数，或退出统一高考。

8. "小语种热"。近些年来，随着国家的改革开放，除英语之外的外语人才，几乎都不能满足社会需求。

9. 少数民族地区的"双语教育"。培养民族语言与国家通用语言"双语兼通"之才，已有共识。但是不同民族地区，在开展"双语教育"时遇到的困难不同，教学效果和社会舆论也有较大差异。

10. 汉语国际教育如何布局，孔子学院如何由规模发展向质量提升转变等。

上面所列的10项事例，涉及国家通用语言、外语、民族语、汉语方言之间的竞争，也涉及简繁汉字、文言白话之间的竞争。这些语言竞争，不仅出现在大学、中学，也出现在小学甚至幼儿园；不仅涉及内地，也涉及边疆、特区甚至海外。可以说，当前教育的各领域、各层级、各地区都存在语言竞争，教育是语言竞争的热点领域。

教育领域的语言竞争主要表现在两个方面：一是语言课程，一是教学媒介语。开设哪些语言课程，受制于国家的语言人才需求，也深受国内国际语言市场的影响。教学媒介语涉及教育主权，一个国家使用什么语言作为教学媒介语，常由法律规定。与语言课程相比，教学媒介语的语言竞争对社会的影响更为深刻，其所引发的语言矛盾乃至语言冲突也更为激烈。

激烈的语言竞争，是教育领域的语言处于活跃状态的表现，是社会语言需求多样化在教育领域的表现，但也容易激化语言矛盾，引发语言冲突。语言、宗教、民族等领域，常常会成为社会矛盾的"喷射口"，社会矛盾最易用语言、宗教、民族的面目呈现出来；同时，语言矛盾等等也最易转化为社会矛盾和社会冲突。因而，教育领域亟需制定科学的语言规划。教育领域语言规划的制定，要有三大意识：

1. 政策意识。贯彻国家语言政策有四大重点领域：教育、行政、新闻出版、窗口行业。在这四大重点领域中，教育发挥着基础作用，最为重要。教育语言规划要符合国家语言政策，特别是关于教学媒介语的法律规定。

2. 资源意识。语言是资源，掌握本族、本土语言主要是为了语言文化的传承，掌握外语主要是为了发展。个人掌握语言的多少及其水平，是个人发展的一个重要指标；国家拥有语言人才的多少及其语言水平，是国家语言能力的重要体现，关涉到国家处理国内外事务的能力及水平。教育语言规划必须树立资源意识，开好各种各样的语言课程，丰富国家的语言资源，培养具有多语能力的现代公民。

3. 规律意识。语言教育是有规律的，语言能力的发展不同于其他能力的发展。儿童语言习得能力为何远超成人，至今仍未有公认的解释；仅凭这一事实，就足以说明语言教育有不同于其他教育的规律，足以说明尊重语言教育规律的重要性。语言不仅是个人的,也是社会的,语言教育遵循"母语优先、国家通用语言优先"的原则。

教育语言规划需妥善处理的主要问题是:第一,教学媒介语问题。法律规定,我国教育机构的教学媒介语是国家通用语言,民族地区的教学媒介语是本民族语言和国家通用语言。在实践中,民族地区需要处理好"双教学媒介语"之间的关系;同时,也必须面对特殊情况下外语作为教学媒介语的现实,给出法律层面的解释。

第二,语言课程问题。开设哪些语言课程,在哪个学龄段开设哪些语言课程,需要进行学术研究。当前的主要问题是,语言课程内容贫乏单调,第二语言的学习年龄开始较晚,汉语方言、民族语言、稀有外语语种的教育都明显不足,且语言教育的工具性、功利性较为明显,文化性、学术性明显不足。

第三,汉语国际教育规划。在汉语国际教育方面,我们有汉唐的历史成就,但缺乏现代经验,需要借鉴,需要探索。关键之一,需要对汉语的身份有清晰的认识。汉语不只是汉族的语言,普通话也是国家通用语。汉语不只是中国的语言,海外华人也在传承。在华人较多的国家,汉语(华语)逐渐被视为这些国家的民族语言或"社区语言",澳大利亚、加拿大等许多国家都鼓励本国华人学习华语,甚至鼓励不同族裔相互学习"社区语言"。当然,汉语还是许多国际组织的语言,也是许多国家的外语。汉语是中国的,也是世界的。做好汉语国际教育,必须有"国际汉语"的视野。中国人支持汉语国际教育,不是怀揣一己私利也不应怀揣一己私利,而是在尽"目标语言国家"的责任。同时要鼓励和支持中国之外的国家和地区开展汉语教育。

百余年来,教育领域一直是国家语言规划关注的重点领域,在国际化、信息化的年代,教育领域的语言规划就更加重要。通过科学的语言规划,处理好语言关系,丰富语言生活,提升国家和公民的语言能力,减少语言矛盾,特别是避免将语言矛盾转化为社会冲突。

原载《光明日报》2016年10月16日

论全球化与跨文化人才的培养问题[1]

全球化是当前国际发展的大趋势,其原动力,也是其最为明显的表现是经济一体化,并由经济一体化而逐渐引发的科技、信息等其他方面的"一体化",形成方方面面的全球化。全球化将多元文化汇聚在一起,将文化多元化的问题凸现出来,将文化多元化由现实存在转化为意识形态问题。经济一体化与文化多元化,形成全球化的两个相互关联又相互矛盾的突出特征。全球化几乎使每个国家、每个社区甚至是每个家庭、每个人都时时处在多元文化之中,要求人们应当具有全球意识和在不同文化间穿行的能力,亦即"跨文化"的意识和能力。跨文化人才的培养,成为当前教育的一个重要任务,也是文化建设、国家建设需要关注的重要课题。

本文简要叙述全球化及文化多元化的问题,讨论全球化和文化多元化对当代人的"跨文化"要求,进而探讨跨文化人才培养的若干问题。

一、全球化与文化多元化

(一)关于全球化

"全球化"(Globalization)这一术语广为流行,但是却存在诸多争议。综观全球化的研究,主要争议有三个方面:1. 全球化的真实性问题。全球化究竟是学术界构拟出来的一个说法,还是已经是一个现实存在?2. 全球化的进程问题。全球化是历史上早就存在的,还是近来新发生的,抑或根本就没有开始?3. "逆全球化"问题。全球化的副作用引发了"逆全球化"的思潮和种种行为,这种思潮和行为能否阻挡住全球化进程?近来频频发生的贸易保护现象

---

[1] 本文根据在"国家文化软实力高峰论坛暨《文化软实力研究》创刊发布会"(2016年6月4日—6日)上的学术报告整理而成。再次祝贺《文化软实力研究》的创刊。

和多国因难民潮而采取的移民限制等，是否说明全球化已经开始发生逆转？

不少学者认为，全球化是一种发展趋势，它在历史上早就存在，持续而进，今日为盛。李慎之（1999）、何九盈（2015）等已有论述。本文认同他们的观点，把全球化看作是一种发展趋势，是一个进程中的现实；它不应是学术界凭空构拟出的概念，但是学术界的研究的确增加了对全球化的理性认识，这种理性认识反作用于现实生活，又有力地推进着全球化的进程。全球化不仅给人类带来了诸多实惠，也带来了人类的诸多不适应，出现了"逆全球化"的思潮与行动，"逆全球化"所逆所反的不是全球化本身，而是全球化的弊端。全球化是历史趋势，其进程可能因为"逆全球化"而放缓，但趋势不可改变。

经济一体化是全球化的最大动力，是全球化最突出、最硬朗的表现，也是促成人们形成全球化意识的最重要的因素。经济从来就"不守本分"，经济一体化要求与经济活动相关的因素也"一体化"，从而使一体化的领域不断扩大。全球范围的金融投资、贸易、跨国公司的生产经营，要求新的社会规则、社会组织和世界秩序，要求新的世界治理理念，从而推动科技、教育、法治、管理，乃至政治、文化、思想观念、人际交往、国际关系等方方面面的全球化。

人口快速的大面积的移动，既是全球化的一种表现，也是促进全球化的重要因素。迈克尔·拜拉姆（Michael Byram 2013, P75）曾引用埃里克·霍布斯鲍姆（Eric Hobsbawm）的观点，认为"只有通过中等教育才能实现社会流动……如果接受了某种形式的高等教育更是如此"。其实，教育的发展不仅是"社会流动"的重要条件，也是人口流动的一个重要条件。因为人口流向（观光旅游的短暂人口流动及投资、贸易等除外）基本上是向着高收入、高福利、适宜生活的地区，特别是就业、学习、探亲及难民的人流。接受过一定教育的人，才更有利于实现向"高处"流动。就中国来看，农村人口向城市流动，小城市人口向大城市流动，西部人口向东部流动；就世界范围来看，第三世界人口向发达国家流动。这种人口流动就像是"俄罗斯套娃"一般，出现在各国各地区。

交通、通讯和网络的快速发展，使人类的交往半径、见闻半径空前增加。密集的航空线路，快捷的陆上交通，跨国跨地区的观光旅游，使人们的交往半径迅即延伸，能够方便体验异国风情。电话、广播、电视、互联网的普及，实现了全球通讯和信息的即时共享，人们见闻日广，信息日新，不出门果真如"秀才"般能知晓天下事。"俄罗斯套娃"般的人口流动和交通、通讯、网络的快速发展，带来了交往、见闻、信息的"全球化"，也促进着经济领域的全球化和非经济领域的全球化。

与全球化相适应，人类必须有全球意识，必须考虑全球治理的问题。

（二）关于文化多元化

全球化遇到的最大问题是文化，包括全球化对文化的影响，以及如何对待多元文化和多元文化对全球化的"逆力"等问题。

其一，全球化使不同文化急剧"汇聚"起来。

在全球化程度较低的过去，人类的不同文化在地域上基本上是分散布局的，只有一些特殊人物，如旅行家、探险家、布道者、外交家、游商和巡演艺人等，才会经常在不同文化间穿行，只有较大的城镇、民族杂居地区才有可能出现不同文化的汇聚，只有博物馆和戏剧中才能集中展示不同文化。而今，随着经济一体化进程的不断加快和"俄罗斯套娃"般的人口流动，不同文化的人可能聚集在一个工作单位，生活在一个社区。即使不同文化没有形成这种"地理性"汇聚，人们通过旅游、广播、电影、电视等也经常接触异文化，形成不同文化的"信息性"汇聚。特别是互联网，不仅是促进全球化的新的巨大力量，也极大极快地网罗起、汇聚起多元文化，成为不同文化"信息性"汇聚的大平台和大数据库。互联网真正把人类"网"进了一个"地球村"里。

其二，全球化使人们的文化意识明显起来。

不同文化自古以来就存在，但因其是"分散布局"，人们多在一种文化中生活，一切都是"自然而然"的，一般人的文化意识并不明显。由于全球化促成了不同文化的"地理性"汇聚和"信息性"汇聚，人们时时处处都能接触到不同文化，甚至在生活、工作中还需要处理文化问题。见识不同文化之时，会反观本我文化。大量的研究表明，一个外语学习者不仅会了解异文化，而且对本我文化也会有更为理性的认识。故而不同文化的汇聚，会唤醒人们的文化意识，积累的和需要思考的文化问题也必然会越来越多。

其三，全球化使文化的话题沉重起来。

全球化要求世界是平的，它首先冲击着森严的国界和海关，也冲击着文化的藩篱，使其变得低矮，变得稀疏。人权侵蚀着国家主权，大文化以"丛林规则"威胁着弱小文化及其语言。世界各地的年轻人或多或少都受到大文化的影响，在社团内部不断形成代沟，这代沟形成的年限逐渐变短，代沟也逐渐加深。其结果是文化的纵向传承减弱受阻，大文化的横向传播获得加速度。

全球化对国界和文化疆界的冲击，造成了文化冲突的加剧。文化汇聚处，不论是地理性汇聚处还是信息性汇聚处，自然会产生文化摩擦乃至文化冲突。面对外来文化的冲击，文化保护的意识必然增强，抵御措施频发。在抵御外来文化的同时，人们还常会采取两种战略：一是复兴传统文化，以加强文化的纵向传承能力，减缓代沟；一是文化外拓，借以扩大自己文化的版图，从而导致新的文化冲突。如果说文化集聚带来的文化冲突是"自然冲突"的话，那么，文化保护带来的文化冲突就是"人为冲突"。人为冲突常为文化社团的意志所致，其极致表现便是战争。当前国际上的战争，似乎都可以看到文化冲突的因素。

其四，维护文化多元化。

文化不论大小强弱，都是该文化社团的历史遗存，是人类百万亿年的创造。文化保存着人类的文化基因，是人类失而不可复得的文化财富。珍爱文化、尊重文化、保护文化、维护文化的多样性，已成为当今的"文化共识"。联合国教科文组织、欧盟等许多国际组织，都是文化多元化的提倡者。文化多元化体现着在全球化背景之下，面对文化集聚、文化冲突而形成的文化自觉意识，是全球化在文化领域的逆向物，也是全球化的伴生物，因此也可以将其看作全球化的一个重要特征。

二、多元文化对当代人的要求

全球化几乎使每个国家、每个社区甚至每个家庭、每个人都处在多元文化之中。比如中国，起码就有五种文化并存：中华共同文化、少数民族文化、汉语方言文化、历史传统文化、外来文化。作为中国人，即使不出国门，也需要了解这五种文化，科学对待这五种文化。

全球化时代，或者说全球化和文化多元化时代，要求当代人必须具有全球意识，具有在不同文化间穿行的能力。这种意识，这种能力，可以具体描述为如下几个方面：

（一）具有多语能力

语言（包括文字）是文化最为重要的组成部分，也是文化最为重要的载体和阐释者，当然也就成为文化沟通最为重要的津梁。了解一种文化，不一定由语言开始，可以由音乐、绘画、舞蹈、建筑、饮食等开始；但是掌握了某种语言，才能够更便捷、更深入地理解那种文化，特别是那种文化的精髓。因此，第二语言教育绝不仅仅是语言教育，而是跨文化教育。

在过去，特别是在教育不发达的国度和地区，一个人一般只掌握母语一种语言，是"单语人"。现在，随着教育的普及，外语或第二语言学习已经成为教育普及的内容之一，现代的年轻人基本上都是"双语人"或"多语人"。国际上现在已经基本形成共识，认为单语人是一种落后的"语言人"，现代人应当是多语人：掌握母语以利于文化传承；掌握一门本地区较为重要的语言，以利于在本地区的生活和工作；掌握一门世界上较为重要的语言，以利于了解世界，参与国际事务。

（二）具有多元文化知识

掌握一种语言，并不是仅仅掌握这种语言的语音、词汇、语法和文字，还需要掌握这种语言的语用规律，特别是交际文化。一种语言最重要的语用规律和交际文化，就是懂得与不同人、在不同的场合用何种方式、何种风格的话语进行交谈。

交谈是有内容的，这些内容必然要涉及某语言社团的文化，涉及其历史、宗教、地理、文学、风土人情、生活习惯、社会制度等等。当代人应当具有多种文化的基本知识，特别是自己所掌握的第二语言、第三语言，乃至第N语言的基本文化知识。

（三）具有包容的文化态度

语言能力、文化知识都是穿行于不同文化间的"工具"，属于"术"的范畴；而要能够穿行于不同文化，更重要的是"态度"，是对不同文化的包容态度，这属于价值观的范畴。要有了解不同文化的欲望，要在对不同文化了解的基础上进而去理解它、掌握它。任何一种文化都有一个悠久的形成历史，都是某文化社团为适应一定的自然环境和社会环境创造、传承下来的。人类的这些文化对于我们来说，有些熟悉有些陌生，有些可以理解而有些甚至不可理解，但都应用包容的态度去对待它。

文化包容体现着人的文化涵养，"文化歧视"是不正确的文化态度，常会引发文化误会，甚至激化文化冲突。早在1974年，联合国教科文组织各成员国就通过了《关于教育促进国际理解、合作与和平及教育与人权和基本自由相联系之建议》。该建议提出："在所有阶段、所有形式的教育中树立国际视角与全球视野；理解和尊重拥有本民族文化及其他国民文化的所有人民及其文化、文明、价值和生活方式；自觉认识人与人之间及各国民之间的全球性相互依存关系的增强；拥有与他人进行思想沟通的能力；不仅要认识权利，还要自觉认识个人、社会集体及国家各自应承担的义务；理解国际团结与合作的必要性；为参与个人所属的社会、国家及世界诸问题的解决做准备。"这七条建议，都蕴含着"文化包容"的精神。

（四）具有文化整合力

全球化和文化多元化，要求现代人能够在不同文化间穿行。穿行于不同文化，就是在接触不同文化、了解不同文化、鉴赏不同文化，进而在穿行中传播文化和整合文化。

穿行于不同文化间的人，就是文化使者。在文化穿行中也在传播着文化，不仅向外传播本我文化，也会引入外来文化。而文化传播的过程，其实也是一个文化整合的过程。一个称职的文化整合者，应当是能够不忘"本来"，坚守本我文化的优秀传统，而不"数典忘祖"；同时能够借鉴"外来"，吸收人类的一切优秀文化，而不盲目排外；整合的目标是面向"未来"，建立适合于新世界新时代的新文化。

三、跨文化人才的培养

跨文化人才的培养，是个老话题，也是新话题。说它是老话题，是因为自古以来教育都会遇到跨文化的问题；说它是新话题，是因为今天的"跨文化"面临着时代的全新问题。跨文化教育不是专业教育问题，而是全民教育的问题，包含着对未来人和未来世界的看法。

国际组织和许多国家都在关注跨文化教育问题。联合国教科文组织不遗余力地推进"世界公民"教育和跨文化教育。欧盟的外语教育政策体现了"跨文化公民外语教育"的精神。英国2000年修订的地理课，引入了"全球公民"

的因素。韩国2001年的课程改革，高中选修课就增加了"国际理解教育"的内容。日本学者也提出了"全球教育"的理念，并将其定义为"培养多元文化共存、人与人相互依存的地球社会的公民所必需的素质的教育"。

（一）提倡"多语主义"

苏·赖特（Sue Wright 2012，P26—35）等人的研究表明，在西方现代国家的形成过程中，逐渐形成了"一个国家=一个民族=一种语言"的模式，试图在"国家、民族、语言"之间画上等号。这种"单语主义"理念，也影响到第二次世界大战以来新独立的亚非拉国家，甚至东欧巨变之后在前苏联地区、前南斯拉夫地区新独立（或新成立）的许多国家，也都奉行或奉行过单语主义，引发了不少语言矛盾。

李宇明（2015）通过考察多个时代多个国家的语言生活状况，不仅发现单语主义事实上从未得到很好的贯彻，而且还激发了一系列的矛盾冲突，甚至是流血事件，严重者造成国家分裂，如巴基斯坦。更重要的是，单语主义不符合文化多元化的时代潮流，对弱势文化、少数群体语言的排斥压制，会导致许多语言的濒危，因而也带来一些文化的濒危甚至消失。国际上，语言理念的发展趋势是摒弃"单语主义"，走向"多语主义"。

多语主义理念有利于对公民进行多语教育。在中国，少数民族学生从小掌握自己的母语，入学后学习普通话这一国家通用语言，或是进行母语和普通话的"双语学习"，继而再学习外语，得到的是"三语教育"。汉民族学生从小习得自己的方言，入学后学习普通话这一汉民族共同语，之后开始学习外语。方言与普通话为"双言"，汉语加外语为"双语"。南方方言与普通话有较大的语言距离，学习起来也有较多的语言困难，故而"双言双语"教育也可以看作"准三语教育"。如果大学毕业继续读研究生，按照教育制度的要求，还要学习第二外语，形成"四语教育"。如此说来，中国虽然某些人、某些部门的语言理念可能是单语主义的，但是全民的教育实践已经是多语主义的，一般公民接受的是三语或准三语教育，社会精英要接受四语教育。

中国有今日改革开放的大好局面，中国改革开放之后能如此快捷地走向世界，与多语教育的实践有着十分密切的关系。迈克尔·拜拉姆（2013，P8）指出："欧共体作为一个政治实体，……早在十年前制定了一项政策，所有成员国应当学习三种语言：他们自己的民族语言和另外两种欧共体的外语。"三语教育也是亚洲、非洲、拉美等许多国家正在实践或提倡的语言教育模式。

不过,中国的多语教育还有若干需要改进的方面,如:外语教育目标还没有从"通过学习外语理解伟大文明的高雅文化"向"能够用语言和外国人进行日常交流"转变(迈克尔·拜拉姆 2013,P4);英语之外的语种教育明显不足,且普遍开始较晚,特别是中学的外语教育应当多样化;大学外语教育需要改革,应由语言技能教育和语言文学专业向"语言—文化"的方向扩展;汉语方言的教育传承问题,看法不一,亟待研究,通过"校本课程"进行方言文化教育,也许是可行之策;中小学是否应再加强一些传统文化教育,其中包括繁体字教育;民族地区的"双语教育",需要稳妥处理好民族语言和国家通用语言二者的关系,特别是二者同为教学媒介语的关系;在语言教育和国家语言政策理念上,应确立多语主义理念,以保证多语教育的实施。

(二)重视"译"的能力培养

翻译,《现代汉语词典》(第六版,P357)的解释是:"把一种语言文字的意义用另一种语言文字表达出来(也指方言与民族共同语、方言与方言、古代语与现代语之间的一种用另一种表达)……"这一解释显然比一般人对"翻译"的理解宽泛而更符合实际。

一般人所理解的翻译,主要指语言之间的翻译,甚至主要是外语翻译。阅读古代文献,民族之间的交流,与不同方言区的人交流,甚至与不同社会阶层的人对话[1],都具有跨文化(包括亚文化)交际的性质。进而言之,今天也不能把"翻译"仅仅理解为把一种语言文字译成另一种语言文字,或者是译成另一种方言,其本质不仅是"语言表达",而更是一种跨文化的交际。

如果把翻译理解为"跨文化交际"的话,正如李宇明(2013)所主张的,翻译显然就不再是少数人所从事的职业,而应成为语文教育的"七维度"之一,成为当今公民的素质。在我国,中学没有专门的翻译课程,只在外语课、文言文课上有一些翻译指导,大学的外语系才设翻译课程。显然,社会对翻译的认识还在"语言距离"的层面,而今需要从语言距离层面发展到"文化距

---

[1] 新华社郑州2016年9月14日专电(记者甘泉),政府机关出台的政策文件,往往因表述严谨让群众觉得"高冷"、不易懂。河南省日前要求,政府机关出台的"红头文件"要配套通俗易懂的语言解读。即将"官话"翻译成"白话",用群众听得懂的语言,把群众关心的事情讲清楚。河南省的这一要求,说明方言与普通话、口语与书面语之间确有"译"的问题。

离"层面,需要从外语教育、古汉语教育层面发展到语言教育学层面,发展到文化学的认识层面。也就是说,应把"翻译"从语言翻译人才的培养扩展到全民的跨文化能力的培养上。广义的翻译能力的培养,在基础教育阶段应是语文课、外语课的重要任务,同时也是其他课程应当关注的课题,也是其他学段应当关注的课题。

广义的"译"的能力的培养,当然需要培养公民的多语能力、多文化知识和包容的文化态度,但更要重视文化的体验。就某种意义而言,文化不是知识而是社会生活,对文化的深入理解最终需要深入到文化的社团中,而不是停留在书本上。在多元文化高度汇聚的当下,文化体验的条件较易实现,这也从一个侧面说明了文化体验的重要性。

(三)深植本土文化之根。

在文化多元化的时代,加强公民的本土文化教育、深植本土文化之根,是十分重要的文化工程。国际社会提出维护文化多元化,其本质精神就是要使现存的人类各种文化能够保持下来,不至于濒危泯灭。深植本土文化之根,正是对文化多元化的呼应,是在多元文化间穿行的最重要的行囊。

中华文化历史悠久,光辉灿烂,但是中国近代由于长期沦落为半封建半殖民地,在国际上几乎失去了话语权。今日之中国拥有了某些与世界平等对话的资格,但是国际话语权仍然不大,西方文化和西方话语体系仍然占据优势。伴随着全球化的发展,特别是互联网的发展,"西方优势"不是在减弱,而是在加速扩大。在这样的世界文化时局面前,要让国人在多元文化间穿行,必须深植本土文化之根,否则就会出现"文化迷失",出现文化认同上的"迁移"。

深植文化之根,不能依赖"文化灌输",而要依靠文化自信,其根本措施还是要使中华文化发展起来,强大起来。整合优化中华文化,需在保存且保护好少数民族文化、汉语方言文化、历史传统文化的基础上,吸收本土各文化之精华,扩大中华共同文化的内容和影响力;同时还要"文化开放",吸收人类各种优秀文化,还要特别鼓励在新生活中创造新文化,特别是尊重网民的文化创造力,利用互联网创造新文化。本土文化强大了,可以增加文化自信,可以在不同文化间自由穿行而不至于迷失,可以在穿行中自觉带着文化走出去,扩大本土文化的世界影响力。

四、结语

全球化是当前不可阻挡的滔滔洪流。经济一体化是全球化的原动力,也是全球化最为重要的表现。但经济一体化带来的不仅是经济的全球化,还是经济活动的全球化,是与经济活动相关的法律、社会组织、国际关系、人类生活方式等方方面面的全球化。"俄罗斯套娃"般的人口移动,交通、通讯、互联网等的快速发展,迅速延伸了人类社会的交往半径和见闻半径,助长了全球化的发展速度和发展规模。

全球化逐渐使世界变平,国界和文化边界的藩篱愈来愈低矮稀疏。不同文化通过地理性汇聚和信息性汇聚等方式,急剧汇聚起来。人们的文化意识在文化汇聚中逐渐明显起来,文化问题逐渐沉重起来,文化的"自然冲突"和"人为冲突"频频发生。维护文化多样性的"多元文化主义",是在全球化背景下面对文化集聚、文化冲突而形成的文化自觉意识。文化多元化已成为全球化在文化领域的逆向物和伴生物,其实也可以看作全球化的一个重要特征。

全球化和文化多元化,要求现代人必须具有全球意识和正确的文化观,具有在多元文化间穿行的能力。这种观念和能力,包括多语能力、多元文化知识、包容的文化态度以及文化整合力等等。而要培养这样的跨文化人才,最为主要的是:第一,要提倡"多语主义",实行三语教育或四语教育;第二,要重视"译"的能力培养,这"译"当然是广义的,包括"语言距离"意义上的译和"文化距离"意义上的译,其实就是跨文化的交际能力;第三,深植本土文化之根,以防止在多元文化中出现"文化迷失"。"植根"不能依赖于"文化灌输",根本之策在于整合优化本土文化,使中华文化发展起来,强大起来,为国人在不同文化间行走备上充实的行囊。

跨文化人才的培养,首先是教育工程。课程设置、教材编写、教育理念上都应有大的改革。语文课、外语课的改革是重点,但其他课程也需要配套跟进。而且,适应文化多元化的教育改革也不是哪个学段的事情,各个学段都需要课程的改进和教育理念的改进。跨文化人才的培养,当然更是社会工程,不仅需要社会的配合,而且也反映着对未来人和未来社会的看法,亦即"未来社会"的理念。总而言之,跨文化人才的培养,要有三个维度的推进:第一,不仅是培养多语能力，更是培养多文化能力，由语言层面推进到文化层面；第二，不仅在课程，更在于理念，由专业教学层面推进到培养什么样人的教育理念层面；第三，不仅在学校，更在于社会，由教育层面推进到"世界公民"的素养层面，推进到社会的语言理念、教育理念和文化理念的高度，推进到社会的文化包容力和中华文化的整合优化能力的高度。

最后需要提及的一个问题是，当前我国哲学社会科学的地位亟待提高。我们深知，国家的发展需要强大的理科和工科，但是，哲学社会科学关系到民族的灵魂，关系到民族和国家的话语权和人民的文化自信。哲学社会科学，需要有与自然科学届同等的荣誉待遇和经费投入，需要完善符合哲学社会科学发展规律的考核激励机制，革除一些管理上的弊端，诸如科研经费管理不尽合理、科研工作者的劳动和价值不能得到合理体现、科研考核重数量轻质量、"权威期刊专权"等等问题，进一步形成哲学社会科学人才培养、激励、选拔和任用的良好机制，促进哲学社会科学的繁荣发展。哲学社会科学的繁荣发展，直接关系到国家的话语权和跨文化人才的培养。

参考文献

[英]安东尼·史密斯：《全球化时代的民族与民族主义》（戴维斌、良警宇译），北京：中央编译出版社，2002年。

[德]哈贝马斯：《对话伦理学与整理的问题》（沈清楷译），北京：中国人民大学出版社，2005年。

韩 震：《全球化时代的文化认同与国家认同》，北京：北京师范大学出版社，2013年。

何九盈：《全球化时代的汉语意识》，北京：语文出版社，2015年。

李慎之：《全球化将是一个没有终结的过程》，见乐黛云、[法]李比雄（1999）。

李宇明：《语文教育的七个维度》，《语文教学与研究》2013年第12期（上）。

李宇明：《由单语主义走向多语主义》，北京大学外国语学院外国语言学及应用语言学研究所编《语言学研究》2015年第19辑，高等教育出版社。

[英]迈克尔·拜拉姆：《从外语教育到跨文化公民教育》（韩慧、余卫华、施麒麟译），北京：外文出版社，2013年。

[英]苏·赖特：《语言政策与语言规划——从民族主义到全球化》（陈新仁译），上海：商务印书馆，2012年。

俞可平：《全球化：西方化还是中国化》，北京：社会科学文献出版社，2002年。

乐黛云、[法]李比雄：《跨文化对话（二）》，上海：上海文化出版社，1999年。

王建勤等：《全球文化竞争背景下的汉语国际传播研究》，上海：商务印书馆，2015年。
赵世举、黄南津主编：《语言服务与"一带一路"》，北京：社会科学文献出版社，2016年。

原载《文化软实力研究》，2016年第3期

附 录

语文教育是文化之根的教育

——李宇明教授访谈录

陈瑜（以下简称陈）：近些年来，中学语文教育危机的呼声一浪高过一浪。综观这些呼声，我们觉得人们过多地强调了中学语文的文学性的一面，也就是说，他们力图要将语文学习从单纯的知识技能训练中解放出来。但是我们知道，中学语文中还有很重要的一块是语言的教学。您能不能从语言的角度对当前的中学语文教育谈点看法？

李宇明（以下简称李）：中学语文教育有没有危机？有多大的危机？这危机是怎么造成的？这些问题我也接触了一些，但是据我的观察，这些危机的呼声更多的是来自语文教育界之外的其他学界，如文学界。实事求是地讲，新时期以来，中国的语文教育应该说是很有成绩的，特别是小学的语文教育。他们拥有了多种教学方法，如集中识字、提前阅读、分散识字等，这些方法的运用打破了过去被认为是最难过的一关——识字关。这一点应该说功不可没。中学语文教育也在探索，但是由于离高考太近，社会对学校的压力太大，进展还不太明显。但是，我认为这种局面的造成不能一板子打到中学教师身上，这不公平。

20年来，语文教育有没有问题？当然有。我认为这些年来的教育从总体上说就是"原子主义"教育。新时期之初，我们觉得西方分析方法非常精密、非常好，这并不错。但时代不一样了，在世纪回眸的今天，应该从宏观的层次，甚至"混沌的视野"上来把握我们的教育问题。这在中学语文教育中反映得特别明显。古代的蒙学教育正好可以补充"原子主义"教育的不足,比如说,古人读书讲究先读,所谓"书读百遍,其义自见";还有对对子,这实际上是词汇语法教育,而且是对语言的各种机制的整体把握。再比如猜谜语,这可以说是把语言的想象力发挥到了极致。

从语言学的角度来讲,我认为中学语文教育目前存在的最大问题(我并不认为这就是危机)有两个:一是太重视语言学知识的教学,而对语言本身的教学重视不够。如教学生切分主语、谓语、宾语,这些知识对学生来说,有一点就够了。最重要的是语言本身,应该教学生学会语言,学会听说读写。二是语言教学的"数学化",太讲究精密,太讲究标准答案。这一点我体会较深,我女儿的语文试卷中的语言试题,我能做对60分就相当不错了。邢福义老师说,李宇明能做60分,他就更不行了,及不了格。比如说改病句吧,明明没病,却偏说有问题。

当然,对于语文教育,我们质疑它、批评它,并不是为了摧毁它,而是为了建设它。这才是我们的初衷。

陈:语法应该是一个历史的产物,具有动态性、可变性,那么如何规范它?中学语文中的语言教学如何进行规范化的语言教学?

李:如何看待语言中的规范与变化,中国语言学界的认识并不一致,总体来说大概有以下三种看法:一种是认为语言学家只有描写语言的权力,这是受美国描写语言学的影响;二是一定要讲究规范,这是中国几千年的传统;三是较开放的观点,就是说要讲究规范,也要重视语言的变化。我觉得这都是在从外围谈问题,即从社会与语言的关系的角度来谈问题。从另一个角度讲,所谓规范就是语言的典型现象。假设典型现象是核心的话,那么,越到边缘这种典型性就越模糊,如"很香港""很华侨"就属于这一类。还有一些从方言里来的,如"好漂亮好漂亮"一听就知道是南方话。从边缘现象来看,文学家对语言的规范是不太有好感的,因为文学家就是要将语言陌生化,进行变异。而且,典型现象与模糊现象之间也不是没有关系,用"家族相似"理论来说,从典型到模糊一般存在一个变化的系列,彼此存在着许多联系。中学语文教学,应该教那些典型现象,没有必要过于纠缠那些边缘现象。测试也是一样,有些改病句简直就是在"无病呻吟"。

陈:"语文"与"语言""文学"相比有较大的模糊性。今年《中国社会科学》第三期上就有一篇文章专门讨论"语文"作为一个学科的不确定性问题。定位不准、目的不明，似乎是中学语文教学存在的一个问题。

李：中学语文教学要达到什么目的？我认为它应该是整个人生教育的一部分。从这个意义上讲，中学语文教学应该包括下面几个层次：一是汉语的基本技能。比如口头表达的时候，怎样组织自己的谈话，怎样引起听众的兴趣，怎样才能得体，采取什么样的手势、什么样的眼神等等。从语用学的角度看，这就是讲话的"合作原则""礼貌原则"。这些都属于语言的基本技能，而不仅仅只是语法。应该把语言当作一个活的东西，当作人的一种行为来看待。二是语言学的常识。如：全世界有多少种语言、方言？语言是如何产生、发展的？计算机时代语言起到什么样的作用？人机对话中编码体系有哪些原则？文字有哪几种类型？文字是如何创造设计的？东亚的文字为何有自己的特点？这都属于语言学的常识问题。三是学习语言所蕴含的文化现象。首先，一种文化最重要的载体就是它的语言，语言是一个民族的根。有了共通的语言，就会了解博大精深的民族文化，就会产生一种民族认同感。如果忽视语言，就会动摇我们民族的根。中小学的语文教育实际上就是文化之根的教育。其次，掌握了一门语言也就掌握了一种观察世界的手段和方法。因此，也不能忽视外语学习。比如说，用汉语写地址都是从大地方写到小地方，而用英语则是从小地方写到大地方，这种就体现了东西方空间文化的差异。再次，语言的运用与民族文化习惯有关，了解这一点会有益于我们的汉语学习。汉语的韵律感是非常强的，这个特点从《诗经》那个时代就开始了。儿歌里像"小老鼠，爬灯台，爬上去，下不来"等，节奏韵律多么明显。这也影响到汉语的语法。举个例子，我们常说"读报""阅读报纸"，"阅"与"读"、"报"与"纸"在此都是同义的。但是为什么我们只说"读报、读报纸、阅读报纸"而不说"阅报纸""阅读报"呢？这就与我们汉语的音韵节奏有关。第四就是语言的高级形式——文学的欣赏与创作。语言与文学是一个整体，不能人为地分为两个方面。文学从本质上说是对语言的最精彩的运用。对于中学生来说，最重要的不一定是学会创作，而是要学会欣赏，学会品鉴，能够欣赏文学作品的情感、意象。

陈：目前中学语文教师中也有大量的人在从事语言学的科研工作，您作为一个语言学家，能不能对他们提几点建设性的意见？

李：中学语文教师从事科研要注意两个方面的问题：一是要结合自己的

工作。一般不要离自己的工作太远，否则的话，就会产生科研焦虑、工作焦虑，反倒收不到好的效果。也就是说，选题应围绕着自己的工作进行。语言研究的选题很多，我们语言学研究有句口头禅"语言学就在你身边"，就是这个意思。中学语文教学本身就是一个富矿，而且也只有中学语文教师才能开采好这一富矿。二是要有兴趣。兴趣源于疑惑，源于问题。发现了问题，科研兴趣就出现了。发现了问题，然后再千方百计地去解决它，这就是科研的过程。从我自己的体会来讲，科研还能培养人的一种境界。科研能给人一种创造性的喜悦，有益于身体健康，因为科研面对的是纯洁，是真理，能净化自己的心灵，使生活有意义。

中学教师怎么搞科研？科研首先要有问题。而这一点正是中学语文教师存在的问题。中学教师常常觉得自己好像什么都懂了，什么问题都有定论了。实际上，教科书落后于科研前沿往往是几十年。教科书就像一张帷幕，将后台的乱七八糟的东西给遮住了。中学语文教师就要敢于揭开这层帷幕，走到后台去。因此，搞科研就是要使自己从"低级明白"到"高级糊涂"，再从"高级糊涂"上升到"高级明白"。其次就是做好学术准备。科研不仅仅是经验总结，论文最典型的品格就是创新，而不在于印证。有些中学教师给我寄来的稿子，往往是前面引用叶圣陶先生的一段话，然后举几个例子就完了，这不够。一篇论文要么是观点新，要么是材料新，要么是方法新，否则只能叫做随感随想。咱们《语文教学与研究》之所以逐渐有了品味就是因为有了新东西。

要出新，还有一点特别重要，就是要查文献。前人做了些什么工作，存在什么问题，你准备从什么地方突破，这都依赖于对科研文献的掌握。文献意识不强，往往带来重复劳动。在前人的基础上有了一点点推进，你就站在了科研的前沿。此外还要有方法意识，不同的研究方法往往能反映出研究者的视野和研究的价值。现在进行语言研究的方法很多，如描写归纳法、社会调查法等等。这可能不是几句话就能讲清楚的，我们下次再说吧。

原载《语文教学与研究》（陈瑜 访谈）2000年第9期

语文教育要有未来的眼光，世界的意识

——教育部语信司李宇明司长访谈录

小学语文：李司长，今年上半年，教育部、国家语委联合发布了一系列标准。这些标准，有些是对过去一些标准草案的完善，有些结束了过去没有国家标准或规范可以遵循的情况。它们都和中小学识字教学有着非常密切的关系。7月1日开始试行的是《现代汉字常用部件及部件名称规范》和《现代常用独体字规范》。为什么连续发布这么多语言文字的标准？

李司长：制定这两个标准，除了对汉字教学提供帮助之外，还考虑到信息技术如何与语文教学形成良性互动。首先是希望弥合识字教学和信息教育两张皮的问题。汉字教育需要对汉字的结构进行拆分，但是由于没有统一之规，语文教师讲的是一套，信息技术课上的键盘布局又是一套。这种现象对成年人来说也许不要紧，但对小学生识字冲击很大。语文教育和信息教育，在汉字拆分上和谐一致，才有利于学习。其次，是希望通过信息产品促进汉字教学。识字教学软件利用多媒体技术，可以立体、动态地呈现汉字发展演变的过程，可以配合各种故事促进汉字教学。

此外，也希望为写字提供帮助。计算机、手机的广泛应用，用笔写字的机会少了，提笔忘字、写错别字等现象突出了。在汉字的国度里，写字是公民素养，且还可以在写字的基础上升华为书法艺术。通过开发计算机软件帮助人们写字练字，是时代提出的课题。这两个标准对解决这一时代课题，也稍有裨益。

随后，国家还将出台一些语言文字标准，以保证语文教学质量，提高学生的语文能力。语文能力是一个人的核心能力，信息的获取、加工、传递、贮存，主要靠语文能力。中小学是形成语文能力的基础阶段，语文能力的培养是中小学教育的主要任务。信息时代的到来，对识字教学有帮助也有冲击，最大限度地消解不利因素，用信息产品助教助学，这是信息时代要实施的重大教育工程。

小学语文：信息技术在教育中的运用越来越广泛，现在它的能量发挥还仅仅是露出了冰山一角，的确需要我们更深刻地去思考。制定一系列的标准，主要就是让信息技术能更规范、更好地服务教学。您能简单介绍一下这两个规范的制定情况吗？

李司长：先说《现代常用独体字规范》。从造字法看，独体字包括象形字和指事字，比如，"鱼"是象形字，"本、末"是指事字。汉字历史悠久，字形在古今演变中发生了很多变化，尤其是经过秦末的隶变，汉字彻底符号化了，原始造字理据在隶变中遗失。历史演变使很多象形字、指事字不再是独体字，而有一些非独体字，字形结构扭结勾联，像是独体字了。所以，有必要根据今天的字形面貌，重新确定独体字。这种确定，主要是为了教学，而不是文字学。《现代常用独体字规范》是在一定字量里确立的，研制过程中广泛听取了语文教师和教研员的意见，有理论根据，有教学实践的支撑。当然，收入的字是不是人人都认可是独体字，是不是还有一些独体字没有收入，这是值得研制者和使用者共同审视的。但这不是大问题，可以在教学实践中不断去完善。

小学语文：确定为独体字的，不需要拆分了，但在识字教学时，是不是能有一些变通方式？

李司长：教学是创造性的活动，确定为独体字的，并不妨碍继续进行结构分析。比如"鱼"这个独体字，教师仍可以启发学生的想象：哪是鱼头，哪是鱼身，哪是鱼尾。但是在键盘编码时，最好不要再去拆分。

小学语文：这就涉及部件拆分的问题了。规范强调"部件"这个概念。当然，从文字学上看，"部件"的确比"偏旁、部首"的指称更广，更准确。但是现在的词典编纂、教材编写，以及语文教学，都更多的是使用"偏旁、部首"等术语。在这三个概念的使用，尤其是"部件"的使用上，您有什么建议？

李司长：部首是词典编纂上的术语。在《说文解字》中，部首基本上表示这部字的意义，是一部之首字，故得"部首"之名。随着汉字的演变，部首的内涵被掏空了，今天它基本上变成了汉字编纂、检索的一种工具。偏旁是传统汉字学的术语，指会意字、形声字的组成部分，在构字上或有表义功能，或有表音功能。古代"偏"在哪边,"旁"在哪边,还有讲究,而今合称"偏旁"。

《现代汉字常用部件及部件名称规范》和《现代常用独体字规范》,使用"部件"这一术语,是为了不破坏传统的"偏旁"概念。"部件"的外延显然比"偏旁"大,如果这两个规范也叫"偏旁",会使偏旁的概念发生变化,于教学于学术皆不利。

这两个规范具有"助教"性质,帮助教师合理进行汉字拆分。比如"章"字,一般拆分为"立、早",但是最好拆分为"音、十","音、十"体现了"章"的本义。对于软件设计者,也是提供一种帮助,或者说是提出一种要求:在教育领域,不要把键盘布局仅仅看作技术问题,要尽量按照字理对汉字拆分编码。

需要强调的是,规范既然是助教的,就不需要把规范的知识直接教给学生,包括这些术语。当然,教与不教,怎么教,比如在教学中是否需要引入"部件"这一概念等,应由教师决定。给教师多一些创造发挥的空间,是教育之幸事。

小学语文:现在,部件拆分有了具体的规定,各部件也都有了统一的名称,可以避免乱拆分、乱称名的现象,方便教学与研究了。但是我也注意到,有一些名称和我们以前习惯的不太一样,要让老师们完全熟悉、自如运用,可能还需要一个过程。

李司长:这个项目研制十来年了。关于部件(包括偏旁)的名称,各本词典不完全一样,各版本教科书不完全一样,全国各地的叫法也不完全一样。从教学本身、字典排序、计算机编码诸方面看,都需要统一部件(包括偏旁)名称。编字典,有时需要按照部首名称排序。利用偏旁编制键盘输入码,音码方案和形音码方案要用到声音,需要偏旁名称统一。

这些名称,经过了大面积调研,整合了各地、各书的差异,也在网上长时间征求意见,名称定得很审慎。但是学术是无止境的,这些名称是不是科学,要实践检验。但部件命名不会给教师带来大麻烦,不太常用的部件,可以不记,需要时,一查便得。当然,既是推荐,就是应当提倡的,希望教师用规范推荐的名称去称说。

小学语文:部件拆分和独体字确定的原则,都是"根据字理、从形出发、尊重系统、面向应用"。主要就是处理好原始造字理据和现代字形的关系问题。这些年对于运用"字理"进行识字教学的争议从来就没有停止过。有一种声音,认为"字理"反映了先人认识客观事物的局限性,容易对学生接受现代科学知识造成负面影响。这种看法站得住脚吗?

李司长:课堂是传授人类知识精华的庄重之地,汉字教学要依据学理。比如"臭"字,字形上看是"犬"加"鼻"(自),本义是"嗅",闻气味,狗鼻善嗅;后来泛指一般的气味,如"其臭如兰";再后来,意义又偏指,专指臭味。有人拆字解说,"自大一点就臭",其实,"臭"与"自大"在字理上没有任何关系。如果为了讲哲理,或者增加生动性,偶尔如是解说,也不为过。但是汉字教学,尤其是小学汉字教学,可能长久影响学生的汉字认知。小学是人生的启蒙阶段,给他打下什么样的底色,他的人生可能就是什么样的基调。

汉字的字理,不能简单与现实世界、与现代科学相对应。比如,"桥",为什么用"木"旁?"碗"为什么是"石"旁?石桥、铁桥比木桥多,石碗更是罕见。文字结构所能反映的只是古人构字的根据,通过字理,学生知道先人是怎么想的,知道这个字的本源。这是一个文化的历程,能够透视古人对世界的认识。字理教学不承担认识现在世界的任务,故而也就谈不上接受现代科学知识的负面影响问题。

小学语文:汉字经过几千年的发展、演变,很多表意的偏旁都变成了纯粹的记号,丢失了理据,对当前字形进行的分析与从字源上进行分析会产生不一致的现象。遇到这类字,是不是就不要勉强去分析它的字理?

李司长:字理是帮助识字的,能讲字理的就讲字理,不能讲的、不便讲的就不讲。字是死的,教学是活的。不过要看到,不依字理的随意联想,在教学中常闹笑话。如"饿"字,解说成"我要吃食物",倒是生动,但是"峨、俄、鹅、娥"怎么教?难道类推为"我要爬山""我是人""我是鸟""我是女的"?但是利用字形帮助识字,也是一条路子,如"巳、已、己",用"巳满已半己不出"的字形解说,比字理解说更有效。

教无定法。现在很多识字教学法在争论,是正常的学术现象,有争论就有进步。某种方法好不好,关键看效果,看教学的"信度"和"效度":信度,教不错;效度,有效率,学生能很快学会。

小学语文:这几个标准都定位为推荐性标准,看得出教育部和国家语委的慎重和务实。其实，您刚才所讲的也是在强调一种理念：小学语文教育应该有一些基本的规约、统一的规范，但是具体的教学方法不应该强制，怎么适合教学怎么做。

李司长：所谓推荐性标准，就是你有困难了，标准帮助你，而不是强制你。中国国情千差万别，东部和西部、农村和城市的教师水平或学生水平都不一样，需要多样性。孔夫子就知道因材施教。尤其是语文，更要有人文性，切合学生特点，每个课堂都争取有特色。教育部和国家语委非常重视小学教育，重视小学识字教学，请那么多大专家做标准，并经过各种严格程序。把标准定为推荐性的，并不完全是慎重，更重要的是在传递一种声音，提倡一种理念：小学语文教学很重要；小学语文教学要充分发挥教师的能动性。

小学语文：说了这么多关于小学识字教学的话题，是因为识字、写字是一个人最基本的语文素养，识字教学也是语文教学的基础。对当下的语文教学，您如何评价？

李司长：现在的语文教学，更多是从学科体系出发，考虑如何教文字、词汇、语法、修辞等。从更宏观的角度看，语文教学，就是让学生具有适应现代语文生活的能力。语文教学应当研究现代语文生活，也需要从语文生活出发。

小学语文：那在您看来，当下的语文生活是什么样的？它对我们的语文教学有哪些要求？

李司长：准确描述现代语文生活，还是一个科研课题，难以"一言以蔽之"。尽管如此，现在的语文生活，我们都会感受到许多新变化。第一，信息传递速度空前加快。信息传递方式由传统的"蛙跳"发展为"点对点"。鼠标动一动，全知天下事。学生能通过各种媒介接触到大量信息，什么网络新词语啊、火星文啊。尽管大人对此忧心忡忡，但学生没有几个反感的。如果学生不能自己获取信息，获取知识，将来就不能适应社会生活。

第二，信息化给社会巨大影响。现在，许多人离开信息产品几乎无法生活。教师已经不是全部知识的传授者，而是学习的导航者。信息化向我们提出一系列关于教育基本要素的问题：谁是教师？什么是课本？哪里是教室？所有的人都可能成为你的老师，学生接触的所有材料都可以是教材，社会生活就是教室。教师从传道授业解惑者，逐渐演变为导师。现在，很多教师和家长仍然把自己看成站在知识高地上的巨人，实际上，在很多领域，教师和家长其实是在信息的洼地上。古代的私塾先生，背会十三经或者之中某几经，就可以教人一辈子，现在可不行了。信息时代要求对师生关系做新的思考。

第三，中国走向世界。这是一种不可逆转的趋势。中国这块土地，未来养活不了全部中国人。我们的下一代，应该在全世界找工作。理想的教育，就是世界上任何地方有工作机会，我们的下一代都能去竞争。因此，教育应当有国际视野。

小学语文：在这样的语文生活中，怎样的语文教育才是国际视野？

李司长：我们可以分析一下：现在的语文课本里，介绍了多少国际上的东西？有多少鼓动向外开拓的内容？有多少鼓舞人探索或者是探险的？这起码从一个侧面说明语文教育的国际化程度不够。除了内容还有语种的问题。需要重视母语，但绝不能视外语为外物。只懂母语，生存半径会受到很大限制。

小学语文：我现在听到的更多的说法，是对外语热冲击母语的担忧，是对我们不重视母语的批评，是对母语地位下降，母语水平下降的焦虑。在母语和外语的关系上，您的看法是什么？

李司长：母语当然是重要的，我们都是吮吸着母语的乳汁成长的。但不能把母语同外语对立起来，把母语教育同外语教育对立起来，把母语水平下降归因为重视外语教育。母语是根，外语是用。只有根，没有用，人生不茂盛；只有用，没有根，人生是虚飘的。所以，中国未来的发展，要求公民最少应该掌握两门语言，而且应逐渐在义务教育阶段实现。

放眼欧盟，他们要求学生掌握四门语言。再如瑞士，它有瑞士军刀、瑞士手表和繁盛的银行业，也要看到它的语言优势。瑞士有德语、法语、意大利语、拉丁罗曼语四种国语；联合国和欧洲的组织设在那里，这些国际组织使用的语言、这些国际组织雇员及其家庭的语言，也是瑞士政府重视并加以利用的语言资源。有了这些语言资源，它可以同全世界做生意，可以引进全世界的智力。瑞士是世界上人均国民生产总值最高的国家，语言资源在富国的道路上发挥了极大作用。

我国物质资源较为匮乏，地大物不博。更需要注意的是，全民语言能力总体较低。中国人要想走向世界，要想强大，必须付出语言学习上的沉重代价。外语学习负担很重，投入多，效率低，必须探寻教育改革之路和教学改革之法。普通话和外语，是中国人必备的两件语言法宝。

小学语文：您的这种观点令人深思。我们对母语重视不够，母语教学效率不高，这是客观现实，但是，并不能全然归咎于外语热。要提高母语教学的质量，更多的，还是要从内部找原因，从课程设置、教学方法、评价方式、教师培养等方面进行改革。在母语与外语的关系上，不能用非此即彼或者扬此抑彼的简单思维。您在思考教育问题时，一直强调的都是未来的世界，将来的发展。面向未来的语文教育应该是怎么样的？

李司长：要学好语言，提高语文能力，就要考虑我们的语文生活；不仅要看到今天的语文生活，还要看到明日的语文生活。今日之教育，是明日之科技；今日之教育，是明日之生活。教育是未来的事业，是为明日而劳作。从入小学到大学毕业，需要十六年。十六年，国家会变成什么样子？社会发展成什么样子？教师都应是未来学家，要考虑到学生走出校门面临的生活，面临的世界。

联合国教科文组织早在十几年前就提出了学会认知，学会做事，学会合作，学会生存……这些理念，对我国的教育很有启发。但是，也要问一问，这理念为什么是教科文组织提出的，而不是我们提出来的？我们这么一个教育大国，有着这么悠久的教育传统，应当提出影响世界的教育理念。关键在目光，在眼界，在意识。

学生越小，教师的水平就应越高。教小学生，应该教一些基本的然而又是人生极为重要的东西，诸如热爱生活、充满激情、开拓精神、善良、责任感等等，它们在语文教学中应该有所体现。人生应该是有责任的，有激情的，不断开拓进取的。

小学语文：教师职业任务繁重，压力大，教师普遍焦虑感强，久而久之，倦怠感、麻木感自然容易产生。但那些成功的教师，无一不是满怀教育理想、充满激情、富有思想魅力的人。

李司长：教育是对明天充满信心的理想家的事业。要把这种理想、这种信心注入到讲课、师生谈心以及与家长的沟通之中。教师不仅要踏实工作，也要时时"仰望星空"。4月23日世界图书日，温家宝总理说："不读书的民族是没有希望的民族。"总理的话很值得深思。有理想的教师，必然也是爱读书的教师。语文教学最重要的，也是让学生爱书，喜欢读书，尤其是读经典。

小学语文：请谈谈您对"经典"的理解。

李司长：经典就是人类认可、需要有计划、有步骤传递给后代的精品。经典是"种子"，能成为人生的生长点。教育就是在学生心田里播撒这些种子。

应该强调，经典不仅是儒家经典，也不应仅是汉民族的经典，而是整个中华民族的经典，人类各种文化都认可的经典。中国是多民族国家，对少数民族文化不能忽视。特别是主体民族，更要有重视少数民族文化的自觉性。中国要走向世界，就要站在世界的制高点上看待人类文化，包括欧美文化、非洲文化、亚澳文化等等。当下，我国公民对世界的了解还不够。可能对欧美了解得多一些，对其他地区了解不够，了解不够就可能产生误会。对学生进行全人类的经典教育，才能拥有开放的胸怀，才能迈开两腿走向世界。

小学语文：在多元文化的语境中，我们对于自己的民族文化经典和民族文化，一方面要培养起文化的自信和热爱；另一方面，也要有"走出去"的意识和能力。中华文明要主动去碰撞其他民族文化。在民族文化伟大复兴的过程中，教育，能承担什么样的使命？

李司长：你的这个问题，很有意思。你看以色列人，不管走到哪里，永远知道他是以色列人，他在世界各地，都过着犹太人的生活，保持着犹太人的文化。中华民族，包括华人、华侨，怎样保持民族认同？中国没有统一的宗教，没有统一的风俗习惯，唯一有的，就是我们的语言文字，就是传统文化。所以，母语是根，要深深扎下这个根。但是只有这个根是不行的，还要有世界意识，有行走世界的器具，这器具就是语言。

国家兴，教育兴；教育兴，才能带动国家兴。过去由于各种原因，我们在世界上没有什么话语权，现在逐渐有些话语权了。教育的使命之一，就是能让世界更多地倾听中国的声音。中国人不仅用汉语讲话，用民族语言讲话，还要用世界人民习惯的语言和话语方式讲话。

语言能力不仅是个人的人生资本，也是国家重要的语言资源，是国家的软实力。为了下一代，为了国家的未来，应当逐步制定公民语言能力标准，并主要通过义务教育来实现。

不知不觉，从文字规范讲到大教育上来了。走题了，请各位读者谅解。

原载《小学语文》（胡晓 访谈），2009年第7—8期

培养现代语文能力,过好现代语文生活

——国家语委副主任、教育部语言文字信息管理司司长李宇明教授访谈

一、了解语言国情,做好语文教育和文化传承

记者:提起语言国情,大概很多人并不是十分清楚。您是语言学家,同时又是国家语委副主任、教育部语言文字信息管理司司长,请您首先介绍一下我国的语言国情是怎样的。作为语文教师了解语言国情的意义是什么?

李宇明:语言国情包括语言政策和语言生活两个主要方面。我国现在的语言政策可以概括为:推广普通话和规范汉字,推行汉语拼音方案,加快语言文字的规范化和信息化,构建和谐的语言生活。同时,也要重视语言资源的保护与开发,重视公民语言权利的维护。我在2008年度全国语言文字工作会议上,从一个学者的角度,提出国家语委的三项职责:

1. 从语言文字的角度保证国家信息畅通,支持国家信息产业的发展,保障国家在信息领域里的各种权益。这是信息化给语言文字工作提出的新要求。当然,信息畅通(包括政令畅通、军令畅通等)需要很多条件来保证,但是语言文字的保证很重要,因为人类信息80%是靠语言文字传递的。

2. 保证中国公民在中华人民共和国领土上使用国家通用语言文字和其他中华语言文字来获取信息、表达思想的权利。当前最重要的是保障中国公民的母语权利,比如在中国领土召开的有中国学者参加的学术会议,国家通用语言应成为会议语言(或会议语言之一);在中国销售的产品,应当有国家通用文字的标识及说明书;电信查询应首先提供普通话服务;中国的各种便民设施用字,应优先使用国家通用文字。民族自治地方,应依照国家的有关法规执行。

3. 帮助全世界愿意学习和使用中国语言文字的人方便地学习和使用中国语言文字。国家语委除了在自己的国土上推广国家通用语言文字、帮助少数民族

实现语言文字的规范化、信息化，还有帮助愿意学习中国语言文字的他国公民的义务，这里包括海外华人，也包括非华人。而且中国语言文字不仅仅是汉语汉字，还有蒙语文、藏语文、维吾尔语文等等。中国语言走向世界，不仅仅是汉语汉字走向世界，也是中国一些少数民族语言走向世界。换句话说，中国也应掌握民族语言国际教育的话语权！

语言政策是针对语言生活状况制定的。当前对语言生活的状况了解得并不全面真切，这是需要加强的环节。从宏观上看，应该从这么几个角度去把握：（1）我国是一个多民族国家，有多种语言和多种文字。汉语和汉字虽然是国家的通用语言文字，但是少数民族的语言文字也是中华民族的文化瑰宝。（2）中国走向世界。与此相呼应，中华语言也在走向世界，外语学习也更加热火。中国是外语学习大国，英语是主要语种，但"小语种"现在也很火爆。（3）信息化。信息化并不完全是技术层面的问题，它催生了很多新的理念和新的生活方式，形成了一些新词汇、新文化。比如计算机网络已经发展成为当今非常重要的新媒体，对待新媒体中的语言现象，心态要宽容，尽力帮助它走向完善。（4）重视文化。从文化传承看语文教育，就需要妥善处理简体字和繁体字的问题、古代文化和现代文化的问题、汉族文化和少数民族文化的问题、中国文化和外国文化的问题。我曾经说过："世界有多大，语文就有多大；人生有多长，语文就有多长。"我们不能让语文教师和语文课背上太沉重的包袱，语文能力的提高要靠人生知识的积累和人生各种的体验。

为了解语言生活状况，国家语委近年来成立了国家语言资源监测与研究中心，研究平面媒体、有声媒体、网络媒体和教育教材等领域的语言生活状况，每年向社会发布语言生活状况报告。最近正筹建少数民族语言资源研究中心。如果对语言国情不了解，对现代语言生活不了解，就会影响国家语言政策的制定，也会影响语文教学。

记者：您刚才谈到的语言国情，的确需要我们作深入的了解和研究，但就语文学科来说，也有一个实际情况，那就是关于什么叫语文的问题。通常定义为，语文就是语言文字。嘴里说的话叫口头语言，写在纸面上的叫书面语言。语就是口头语言，文就是书面语言，把口头语言和书面语言连在一起说，就叫语文。请问您怎么看待语文教学中书面语和口语的关系？

李宇明：要界定口语和书面语有一定的难度。书面语和口语的划分，首先应该是从载体开始的,即以语音为物质外壳的是口头语言,以文字为载体的是书面语言。但是,也可以从语体风格上定义它:口语风格的可以诉诸于文字,如用文字记录的民谣;说出来的话也可以具有书面语风格,如中央电视台的新闻联播。

有了文字才产生了书面语。我国许多民族至今没有文字,这些民族也就只有口语而没有民族的书面语。历史上,汉语的口语和书面语曾经严重脱节。大约在汉代,口语同书面语就很不一致了,前人的著作要做"注"才能读懂。到了后来连前人的"注"也读不懂了,对"注"还要注释,称为"疏"。语文现代化从清朝末年起步,当时就提出要"言文一致"。认真说起来,言文一致是相对的,口语和书面语还是应该保持一定距离。距离太远,几乎成了两套语言系统,势必影响语文教育,影响人的思维,而且书面语会慢慢枯竭,因为它不能方便地从口语中汲取营养。反之,两者也不能没一点距离。口语是即时性的,说话时难以仔细推敲,难免重复啰嗦,文意跳跃性大,首尾照应不周等。因此口语不能代替书面语,书面语需要专门学习。

时常听人批评语文课忽视培养口语能力,认为现代说话比写作重要。也有人反驳,上学就是识字,学习书面语。街头不识字的大妈口语溜着呢,不还是文盲?

口语发展和书面语学习不对立,而是相辅相成。书面语学习需要口语的基础。学会读书之前,一般儿童已经基本习得了口语,在此基础上学习书面语。学了书面语,反过来又能够促进口语的发展,使口语升华到一个新阶段。知识分子的口语不同于文盲的口语,道理就在于此。语文教学的主要任务当然是学习书面语,小学阶段要充分利用学生已经获得的口语,之后学龄段还应适当训练一下口语,特别要注意通过书面语促进口语。

二、从目的上定位语文教育

记者:说到语文教育和语文传承,有观点认为,说语文教育是母语教育,基本上是抓住了语文的核心。您从语言学的角度是如何看待这一观点的?

李宇明:语文教育多数是母语教育,但也不完全是。我国许多民族没有文字,没有书面语,学生一入学,语文课学的就是国家通用语言文字或相邻民族的语言文字，这种语文教育不是母语教育。有文字的民族，其语文教育多是双语教育，既学母语，又学普通话。在单一民族国家中，也许可以说语文教育就是母语教育；但在多民族国家中，这种说法有点简单化。如果过于强调语文教育就是母语教育，就需要为那些没有文字的民族创制文字，编写课本，培养师资。这不仅一下子做不到，而且未必符合民族意愿。

当然语文教育在文化传承和母语继续中的作用是巨大的。教育是文化的命脉，母语的命脉。当然，儿童自幼就从父母那里通过习得的方式掌握了本民族的口语，从而也就掌握了本民族的一些文化。口语习得也是文化传承、母语继续的重要方面。

记者：我想，您更多的是从语言国情这一宏观角度来思考和阐述您的语文教育观的。认为母语学习是语文的核心的观点，其实主要是针对中小学教学中的语文课程而言的。如果把论题缩小一下，把语文的含义缩小到目前中小学中的国家通用语言文字教育课程，而且主要指的是语文新课标覆盖下的中小学语文教学。这样的话，您如何定位语文教育？

李宇明：如何定位语文教育，问题很大，也很复杂。我主张从教学目的上来给语文教育定位。从目的上看，语文教育就是培养学生过好现代语文生活的能力。

语文学界历来存在工具性与人文性的争论，我觉得这一争论是无解的。别说语文具有人文性，物理、化学等也具有人文性。语文当然具有工具性，数学、逻辑学也具有工具性。老这样争论实在于事无补。

三、课标是一种指引，教学需要多样化

记者：既然工具性和人文性的争论是无解的，既然工具性和人文性并不能完美地界定语文教学，高中新课标里头为什么仍旧保留了这一说法？

李宇明：教育是人类历史上较为保守的一种职业，正因其保守，世界上才有五六百年的大学。教育需要发展，需要改革，但不能幻想天天搞教育革命。语文教学必须循序渐进，课标是语文教育的顶层纲领，更需要在原有的基础上"碎步快走"。

世界上本无理想化的东西，包括课标。也许把课标看作是"和谐"的产物

更合适，它要照顾不同学派和不同办学条件，要考虑人们的接受度和可操作性。比如西部农村的语文教学，同北京、上海等发达地区的语文教学，难用同一尺度衡量要求。虽然谁都说不清楚语文的人文性和工具性，但是去掉这些说法人们可能更糊涂，而且还可能为此引起更大争端。争论不见得是坏事，但是减少些争端、多些探讨和实践，对当前的语文教学更有裨益。

记者：作为课标研制组的召集人之一，请问您在课标研制中的观点是什么？您怎么看待课标在语文教育中的作用？

李宇明：批评容易建设难。在局外时充满批判的精神，进了门方知任何一点改变都不易。现在我深切感到，当初课标起草人很不简单。今天参加这项工作，自己思想斗争也很激烈，似乎对很多事情失去了判断力。

换个角度想，不必把课标看作语文教学的不二规范，最好把它看作一种指引，看作一种提倡。在它指引下，语文教材编纂者、语文教师去创造性地工作就是了。语文教育有好多层级：课标，教材，教师的教学活动，最后是学生的学习活动。中国太大了，文化、教育的发展很不平衡，不应该幻想用一个课标来通管天下。如果不考虑各种差异性，不提倡多样性，语文教学无论如何也活跃不起来。

制定课标时，大家不断议论，要给语文减负，给语文教师减负。要让语文教师有教学成就感，要让学生有语文学习的成就感。语文就是语文，不能承担太多使命，不能把什么都堆进语文课里。百年来，语文从国学中分离出来，形成了一门学科。百年来，特别是建国以来，语文教学是有成绩的，不能简单否定历史。时代在前进，语文生活在变化，在已有语文教学的基础上，增加一些符合时代要求的新元素，就相当不错了。

现在，整个社会语文水平是下降了还是提高了？从全民的语文水平来看一定是提高了，文盲少了，能写文章的人多了。新中国的语文教育成绩很大。但是，精英的水平下降了，语文大师少了，文学精品少了，这不能不引起反思。这个问题得两面看，如果没有两面看，把语文教育说得一无是处，并不公允。

四、培养现代语文能力，过好现代语文生活

记者：在义务教育课标中指出，不要刻意追求语文知识的系统和完整。这

句话在理论界曾产生了很大争议。有一些教师也反映，语文知识基础在弱化和淡化。在语文教育中语文知识应该占一个什么样的地位，您作为语言学家是怎么看的？

李宇明：看待这一问题要首先区分教和学。在教这个层面，教师应该有良好的语文知识以及将这些知识科学运用于教学的经验。过去，语文知识教育的名声不好，与许多语文教师没有融会贯通的语文知识有关，与没有在教学中科学处理语文知识有关。

就学生来看，是要通过语文学习提高语文能力。知识不代表能力，但是知识在能力的形成过程中肯定有作用。没有知识却有很高的能力，这是不可想象的。要研究知识和能力之间的转化关系。能力看不见摸不着，无法直接教授。培养途径大体有二：（1）体验和实践；（2）知识讲解。过去语文教学的问题，是把语文知识看得太重，有时甚至成了教学目的、考试目标，忽视或轻视了语文实践和体验。而且语文知识教得太死，揉得太碎，以为教会了语文知识就是培养了语文能力；知识教得越系统，学生的语言能力就越强。其实，知识向能力的转化不在于系统不系统，甚至整个语文教学都不需要系统，因为教材、课堂只是学习的基本内容和基本场合，课外的学习与经历不可或缺。教师只是学生学习的主要帮助者、引路人，学习的帮助者还有同伴、父母、社会等等。教师应当好学生的导师，"传道、授业、解惑"已经不能恰当表达当今教师的职责。

语文知识也是公民素质之一。语文教育，特别是中小学语文教育，重点是培养适应现代语文生活的能力，而且也要使学生具有一定的语文知识，正像人要有一定的卫生常识、历史常识一样。

语文教学必须教语文知识，淡化语文知识一定有害。关键是：第一，在什么时候用什么方法教什么样的语文知识，以使其有效内化为语言能力。第二，传授公民应有的语文常识。

记者：那么应当如何理解现代语文生活的含义呢？

李宇明：我们对现代语文生活了解得还不很清楚，需要进一步考察和总结。以己愚见，它起码具有五个方面必须考虑的特点：

第一，信息化时代。现在是一个信息快速传播的时代，新生事物层出不穷，新观念瞬息即生。信息的快速接收、检索与加工，成为语文教学的新任务，或者说阅读在"听、说、读、写"中的地位更突出。信息时代出现了很多新词语，甚至是字母词语、网络上的特殊词语，学生过好现代语文生活，就需要了解它，需要人们客观对待它。

第二，亲近文化，亲近经典。曾几何时，我们把中国文化看作进步的包袱，弃之生怕不彻底。而如今认识到，文化是我们的精神家园。人一生大约都会问三个问题：（1）我是谁？（2）我从哪里来？（3）我往何处去？第一个问题是认同问题。文化认同，母语认同，民族认同，国家认同。认同本质上是个人文化归属的问题。第二个问题是问出身、问历史。我们从悠久的中华历史中走来，从孔孟那儿走来，从唐诗宋词那儿走来。第三个问题是人生路向的问题。这个问题其实是由前两个问题决定的人生价值观问题。语文教育，要通过自己的学科优势帮助学生回答这三个问题。

第三，虚拟世界。虚拟世界是现代语文生活很重要的组成部分。让下一代过好虚拟世界的语文生活，不容忽视。由此角度看问题，会有新观点。比如汉语拼音，它不仅是注音识字的工具，而且是人与计算机交换的重要工具，是过好现代语文生活的重要保障。语文减负常有人要减汉语拼音，若从虚拟世界的角度看，汉语拼音教学反而应该加强。

第四，了解语言国情。多数人不了解语言国情，原因之一是语文教育里缺乏这方面内容。语文课有义务帮助学生了解中国语言文字的基本状况，培养对母语和中华民族的语言文化的热爱，帮助学生正确处理普通话与方言的关系、民族语言之间的关系、母语与外语的关系等等。

第五，面向世界。中华立于世界民族之林，首先需要培养学生具有世界意识。世界需要我们，我们也需要世界。要帮助汉语等中华语言走出国门，也要学好外语。语文教学既要有本土意识，又要培养学生的世界眼光。让学生将来有走向世界的能力，用世界熟悉的话语方式同世界交流。

了解这些问题，也许对语文教学并没有直接作用，但是对于处理一些语文争论，把握语文教学发展的方向，促进语文教学与时代的结合，当有启发。

记者：感谢您这么忙还接受我们的采访，您从我国语言国情的高度审视语文教育和语文传承，从教学目的的角度来定位中小学语文教育，提出了现代语文生活的概念，相信您的观点会带给读者知识、启发和思考。

原载《语文建设》（郑浩、李节 访谈），2008年第5期

语文教育与现代公民的语文能力

——国家语委副主任、教育部语言文字信息管理司司长李宇明教授访谈

语文是中小学领域里最基础的学科，对于国家发展和文化传承意义重大。近几年来，语文课程改革不断推进，不少学校的实践已经为语文新课程蹚出了一条可行之路。但由于种种原因，一方面，应试教育的局面依然严峻，另一方面，"语文是什么""语文教什么""语文怎样教"等语文课程领域的核心问题仍然存在着一定的探索空间。不久前，笔者走访了国家语委副主任、教育部语言文字信息管理司司长李宇明教授。站在现代公民应对未来发展的高度，李司长结合语文学习及语言政策对"语文"进行了深度分析和阐释。

一、公民的基本语言能力标准就是义务教育阶段应该达到的标准

蔡可（以下简称蔡）：当前语文教研界对"语文"的理解有很多，有人认为语文是"语言"加"文学"，有人认为是"语言"加"文字"，还有"语言文化说""语言文章说"等，您怎样看这个问题？

李宇明（以下简称李）：从语言学的角度看，我认为人的核心能力，就是收集信息、对信息进行加工，以及在此基础上创造新信息的能力，这就是"语文"。现代社会是一个信息社会，人需要不断地接收周围的信息，然后对信息进行加工、处理、储存、传递，最重要的是还要能创造信息，创造信息实际上就是创造知识。在新的时代，能够完成这一任务的，除了日常语言交际之外，还需要利用现代化手段传递信息。语言和文学是密切联系的，可以说文学是语言皇冠上的一颗明珠，但这并不是说语文就是"语言"加"文学"，或是"语言"加"文化"。文学、文化的内容主要是在交际过程中获取的。至于哪些是语文能力，哪些是文学能力，可以有个大致的分野，但也许永远分不清楚，也

不需要分得太清楚。

信息是各种各样的，有一般的日常生活信息，有专门领域的信息，有学术信息，文学创作还有文学创作的信息。信息往往需要别的辅助手段，比如说通过绘画、手势等，特殊情况下还会用旗语、灯语。到了信息时代，最重要的就是使用信息产品来辅助语言交际。我们需要认真思考，当今公民应该具备什么样的基本语言能力。这里所说的语言，也包括文字，包括语言文字附着的很多信息。义务教育阶段是公民教育，因此公民应该具备的基本语言能力，实际上就是义务教育阶段应该达到的语言能力标准，换言之，就是义务教育阶段的语文标准。

看一个人的语文能力，还需要考察他使用现代信息工具的能力。在信息时代，语言能力已经远远超越自然状态，不管是获取语言知识、培养语言能力，还是把自己的信息输送出去，都离不开信息化的环境，离不开信息技术和信息产品。录音技术、录像技术、手机、电子邮件、网络、输入法、远程的网络交际等，早已渗透到日常生活中，传达信息已经不像过去单靠自然环境。使用信息产品的能力，当前似乎没有放到教育标准中，只是把它当作教学的方法，甚至为了免受网络上混乱东西之害，有许多家长还不敢让孩子多接触网络。

蔡：很多人认为语文的可教性很差，即每个孩子都会说话，语文学科很大程度上是鸡肋。您怎样看语文的"可教性"？

李：人生有多长，语文就有多长；世界有多大，语文就有多大。语文说到底不完全是知识和课堂的问题，语文能力应该在人生过程中不断提高。就某种意义而言，语文的"可教性"较难描述，语文的评价也比较困难。我曾经研究过儿童语言的发展，一直想解释为什么儿童在知识、阅历并不丰富，智力水平并不太高的情况下，能够很快地掌握一门语言。比如说五六岁的孩子跟你说话，如果不讨论专业问题，交际应该无大障碍，他的母语已经成熟，只是在词汇量和专业词汇等方面还存在一些差距。为什么一个文盲老太太，她能够讲得头头是道，讲的故事很动听，而有时一个知识分子可能还比不上她。我曾经写过一篇关于词义的文章，把词语的意义分成日常语义、科技语义和文学语义。日常交际使用的词义是日常语义，当然也可以用科技语义和文学语义。用科技语义和文学语义来评价一个人的语言能力，比如说科技语义就是看你说话精确不精确，文学语义就是看你说话有没有文采。但这两种能力是比较高层的能力,它需要科技知识的学习,需要文学的熏陶,当然其中还有个人的语言表达习惯。

单靠课堂上提供语文营养,永远不可能各种维生素完全具备。学生在课堂上接受的是教师的点拨,是辅导,更多的学习应在语言生活中,靠经验的积累,靠听说读写等语言交际的各种实践活动。

总之,语文不是在课堂上学会的,是在语言的汪洋大海中学会的。口语能力在口语的汪洋大海里获得,语文能力在语文的实践过程中获得。不要把希望完全寄托在课堂上,更不要认为学习了一些知识点,语文问题就解决了。

二、母语语言能力在于交际实践

蔡:吕叔湘先生30年前曾撰文批评语文教学,"本国的学生学习本国语文,花了十几年的时间,花了二千多个学时,到头来却是大多数人过不了关,岂非咄咄怪人。所以我们的语文教学是少慢差费。"您认为"少慢差费"的主要原因是什么?

李:我们的语文教育并非失败,不管是政界、商界还是学界、新闻出版界,各领域都培养出了许多优秀人才。但我们的语文教育的确在效率上、教学效果上还有很大的发展空间,这有教的问题,也有评价体系的问题。对语文教育的不满意,一是感觉学生在语文课上并不能像在数学课上、物理课上那样,获得知识和能力的明显进步。二是现在多用量的标准来评价人的语文能力,而不是在现场交际当中评价语文能力。语文,特别是母语,它和外语不一样,不全是在逻辑层面来使用的。比如母语的词的使用,人们更关注它的功能和外延、形态等。专业知识、逻辑知识是在专业课里获得的,比如数学概念,什么叫圆,什么叫三角形,可以讲得很清晰;但要问什么叫"树",给出定义是很难的。人们知道什么是"树",但没法给你解词,词典上面写着树是"木本植物",不解释倒还罢了,越解释越糊涂。其实母语实践一般来说是下意识层面产生的活动。在一般场合用母语谈话时,如果还在语言层面考虑问题,语言水平就比较差。说话考虑的是内容,是怎样将事情表达出来,注意力主要不在字面上。说外语时注意力可能主要集中在语言上,斟词酌句,影响语言交际水平的发挥。母语是能够最自由表达思想的。

我们的评价标准能否真正衡量我们的母语能力，是值得研究的。比如说骑自行车，光听理论指导是学不会的，必须得骑上去摔摔跟头。游泳、学语言也都如此，它们和知识学习不一样，语言学习必须把理性的东西变成下意识的东西，而一般的考试是要把下意识变成理性。因此现在的考试，不一定能够很好反映语文能力。

语言能力差还表现在说话不得体上。在不同的环境中，与不同的人交谈不同的事，遣词用句，风格基调是各不相同的。讲话怎样大方得体，至关重要。最基本的语言能力，第一是把信息能够按照要求准确传递，第二是能够很得体地传递。至于说专门的语言能力，比如说作家的能力，语言学家的能力，翻译家的能力，接线生的能力，或者播音员的能力，那些专门的语言能力是需要专门培养的。

三、语文课程标准培养现代语文能力功不可没

蔡：不久前，您曾参与修订了义务教育阶段的语文课程标准，您认为当前语文课程改革的方向应该是什么？

李：当前语文课程标准的方向是要坚持的。坚持语文课标的方向，首先要解决一个最大的问题，就是给语文教师改革的空间。不给教师创造的空间、改革的空间，好东西也做不好。教师有没有改革的空间，很大程度上取决于评价标准：对学生成绩的评价；对教师工作成果的评价。平心而论，搞素质教育不容易，搞应试教育也很不容易，学生苦，教师也苦，但应试教育为何至今还有市场？是因为有适合应试教育的评价标准悬在上面。唯分数的评价体系必须矫正。语文评价应该宽松，因为语文教育的对象是人，不是工厂里面的产品；中国东西南北、城市农村差别很大，必须因地制宜。孔夫子倡导因材施教，语文更不能批量操作，应根据每个学生的情况进行有针对性的指导。

蔡：语文课程标准实施以来，您认为对于语文教育起到了哪些积极的作用？课标的颁布与修订，对于语文教育的研究，最大亮点是什么？

李：课程标准的研制与修订，都很谨慎，既有全面的调研，也有深入的研究。课改特别考虑了农村地区和西部地区，也充分考虑到语文教师教学的难度。很多问题在课标修订时反复研讨，力图给教师提供有效的指导和服务，力

求切合中国普通学校的教学情况。课程标准在研制之初重视语文的人文性，那也是对的，因为语文就是多功能的；这次修订，综合考虑了语文的各种功能。课程标准还渗进了整个人生设计的观念，每个学段一个指标，从各个学段往上走，便形成了语文的层级，形成了人生的语文层级。

这次修订，在教学实施方面补充了更多的提示和说明，提供了具体的字表、阅读篇目等，整个课程标准比以前的教学大纲更人性化，更宽松实用，更切合中国语文教学的实际。在培养现代语文能力方面，语文课程标准功不可没。

四、语言政策必须应对信息化时代

蔡：您前面提到的信息化很重要，有研究表明，在电脑上阅读和纸媒阅读涉及到的思维机制是不一样的，而今随着电脑的发展，电子阅读越来越广泛，甚至很多国外的语文考试已经电子化。您怎样看这一转变，中国的语文教育或语言政策中是否有相应的准备？

李：需要在语言政策中考虑这方面的问题。在信息技术的应用方面，应当有一个最基本的公民标准。国家注意到了计算机教育水平的问题，但只有计算机教育水平是不够的。公民应该具备运用现代信息技术和信息产品获取信息、传播信息的技能，否则就会被信息边缘化，被时代边缘化。从教育的前景看，应该在语言能力中加上使用语言辅助工具的能力；过去这种辅助工具是毛笔、硬笔，现在这种辅助工具就是和电脑、网络相配套的一系列产品。我们应该充分研究，制定出科学的标准。

综上所述，表明了我的一个很重要的想法：现代公民的语言能力，要考虑语种因素、母语水平因素和使用语言辅助设备的因素。这三方面的能力构成了现代公民的语言能力，拥有这三方面能力的人，才是一个全面的、现代化的、有未来竞争力的人。这种能力显然不完全是语文课程可以完成的，但是可以主要通过语文来培养。这也要求在课程标准、教学要求上全面协调、相互配合，比如说，计算机课要同语文课相互配合，进入教学领域的计算机字库、输入法等，应该跟语文教学配套。

五、普通话和方言是相辅相成的

蔡：普通话的教学推广如何与保护方言多样性结合？怎样理解中国多语言、多方言的现状和《国家通用语言文字法》的关系？

李：方言是母语的根。方言源于口语，普通话以书面语为基础，它是我们民族的共通语，是国家的通用语言，是中国在国际上的语言代表。从小说方言长大的人，母语的基本能力主要来自于方言。为什么能够说汉语，不是因为学了普通话会说汉语，是因为原来习得方言时已经习得了母语的很多因素，后来学习普通话，阅读文献，都是在原来基础上拓展的。

孙中山先生过去讲中国人是一盘散沙。语言统一了，不同区域间的人民能顺利沟通，才有可能克服一盘散沙。因此，推广普通话，实现民族的语言统一，实现国家的民族团结，其意义如何强调都不过分。但是应当认识到，普通话是以方言为基础的，试想最近20年，伴随着国家的大发展，普通话词汇是怎么丰富的？有很多是从方言中吸收的。如果说普通话是一汪甘泉，方言就是不断涌流的泉眼；方言之水枯竭，甘泉何在？学校应适当介绍方言知识，方言文化。热爱我们的国家，热爱我们的母语，就要热爱普通话，也要热爱我们的方言，要把方言看成整个中华语言资源的组成部分。

怎样处理普通话和方言的关系？可以说，普通话是老师的语言，方言是父母的语言。方言不需要教，跟着父母就学会了。普通话是需要教的，需要跟着老师学。就某种意义而言，方言是很顽强的，只要给方言以合适的交际空间，它就会"野火烧不尽，春风吹又生"。普通话和方言是相辅相成的，将两者对立起来，是不科学的。我们的语言人生中起码要有两件宝贝，一件是普通话，一件是方言。在公共场合说普通话，在家庭及其他一些场合可以说方言，形成一个"双言制"的社会，过双言的生活。这和《国家通用语言文字法》并不矛盾，普通话主要是公共场合的沟通，方言是让人获得特殊的地域文化和地域感情。其实我们现在大都生活在双言的社会里，我们会说普通话也会说方言，并没有影响我们对国家的感情，对民族的认同。

当然，人们能够拥有的语言法宝，越多越好。中国是多语言国家，依法科学处理国家通用语言文字与少数民族语言文字的关系，也是重要的时代课题。

六、我们这个时代不能失去语言样本

蔡：您主持了"年度语言生活状况报告"课题，每年都有语言生活状况绿皮书发布，就近几年的发展来看，有哪些好的或者不好的趋势？这些趋势与我们的语文教育是否相关？

李：这个问题可以从两个方面来看。首先，现在的语文生活空前活跃，语文发言权或者叫话语权再也不是仅仅掌握在几个人的手里，网络的发展让人们能够看到更多的语言现象，看到语言生活的方方面面，这是时代的进步。两个老太太在家里拉家常、两个人上山砍柴，都是语言生活，但是过去反映不出来，因为那个时候只有读书人写东西，而且如果写得不够水准，就发表不出来，起码也流传不下来。过去的语文生活是有限的，今天，通过网络、通过BBS或博客，上网人都可以成为写手，只要符合国家法律，不需经太多审查就能发表，我们能够看到许多真实的语言生活。网络上不乏严肃之作，但游戏之作也不少。其实过去语言生活也是这样，只是那些"游戏之作"难发表难流传，对社会影响不大。而现在各种各样的语言作品都"网"出来了，教师需要指导学生去甄别精品，在这种语文生活中找到自己应该认同的东西。这是当下语文教学的新问题。

问题的第二个方面是，语文教育应该是精品教育。教育是在有限的时间、有限的空间、有限的人生阶段里，把我们民族乃至人类最优秀的精品传授给下一代。这既需要让学生了解现代语文生活，培养他们的甄别能力，更需要把精品传承下来。语文教学必然不是真实语文生活的教学，某种意义上来讲应该是精品教育，是一种净化与提升。现在似乎缺乏能够与这个时代相契合的经典。历史上的经典通过大浪淘沙积淀下来，但是语文教学也不能脱离时代太远，需要当代的优秀作家为学生提供精神食粮。我们面临缺乏优秀文学样本的时代危险，这并不是说现在的文学作品不好，而是说能够适合教学的，在思想性、艺术性和文字上都很好的作品并不多。

在21世纪，我们的作家，我们的教师，有责任为学生打造精品。这些精品，就是语文教育的样本，没有好的语言样本，就不可能有很好的语文教育。

原载《中学语文教学》（蔡可 访谈）2010年第1期

教学手段现代化与高等教育[1]

教学是高等学校的核心工作，提高教学质量是高校教育工作的永恒主题。随着我国高等教育的大发展[2]，高等教育的教学改革显得更加重要和紧迫。教学改革是一项具有时代特征的综合工程，在当代众多的时代特征中，计算机和多媒体网络技术的飞速发展是最值得重视的，因为它的发展和应用，正在改变着人们的生活方式和思想观念，并逐渐形成被称为"计算机文化"的新文化。

在计算机文化时代，以计算机和多媒体网络技术为基础的教学手段现代化，在今天的高等教育乃至整个学校教育中，已经不是战术问题，而是战略问题。高校的教学改革要以教学手段的现代化作为操作平台。教学手段现代化肯定会引发一场教育革命。

一、教学手段现代化是教学改革的操作平台

教学过程由四个方面构成：a）教学内容；b）教学方法；c）教学评价；d）教学管理。教学改革自然要涉及这四个方面。

---

[1] 此文曾在全国高等师范教育研究会第五届学术年会暨高师教育管理专业委员会第十五次年会（1999年8月·烟台）和亚太地区教师教育国际研讨会（2000年3月·日本早稻田大学）上宣读。其中部分内容曾在第二届全国师范学院院长联席会（1999年5月·温州）上做特邀报告。

[2] 教育部《面向21世纪教育振兴行动计划》指出："到2000年，……高等教育入学率达到11%左右；……到2010年，……高等教育规模有较大扩展，入学率接近15%……"中共中央、国务院《关于深化教育改革全面推进素质教育的决定》（1999年6月13日）更加明确地指出："通过多种形式积极发展高等教育，到2010年，我国同龄人口高等教育入学率要从现在的百分之九提高到百分之十五左右。"

（一）教学内容的改革

大学的教学内容，在很大程度上取决于科学技术的发展状况。二十世纪下半叶科学技术的发展有两个明显的特征：第一，科学技术以史无前例的速度向前发展，知识增长呈现"爆炸式"的特征。第二，学科之间相互交叉渗透，产生了一大批边缘、交叉学科。以语言学为例，20世纪50年代以来诞生的边缘、交叉学科就有社会语言学、心理语言学、神经语言学、病理语言学、逻辑语言学、认知语言学、语言哲学、文化语言学、数理语言学等等。这些学科是语言学同社会学、心理学、神经学、病理学、逻辑学、认知科学、哲学、文化学、数学、计算机科学等相互交叉渗透的结果。从这些边缘、交叉学科可以看出，科学的发展甚至已经打破了自然科学和人文科学的界限。

大学教学为了跟上科学的发展，传统的措施是做"加法"：a）增加课程内容；b）增设新的课程。但是，大学生在校的学习时间是有限的，科学发展是无止境的，因此加法不可能无限制地做下去。其实，当前大学生的课堂学习时间已经饱和甚至超载。国家教育部要求文科四年的总学时控制在2500左右，理科控制在2700左右。而事实上许多学校的许多专业都已超过控制线，需要做"减法"。现在越来越多的人认识到，学习是一种创造性的精神活动，按照人才成长规律，应当给大学生较多的学习自由，就某种意义上说，大师和科学家是在图书馆里"泡"出来的，是从试管里"摇"出来的，而不是在课堂上培养出来的。因此，把学生一天到晚困在教室里，束缚在课程里，并不符合教育规律。压缩课程、减少课时，成为当前大学教学改革的重要内容。

解决"加法"与"减法"的矛盾，最终需靠教育观念的更新，需要变知识的传授为理念、方法、能力的培养。但是应看到，由于教学手段的现代化可以提高教学效率，因此在教学手段现代化的平台上来进行教学内容的改革，起码可以有效地缓解"加法"与"减法"的矛盾。

（二）教学方法的改革

教学方法应提倡多样化。要培养有个性特色的学生，首先需要有个性特色的教师，要鼓励教师采用不同的教学方法，形成各自不同的授课风格。或如科学家，依照知识的内在结构有条不紊地层层展开，用逻辑的力量征服学生；或如演说家，激情饱满，诙谐幽默，设譬援例，用语言的艺术魅力打动学生；或如节目主持人，精心设计课堂活动，师生交流，生生互动；或如辅导员，导航引路，释疑解惑，充分调动学生的学习热情和创造性……

现代化的教学手段在教学上的辅助作用是非常明显的：a）可以将声像等多媒体形象共现于教室，打破了只有文字和教师声音的单调；b）可以将室外、校外、国外的信息集合于教室，将历史有声有色地再现于教室，将未来用具体的声像拟现于教室，打破了三尺讲台的时空限制；c）可以进行各种模拟性的试验，将想象的、不可具体感知的和不易观察的东西具像化、现实化；d）可以营造出一种有利于学习的现代化的气氛，给学生许多新奇的刺激和课程之外的东西。

因此，现代化的教学手段可以把教师的创造力和授课艺术展现得淋漓尽致，帮助教师进行各种各样的教学方法的改革，创造出新的教学方法，更有助于教师在新的技术条件下形成自己的授课风格。

（三）教学评价和教学管理

教学评价是一定教学观念的产物，是教学改革的指挥棒。教学评价主要由评价标准和评价方法两部分构成。现代化的教学手段在评价方法上大有用武之地，它可以较为快捷地搜集各种教学反馈信息，可以对大量的问卷及其他教学反馈信息进行迅速的统计分析，可以用人机的方式进行各种测试，可以通过微格教学设备等对教学情景进行观察和教学自我评价。这些评价方法的现代化反过来也会改善评估标准系统，从而增加教学评价的信度和效度。

现代化的教学手段在教学管理上更是可以大显身手。用微机进行教学调度、学分和学籍管理十分方便，用微机可以大容量地储存各专业、各位教师的教学数据，并随时听候调用；通过网络可以较为便捷地收集、传送和发布各种教学信息。管理的现代化促进决策的科学化。

综上所论，在科学技术日新月异的今天，在新的教育理念中人们对教学及其评价、管理要求越来越高的今天，在大量的教学数据需要进行准确快捷地收集、加工、存储、提取、传送的今天，在计算机和多媒体网络技术快速发展并进入各种管理领域的今天，教学改革必须以现代化的教学手段作为操作平台。在此平台上进行教学改革，才会天广地阔，兴会无前。否则，教学改革仍只能是在旧框框里打转转，难以出现重大突破，取得激动人心的进展。

二、教学手段现代化可能引发一场教育革命

教学改革的核心是教育观念和教育模式的变革。现代化的教学手段不仅是教学改革的操作平台，而且很可能会导致教育观念、教学模式的巨大变革，引发一场教育革命。

（一）学习方式的变革

教与学的关系是高等教育中的一对基本关系，如何处理这对基本关系，反映出不同的教育观念。在我国传统的教育观念中，学是在教的绝对支配下进行的。近些年来，教与学的关系正在发生着重大变革。

教学理论是建立在学习理论之上的，研究怎么教的问题，首先要研究怎么学的问题。学习是一种创造性的精神活动，学习的效果与学习者的学习动机、兴趣爱好密切相关。特别是要培养高素质、厚基础、宽口径、创新能力强的有个性特色的学生，更需要给学生广阔的学习空间和较为自由的选择专业、选择课程、选择教师的权力，营造良好的学术氛围，培养学生自我获取知识和创造新知的能力。而要把这些变为现实，必须树立"学生主体"的教育观念。

我国的高等教育国情是：a）教育条件差。我国是发展中国家，国力还不够强大，教育投入十分不足，包括教师、图书资料、试验装备、教学场地、学生的生活设施和体育设施在内的教学资源都还相当薄弱。b）教育需求大。我国人口众多，而且大部分家庭都强烈希望自己的子女接受高等教育；国家在知识经济初见端倪的宏观背景下，也迫切希望提高劳动者的素质，培养大批的创新性人才。[1]

在传统教学手段占主要地位的高等教育中，要以较差的教育条件最大限度地满足人民大众和国家对高教的需求，只能采取"工业生产线"的方式，用同一的标准进行"批量教学"，很难照顾到学生的不同学习要求和不同学习兴趣，因材施教，"学生主体"顶多只是一种教育理念，难以真正有效地实施。

现代化的教学手段为实现"学生主体"的教育理念提供了可能性和广阔诱人的发展前景。第一，学生除了在教室里接受教师的教导之外，还可以通过教育网络和多媒体计算机选择不同的课程、教材和教师，精力充沛的学生可以在

---

[1] 当然，高等教育还具有产业的性质，通过发展高等教育，还可以拉动经济的发展。就我国当前的经济战略来说，发展高等教育对扩大内需、延缓就业压力，也具有不可忽视的意义。

学好主修专业的同时选修其他专业课程，因而提供了学生自己制订学习计划、安排学习进度的可能性。第二，学生可以通过E-mail等交互式信息通道与教师沟通，获得教师有针对性而又及时的指导；也可以通过网络寻求学习帮助。第三，学生可以根据教师的教学要求，在网络上搜寻信息，或在网络上寻求帮助开展讨论。由此发展下去，学生的学习方式将发生革命性的变化。

这种学习方式的革命性变化，不仅有利于解决较差的教学条件和较大的教育需求的矛盾，也引发了教育过程中许多基本因素的改变：学习的内容不限于教师所提供的专业知识，课本不再仅仅是印刷品，教师不再是唯一的学习的帮助者，学习的场所也不仅仅是教室或校园。

（二）教师角色的转变

传统意义上的教师是"经师"，其任务正如唐代鸿儒韩愈所说的"传道、受业、解惑"[1]。但是，高等教育培养的人才必须德才兼备，甚至就某种意义而言，"德"更为重要，因为"无德之才"可能会成为社会的危害。因此，近十几年来人们又提出教师是"人师"的说法，教师不仅要传授知识，而且要教书育人，为人师表。

随着现代化教学手段的运用，"老师在课堂上讲、学生在课堂上听"的教学模式不再是唯一的模式。学生的学习主动性变得越来越重要，学生的"个性"和"特色"变得越来越突出。与"学生主体"相配的是"教师主导"，教师在教学中的主要作用是指导，像是学生学习的"导航员"一样。教师的这种作用可以称为"导师"。

从古到今，教师的角色发生了由经师到人师再到导师的变化。经师、人师在教育史上都发生过重大影响，而且至今也还在发挥重要的作用，但是，教学手段的现代化和教育观念的现代化，要求教师的角色必须向导师的方向转变。

经师与人师的差异在于"教"的侧重点不同。经师主要是传授知识，特别是业务知识，而人师不仅教学生业务知识，还要教学生做人[2]。导师同经

---

[1] 韩愈《师说》："古之学者必有师。师者，所以传道、受业、解惑也。"

[2] 当然，经师同人师的界限并不像泾渭那样分明。古人重视文以载道，强调文道统一。就是自然科学知识中也包含着"道"的因素。因此纯粹的经师也许并不存在，今人提出"人师"的概念，就某种意义而言，是在当今的教育条件下对古人的教育理念的一种继承，或者说是将其时代化、明晰化。

师、人师的不同主要在教育方法上。经师、人师侧重于"教",导师侧重于"导"。第一,不管是专业学习还是思想修炼,光靠教是教不会的,还要靠学生自己去悟,去体验,去发现。第二,随着社会的发展,人们的价值取向逐渐多元化,学生接触的信息越来越多,越来越快,越来越复杂,教师并非在所有的方面都胜于学生,因此教师言传身教的"师表"作用会有所削弱。第三,随着以学生为主体的教育观念的影响,学生的主体意识会越来越强烈。有此三端,教师的主要作用也只能是指导、引导、诱导。

教师在教育和教学中的导师作用,主要体现在如下三个方面:

a)指导学生"学会做人"。教育的根本任务是使受教育者的人格不断完善,良性潜能得到充分发挥,生活质量不断提高。而要完善人格、充分发挥潜能、提高生活质量,首要的是要学会做人。如:正确的人生价值观,善良的思想基底,高尚的情操境界,积极的人生态度,强烈的社会责任感,良好的心理素质,善于平等合作,乐于助危扶困等等。

b)指导学生"学会学习"。从高中到大学,不是简单的教育年限的延伸,而是教育阶段的质的变化。升入大学教育阶段的学生,必须学会"创造性的学习"这种新方式。而且,当前正处在应试教育向素质教育转变的时期,在应试教育中被"考"出来的一代,需要改变适合应试教育的学习习惯。因此,指导大学生学会学习,应是导师的重要任务。"授之以鱼"哪如"授之以渔"?

c)指导学生"学会创造"。创新是一个进取的民族的灵魂,也是当代合格大学生的重要标志。如果说中学生主要是掌握人类已有的知识财富的话,那么,大学生的主要任务是学会创新。创新,包括创新意识和创新能力两个方面。创新意识是创新的关键,胸中常有创新的冲动,在解决任何问题的时候,首先要考虑能否创新;创新还需要有创新能力,创新能力虽然必需厚实而广博的知识基础,但是只有知识并不见得能够创新。

(三)办学模式的变迁

现代化的教育技术还将引起办学模式的巨大变化。办学模式的变化主要表现在两个方面:

1.远程教育的模式将发生巨大改变

以电大、函授、刊授等为代表的远程教育在我国开展已有时日,且为继续教育作出了不小贡献。现代化教学手段不仅可以使远程教育的技术手段提高到数字化的水平，而且更为重要的是：

a）学员在家中或办公室里就可以接受现代化的远程教育，在时间和空间上有较大的自由度；b）学员可以根据自己的水平和时间来安排学习进度，并可单独进行考试获得学分；c）可以克服传统远程教育中教学反馈比较落后的状况，使教与学之间的信息能够及时沟通，反复交换，从而带来远程教育教学和管理模式上的改革。

2. 全日制大学功能的延伸

当前的绝大多数大学是以全日制教育为主的大学，主要进行的是职前教育。随着全民文化素质的提高、对劳动者文化素质要求的提高和知识更新的步伐加快，继续教育和终身教育将成为教育的重要组成部分。以全日制为主的大学在此种教育潮流中应延伸自己的功能，充分发挥自己教育资源的优势，通过远程教育等方式更紧密地介入继续教育和终身教育中，以近程教育带动远程教育的发展。全日制大学对继续教育和终身教育的紧密介入，不仅会改善现在的在职教育的结构，而且也将对现在全日制大学的办学模式产生重大影响。

对现在全日制大学办学模式的影响不仅是外延上，而且也是内涵性的。这种内涵性的影响主要是以远促近：a）远程教育的办学模式会对校内办学模型发生影响，如促进校内全日制教育实行真正意义上的学分制和弹性学制等；b）了解职后教育和人才市场的需求，改进校内全日制教育的专业设置、课程体系和教学内容等；c）促进校内全日制教育的教学手段的更新。当然全日制学生也可以选修远程教育的课程，实现远程教育与近程教育的交互沟通。

学生学习方式的变革，教师角色由经师、人师到导师的转变，办学模式的变迁等，都是带有教育革命意义的。因此，现代化的教学手段可能引发一场教育革命。

三、结语

既然现代化的教学手段是教学改革的操作平台，既然现代化的教学手段可以引发一场教育革命，那么，就应该花大力气促进现代化教学手段的发展。

教学手段现代化的开发与应用，要考虑硬件和软件建设。硬件是指包括计算机、网络以及与之配套的相关设备，软件是指在硬件上运作的程序和其他有关信息。当前，在教学手段现代化的开发与应用中，存在着重硬件、轻软件的现象，而对于"潜件"的建设就更为忽视了。

潜件是指与硬件、软件建设相关的观念、制度及其他相关的内容。潜件是把软硬件建设好、利用好的重要保障，应当给予足够的重视。例如下面的问题都是应当认真研究的潜件问题：

1. 教学手段现代化会对教育观念、教学模式、教学方法、教学内容带来什么样的影响（包括正影响和负影响）？在教学手段现代化高度发展的时候，课本、教参、教师、教育场所的涵义将怎样重新界定？远程教育和近程教育的关系将发生什么变化？

2. 应当制订什么样的学校网上教育的发展战略？怎样配置硬件，怎样开发、管理和高效率地应用软件？怎样对教师、教辅人员和学生进行有效培训？教育网络怎样同学校的信息网络、办公网络、宣传网络以及社会网络关联协调？怎样创设教学手段现代化健康发展的政策环境？

3. 怎样高效率、低成本地在网络上检索所需信息、克服网络"迷航"？怎样保证网络的安全运行？怎样保护网络上的知识产权？计算机和网络将会对人的生理、心理和生活方式发生什么样的影响？

参考文献

陈谟开主编：《高等教育评价概论》，长春：吉林教育出版社，1988年。
傅德荣：《计算机与教育》，武汉：华中师范大学出版社，1990年。
郝克明：《跨世纪教育发展战略的思考》，《中国教育报》1999年6月5日第4版。
何克抗主编：《计算机辅助教学》，上海：高等教育出版社，1997年。
教育部高等教育司：《深化教学改革 培养适应21世纪需要的高质量人才——第一次全国普通高等学校教学工作会议文件和资料汇编》，上海：高等教育出版社，1998年。
李 平、郭慧珍：《网络技术对远程教育的影响及发展策略》，《教学与教材研究》1999年第3期。
李小平：《知识经济与大学创造教育》，《高等教育研究》1998年第6期。
历以宁：《教育经济学》，北京：北京出版社，1984年。
路 钢：《积累是基础，学习是根本，创新是核心——教育改革和发展的时代要求》，《华中师范大学学报》（自然科学版）1998年专辑。
潘懋元主编：《新编高等教育学》，北京：北京师范大学出版社，1996年。

杨叔子：《高校应努力成为知识经济的动力源》，《高等教育研究》1998年第6期。

中共中央、国务院：《关于深化教育改革全面推进素质教育的决定》，《光明日报》1999年6月17日。

中华人民共和国教育部编：《科教兴国动员令——学习江泽民同志在庆祝北京大学建校100周年大会上的讲话》，北京：北京大学出版社，1998年。

钟秉林：《积极推进教学方法和教学手段的改革》，《教学与教材研究》1999年第3期。

周远清：《从"三注"到"三提高"——关于高校人才培养中教育思想观念的探讨》，《教学与教材研究》1999年第3期。

原载《中南财经大学成人教育学院学报》2000年第1期

创新教育和教育手段现代化的思考

我国高等教育正面临着一个新的发展期，高等教育的改革蔚然成风。仔细审视高等教育方方面面的改革，高校外部管理体制的改革、高校内部管理体制的改革、高校后勤服务体系的社会化改革等等，都相当重要，但核心应该是教学改革。因为教学是学校所有工作的核心，也是学校之所以有存在价值的最根本的理据。教学改革"改革"什么？怎么改革？很显然不能仅以某种理念为依据，不能全凭行政命令来运作，而必须依照高等教育规律来进行。对高等教育规律的认识，必须依靠高等教育的科学研究，因此，科学的教学改革是以教育科学研究为基础的。

作为我国培养师资的重要基地的华中师范大学，近年来特别重视以教育科研促进教学改革，先后承担了教育部和湖北省的教育教学研究项目50余项，学校和各院、系、所也建立了一些教育教学研究项目。这些项目涉及教学的全过程，动员了几百名教师来研究高等教育的教学等问题。且不说这些研究所取得的成果，仅就桂子山上有这么多的人来认真思考教学改革来说，就是一件值得高度赞扬的事情。

计算机科学系鼓励教师进行教学研究，取得了一批有理论意义和实用价值的成果，而且这些成果在计算机科学系的教学改革中发挥了重要作用。当这些成果以专集形式发表之时，计科系主管教学工作的胡金柱教授邀我作序，我非常高兴；但也惶惶然不敢提笔，因为在我看来，作序是大专家的事情，曾自律"五十岁前不为人作序"。1998年9月4日，我曾经在华中师范大学教学工作例会上有个讲话，现修改以代序，也算是两难中的一种妥协。

一、关于创新教育

知识经济已初见端倪，据权威人士讲，1996年，世界经济合作组织

（OECD）主要成员国国内生产总值（GDP）的50%以上是以知识为基础的[1]，也有人预计在下世纪中叶知识经济会成为主导的经济模式。在知识经济中，知识和信息的生产、扩散和应用将成为生产力的重要因素，知识创新成为经济发展的重要动力。我国的本届政府，把科教兴国作为重要任务，非常重视一些有识之士提出的"创新工程"[2]。在创新工程中，教育，特别是高等教育，毫无疑问应占第一重要的地位。

教育是一种"未来"事业，今日之教育乃明日之科技，乃后天之国力。因此教育必须面向未来，必须有一种超前意识。在世纪之交的历史制高点上，高校的教师和管理人员，不能不思考怎么样在国家的科教兴国战略中，在创新工程中发挥作用，不能不反思培养什么样人才的问题。知识创新靠人，大学的作用就是要培养具有创新精神和创新能力的高级专门人才[3]。创新是一个民族的灵魂，也是今天教育的灵魂。因此，我们应该提倡"创新教育"。

（一）三种人才

作为现代意义上的师范大学[4]，培养的人才可以分为三种：

第一，能将学术形态创造性地转化为教育形态的人才，通俗点说，就是能够胜任21世纪基础教育和高等教育任务的教师。这种教师的最大特点，是不仅自己能够站在学术的前沿，而且能把学术前沿的学术形态的东西很快地转化为教育形态，传授给学生。师范专业是师范大学的主体专业，师范大学比较重视"师范规格"。但在今天的历史条件下，"师范规格"绝不能仅仅理解为"一口话，一笔字，三百篇文章"，而应当是：（1）自身具有创新精神和创新能力；（2）善于培养创新型的人才。

第二，具有学术创新能力的人才。大学是培养高层次学术研究人才的基地。国家在一些高校（包括一些高等师范院校）设立了文理科人才培养基

---

[1] 陈至立《提高认识 狠抓落实 努力提高教学质量》，载教育部高等教育司（1998）。
[2] 朱镕基总理在《政府工作报告》中指出："实施科教兴国战略，是实现经济振兴和国家现代化的根本大计，也是本届政府极其重要的任务。""当前最重要的是，大力推进改革，加快国家创新体系建设……"
[3] 《中华人民共和国高等教育法·第一章第五条》。
[4] 其实，培养下面所讲的三种人才，是所有大学的任务，只不过不同的大学在培养不同类型的人才上有主有次罢了。

地[1]。有些专家提出，基地的任务就是培养诺贝尔奖金获得者，就是培养学术大师。暂且不论这种说法是否准确、这一目标能否实现，但设立基地的目的是要培养学术创新人才，大抵是不错的。当然，在今天的教育架构中，只靠本科教育不一定能培养出诺贝尔奖金获得者，不一定能培养出大师级的人物。但是谁都不能否认，本科教育所奠定的基础是至关重要的，例如诺贝尔奖金获得者杨振宁教授就认为，他在中国所受的大学教育对他一生的发展都起着重要作用。

第三，把现代学术成果创造性地转化为应用形态的人才。学术成果只有转化为应用形态的东西，才能发挥社会效益和经济效益。应用也是一种创造性活动，绝不仅仅是"拿来"。师范大学都有一些非师范的应用型专业，而且多是一些新专业，办学条件相对说来还不充足，办学经验也有欠缺，亟待加强。

（二）师范性与学术性

很显然，上述三种人才的培养，其核心都是创新，包括创新精神和创新能力。而要培养有创新精神和创新能力的学生，首先教师必须站在科学的前沿，教师必须具有创新精神和创新能力。在我国高等师范院校中长期存在着关于"师范性"与"学术性"的争论。就我看来，这种争论是虚假争论，甚至是有害无益的争论。对高等师范院校来说，师范性和学术性是紧密结合无法分开的，就像一页纸的正面和背面一样。

师范大学，就是"师范"加"大学"。"大学"（学术性）是所有高校的共性，"师范"（师范性）是师范大学的特性。特性以共性为基础而存在。师范性自然要大讲特讲，这是特色；没有特色，就没有存在的空间和价值。同时，也应大讲特讲学术性，没有学术性，就不配叫"大学"。为什么一定要把师范性和学术性对立起来呢？能不能讲点"统一性"？

与师范性和学术性争论相关的，是教学和科研之争，"本科为本"和发展研究生教育之争。事实上，科研上不去的教师，绝对不是一个现代意义上的称职的教师；在高校只搞科研不搞教学，那只是"研究员"，而不是"教授"。当然，还有一个怎样认识"师范"的问题。师范绝不是"降格以求"。在国外，综合性大学毕业的学生要当教师，必须得再修一年的师范类课程。看到这

---

[1] 华中师范大学有一个理科基地，一个文科基地，还经原国家教委有关部门领导同意自办了一个文科基地。

种情况，有利于更准确地认识"师范"。

我们建议，罢黜"师范性"与"学术性"的人为争论。我们呼吁，博导、教授、博士要上教学第一线，特别是要上本科的基础课，把学生带到当今科学的前沿。

（三）毕业论文

有位德高望重的博士生导师说："硕士有硕士学位论文，博士有博士学位论文，学士是否也要有学士学位论文？"是的，本科毕业论文（包括毕业设计）就应该是"学士学位论文"。但是，由于现在学生毕业双向选择，在四年级上学期甚至三年级下学期就有人开始联系工作，许多毕业生在写毕业论文之前就已联系好了工作，毕业论文写得怎么样，与学士学位的获得失却了联系。因此，有些学生毕业论文写得很草率，不少学校对大学生毕业论文的要求在降低，甚至很少进行论文答辩。针对这种现象，华中师范大学规定，本科毕业论文要实行"全员答辩"，没参加毕业论文答辩或答辩不合格者，不授学士学位。

依照课程安排，毕业班有几个星期专门用来写论文的时间。但是毕业论文不是几个星期就能写好的。就算是天才，在这么短的时间里也不可能写出高质量的论文。起码要给学生半年、一年或更多的时间，要早选题，要派导师进行具体指导，要作论文开题报告，要指导学生写出"真枪实弹"的论文，或在学术上有推进，或具有实际的应用价值。年轻人的创造力是无限的，我上过中文系基地班的课，有些学生课程论文就写得很好，不能扼杀青年人的学术创造力。院系和学校要做好优秀毕业论文的复审、推荐工作。毕业论文达到优秀水平的学生，即使有些课程考试的成绩不好，也仍然应授予学位，鼓励创新，"不拘一格降人才"。对论文要进行科学管理，将本科生（也应包括研究生）的论文装订起来，长期保存，并把这些论文作为对下面年级学生进行教育的材料。优秀的论文应出专集，应推荐到刊物发表或应用部门应用，也可申请专利或发明奖。把优秀论文长眠在档案袋里是最大的浪费。

要把毕业论文的工作做好，必须增加本科教学的学术性，要把学生迅速带到当今科学的前沿地带。论文最能反映学生的水平和能力，也最能反映教师的教学水平和指导水平。当然，冰冻三尺，非一日之寒。平时就要注重学生学术能力的培养，抓好课程论文、学年论文和大学生的科研立项，为学生作毕业论文做好充分的准备。"庭院里溜不出千里马，花盆里栽不出万年松。"不能只让学生接触几本教科书完事，要让学生多看学术史上的经典性的原著，要指导学生阅读有影响的学术杂志。

创新教育体现在教学工作的各个方面。比如考研。本科教育要为培养研究生打基础，应鼓励本科生考研，应指导本科生考研。再如，从本科生中免试推荐研究生的条例要修订，要加大学生创新能力的权重，不能只按平时成绩的总分排队。

创新是高强度的精神创造活动，这种创造活动必须在学术和时间的"自由空间"中才能进行。学生创新精神和创新能力的培养，也需要有一定的自由学习的空间和时间。应该认识到，"学会做人，学会学习，学会研究"是大学生的首要学习任务，"会做人，会学习，会研究"也是创新型人才的基础性标志。当前，高等师范院校的教学管理，还是以规范性为主；强调教学规范当然必要，但规范过头是会扼杀人的创新能力的。应当认真地审视教育观念、教学内容、教学方法、考试制度、教学评价、教学管理等整个教学过程，改革影响创新人才培养的各种因素。

二、教学手段现代化

以计算机和多媒体网络技术为基础的教育手段现代化，在今天教育中已经不是个战术问题，而是战略问题。就高校的教学工作而言，教学内容、教学方法、教学管理等方面的改革，要以教学手段的现代化作为平台；而且教育手段现代化肯定会引发一场教育革命。因此，对教育手段现代化的问题必须给以足够的重视。

教育手段的现代化可以提高教学的效率和质量，可以使教材、课堂变得生动活泼，可以让教师少吃"粉笔灰"。这是相当了不起的事情，但对教育来说这些却是次要的，更重要的是教育手段现代化会导致教育观念、教学模式的巨大变革。

（一）教师角色的转变

传统意义上的教师是"经师",其任务是"传道、受业、解惑"[1]。近些年,又提出教师是"人师"的说法,教师不仅要传授知识,而且要教书育人,为人师表。随着现代化教育手段的运用,学生将逐渐变为真正的教学的主体,学生可以在网络上或计算机上选择课程和教师,"老师在课堂上讲、学生在课堂上听"的教学模式不再是唯一的模式。学生的学习主动性变得越来越重要,学生的"个性"和"特色"变得越来越突出。教师在教学中的主要作用是指导,像是学生学习的"导航员"一样。教师的这种作用可以称为"导师"。华中师范大学语言学研究所的所训中就有"尊师导生"的话,"尊师"是对学生的要求,"导生"是对教师的要求,教师就是要指导学生。当然,语言学研究所的所训是针对研究生和研究生导师的,但对本科生和所有教师都适用。

从古到今,教师的角色发生了由经师到人师再到导师的变化。经师、人师在教育史上都发生过重大影响,而且至今也不能完全否定,但是,教育手段的现代化要求教师的角色必须向导师的方向转化。

（二）"三件"建设

由于各种各样的原因,我国高校的教育手段还比较落后。"凡事,预则立,不预则废。"在教育手段现代化的开发与应用中,应充分考虑硬件、软件和潜件三个方面：

1.硬件建设

华中师范大学校园网二期改造工程已经完成,建成了100兆的快速以太网,有些单位已有自己的局域网,目前校园网已有三个出口,可以同国内外建立网络联系。有不少院系建立了多媒体实验室和多功能教室,图书馆的电子阅览室已于去年九月份建成使用。当前,学校可用于科研和教学的计算机有800余台,如果把教师家中的计算机也算在内,数量就更多。因此,我校的教学手段现代化具有了一定基础。

硬件建设要特别注意两个问题。第一,全校的硬件要尽量在型号等方面一致,这样比较容易实现资源其享。第二,硬件的关键在用,用才有效益。计算机不是"装饰品",让它在那睡大觉,的确是太奢侈了。要制订全校计算机共

---

[1] 韩愈《师说》："古之学者必有师。师者,所以传道、受业、解惑也。"

享的方案，提倡计算机室24小时开放。

2. 软件建设

教学手段现代化表面上看主要是硬件问题，其实，硬件建设并不是最难的，有了经费，添置起来很快。最难的是软件，没有软件，硬件只能是摆设，就好像修好了高速公路而路上没有车跑一样。因此要把CAI课件的开发放在头等重要的位置上。

课件应首先立足于"买"，包括从网络上下载；其次是"改"；再次是自己"造"。当然最终解决问题还得自己"造"。课件制作要两条腿走路，一方面是由各专业的名教师和课件技术专家合作，制作高质量的课件；另一方面，还要鼓励所有的教师自己制作课件，哪怕是制作电子讲义也是好的。大学教育用的课件不需要多少花胡哨子，关键是要有新的教育观念[1]，要有学术性，要便于老师和学生用。

应考虑建立数字化的教材库，存放教师的电子讲义或多媒体教材，以及与之配套的参考书，学生可通过网络在教材库中选择学习。应考虑建立数字化的教学素材库，把电教中心和其他单位保管、制作的音像资料转化为数字形态存放到素材库中；也应有专人在国际互联网上漫游查询，把有教学参考价值的内容及时下载到素材库中。[2]

多媒体网络教学，要把学历教育和非学历教育、本科教育和研究生教育、公共课和专业课统筹考虑。并要特别注意"以近促远"，通过近程教育来发展在网络上进行远程教育。

3. 潜件建设

与硬件、软件建设相关的观念、制度及其他相关的内容，都可以称为"潜件"。潜件是把软硬件建设好、用好的重要保障。教学手段的现代化是新生事物，人们对潜件的研究非常薄弱。要组织专门的班子研究潜件问题。比如：怎样对教师和学生进行有效培训？用事业模式还是产业模式来管理课件开发和网上教学？教学手段现代化会对教育观念、教学模式、教学方法、教学内容带来什么样的影响（包括正影响和负影响）？多媒体网络教学中教师和文字教材的

---

[1] 新的教育观念在CAI课件制作中相当重要。有位电教专家警告说：过去是教师"满堂灌"，如果现在变成"电灌"，学生就更受不了。

[2] CAI课件制作的这些思路，可以通俗地表述为：三个"字"，两条腿，两个库。

地位？学校网上教育的发展战略？怎样保护知识产权？……

教学手段的现代化要积极建设，并要创造较好的政策环境：在教师（也包括教辅人员和管理干部）评聘评奖、学科评估验收等方面，应当把是否会使用现代化的教学手段、是否积极进行教学手段现代化的建设作为指标之一。教材评奖和出版基金的资助范围也应包括课件和其他电子出版物。教学手段的现代化建设要全校一盘棋，加强协作，优势互补。而且，要量力而行，特别是要考虑投入、需要、效益三者的关系。软硬件的建设，成本是昂贵的，如果处理不好投入、需要、效益三者的关系，浪费将是巨大的。要减少盲目性，多作些调查研究。

这些教学手段的现代化，也是21世纪教师的基本技能，甚至是21世纪的人的基本技能，因此也应当成为大学教学的重要内容之一。

参考文献

蔡克勇：《高等教育简史》，武汉：华中工学院出版社，1982年。
陈谟开主编：《高等教育评价概论》，长春：吉林教育出版社，1988年。
杜时忠：《科学教育与人文教育》，武汉：华中师范大学出版社，1998年。
傅德荣：《计算机与教育》，武汉：华中师范大学出版社，1990年。
高　奇主编：《中国现代教育史》，北京：北京师范大学出版社，1985年。
国家教育发展研究中心编：《邓小平教育思想研究文集》，南昌：江西教育出版社，1994年。
郝克明、汪永铨等：《中国高等教育结构研究》，北京：人民教育出版社，1987年。
郝克明：《跨世纪教育发展战略的思考》，《中国教育报》1999年6月5日第4版。
何克抗主编：《计算机辅助教学》，上海：高等教育出版社，1997年。
建设有中国特色社会主义高等教育理论研究课题组编：《建设有中国特色社会主义高等教育理论研究》，上海：高等教育出版社，1993年。
建设有中国特色社会主义高等教育理论研究课题组编：《建设有中国特色社会主义高等教育理论研究（第二集）》，兰州：兰州大学出版社，1995年。
建设有中国特色社会主义高等教育理论研究课题组：《建设有中国特色社会主义高等教育理论研究要点》，上海：高等教育出版社，1997年。
教育部高等教育司：《深化教学改革培养适应21世纪需要的高质量人才——第一次全国普通高等学校教学工作会议文件和资料汇编》，上海：高等教育出版社，1998年。
李　平、郭慧珍：网络技术对远程教育的影响及发展策略，《教学与教材研究》1999年第3期。

李小平：《知识经济与大学创造教育》，《高等教育研究》1998年第6期。

历以宁：《教育经济学》，北京：北京出版社，1984年。

路　钢：《积累是基础，学习是根本，创新是核心——教育改革和发展的时代要求》，《华中师范大学学报》（自然科学版）1998年专辑。

潘懋元主编：《新编高等教育学》，北京：北京师范大学出版社，1996年。

文辅相：《中国高等教育目标论》，武汉：华中理工大学出版社，1995年。

熊明安：《中国高等教育史》，重庆：重庆出版社，1983年。

杨东平编：《教育：我们有话要说》，北京：中国社会科学出版社，1999年。

杨叔子：《高校应努力成为知识经济的动力源》，《高等教育研究》1998年第6期。

喻本伐、熊贤君：《中国教育发展史》，武汉：华中师范大学出版社，1991年。

《中华人民共和国高等教育法》，《人民日报》1998年8月31日。

中华人民共和国教育部编：《科教兴国动员令——学习江泽民同志在庆祝北京大学建校100周年大会上的讲话》，北京：北京大学出版社，1998年。

中华人民共和国教育部人事司高等学校教师队伍建设研究课题组编：《中国高等学校教师队伍建设研究报告》，上海：高等教育出版社，1999年。

中央教育科学研究所编：《周恩来教育文选》，北京：教育科学出版社，1984年。

中央行政学院编：《高等教育原理》，北京：北京师范大学出版社，1987年。

钟秉林：《积极推进教学方法和教学手段的改革》，《教学与教材研究》1999年第3期。

周远清：《从"三注"到"三提高"——关于高校人才培养中教育思想观念的探讨》，《教学与教材研究》1999年第3期。

朱镕基：《政府工作报告》，《人民日报》1999年3月18日。

原载《华中师范大学学报（自然科学版）》1999年专辑

后记

本集收文38篇，是从1986年以来发表的几十篇主要与语言学习、语言教育有关的文章中挑选出来的。集子分为四编。第一编8篇，是儿童语言习得的论文；第二编3篇，是关于聋童语言康复的；第三编12篇，主要是研究语言教育的；第四编9篇，是关于语言能力和语言教育规划的。另有附录6篇，是对教育手段现代化问题的思考。为保持原貌，论文收入本集时，只作了统一体例、删除重复内容、改正书写和排印错误等技术性工作。

编选集，对人，便于查阅，省却到处翻检之劳；对己，则是审往自省的过程。是集编就，言犹未尽，再缀数言，以为后记。

一、学者的双重使命

学者具有学术和社会的双重使命。其学术使命，乃是推进学术，为人类的知识武库增加点什么。其社会使命，就是将科研成果应用于生活，服务于社会。

20世纪80年代中期，我踏入儿童语言研究领域，《汉族儿童问句系统习得探微》、《儿童语言的发展》、《语言的理解与发生》三部著作和本集第一编的论文，是在这一领域钻研的心得。同时，也试图将这些成果向三个方面转化，或曰"学术迁移"：

第一方面，儿童语言教育。语言是儿童一生发展的底盘，掌握语言，就是掌握人际沟通的利器、认知世界的锁钥，就是将民族文化之根深植于心田。家长和幼儿教师是儿童的第一任人生导师，欲使儿童受到良好的语言教育，应对家长和幼儿教师提供帮助。我在《父母语言艺术》的《卷首语》表达了这种心情与心声："孩子，父母爱情的结晶和升华；孩子，父母生命的交合和延续；

孩子，家庭的欢乐和幸福；孩子，民族、国家、人类的希望和未来。把我们满腔的爱，把我们全部的知识、才华乃至最宝贵的生命奉献给孩子，是父母的天职和骄傲。……我们，作为年轻的父母，肩负着和诸位同样的义务和责任，具有和大家一样的爱心和希望。因此，愿把我们同孩子交谈的点滴体会敬献给你们，敬献给热爱孩子的父母们和即将成为父母的年轻朋友们。"

1987年，我们几个热血沸腾的年轻人，李汛、汪国胜、曹琦、白丰兰，想了解父母究竟是怎样同儿童交谈的，在校园里展开了"田野调查"，《试论成人同儿童交际的语言特点》是我们调查的成果。父母之教子也，言传并身教，但对学前儿童，言传更重要。1990年，应《演讲与口才》编辑战晓书女士之约，我与夫人合写了《父母的问话艺术》、《父母的答话艺术》、《父母的许诺艺术》、《父母怎样给孩子讲故事》、《父母怎样向孩子提出要求》等文章，在《演讲与口才》1990年第7—11期连载。在此基础上扩充为《父母语言艺术》，幸列入刘焕辉先生主编的言语交际学丛书，由北京语言学院出版社1991年出版。同年，我与周小兵、唐志东二兄合作，又出版了《怎样教你的孩子学说话》（湖南师范大学出版社）。

主编章红先生，多年连续赠我《幼儿教育》杂志，受益良多。无以为报，便寄去《幼儿语言教学的若干原则》、《母语获得理论与幼儿语言教学》两文，分别刊发在1994年第10期和第11期。郁若先生，在《幼儿教育》1995年第3期上发表《既授之以鱼，又授之以渔——读〈母语获得理论与幼儿语言教学〉》，认为这是"一篇值得称道的好文章"。这使我受到莫大鼓舞，为社会尽责的满足感油然而生，所憾至今无缘与郁若先生晤面。

第二方面，第二语言教学。"单言制"和"单语制"已无法适应当今社会的交往，造就大量的能说两种或两种以上语言的"双语人"，是语言生活的迫切需要。这便是眼下第二语言教学的火热之源。提升第二语言教学的质量与效率，无疑具有重大的社会意义和经济价值。儿童习得第一语言十分成功，借鉴儿童语言习得的研究成果改进第二语言教学，是颇为诱人的值得尝试的路径。

我的这一尝试开始于1992年。那年5月，根据吕必松教授的倡议，《世界汉语教学》、《语言文字应用》、《语言教学与研究》三个编辑部，联合在北京召开了语言学习理论座谈会，应邀出席会议的有胡明扬、林焘、刘珣、刘润清、鲁健骥、吕必松、彭聃龄、孙德坤、佟乐泉、张一清、张志公等先生。我在会上宣读了《语言学习异同论》，试图为第二语言教学借鉴第一语言习得经验时，提供理智的思考。此后发表的《论语言运用与语言获得》，提出了在语言运用中习得语言的主张。在我主编的《理论语言学教程》（华中师范大学出版社1997）和《语言学概论》（高等教育出版社2000年）中，都专节讲述第二语言教学问题，在普通语言学中为它安排了一席之地。

　　第三方面，聋童语言康复。大约是在"文化大革命"时期，报纸上有用针灸治疗聋哑的报道，一针下去，聋哑人就能高呼"毛主席万岁"。虽无从考究消息的真伪，但能让聋哑人获得自然语言，回归主流社会，确实一直在激励着我。

　　20世纪80年代，我国开展了"三项康复"工程，即白内障复明，小儿麻痹后遗症矫治和聋哑儿童语言康复。湖北聋儿康复中心在聋儿语言康复方面卓有成效，取得成效的原因之一，是中心顾问张家范同志（因其德高望重，事必躬亲，人们都亲昵地叫她"太婆"），广邀各界名流组成顾问团。大约是1988年，我也被太婆拉入顾问班子，带着学生进行让"铁树开花"的探索。除了本集第二编的三篇文章，还主编了《聋儿语言康复教程》（华中师范大学出版社1990）和《聋儿语言康复发音训练操》。《教程》曾获1994年中国残疾人联合会、中宣部出版局、新闻出版署图书管理司、中国出版者协会、光明日报总编室联合举办的全国首届"奋发文明进步图书奖"二等奖。说实在话，看到聋儿牙牙学语，看到聋儿家长和语训教师的笑脸，心情比获奖要甜多了。

　　不知从何时起，学界从事普及、研究应用者渐渐稀少，也许普及与应用属"下里巴人"之列吧。而我不以为然，这就是我把一些普及性的文章也收入本集的一个缘由。

二、带着科研意识工作与生活

　　集子展开，就是一个人的学术历程，但也深印着作者的人生足迹。

　　1985年1月16日，女儿的出世对我是一个极大的喜悦，亦是极大的考验，因为妻子羸弱，以至于生活不能自理，自己必须承担起护妻教子的家庭使命。迷茫之际，我选择了儿童语言研究，和夫人一起记录女儿的语言发展日记，照顾女儿与学术研究水乳一体。期间，我参编了邢福义先生主编的《现代汉语》，几次开教材编写会，都把女儿带在身边，以利观察。一同参加教材编写的颜逸明教授，谑称我女儿是"老教材"，而且他每次写信来，都还不忘问候"老教材"呢。科学研究使我没有感到家庭困难的存在，反促成我记录女儿的语言发展日记达7年之久，这是我研究儿童语言的最宝贵的第一手资料。

　　站上三尺讲台，便升腾起一股神圣感；常置身学生中间，心态永不老。有人说做教师是人生的福分，我庆幸有此福分，而且还是语言教师，福分倍焉。因为我认为，语言是文化的根基，语言教学的一个重要职责，就是为学生打好民族文化的根基。语言教育直接关系到全民的语言素质，关系到社会语言生活的质量，关系到民族文化的继承和发展。

　　当然，教师不是"教书匠"，教学是艺术也是科学，精心进行教学研究，方能成为一名优秀教师。我曾跟随邢福义、黄弗同教授编写现代汉语和语言学理论的教材，之后自己也主编过几本教材。本集第三编的一些文章，以及未收入本集的《影响现代汉语教学法的语言因素考察》（《云梦学刊》1993年第2期）、《关于普通话作为教师职业语言的问题》（《汉语学习》1995年第4期）、《语感简论》（《语文教学与研究》1996年第6期）、《〈理论语言学教程〉及其学习》（《高等函授学报》1997年第2期）、《语言教学和儿童语言研究》（《语言文字应用》1998年第1期）等文章，反映了我对语言教学的理论思考，也是带着科研意识进行教学的实践总结。

　　1998年，我国师范大学正处在发展的关键时期。其一，以计算机、多媒体和因特网为代表的现代教育技术，正快速进入高校，教学手段的现代化将对教育产生深远的影响；其二，素质教育、创新教育的大讨论在全国高校如火如荼地展开，教育理念正在发生重大变化；其三，第三次全国教育工作会议，提出了我国师范教育改革的大思路，人们在思考未来的师范教育该怎么发展。

　　我常跟学生说，科研意识是人最重要的一种素质，把科研与工作和生活密切结合，工作和生活就会充满新奇、创造、生气和活力。我至今仍坚信此话不虚。

三、点燃明天的太阳

　　科教兴国，首须尊师重教。1994年为纪念第十个教师节，华中师范大学和湖北省电视台联合推出"桃李芳菲"文艺晚会,气势恢宏。近50名正副教授在晚会上合唱《点燃明天的太阳》,激情动人。李光明老师酷暑中挥汗作曲,我撰写歌词。现在,我虽然还在带研究生,但已然离开了教学第一线。今将歌词录出,以纪念我近20年的教师生涯,也将此歌献给语言教师,献给所有耕耘在第一线的教育工作者,以示敬意。

二零零二年五一节
记于北京惧闲聊斋

点燃明天的太阳
——献给教师的歌
（根据合唱改编）

李宇明 词
李光明 曲

后记

增订版 跋

人类语言教学的实践已十分悠久，但是研究语言与教育关系的语言教育学，却是在20世纪70年代才由美国语言政策领域的著名学者斯波斯基提出建立。之后，美国宾夕法尼亚大学的Dell Hymes和Nancy H. Hornberger、欧洲的Michael Stubbs和Richard Hudson、澳洲的韩礼德及James Martin的悉尼学派等，都进行了颇有成就、颇具影响的研究。

在中国，语言教学的历史也非常悠久，但一直到2010年，才成立了中国教育语言学会。俞理明会长以"老树新芽"的心态，努力通过年会、编纂文集等，不遗余力地聚集人才、聚集成果，沟通学科，推动中国语言教育学的发展。近日又组织出版中外语言文学学术文库，拙作《语言学习与教育》入选，深感荣幸，深深感激。

《语言学习与教育》，2003年1月由北京广播学院出版社出版。北京广播学院，即今日的中国传媒大学，能够汇聚一批语言学人才，发展出与语言学相关的学科群，得益于当年刘继南院长的谋划。她有见地也有魄力，四处招贤揽才，并力促北广与教育部语用所联合申报语言学与应用语言学博士点，获得成功。张颂先生因此可以招收博士，陈章太、冯志伟先生也因此成了北广的博导。

我也是这一故事的受益者。2001年因兼任语用所所长而有了在北广做博导的经历，培养了高晓芳、邹玉华、司红霞、牟云峰、郑梦娟、李艳华、娄开阳、吕禾、邹海清、王辉、于辉等11名博士。2002年，北广出版社配合学校的学科建设，编辑"汉语言文字学丛书"，《语言学习与教育》也忝列其中，使我有机会对自己关于语言学习、语言教育的研究进行"审往自省"。我与北广有一段美好的学缘记忆。

编纂《语言学习与教育》时，囿于篇幅，有些文章未及收入。2003年至今，陆续又有些文章发表。今借入选中外语言文学学术文库之机，再选录16篇文章（其中两篇入附录），全书重新编排，成《增订本》。笔者还撰有汉语国际教育方面的论文30余篇，拟另集出版。

中国语言教育学的发展，有自己的优长条件。首先，中国有绵绵数千年的语言教学历史。早在西周，已有较为系统的教育制度，乡里有庠序，贵族子弟则入小学、大学。秦代即有《苍颉》《爱历》《博学》等流传至今的蒙学教材。汉设太学，东汉的"四姓小侯学"后来还允许匈奴子弟入学，正式开始了对外民族的教育。北魏的"四夷馆"已成规模。隋朝兴起的科举考试，一直延续到清末。唐代有对日本遣唐使的教育经验。元代有"回回国子学"。明代的"四夷馆"更加繁盛。清末即有海外华校的教育。其次，中国有数量庞大、门类齐全的教育实践活动：当年的扫盲教育，汉民族的"双言"教育，少数民族的"双语"教育，数亿人的外语教育，遍及东南亚的华语教育，覆盖全球的汉语国际教育，等等。历史之经验，今日之实践，无疑都是语言教育学得以成长的沃土。

中国语言教育学的发展也存在不利因素。其不利主要有二：其一，学科发展不够理想。时至今日，外语学界还在讨论外语教学是不是独立学科，汉语国际教育界还在讨论自己的学科归属，中小学语文教学中的"语文"究竟是"语言文字"，还是"语言文学"，抑或是"语言文化"？如此之学科发展水平，难以将语言教学的实践升华到语言教育学的理论高度。其二，学术交流存在障碍。语言学在学科目录上还不是一个学科门类，它被人为地分割在中国语言文学、外国语言文学和民族学等不同学科中。学科藩篱及人才成长背景的差异，使各种语言教学很难在一起讨论问题。这种学术状况，对语言教育学的发展当然不利。

不久前与一位工科教授聊天，他说工科是理论先于实践，有了一个新的理论发现，就会对原有理论进行改革整合，并产生与之相应的实践活动；而文科，仿佛是实践先于理论。如此之说是否合理，尚可讨论，但的确需要我们去反思：文科的理论是滞后的？文科的实践是没有理论指导的？

当冷静思考中国语言教育学发展的优长，分析若干不利因素时，也就意味着有了学科意识和学科理性，意味着学科快速发展期的即将到来。俞理明先生策划的这一文库的出版,无疑会成为语言教育学发展的促进剂。

最后,我要感谢华东师范大学出版社;感谢俞理明教授、高明乐教授、王焰社长等对本书出版的关心与帮助。还要特别感谢我的学生王春辉博士,他帮我做了《增订本》的编纂和出版联系工作。

2017年10月28日